Linux-Schnellkurs für Administratoren

Linux-Schnellkurs für Administratoren

Tom Adelstein & Bill Lubanovic

Deutsche Übersetzung von
Andreas Bildstein

Beijing · Cambridge · Farnham · Köln · Paris · Sebastopol · Taipei · Tokyo

Die Informationen in diesem Buch wurden mit größter Sorgfalt erarbeitet. Dennoch können Fehler nicht vollständig ausgeschlossen werden. Verlag, Autoren und Übersetzer übernehmen keine juristische Verantwortung oder irgendeine Haftung für eventuell verbliebene Fehler und deren Folgen.

Alle Warennamen werden ohne Gewährleistung der freien Verwendbarkeit benutzt und sind möglicherweise eingetragene Warenzeichen. Der Verlag richtet sich im Wesentlichen nach den Schreibweisen der Hersteller. Das Werk einschließlich aller seiner Teile ist urheberrechtlich geschützt. Alle Rechte vorbehalten einschließlich der Vervielfältigung, Übersetzung, Mikroverfilmung sowie Einspeicherung und Verarbeitung in elektronischen Systemen.

Kommentare und Fragen können Sie gerne an uns richten:
O'Reilly Verlag
Balthasarstr. 81
50670 Köln
Tel.: 0221/9731600
Fax: 0221/9731608
E-Mail: kommentar@oreilly.de

Copyright der deutschen Ausgabe:
© 2007 by O'Reilly Verlag GmbH & Co. KG
1. Auflage 2007

Die Originalausgabe erschien 2007 unter dem Titel
Linux System Administration bei O'Reilly Media, Inc.

Die Darstellung eines Felsenpinguins im Zusammenhang mit dem Thema Linux für Administratoren ist ein Warenzeichen von O'Reilly Media, Inc.

Bibliografische Information Der Deutschen Bibliothek
Die Deutsche Bibliothek verzeichnet diese Publikation in der Deutschen Nationalbibliografie; detaillierte bibliografische Daten sind im Internet über *http://dnb.ddb.de* abrufbar.

Übersetzung und deutsche Bearbeitung: Andreas Bildstein, Stuttgart
Lektorat: Christine Haite, Köln
Korrektorat: Sibylle Feldmann, Düsseldorf
Satz: DREI-SATZ, Husby
Umschlaggestaltung: Michael Oreal, Köln
Produktion: Geesche Kieckbusch, Hamburg
Belichtung, Druck und buchbinderische Verarbeitung:
Druckerei Kösel, Krugzell; www.koeselbuch.de

ISBN 978-3-89721-722-5

Dieses Buch ist auf 100% chlorfrei gebleichtem Papier gedruckt.

Inhalt

	Einleitung	IX
1	**Anforderungen an einen Linux-Systemadministrator**	**1**
	Über dieses Buch	2
	Wie können wir helfen?	2
	Wo sollen Sie beginnen?	3
	Brauchen Sie ein Buch?	3
	Wer braucht Sie?	4
	Was Systemmanager über Linux wissen sollten	8
	Was kommt als Nächstes?	9
2	**Einrichten eines Linux-Multifunktionsservers**	**11**
	Serveranforderungen	13
	Debian installieren	13
	Aus der Ferne anmelden	16
	Das Netzwerk konfigurieren	17
	Die Standard-Debian-Pakete ändern	19
	Quotas einrichten	21
	Domainnamensdienste bereitstellen	23
	Eine relationale Datenbank hinzufügen: MySQL	26
	Mail sicher mit Postfix, POP3 und IMAP konfigurieren	28
	Apache zum Laufen bringen	39
	FTP-Dienste mit ProFTPD hinzufügen	40
	Zusammenfassen Ihrer Webstatistiken mit Webalizer	42
	Synchronisierung der Systemuhr	42
	Installation von Perl-Modulen, die von SpamAssassin benötigt werden	42
	Was kommt als Nächstes?	43

3 Das Domain Name System 45
DNS-Grundlagen 45
Der Einstieg in BIND 47
Einrichten eines DNS-Servers 49
Konfiguration eines autoritativen DNS-Servers 52
Bearbeiten der Konfigurationsdateien 59
BIND-Tools 74
Troubleshooting unter BIND 78
Was kommt als Nächstes? 85

4 Eine erste internetfähige Umgebung 87
ISPConfig installieren 88
Einen Server und Benutzer mit ISPConfig einrichten 98
Absicherung eines Linux-Webservers 111
Was kommt als Nächstes? 117

5 Mail 119
Schlüsselbegriffe bei E-Mail-Diensten 120
Postfix, Sendmail und andere MTAs 120
Der Postfix-SMTP-Mailserver auf Debian 123
Authentifizierung und Verschlüsselung hinzufügen 130
POP3- und IMAP-Mail Delivery Agents konfigurieren 139
E-Mail-Client-Konfiguration 140
Was kommt als Nächstes? 141

6 Apache administrieren 143
Statische und dynamische Dateien 144
Eine einfache LAMP-Installation 145
Installation 145
Apache-Konfigurationsdateien 149
Protokolldateien 164
SSL/TLS-Verschlüsselung 167
suEXEC-Unterstützung 168
Benchmarking 168
Installation und Administration von Drupal 170
Troubleshooting 175
Weiterer Lesestoff 179

7 Lastverteilte Cluster 181
Lastverteilung und Hochverfügbarkeit 182
Ohne LB und HA skalieren 189
Weiterer Lesestoff 190

8	**Lokale Netzwerkdienste** **191**
	Verteilte Dateisysteme 192
	Einführung in Samba 193
	Konfiguration des Netzwerks 194
	DHCP 197
	Gateway-Dienste 203
	Druckdienste 211
	Benutzerverwaltung 217

9	**Virtualisierung im modernen Unternehmen** **227**
	Warum Virtualisierung so beliebt ist 228
	Hochleistungsrechner 230
	Installation von Xen auf Fedora 7 233
	VMware installieren 238
	Virtualisierung: ein vorüberziehender Modetrend? 245

10	**Skripten** **247**
	bash-Einstieg 248
	Hilfreiche Komponenten für bash-Skripten 255
	Skriptsprachen-Duell 265
	Weiterer Lesestoff 274

11	**Daten sichern** **275**
	Sichern von Benutzerdaten auf einen Server mit rsync 276
	tar-Archive 281
	Speichern von Dateien auf optischen Medien 286
	Mit Amanda auf Band sichern und archivieren 293
	Sichern von MySQL-Daten 296

	Anhang: Beispiele für bash-Skripten **301**
	Index **319**

Einleitung

Als Bill Lubanovic und ich gerade die letzten Änderungen an diesem Buch vornahmen, belauschte ich in unserem Cisco-Labor ein Gespräch zwischen zwei Arbeitskollegen, die sich gerade über Linux unterhielten. Der Senior-Netzwerkguru der beiden ließ dabei eine interessante Bemerkung fallen. Er sagte, dass er sich trotz seines ganzen Wissens nicht so ganz als Profi fühlen würde, da er niemals etwas über Linux gelernt habe. Einen Moment später sahen er und der andere Gentleman mir tief in die Augen. Ich lächelte und arbeitete weiter.

An diesem Abend holte mich dann unser Geschäftsführer der Informationstechnologie während einer Besprechung zur Seite, was völlig unüblich ist. Er sagte mir, dass er Apache lernen wolle, und als ich ihn fragte, warum, antwortete er: »Ich möchte es einfach lernen.« Und mehr sagte er dazu nicht.

Später in der Besprechung bat der Geschäftsführer dann die Gruppe um Feedback zu einer Lösung für das Patch-Management, wobei er die Lösung erklärte und dabei das Beispiel von *rsync* verwendete. Er sagte, dass er gern etwas Ähnliches hätte, und startete dann eine detaillierte technische Diskussion über inkrementelles und kumulatives Patch-Management. Trotz meiner guten praktischen Erfahrung mit *rsync* habe ich noch nie eine solch detaillierte wissenschaftliche Abhandlung über ein Open Source-Tool in irgendeinem Forum gehört.

In beiden Fällen und in vielen anderen auch wünschte ich mir, ich hätte dieses Buch parat und könnte es sehr gut ausgebildeten und erfahrenen Leuten übergeben, die Linux-Administration lernen möchten. Vielleicht haben Sie ja auch schon ähnliche Erfahrungen gemacht und wünschten sich, Sie hätten jetzt ein Buch wie dieses hier zur Hand. Ich wage die Vermutung, dass Gespräche wie die hier gerade beschriebenen täglich an vielen Orten des Öfteren stattfinden.

Als Andy Oram und ich anfingen, ein Buch über Linux-Systemadministration zu diskutieren, hatten wir leicht unterschiedliche Ideen darüber, was wir erreichen wollten. Andy sprach von einem Buch, das in jedem Kapitel ohne eingeschobene detaillierte Besprechung die Anwender durch die Schritte führen sollte, wie man Application Server aufbauen und bereitstellen kann. Er regte an, dass sich die Erläuterungen in jedem Kapitel an der einen Stelle und die technischen Schritte an einer anderen Stelle befinden sollten.

Später schlug ich dann vor, dass wir jedes einzelne Kapitel zu einem eigenständigen Modul machen und es dem Leser überlassen sollten, welche Module er haben möchte bzw. benötigt. Als sich das Buch entwickelte, fanden wir, dass wir dieses Ziel erreicht hatten. Sie müssen dieses Buch nicht von vorne bis hinten durchlesen, um ein Linux-Systemadministrator zu werden. Fangen Sie einfach an der Stelle an, die Sie am meisten interessiert.

Als ich das erste Mal anfing, mit Linux zu arbeiten, bestand die Community weitestgehend aus Programmierern und Bastlern. Ich kann mich an keine Diskussionsliste erinnern, die sich auf Desktops oder kommerzielle Anwendungen konzentrierte. Wir meldeten uns am Internet an, indem wir vorher einen Daemon starteten. Wir hatten keine Einwahlmöglichkeiten oder Webbrowser, wie sie heute zur Verfügung stehen. Die große Mehrheit der Leute, die ich kannte, waren ihre eigenen Systemadministratoren oder befanden sich irgendwo mitten in der Lernkurve.

Wenn ich an die Zeiten zurückdenke, in denen wir schätzten, dass es etwa 30.000 Linux-Benutzer auf diesem Planeten geben müsste, bin ich doch überrascht, wie viele Anwender heute Linux einsetzen und nicht die geringste Ahnung haben, wie man eine Konfigurationsdatei schreibt. Die Linux-Foren scheinen mit Leuten überzulaufen, die fragen, wie man CUPS oder Samba ans Laufen bringt. In Mailinglisten führen Menschen detaillierte Diskussionen über die technischen Details von Projekten, wie beispielsweise Postfix, JBoss und Monit.

Viele scheint es immer noch zu jucken, die umfangreichen Möglichkeiten von Linux als Applikationsplattform zu erlernen. Wenn Sie Linux einsetzen und den Schritt vom Power-User zum Administrator gehen möchten, wird Ihnen dieses Buch bei diesem Wechsel helfen. Während wir das Manuskript verfassten, dachten wir an Sie!

Wie dieses Buch aufgebaut ist

Kapitel 1, *Anforderungen an einen Linux-Systemadministrator*
    Legt die Ziele des Buchs dar und was Sie davon haben, wenn Sie es lesen.

Kapitel 2, *Einrichten eines Linux-Multifunktionsservers*
    Hier können Sie mit einem beinahe internetfähigen Server anfangen.

Kapitel 3, *Das Domain Name System*
    Zeigt Ihnen die Grundlagen dazu, wie Sie primäre und sekundäre DNS-Server einrichten.

Kapitel 4, *Eine erste internetfähige Umgebung*
: Setzt das freie Konfigurationssystem ISPConfig ein, mit dem Sie eine Reihe von Diensten einrichten, die Sie dann im weiteren Verlauf des Buchs praktisch einsetzen können.

Kapitel 5, *Mail*
: Richtet einen Postfix-Mailserver mit SASL-Authentifizierung, einen POP-Server und einen IMAP-Server ein.

Kapitel 6, *Apache administrieren*
: Bietet einen Schnelldurchlauf zur populären Kombination aus Apache, MySQL und PHP (was zusammen mit Linux auch als LAMP-Server bekannt ist), inklusive einer SSL-Authentifizierung.

Kapitel 7, *Lastverteilte Cluster*
: Erweitert die Apache-Konfiguration aus dem vorangegangenen Kapitel um IP Virtual Server und *ldirectord*, um Hochverfügbarkeit zur Verfügung stellen zu können.

Kapitel 8, *Lokale Netzwerkdienste*
: Zeigt Ihnen, wie Sie Benutzer verwalten und übliche Netzwerkelemente, wie beispielsweise DHCP und Gateway-Software, in lokalen Netzwerken (LANs) konfigurieren.

Kapitel 9, *Virtualisierung im modernen Unternehmen*
: Zeigt, wie Xen und VMWare auf einem Linux-Host eingerichtet werden, und fügt dann Gast-Betriebssysteme hinzu.

Kapitel 10, *Skripten*
: Zeigt Ihnen einige grundlegende Techniken für das Schreiben stabiler und leistungsfähiger *bash*-Shell-Skripten, die Ihnen eine Menge Administrationszeit einsparen können.

Kapitel 11, *Daten sichern*
: Stellt eine Reihe von Techniken dar, mit denen diese wichtige Aufgabe durchgeführt werden kann. Diese Techniken reichen von einfachem *rysnc* und *tar* bis hin zum leistungsfähigen Amanda-System.

Anhang, *Beispiele für bash-Skripten*
: Enthält ein paar Shell-Skripten, von denen wir denken, dass sie für einen Systemadministrator nützlich sind, und die Ihnen vielleicht ein paar Tipps für das Schreiben Ihrer eigenen Skripten geben.

Typografische Konventionen

In diesem Buch werden die folgenden typografischen Konventionen verwendet:

Kursivschrift
: Kennzeichnet neue Begriffe, URLs, Befehle und Kommandozeilenoptionen, E-Mail-Adressen, Dateinamen, Dateierweiterungen und Verzeichnisse.

Nichtproportionalschrift
: Kennzeichnet die Inhalte von Dateien oder die Ausgabe von Befehlen.

Nichtproportionalschrift fett
: Zeigt Befehle und anderen Text, die vom Benutzer genau so eingegeben werden sollten. Wird auch zur Hervorhebung von wichtigen Abschnitten in Code oder Dateien verwendet.

Nichtproportionalschrift kursiv
: Zeigt Text, der mit Werten ersetzt werden muss, die der Benutzer eingibt.

 Das ist ein Tipp, ein Hinweis oder eine allgemeine Anmerkung.

 Das ist eine Warnung oder eine Ermahnung zur Vorsicht.

Verwendung von Codebeispielen

Dieses Buch soll Ihnen dabei helfen, Ihren Job zu erledigen. Im Allgemeinen können Sie den Code in diesem Buch in Ihren Programmen und in Ihrer Dokumentation einsetzen. Sie müssen uns nicht kontaktieren und um Erlaubnis fragen, es sei denn, Sie kopieren einen erheblichen Teil des Codes. Das Schreiben eines Programms zum Beispiel, das mehrere Codeteile aus diesem Buch verwendet, bedarf keiner Genehmigung. Der Vertrieb oder das Verteilen einer CD-ROM mit Beispielen aus O'Reilly-Büchern bedarf *jedoch sehr wohl* einer Genehmigung. Wenn in einer Antwort auf eine Frage dieses Buch zitiert und Beispielcode daraus angeführt wird, bedarf dies keiner Genehmigung. Das Einbinden einer erheblichen Menge an Beispielcode aus diesem Buch in die Dokumentation Ihres Produkts bedarf *allerdings* ebenfalls der Genehmigung.

Wir freuen uns über einen Nachweis, verlangen aber keinen. Ein Nachweis enthält normalerweise Titel, Autor, Verlag und ISBN. Zum Beispiel: »*Linux-Schnellkurs für Administratoren* von Tom Adelstein und Bill Lubanovic. Copyright 2007 O'Reilly Verlag, 978-3-89721-722-5.«

Wenn Sie vermuten, dass Ihr Gebrauch von Codebeispielen außerhalb des fairen Gebrauchs oder der hier erteilten Genehmigungen liegt, wenden Sie sich bitte unter *permissions@oreilly.com* an uns.

Danksagungen

Bücher wie *Linux-Schnellkurs für Administratoren* erblicken nur dann das Licht der Welt, wenn viele Menschen etwas dazu beitragen. Sie können ruhig davon ausgehen, dass es unmöglich ist, hier alle diese Menschen aufzuführen.

Als Erstes würden wir gern Andy Oram danken, dessen Bemühungen, dieses Buch beim Lektorieren, Schreiben und Managen in Form zu bringen, bemerkenswert sind. Andy hat nicht nur als Gesamtlektor mitgearbeitet, er hat auch eigenes Material zum Inhalt dieses Buchs beigetragen. Andy fungierte als Projektmanager und zeigte sowohl Geduld als auch Disziplin.

Von den Beiträgen von Falko Timme, Phil Howard und Herschel Cohen hätten wir nicht mehr wünschen können. Falko lieh uns seine Zeit und sein Fachwissen für die Kapitel 2 und 4. Phil schrieb einen Großteil von Kapitel 11 und lieferte das Framework für Kapitel 10 und den begleitenden Anhang mit Skripten. Herschel schrieb einzelne Abschnitte in mehreren Kapiteln, unter anderem in Kapitel 8 und 10, und trug sein Fachwissen zu Kapitel 6 bei. Alle drei Beitragenden sind auch andere Teile des Buchs noch einmal prüfend durchgegangen.

Vielen Dank ebenfalls an unsere technischen Experten, die ungezählte Stunden damit verbrachten, unsere Arbeit durchzugehen, auszuprobieren und Vorschläge zu unterbreiten: Markus Amersdorfer, Keith Burgess, Robert Day, Ammar Ibrahim und Yaman Saqqa.

Besonderer Dank geht an Yvonne Adelstein und Mary Lubanovic, unsere beiden Frauen, die eine bemerkenswerte Geduld an den Tag legten. Wir hätten das nicht erreicht, wenn sie uns nicht vollständig unterstützt hätten.

KAPITEL 1
Anforderungen an einen Linux-Systemadministrator

Wir lieben Linux. Von allen Unixen und Unix-ähnlichen Systemen, die wir eingesetzt haben und von denen inzwischen auch viele wieder vergessen sind, ist Linux unser Liebling. Linux stellt eine ausgezeichnete Serverplattform dar, einen guten Arbeitsplatzrechner und ist das Zentrum vieler Innovationen in der aktuellen Rechnerwelt.

Linux besitzt wahrscheinlich die größte Verbreitung von allen Betriebssystemen. Es wird in winzigen Systemen von der Größe eines Telefonsteckers über Mobiltelefone bis hin zu Supercomputer-Clustern eingesetzt, die größer als Ihr Baumarkt sind. Linux infiltrierte die Bereiche Telekommunikation, Embedded Systems, Satelliten, medizinische Geräte, militärische Systeme, Computergrafik und – nicht zuletzt – Desktop-Rechner.

In relativ kurzer Zeit entwickelte sich Linux vom Hobby eines finnischen Hackers zu einem Enterprise-System der Spitzenklasse, das von hochkarätigen Firmen wie IBM und Oracle unterstützt wird. Die Zahl der Benutzer wuchs von etwa 30.000 Menschen im Jahr 1995 auf mehrere hundert Millionen heute. Während des Internetbooms in den 1990ern waren viele Unix-Administratoren überrascht, dass ein Linux auf PC-Hardware teurere Unix-Workstations und Unix-Server leistungsmäßig übertreffen konnte. Viele Windows- und Novell-Administratoren mussten feststellen, dass Linux mit DNS, E-Mail und Dateidiensten zuverlässiger und mit weniger Supportpersonal umgehen konnte als ihre derzeitigen Plattformen. Das Ausbreiten des Internets und insbesondere des Web trieb das rasante Wachstum beim Einsatz von Linux-Servern weiter an, aber auch die Nachfrage an Personen, die diese Systeme verwalten konnten.

Dieses Buch richtet sich an Linux-Systemadministratoren. Sie können aber auch ein grauhaariger Unix-Veteran, ein tapferer MCSE oder ein stoischer Mainframer sein. Sie untersuchen neues Terrain und benötigen eine Karte und einen Kompass. Ein Teil des Geländes mag Ihnen vielleicht vertraut vorkommen, aber ein Teil ist für Sie sicherlich auch unbekanntes Land. Dieses Buch behandelt viele Themen, die sich gerade erst etabliert haben, wie beispielsweise lastverteilte Cluster und Virtualisierung.

Der Erfolg von Internet und Open-Source-Software verändert die Geschäftswelt. Google, Amazon, eBay und andere betreiben riesige Serverfarmen mit handelsüblicher Hardware und relativ wenigen Administratoren im Vergleich zu herkömmlichen Mainframe- und PC-Installationen. Die fachlichen Fähigkeiten, die für die Entwicklung und Wartung solch verteilter Systeme und Anwendungen benötigt werden, werden in keiner Schule unterrichtet, sondern durch Erfahrung erlernt, die manchmal bitter und manchmal süß ist.

Über dieses Buch

Bücher über Systemadministration waren bisher normalerweise immer ziemlich berechenbar. Sie zeigten Ihnen, wie Sie Benutzer, Dateisysteme, Geräte, Prozesse, Drucker, Netzwerke und so weiter verwalten konnten. Sie erzählten Ihnen aber nicht, was zu tun war, wenn neue Probleme auftraten. Wenn Ihre Website immer häufiger benutzt wurde, mussten Sie rasch etwas über Proxyserver, verschiedene Stufen des Caching, Load-Balancing, verteilte Authentifizierung und andere komplexe Themen lernen. Hatten Sie eine Datenbank hinzugefügt, mussten Sie sie bald erweitern und lernen, wie Sie SQL-Injection-Angriffe vermeiden konnten. Quasi über Nacht wurden Sites unternehmenskritisch, und Sie brauchten eine Möglichkeit, mit der Sie im laufenden Betrieb Backups von 24 × 7-Systemen erstellen konnten.

Wenn Sie diese Feuerwehrübungen durchgestanden haben, sind Sie es vielleicht leid, immer alles auf die harte Tour machen zu müssen – beinahe täglich neuen technischen Herausforderungen mit nur wenigen Hilfsquellen gegenüberzustehen. Technische Dokumentation – egal ob für kommerzielle oder für Open Source-Software – kann nur selten mit der Technologie Schritt halten, und die Kluft scheint sich weiter zu öffnen. Beispielsweise wurden Open Source-Verzeichnisdienstserver wichtig für die Verwaltung von Computern, Benutzern und Ressourcen. Die ursprünglichen RFC-konformen Protokolle liegen vielen kommerziellen Produkten zu Grunde, aber gute Dokumentation für die Community-Projekte ist überraschend selten.

Wie können wir helfen?

Linux-Menschen sind Problemlöser. Der typische Linux-Poweruser kann einen kleinen Server zusammenbauen, sich eine dedizierte Internetleitung mit statischer IP-Adresse nach Hause holen, einen Domainnamen registrieren und damit einen Server im Internet einrichten. Wenn Sie in diese Kategorie fallen, können Sie einfach die anderen Themen durchackern und so Ihre Berufsmöglichkeiten verbessern.

Für einige von Ihnen klingt das alles aber vielleicht eher so, als müssten Sie sich von einem 3.000 Meter hohen Berg abseilen. Wenn Sie einer von diesen sind, dann fangen Sie einfach irgendwo an. Oder wie ein Sprichwort sagt: Auch ein Elephant kann runtergeschluckt werden – Biss für Biss.

Vielleicht besitzen Sie Zertifizierungen zu anderen Betriebssystemen als Linux. Während Sie gerade Patches und Hotfixes einspielen, könnte Sie Ihr Chef bitten, einen Apache-Webserver einzurichten, Ihre eigenen DNS-Lookups zu verarbeiten oder Exchange mit Zimbra auszutauschen.

Egal, ob Sie einfach nur etwas dazulernen möchten oder ob Sie tatsächlich etwas lernen *müssen*, Sie werden wahrscheinlich etwas Hilfe benötigen, um die Linux-Poweruser-Lernkurve erklimmen zu können. Und das ist genau der Grund, warum wir hier sind: Wir möchten Ihnen dabei helfen, die Linux-Systemlandschaft erkunden zu können, ohne dabei all die Nöte durchmachen zu müssen, deren Erfahrung schon unsere Vorfahren machen mussten.

Wo sollen Sie beginnen?

Dieses Buch fasst die Schritte zusammen, die Sie befolgen müssen, um allein stehende Server einrichten zu können. Wenn Sie einen Mailserver einrichten müssen, einen Webserver und ein Blog-System oder ein Gateway für Ihr LAN, dann springen Sie einfach direkt in die Mitte des Buchs. Sie müssen *Linux-Schnellkurs für Administratoren* nicht von vorn bis hinten durchlesen.

Damit Sie sofort leslegen können, haben wir für Sie in Kapitel 2 eine Schritt-für-Schritt-Anleitung bereitgestellt, die Ihnen hilft, einen Linux-Server zusammenzubauen. Sie können einen beliebigen Weg wählen, der zu Ihnen passt. Dabei ist es egal, ob es sich um das Einrichten eines hochverfügbaren Clusters für Webdienste, Serverkonsolidierung über Virtualisierung mit Hilfe von Xen oder VMware oder um das Einrichten eines Servers für ein lokales Netzwerk handelt.

Der Betrieb eines modernen Betriebssystems ist unglaublich kostengünstig. Sie können sich ein anspruchsvolles Bildungszentrum auf einer Hardware aufbauen, die viele Sites als veraltet ansehen und verschenken würden. Wir fingen mit einer gebrauchten Kiste an, die von einer Intel-CPU angetrieben wurde, die zwei Generationen älter als die aktuelle Prozessorgeneration war, fügten ein paar ältere Festplatten und Arbeitsspeicher hinzu und machten mit einer schnörkellosen, freien Version von Linux weiter.

Brauchen Sie ein Buch?

Technische Bücher haben an Popularität verloren, als das Internet heranreifte. Wenn man heute ein erfolgreiches Buch schreiben möchte, muss der Autor dem

Leser einen signifikanten Mehrwert bieten. Eine interessante Geschichte über eine der ersten E-Commerce-Sites im Web hilft uns bei der Erklärung, welchen Wert ein Buch liefern sollte. Eine Käsekuchen-Firma veröffentlichte in den ersten Tagen des Web eine Anzeige. Wenn man der Geschichte glauben mag, vergingen mehrere Monate, und die Firma erhielt nicht eine Bestellung. Da veröffentlichte der Geschäftsführer der Firma in einem ungewöhnlichen Schritt das geheime Käsekuchenrezept. Innerhalb weniger Stunden gingen erste Anrufe auf seiner gebührenfreien Leitung ein. Die Leute fingen an, Käsekuchen in großen Stückzahlen zu bestellen. Die Kunden sahen sich das Rezept an, wogen den Aufwand ab, der nötig ist, um ihre eigenen Käsekuchen zu backen, und erkannten den Mehrwert, der darin liegt, den Kuchen von der Firma zu kaufen.

Viele Zutaten für dieses Buch waren im Internet verstreut abgelegt, beispielsweise in Mailinglisten, Foren und Diskussionsgruppen, während andere aus Büchern, Zeitschriften oder aus der Erfahrung von Kollegen ausgegraben wurden. Während wir unsere Recherchen für dieses Buch durchführten, lösten wir eine Menge Probleme, deren Lösungen bisher vollständig undokumentiert waren. Und jetzt geben wir unsere Erkenntnisse an Sie weiter.

Auf vielen ausgezeichneten Projektseiten befindet sich nur unzulängliche Dokumentation. Entwickler arbeiten hart, um ausgezeichnete Software frei zur Verfügung stellen zu können, aber das Geschriebene bleibt häufig aus verschiedenen Gründen hinter dem Code zurück: Zeitmangel, Ressourcenmangel, Mangel an Interesse, Sprachbarrieren und so weiter. Zusammen mit unseren Lesern, Lektoren und Fachgutachtern hoffen wir, den Informationsgehalt in dieser kleinen Ecke der Welt der Computer ein bisschen angehoben zu haben.

Wer braucht Sie?

Noch vor ein paar Jahren hätten Ihnen die meisten Linux-Systemadministratoren wahrscheinlich erzählt, dass nicht sie sich ihren Beruf ausgewählt haben – Linux habe sie auserwählt. Früher war Linux in etwa wie ein halbwüchsiges Unix. Die meisten Linux-Systemadministratoren arbeiteten sich an einzelnen Workstations und sehr kleinen Netzwerken ein. Linux erbte zwar einige Server von Unix (BIND, Sendmail, Apache), aber nur wenig Office-Software und wenige Anwendungen. Heute gehören zur Linux-Systemadministration Tausende von Paketen und die Interoperabilität mit anderen Betriebssystemen dazu.

Wer braucht nun Linux-Administratoren? Das NASA Center for Computational Sciences (NCCS) am Goddard Space Flight Center zum Beispiel. Die dort befindlichen Linux-basierten Hochgeschwindigkeitsrechner-(HPC-)Cluster wurden so ausgelegt, dass sie den Durchsatz von Anwendungen, die von Wetterbeobachtungen und Klimaschwankungen bis hin zur Simulation von astrophysikalischen Phänomen reichen, drastisch erhöhen. Linux ergänzt dabei die NCCS-Architektur, die so konzipiert wurde, dass sie in ihrer vollständigen Ausbaustufe bis auf 40 Billionen Gleitkommaberechnungen pro Sekunde (TFLOPS) erhöht werden kann.

Linux betreibt mehr Top-Supercomputer auf der Welt als irgendein anderes Betriebssystem. Tatsächlich ist es so, dass zu dem Zeitpunkt, zu dem dieses Buch geschrieben wurde, Linux überraschende 75 Prozent der Top-500-Supercomputer dieses Planeten antreibt.[1] Gemäß den Abteilungsleitern des Lawrence Livermore National Laboratory in Livermore, Kalifornien, treibt Linux zehn ihrer schweren Systeme an, die sich alle in der Top-500-Liste befinden. Zu diesen Systemen gehören BlueGene/L, der leistungsfähigste Supercomputer der Welt, und Thunder, der momentan auf Rang 34 steht (*http://www.top500.org/list/2007/06/100*).

Hilfe gesucht

Es herrscht insgesamt eine starke Nachfrage nach Linux-Administratoren. Damit Sie eine Vorstellung davon haben, was von diesen Linux-Administratoren erwartet wird, haben wir einen Blick auf eine kleine Auswahl der mehreren zehntausend Stellenanzeigen für Linux-Systemadministratoren geworfen, die wir auf der Website einer nationalen US-Jobagentur gefunden haben. Hier ein kleiner Auszug einiger der geforderten Kompetenzen für den Job:

- Administration und Verwaltung großer Linux-Serverumgebungen mit Schwerpunkt auf Leistungsüberwachung, Leistungssteigerung und Management.
- Betreuung des technischen Datenbankaufbaus, Administration und Dokumentation.
- Beheben von Netzwerkproblemen und weitergeleiteten Anfragen aus dem Helpdesk sowie proaktive Überwachung unternehmenskritischer Systeme.
- Leitung technologischer Lösungen für die Organisation; Training und Beratung von Junior-Administratoren.
- Täglicher technischer Support und Beratung in Rufbereitschaft für die Hardware- und Betriebssystemumgebung, die die Bezahlplattform unterstützt; Administration der Linux-Serverinfrastruktur im Hinblick auf Stabilität und maximale Leistungsfähigkeit der Rechnerumgebung.
- Installation, Konfiguration und Fehlerbehebung sämtlicher Hardware, Peripheriegeräte und sonstiger Geräte, die notwendig sind, um die ganzheitlichen Systemziele zu erreichen; Unterstützung beim Support von weitergeleiteten Problemen.
- Professioneller First-/Second-Level-Support für die Linux-Umgebung einer Firma mit mehr als 300 Servern, zu denen auch Linux-Blades gehören.

---

1 Siehe hierzu *http://www.top500.org/stats/28/osfam*.

- Management aller Belange der Systemintegrität, zu denen auch Sicherheit, Monitoring (Auslastung und Leistung), Änderungsmanagement und Softwareverwaltung gehören.
- Schnittstelle zu weiteren internen Supportgruppen, wie beispielsweise Änderungsmanagement, Anwendungsentwicklung, Technik, Datenbankadministration, Webdienste, Storage, Sicherheit, Betrieb und Leitstand.
- Administration von Infrastrukturdiensten – DNS, NIS, LDAP, FTP, SMTP, Postfix/Sendmail, NFS, Samba – sowie Anwendungs- und Datenbankservern mit Schwerpunkt auf Automatisierung und Überwachung.

Linux ist inzwischen einer der Standards bei Unternehmensplattformen und seine Stärke liegt dort, wo die Mittel knapp sind. Wenn Sie Linux lernen möchten, um Ihren finanziellen Wert zu steigern, gibt es viele Beispiele für einen steigenden Bedarf an Mitarbeitern mit Fähigkeiten in der Linux-Administration.

Fachkenntnisse auswerten

Bitten Sie verschiedene Manager von Informationssystemen, die Aufgaben eines Systemadministrators zu beschreiben, und Sie werden eine Vielzahl an unterschiedlichen Antworten erhalten. Der Markt hat die derzeitigen Manager überrascht, die nichts über Linux wissen. Diese Manager wissen nicht, was Linux-Fachleute wissen sollten, und Linux-Fachleute wiederum verstehen nur selten diese Manager.

Viele Manager von Informationssystemen, die Unix verstehen, versuchen die Linux-Administratoren dazu zu bringen, Unix-Standards einzuhalten. Aber das funktioniert nur selten. Unix-Administratoren, die möglicherweise denken, dass ein Wechsel zu Linux einfach sei, werden schon bald auf Wissenslücken gestoßen. Linux-Administratoren haben weniger Probleme beim Wechsel zu Unix als umgekehrt. Eine Erklärung hierfür ist vielleicht, dass Linux-Administratoren auf Grund der Natur von Open Source-Software ein breiteres Verständnis über ihre Systeme besitzen.

Zu den Aufgaben der Systemadministration gehört das Internet häufig dazu. Ein Großteil der Tätigkeiten findet im Zusammenhang mit E-Mail- und Website-Verwaltung statt, zusätzlich zu Telekommunikation und mobilen Lösungen. E-Mail machte einmal 70 Prozent des gesamten Datenverkehrs im Internet aus. Heutzutage führen Breitbandanwendungen, wie beispielsweise Voice over IP (VoIP) und andere Kommunikationsformen, zu denen auch Instant Messaging gehört, dazu, dass der Datenverkehr ansteigt, wobei der Anteil an E-Mail weiter abnimmt. Aber egal welche Protokolle und Medien eingesetzt werden, das Internet bleibt die primäre Domäne von Linux.

Lassen Sie uns die Jobkompetenzen, die im vorangegangenen Abschnitt beschrieben wurden, weiter untersuchen. Der letzte Punkt (»Administration von Infrastrukturdiensten«) kann Ihnen eine Vorstellung von dem geforderten Standard-Linux-Fachwissen geben. Arbeitgeber hätten gern Systemadministratoren, die mit etwas umgehen können, das sie für »Infrastrukturdienste« halten. Beachten Sie die darin enthaltenen Internettechnologien. Aus der Liste der Linux-Komponenten, für die Kenntnisse gefordert werden, gehören zu den meisten Aufgaben DNS, LDAP, FTP, SMTP sowie Postfix/Sendmail. Wir werden die meisten dieser Komponenten in den Kapiteln 2 bis 6 behandeln.

Die anderen Jobbeschreibungen passen meistens in die Kategorie der internen Unternehmensanforderungen. Hierzu gehören die sich ausweitende Unterstützung für das Helpdesk, technische Unterstützung sowie Beratung in Rufbereitschaft für die Hardware- und Betriebssystemumgebungen. Die meisten Linux-Systemadministratoren sollten das Fachwissen und die Fähigkeiten haben, diese Dienste bereitstellen zu können. Dieses Fachwissen und diese Fähigkeiten können allerdings nicht in diesem Buch besprochen werden, da sie nicht rein technischer Art sind.

Die übrigen Kompetenzen fallen unter die Kategorie der »Sozialkompetenz«. In der Vergangenheit hätte man wahrscheinlich nicht erwartet, dass ein typischer Systemadministrator lernen sollte, als Bindeglied zwischen verschiedenen internen Supportgruppen, beispielsweise Anwendungsentwicklung, Technik, Datenbankadministration und Webdiensten arbeiten zu können. Ein Systemadministrator ist jedoch nicht mehr länger nur ein Technikfreak mit dem Wissen um einige geheimnisvolle Systeme. Er ist Mitglied in einer Gruppe, die Unternehmensentscheidungen trifft.

Normalerweise erwirbt man sich die soziale Kompetenz und die Spezialisierung, nachdem man sich die Grundlagen angeeignet hat. Wir könnten diese Themen in diesem Buch zwar kurz anschneiden, haben aber beschlossen, dass sie nicht zu unserem Kernthema gehören. Andere O'Reilly-Bücher und einige Zeit in der Praxis werden Ihnen dabei helfen, diese wertvollen Fähigkeiten zu erwerben. Fürs Erste werden wir Sie in die Bereiche einführen, in denen Systemadministratoren das größte Wachstum festgestellt haben und in denen anscheinend ein Mangel an Dokumentation herrscht.

Anders als in anderen Bereichen der Informatik und Technik allgemein, bieten nur wenige Fakultäten Kurse in Linux-Administration an, geschweige denn ganze Studiengänge. Wenn Sie also etwas über Linux-Systemadministration lernen möchten, werden Sie sich nach Unterlagen und Lehrgängen außerhalb des universitären Bereichs umsehen müssen. Aber viele bereits vorhandene Unterlagen, auf die Sie eventuell stoßen, enthalten nicht das, was Linux-Strategen für das wichtigste Thema halten.

Die meisten Linux-Administratoren haben sich ihr Wissen selbst beigebracht, indem sie etwas gelernt haben, wenn die Anforderung dazu gerade da war. An irgendeiner Stelle sind diese selbst ausgebildeten Administratoren dann in feste Jobs gewechselt. Die Anforderungen stiegen mit schnellerer Geschwindigkeit an, was dazu führte, dass sie mehr und mehr dazulernten, bis sie beinahe alles das konnten, was ein Systemadministrator können musste. Genau in diesem Bereich kann *Linux-Schnellkurs für Administratoren* etwas dazu beitragen, dass Sie Ihre Kenntnisse in einem weitgefassten Aufgabenbereich schneller und effizienter ausbauen können.

Was Systemmanager über Linux wissen sollten

Eines der ersten Dinge, die ein IT-Manager wissen sollte, ist die Tatsache, dass Linux nicht Unix ist. Unter Linux können sicherlich auch die meisten Unix-Programme ausgeführt werden, und Linux besitzt auch ein größeres Spektrum an Anwendungen sowohl in öffentlichen als auch in privaten Netzwerken.

Linux-Administratoren können sich Distributionen konfigurieren, indem sie eine Auswahl aus einer Unmenge an Komponenten treffen, die ähnliche Arbeiten verrichten. Beispielsweise kann bei beinahe jeder Unix-Distribution nur Sendmail als Mail Transfer Agent (MTA) ausgewählt werden. Unter Linux können Sie jedoch aus einer Reihe vergleichbarer MTAs auswählen, abhängig davon, ob Sie eine firmenweite Arbeitsgruppenanwendung haben möchten, einen E-Mail-Backbone, der für große Unternehmen ausgelegt ist und über einen Verzeichnisdienst gesteuert wird, oder ob Sie eine einfache Webanwendung haben möchten, mit der Sie Kontaktformulare verarbeiten wollen.

Ein weiterer Beweis für die Flexibilität von Linux ist die Tatsache, dass es das erste Betriebssystem ist, das IBM für den Betrieb all seiner Hardwareplattformen einsetzt, angefangen von der xSeries-Intel-Serverklasse über die pSeries und iSeries bis hin zu den S/390- und zSeries-Mainframes.

Wenn Sie einen Linux-Administrator haben möchten und große IBM-Systeme einsetzen, muss Ihr Kandidat etwas über die Mainframe-Architektur wissen und mit Begriffen wie beispielsweise »DASD« für den Festplattenspeicher, »IPL« für Systemstart, »Catalog« für ein Verzeichnis und »Command List« für ein Shell-Skript vertraut sein. Aber unterschätzen Sie keine Linux-Administratoren. Wir besuchten einmal ein Zweitageseminar mit einer Gruppe von Linux-Administratoren, die nach der Veranstaltung loszogen und anfingen, Linux auf nackten IBM-zSeries-Computern einzurichten.

Wenn Linux-Leute etwas zu bieten haben, dann ist es die Fähigkeit, schnell lernen und adaptieren zu können, und sie besitzen eine breite Wissensgrundlage, die Sie bei anderen Technologen nicht vorfinden werden. Sie lernen den Betrieb Ihrer Windows-Rechner schneller, als ein MCSE eine einzige Linux-Aufgabe erlernen kann.

Was kommt als Nächstes?

Wir wissen, dass Sie kein langsames Lernpensum mögen und keine Unmengen an kleinlichen Hintergrundinformationen (tatsächlich sind wir schon überrascht, dass Sie dieses Kapitel bis hierher gelesen haben), deshalb wollen wir auch so schnell wie möglich loslegen. Wir werden einen funktionierenden Server bereitstellen, der viele Linux-Aufgaben durchführt, die Sie erlernen und einsetzen können. Aus diesem Grund werden wir im nächsten Kapitel gleich mit einem internetfähigen Server beginnen. Egal, wie Sie Ihren Server auch einsetzen werden, Sie werden Internettools wie beispielsweise einen Webserver und E-Mail haben wollen (wahrscheinlich auch dann, wenn Ihr Server nur ein LAN bedient), und diese Tools werden Ihnen von Anfang an behilflich sein.

Der Rest des Buchs geht auf einige schon bekannte Themen spezieller ein und stellt darüber hinaus neue Themen vor, denen Sie vielleicht nicht jeden Tag begegnen. *Linux-Schnellkurs für Administratoren* ist eine Kombination aus Kochbuch und Reisebegleiter. Sie können ein herzhaftes Frühstück genießen, während Sie gerade Neuland betreten. Normalerweise erklären wir die Themen am Anfang eines Kapitels und vertiefen sie dann in knappen und präzisen Schritten sowie Anwendungsmöglichkeiten. Wenn Sie nur den Schritt-für-Schritt-Anweisungen folgen möchten, dann machen Sie das einfach. Sie werden später herausfinden, was Sie da gerade machen. Wir denken, dass unser Ansatz Sie in die richtige Richtung führt.

Vorwärts und aufwärts. Höher!

KAPITEL 2
Einrichten eines Linux-Multifunktionsservers

Es besteht ein echter Unterschied darin, ob man etwas lediglich gelesen oder ob man es auch tatsächlich gemacht hat. Das ist unter anderem der Grund dafür, warum Lehreinrichtungen für so viele ihrer Kurse auch praktische Übungen im Labor anbieten. Wenn Sie vorhaben, die Systemadministration unter Linux zu erlernen, benötigen Sie auch einen Server. Deshalb besteht die erste Aufgabe in diesem Buch darin, eine grundlegende Serverumgebung aufzubauen. Mit Fertigstellung dieses Serverumgebung haben Sie sich auch gleichzeitig eine Basis geschaffen, auf der Sie dann Linux erlernen und Ihre Erfahrungen damit sammeln können.

Das Linux-Betriebssystem gleicht dem Radstand eines Autos, der in Abhängigkeit von der Wahl des Fahrwerks und des Fahrverhaltens eine ungeheure Vielzahl unterschiedlicher Aufgaben übernehmen kann. Wenn Sie beispielsweise weitere Dienste hinzufügen, wie etwa E-Mail oder eine Datenbank, nimmt das System andere Eigenschaften an. Sie benötigen aber einen Webserver, eine Entwicklungsplattform, ein Gateway oder einen Datei- und Druckserver? Wie auch immer, Sie benötigen ein Kernsystem, das Ihnen dieses Kapitel liefert.

Wir werden mit einem Server beginnen, wie Sie ihn auch im Internet vorfinden könnten, wo er Websites zur Verfügung stellt. Warum gerade so einen, mögen Sie sich jetzt fragen. Weil Sie einen Internetserver so umbauen können, dass er noch viele weitere Aufgaben übernimmt, wie zum Beispiel die Verwaltung der Benutzerauthentifzierung, das Bereitstellen von Druck- und Dateiserverdiensten, die Verarbeitung der lokalen E-Mail oder das Anbieten eines Fernzugriffs. Sie können den Server zu einem Webhoster bringen, ihn anschließen und mit dem Anbieten von Webdiensten loslegen. Sie können den Server sogar bei Ihnen zu Hause lassen, wenn Sie von Ihrem ISP eine statische IP-Adresse erhalten.

Beim Einrichten eines Servers für den Einsatz im Internet ändert sich wahrscheinlich auch Ihre Sichtweise über die Arbeit mit Computern. Der Einsatz in einem

Wide Area Network (WAN) unterschiedet sich vom Einsatz von Linux als Arbeitsplatzrechner, Datei- und Druckserver oder als einfache Firewall.

Anfänger im Bereich der Administration könnten bei der Konfiguration des Servers aufgrund der ungewohnten Begriffe und Konzepte etwas verwirrt werden. Sie werden keine bequeme grafische Oberfläche des X Window System haben, und Sie werden Befehle eingeben müssen, anstatt auf Symbole klicken zu können. Sie werden Ihre Arbeit im Konsolenmodus von der Kommandozeile aus erledigen.

> Als Teil unserer Strategie, nach der wir Ihnen die Administration beibringen möchten, werden wir Ihnen im übernächsten Kapitel zeigen, wie Sie auf Ihrem System ein webbasiertes Tool aufsetzen können (mit dem auch Internet-Serviceprovider arbeiten, um die Linux-Server zu verwalten, die sie ihren Hosting-Kunden vermieten). Sie müssen also nicht alles in einem schwarz-weißen Bildschirmfenster erledigen.

Wenn Sie den Anweisungen in diesem Kapitel folgen, erhalten Sie eine Kiste, die eine Website bereitstellt und die Sie dann später für andere Zwecke umbauen können. Ihr System wird Folgendes nutzen:

- einen Webserver (Apache 2.2.x)
- einen Mailserver (Postfix)
- einen DNS-Server (BIND 9)
- einen FTP-Server (ProFTPD)
- Mail Delivery Agents (POP3/POP3s/IMAP/IMAPs)
- Webalizer für Website-Statistiken

Es gibt viele Möglichkeiten, einen entfernten Webserver einzurichten. Wenn Sie sich aber an die folgenden Anweisungen halten, gibt Ihnen das eine gute Grundlage, um Linux in den Griff zu bekommen. Haben Sie diese Konfiguration gemeistert, sollten Sie auch die Fähigkeit besitzen, einen Server konfigurieren zu können, der Ihren Anforderungen entspricht.

> Während der Konfiguration werden Sie wahrscheinlich Befehle und Konzepte sehen, mit denen Sie nicht vertraut sind. Wir werden Sie bitten, Daten einzugeben, die für Sie möglicherweise keinen Sinn ergeben. Wir werden zwar versuchen, so viel wie möglich des Konfigurationsvorgangs zu erklären, es könnte aber trotzdem sein, dass Sie das Gefühl haben, dass die Informationen in diesem Kapitel nicht ausreichend sind.
>
> Beim ersten Lesen fällt es einem meistens schwer, sich komplexe Informationen zu merken. Es mag zwar auf den ersten Blick so scheinen, als sei es wenig effizient, wenn wir Sie bitten, Befehle einzugeben. Sie können sich dadurch allerdings genügend Informationen

über das Thema merken, um den Sachverhalt später vollständig verstehen zu können. Wir werden jedes einzelne Thema in einem der folgenden Kapitel detaillierter behandeln, und Ihr jetziges Engagement wird Ihnen beim weiteren Lesen des Buchs helfen.

Sie und Ihr Server stehen an der Schwelle zu einer neuen Linux-Welt. Lassen Sie uns also anfangen!

Serveranforderungen

Für die Konfiguration eines Webservers können Sie beinahe jede beliebige Linux-Distribution verwenden. In dieser Übung werden wir allerdings Debian einsetzen. Wir wählen Debian, weil wir eine stabile Linux-Distribution einsetzen möchten. Die großen kommerziellen Distributionen – Red Hat Enterprise Linux und Novell SUSE Linux Enterprise Server – haben Preise, die sie für die meisten Anwender unattraktiv werden lassen. Debian erhalten Sie hingegen kostenlos. Außerdem setzen Red Hat und SUSE proprietäre Verwaltungswerkzeuge ein, die zu Schwierigkeiten beim Wissenstransfer über Linux führen. Sie können mehr über das Standardverhalten von Linux lernen, wenn Sie Debian an Stelle von SUSE oder Red Hat einsetzen.

Wenn Sie einen Linux-Internetserver einrichten möchten, benötigen Sie eine Verbindung zum Internet sowie eine statische IP-Adresse. Können Sie keine statische IP-Adresse bekommen, dann können Sie das System auch mit der Adresse einrichten, die Sie vorübergehend von Ihrem ISP erhalten, und diese Adresse dann statisch konfigurieren. Informieren Sie sich aber darüber, wie lange Ihnen diese Adresse zugeteilt wird, für den Fall, dass Sie diese IP-Adresse im laufenden Betrieb ändern müssen.

Des Weiteren benötigen Sie einen Computer mit mindestens einem Pentium III-Prozesser, mindestens 256 MByte RAM und einer 10 GByte großen Festplatte. Es ist klar, dass eine neuere CPU und zusätzlicher Arbeitsspeicher eine bessere Leistungsfähigkeit bieten.

Dieses Kapitel baut auf der Stable-Version von Debian in der Version 4.0 (Etch) auf. Wir empfehlen Ihnen dringend, eine CD mit dem Netinstall-Kernel zu verwenden. Auf der Debian-Website (*http://www.debian.org*) werden CD-Images für den Download zur Verfügung gestellt.

Debian installieren

Wir gehen davon aus, dass Sie wissen, wie eine Netzwerkinstallation von Linux durchgeführt wird. Deshalb benötigen Sie für das Einrichten Ihres Grundsystems lediglich ein paar Hinweise.

Nachdem Sie das System über die Debian-CD-ROM gestartet haben, sehen Sie ein Eingabefenster. Stellen Sie sicher, dass Sie den Kernel in der Version 2.6 installieren und nicht in einer älteren Kernel-Version, wenn Sie eine ältere Debian-Version einsetzen.

Das Installationsprogramm führt Sie durch eine Reihe von Installationsmasken. Wenn Sie zu der Eingabemaske »Netzwerk einrichten« gelangen, geht Debian zuerst einmal davon aus, dass Sie Ihr Netzwerk mit DHCP konfigurieren. Das können Sie so übernehmen, wenn bei Ihnen DHCP zur Verfügung steht. Sollte dies nicht der Fall sein, erhalten Sie von Debian eine Eingabemaske, mit der Sie Ihr Netzwerk manuell konfigurieren können. Sie werden dazu aufgefordert, den Hostnamen des Servers einzugeben, einen Domainnamen, ein Gateway, eine IP-Adresse, eine Netzwerkmaske und einen Nameserver. Wenn Sie einen registrierten Domainnamen und eine statische IP-Adresse besitzen, können Sie sofort loslegen. Sollten Sie keinen registrierten Domainnamen haben, benötigen Sie noch einen.

Sie erhalten einen Domainnamen schon für etwa 12,00 EUR im Jahr. Suchen Sie einfach im Internet nach den Suchbegriffen »Domain Registrierung«. Ihnen word dann eine Reihe von Registraren aufgeführt. Viele Händler bieten ihre Dienste zu sehr geringen Preisen an, und einige bieten sogar kostenlose DNS-Dienste an. Für den Anfang benötigen Sie zwei registrierte DNS-Server, damit Sie einen Domainnamen erhalten. Wahrscheinlich werden Sie feststellen, dass der DNS-Dienst Ihres Registrars ziemlich praktisch ist, wenn Sie keinen zweiten physikalischen Server besitzen, der als sekundärer DNS-Server dienen kann. Jede Domain, die Sie registrieren, benötigt einen primären DNS-Server und einen Backup-DNS-Server, der auch sekundärer DNS-Server genannt wird.

Jetzt, da Sie Ihr Netzwerk konfiguriert haben, können Sie mit der Installation fortfahren, die Ihr Grundsystem vervollständigen wird. Das Debian-Installationsskript führt Sie durch die nächsten Abschnitte.

Sie werden umgehend zu den Eingabemasken für die Festplattenpartitionierung gelangen. Richten Sie für die Zwecke dieses Buchs lediglich eine große Partition mit dem Mountpunkt / (nur ein Schrägstrich) sowie eine Swap-Partition ein. Wählen Sie dabei die Möglichkeit, alle Dateien in einer Partition ablegen zu können. Schließlich wählen Sie noch den Menüpunkt, mit dem die Partitionierung beendet wird und die Änderungen auf die Festplatte übernommen werden.

Die von uns verwendete Grundinstallation von Debian erfolgt in zwei unterschiedlichen Abschnitten. Im ersten Abschnitt wird das installiert, was man auch das GNU/Linux-Grundsystem nennen kann, mit dem Sie von der Festplatte booten und einen Root-Prompt erhalten können. In diesem Abschnitt werden auch die Dateien von der CD-ROM auf die Festplatte überspielt.

Sobald der erste Abschnitt beendet wird, werden Sie dazu aufgefordert, die CD-ROM zu entfernen, die Sie für die Installation verwendet haben. Von jetzt an wird die Installation mit den Dateien fortgeführt, die auf der Festplatte abgespeichert wurden.

Fahren Sie jetzt mit den restlichen Installationsmasken fort, die Sie eventuell dazu auffordern, einen Neustart durchzuführen, um den Kernel zu initialisieren, und beenden Sie dann die Installation.

Während der Installation möchte Debian von Ihnen, dass Sie auch einen nicht privilegierten Benutzer anlegen. Mit diesem Benutzer können Sie sich am System anmelden und mit Hilfe des Befehls *su* zu *root* werden. Aus Sicherheitsgründen sind Systemadministratoren dazu übergegangen, sich nicht am System als *root* anzumelden, es sei denn, sie müssen ein defektes System wiederherstellen.

Geben Sie Ihrem ersten Benutzer-Account den Namen *Administrator* und geben diesem dann die User-ID *administrator*. Verwenden Sie für *administrator* nicht das gleiche Passwort, das Sie für Ihren *root*-Benutzer verwenden. Wir werden die User-ID *administrator* auch in anderen Kapiteln noch verwenden.

Wenn Sie zu der Eingabemaske »Softwareauswahl« gelangen, bewegen Sie Ihren Cursor zu der Checkbox, die zu »Mail-Server« gehört, drücken die Leertaste und lassen dann das System die Standardpakete installieren, und zwar bis zu der Stelle, an der Sie die Konfiguration des *libc*-Clients sehen.

Sie sollten den *libc*-Client mit der Unterstützung für normale Unix-Mailboxen installieren und nicht mit der Unterstützung von *maildir*. Unix-Mailboxen bewahren alle E-Mails in einer einzigen Datei auf, wohingegen *maildir* jede einzelne Nachricht in einer separaten Datei aufbewahrt. Unix-Mailboxen können einfacher eingesetzt und konfiguriert werden, lassen Sie uns also erst einmal mit diesen beginnen.

Sollte Sie Debian dazu auffordern, Exim als Mail Transfer Agent (MTA) zu konfigurieren, dann ignorieren Sie das. Wir werden etwas später in diesem Kapitel Exim mit Postfix ersetzen. Lassen Sie den E-Mail-Server bis dahin unkonfiguriert, wenn Sie zur Konfiguration des E-Mail-Servers aufgefordert werden, und wählen Sie aus den Menüpunkten die Möglichkeit aus, das System jetzt nicht zu konfigurieren. Antworten Sie dann mit ja, wenn das Installationsskript Sie fragt, ob das E-Mail-System jetzt wirklich nicht eingerichtet werden soll.

Geben Sie schließlich in der letzten Eingabemaske, die im Zusammenhang mit der Konfiguration von Exim steht, den Benutzernamen *administrator* als E-Mail-Empfänger für *root* und *postmaster* ein.

> ### MTAs: Sendmail und Alternativen
>
> Bei der Standardinstallation von Debian wird Exim installiert, während bei anderen Linux-Distributionen im Allgemeinen standardmäßig Sendmail eingesetzt wird. Sendmail war lange Zeit der allgemeine Standard unter den MTAs, und die Linux-Distributionen haben sich das früh zu Nutze gemacht. Zu beinahe allen Prozessen unter Linux, die irgendetwas mit E-Mail zu tun haben, gehören Sendmail-Konfigurationsdateien, und die meisten freien Softwareanwendungen gehen davon aus, dass auf dem Betriebssystem Sendmail vorhanden ist.
>
> Es ist möglich, Linux vorzutäuschen, es würde Sendmail verwenden, obwohl Sendmail durch einen anderen MTA ersetzt wurde. Wenn Sie beispielsweise Red Hat installieren, wird standardmäßig Sendmail installiert. Sowohl Red Hat als auch Fedora bringen jedoch ein Programm mit, mit dem der Benutzer auf Postfix umstellen kann, und genau das werden wir per Hand machen.
>
> Die Debian-Projektleiter bevorzugen Exim als Standard-MTA, da dessen Urheber Exim unter der General Public License (GPL) lizenziert hat. Wie Postfix auch, ist Exim ein vollwertiger Ersatz für Sendmail.
>
> Üblicherweise wird heutzutage Postfix eingesetzt, und zwar aus verschiedenen Gründen, die wir später in diesem Kapitel noch behandeln werden. Sie werden sich Ihr System durch das Ersetzen von Exim durch Postfix nicht verhunzen. Vielmehr werden Sie sich Postfix von den Debian-Repositories herunterladen.

Aus der Ferne anmelden

Wenn Sie mit Ihrer Installation fertig sind, sollten Sie sich von einer entfernten Konsole von Ihrem Schreibtisch aus an dem Server anmelden. Wir empfehlen Ihnen, die weitere Administration von einem anderen System aus (auch von einem Laptop) vorzunehmen, da ein sicherer Server normalerweise in einem sogenannten kopflosen Modus (*Headless* Mode) läuft – was bedeutet, der Server besitzt weder Monitor noch Tastatur. Gewöhnen Sie sich daran, Ihren Server auf diese Art und Weise zu administrieren, gerade so, als befänden Sie sich in einer produktiven Umgebung. Auf der entfernten Maschine benötigen Sie lediglich einen SSH-Client, den es praktisch auf allen Linux-Distributionen gibt und den Sie sich auch für andere Betriebssysteme herunterladen können.

Eventuell müssen Sie auf Ihrem Server noch die Pakete für den SSH-Server nachinstallieren, damit Sie sich auch tatsächlich aus der Ferne auf Ihrem Server anmelden können. Mit dem folgenden Befehl können Sie überprüfen, ob der Daemon *sshd* auf Ihrem System installiert ist:

```
# which sshd
/usr/sbin/sshd
```

Sollten Sie keine Antwort erhalten, ist der *sshd*-Daemon auf Ihrem System noch nicht installiert, und Sie können das mit folgendem Befehl nachholen:

```
# apt-get install ssh
```

Durch diese Anweisung wird der *sshd*-Daemon auf Ihrem System installiert, vorkonfiguriert und gestartet, ohne dass Sie noch weiter eingreifen müssten.

Das folgende Ausgabeprotokoll ist typisch für Ihre erste Begegnung mit Ihrem neuen Linux-Server über SSH:

```
$ ssh administrator@server1.centralsoft.org
The authenticity of host 'server1.centralsoft.org (70.253.158.42)' can't
be established.
RSA key fingerprint is 9f:26:c7:cc:f2:f6:da:74:af:fe:15:16:97:4d:b3:e6.
Are you sure you want to continue connecting (yes/no)? yes
Warning: Permanently added 'server1.centralsoft.org,70.253.158.42' (RSA)
to the list of known hosts.
Password: geben Sie hier das Passwort für den Benutzer administrator ein
Linux server1 2.6.8-2-386 #1 Thu May 19 17:40:50 JST 2005 i686 GNU/Linux

The programs included with the Debian GNU/Linux system are free software;
the exact distribution terms for each program are described in the
individual files in /usr/share/doc/*/copyright.

Debian GNU/Linux comes with ABSOLUTELY NO WARRANTY, to the extent
permitted by applicable law.

Last login: Sun Dec 25 19:07:38 2005 from 70.255.197.162
administrator@server1:~$
```

An dieser Stelle haben Sie eine entfernte Verbindung aufgebaut und können Ihre Aufgaben so durchführen, als würden Sie sich Ihr System vom Monitor Ihres Servers aus ansehen. Wenn Sie möchten, können Sie jetzt Monitor, Tastatur und Maus von Ihrem Server entfernen.

Das Netzwerk konfigurieren

Wenn Sie während der Debian-Installation DHCP eingesetzt haben, sollten Sie Ihren Server jetzt mit einer statischen IP-Adresse konfigurieren, damit Sie die Tests durchführen können, die später in diesem Kapitel benötigt werden. Hatten Sie eine öffentliche IP-Adresse und haben diese statisch konfiguriert, können Sie den folgenden Abschnitt überspringen.

Haben Sie Debian mit einem DHCP-Client über Ihren Router oder Ihren Internet-Serviceprovider installiert, müssen Sie Ihre Netzwerkeinstellungen neu konfigurieren. Hierbei handelt es sich um eine wertvolle eigenständige Lektion, mit der wir die Netzwerkkonfiguration unter Linux erforschen werden.

Um die Einstellungen so zu ändern, dass Sie eine statische IP-Adresse verwenden, müssen Sie *root* werden und die Datei */etc/network/interfaces* an Ihre Anforderungen anpassen. Als Beispiel werden wir hier die IP-Adresse 70.153.258.42 verwenden.

Unsere Konfigurationsdatei sieht am Anfang in etwa so aus:

```
# This file describes the network interfaces available on your system
# and how to activate them. For more information, see interfaces(5).

# The loopback network interface
auto lo
iface lo inet loopback

# The primary network interface
iface eth0 inet dhcp
```

Um jetzt der Netzwerkschnittstelle *eth0* die IP-Adresse 70.153.258.42 hinzufügen zu können, müssen wir die Datei so abändern, dass sie folgendermaßen aussieht (wahrscheinlich müssen Sie sich ein paar der Informationen bei Ihrem ISP besorgen):

```
# This file describes the network interfaces available on your system
# and how to activate them. For more information, see interfaces(5).

# The loopback network interface
auto lo
iface lo inet loopback

# The primary network interface
auto eth0
iface eth0 inet static
        address 70.153.258.42
        netmask 255.255.255.248
        network 70.153.258.0
        broadcast 70.153.258.47
        gateway 70.153.258.46
```

Nachdem Sie die Datei */etc/network/interfaces* bearbeitet haben, starten Sie das Netzwerk mit der Eingabe des folgenden Befehls neu:

```
# /etc/init.d/networking restart
```

Jetzt müssen Sie */etc/resolv.conf* bearbeiten und dort Nameserver eintragen, damit Internet-Hostnamen auf ihre zugehörigen IP-Adressen aufgelöst werden können. Wir müssen zwar noch unseren eigenen Nameserver konfigurieren, werden das aber später in diesem Kapitel machen. An dieser Stelle richten wir einfach einen minimalen DNS-Server ein. Bei den anderen Nameservern sollten die IP-Adressen der DNS-Server angegeben werden, die von Ihrem ISP angeboten wurden. Unsere *resolv.conf* sieht jetzt folgendermaßen aus:

```
search server
nameserver 70.153.258.42
```

```
nameserver 70.253.158.45
nameserver 151.164.1.8
```

Vergewissern Sie sich, dass Sie die DNS-Server verwenden, die zu Ihrer Domain gehören; ansonsten wird Ihr DNS-Server nicht darauf aufmerksam machen, dass er für Ihre Domain zuständig ist.

Bearbeiten Sie jetzt */etc/hosts* und fügen Sie dort Ihre IP-Adressen hinzu:

```
127.0.0.1       localhost.localdomain       localhost       server1
70.153.258.42   server1.centralsoft.org     server1
```

Ignorieren Sie einfach die IPv6-Informationen in der Datei */etc/hosts*. Wir werden Ihnen in Kapitel 8 zeigen, wie man einen IPv6-Server einrichtet.

Richten Sie nun mit diesen Befehlen den Hostnamen ein:

```
# echo server1.centralsoft.org > /etc/hostname
# /bin/hostname -F /etc/hostname
```

Sie müssen die gleichen Befehle verwenden, unabhängig davon, wie Sie Ihre Netzwerkeinstellungen während der Installation vorgenommen haben; ersetzen Sie dabei allerdings *server1.centralsoft.org* durch Ihrem Domainnamen.

Überprüfen Sie als Nächstes, ob Sie Ihren Hostnamen richtig konfiguriert haben, indem Sie den Befehl *hostname* ausführen:

```
~$ hostname
server1.centralsoft.org
~$ hostname -f
server1.centralsoft.org
```

Wenn Sie dieses Ergebnis erhalten, können Sie mit dem nächsten Abschnitt weitermachen. Falls nicht, sollten Sie sich Ihre Datei */etc/hostname* ansehen. Eventuell stellen Sie fest, dass sie folgendermaßen aussieht:

```
#less /etc/hostname
server1
```

Hoppla. Da sollte eigentlich *server1.centralsoft.org* stehen. Das können Sie jetzt ändern.

Die Standard-Debian-Pakete ändern

Wir haben mit den Paketen begonnen, die die Debian-Maintainer standardmäßig in ihre Distribution gepackt haben. Wie bereits erwähnt, müssen wir allerdings einige Änderungen vornehmen – insbesondere um Postfix einsetzen zu können. Sollte der Eindruck entstehen, wir würden im Nachhinein die ausgezeichnete Arbeit des Debian-Teams kritisieren wollen, so ist das jedoch überhaupt nicht der Fall.

Das Debian-Team hat beschlossen, standardmäßig Dienste zu installieren, die für ein LAN geeignet sind, zum Beispiel das Network File System (NFS). Wir stellen unseren Server allerdings ins Internet, daher möchten wir NFS und einige andere Dienste löschen und andere Dienste, wie beispielsweise OpenSSL, hingegegen noch hinzufügen.

Mit dem folgenden Befehl können Sie sich diejenigen Dateien holen, die Sie für dieses Kapitel benötigen:

```
# apt-get install bzip2 rdate fetchmail libdb4.3-dev \
unzip zip ncftp libarchive-zip-perl \
zlib1g-dev libpopt-dev nmap lynx fileutils
```

Sie sehen jetzt, wie Debian in Ihrer Konsole Dateien herunterlädt. Nach Beendigung der Download-Aktivität werden Sie etwa folgendermaßen gefragt, ob Sie fortfahren möchten:

```
0 aktualisiert, 17 neu installiert, 0 zu entfernen und 1 nicht aktualisiert.
Es müssen 11,4MB Archive geholt werden.
Nach dem Auspacken werden 39,7MB Plattenplatz zusätzlich benutzt.
Möchten Sie fortfahren [J/n]?
```

Wenn Sie J eingeben, wird die Installation der zusätzlichen Dateien vervollständigt.

Als Nächstes möchten Sie die Dienste entfernen, die Sie nicht verwenden werden. Wenn Sie den folgenden Befehl ausführen, werden Sie die im Anschluss aufgeführte Ausgabe sehen:

```
# apt-get remove nfs-common portmap pidentd pcmcia-cs
Paketlisten werden gelesen... Fertig
Abhängigkeitsbaum wird aufgebaut... Fertig
Paket pcmcia-cs ist nicht installiert, wird also auch nicht entfernt
Die folgenden Pakete werden ENTFERNT:
  nfs-common pidentd portmap
0 aktualisiert, 0 neu installiert, 3 zu entfernen und 1 nicht aktualisiert.
Es müssen 0B Archive geholt werden.
Nach dem Auspacken werden 700kB Plattenplatz freigegeben worden sein.
Möchten Sie fortfahren? [J/n] J
(Lese Datenbank ... 23755 Dateien und Verzeichnisse sind derzeit installiert.)
Entferne nfs-common ...
Stopping NFS common utilities: statd.
Entferne pidentd ...
Entferne portmap ...
Stopping portmap daemon....
```

Überprüfen Sie die von Ihnen eingegebenen Befehle zweimal. Schleicht sich ein Tippfehler ein, wird Ihnen Debian mitteilen, dass es die fragliche Datei nicht finden kann. In diesem Fall geben Sie einfach noch einmal *apt-get* ein und geben dabei lediglich den Namen dieses Pakets an.

Da Sie Änderungen an der Paketdatenbank vorgenommen haben, müssen Sie eventuell auch die Skripten ändern, die beim Systemstart gestartet werden. Ändern Sie die Startskripten mit den folgenden Befehlen:

```
# update-rc.d -f exim remove
Removing any system startup links for /etc/init.d/exim ...
# update-inetd --remove daytime
# update-inetd --remove telnet
# update-inetd --remove time
# update-inetd --remove finger
# update-inetd --remove talk
# update-inetd --remove ntalk
# update-inetd --remove ftp
# update-inetd --remove discard
```

Jetzt müssen Sie *inetd* neu starten, wobei es sich um den Serverprozess für die Standard-Internetdienste handelt. *inetd* startet normalerweise beim Bootvorgang, da Sie aber die Dienste auf dem System geändert haben, müssen Sie ihn neu starten, damit er die Dienste in seiner Konfigurationsdatei auch neu einlesen kann. Der *inetd*-Befehl nimmt ein Argument entgegen, das auf eine Konfigurationsdatei verweist, in dem die von ihm zur Verfügung gestellten Dienste aufgelistet sind. Wenn allerdings kein Argument auf der Kommandozeile übergeben wird, liest *inetd* die Konfigurationsinformationen aus der Datei */etc/inetd.conf* aus, war für unsere Belange absolut in Ordnung ist. Die *update-inetd*-Befehle haben unsere Änderungen in diese Datei abgelegt.

Um *inetd* mit Hilfe der Standard-Konfigurationsdatei zu starten, geben Sie Folgendes ein:

```
# /etc/init.d/openbsd-inetd reload
```

Sie sehen die folgende Meldung in Ihrer Konsole:

```
Reloading internet superserver: inetd
```

Quotas einrichten

Der Webserver Apache ermöglicht Linux, ein *virtuelles Hosting* zur Verfügung zu stellen – das bedeutet, dass Ihr Server mehrere Websites hosten kann, deren Domainnamen sich von dem Namen des physikalischen Servers unterscheiden. In der Konfigurationsdatei des Webservers können Sie mit Hilfe der Anweisungen für das virtuelle Hosting unterschiedliche Domains festlegen. Beispielsweise könnten wir selbst dann, wenn die in diesem Buch verwendete Domain *centralsoft.org* eingesetzt wird, ebenso noch *mothersmagic.com*, *wildbills.info* oder eine beliebige andere von uns registrierte Domain verwenden und dafür die gleiche IP-Adresse einsetzen.

Wir werden uns dieses Konzept in Kapitel 6 noch genau ansehen. Im Moment reicht es aus, wenn Sie sich die IP-Adresse wie die Telefonnummer eines Hauses vorstellen, in dem mehrere unterschiedliche Menschen leben. Wenn ein Browser auf Port 80 zugreift, kann er jede beliebige von Ihnen eingerichtete Domain erreichen.

Linux bietet eine Möglichkeit, mit der mit Hilfe einer Einrichtung mit dem Namen *Quotas* der Festplattenverbrauch mehrerer Domains verwaltet werden kann. Ursprünglich stellte Unix Quotas für Benutzerkonten zur Verfügung, damit diese nicht allzu viel Speicherplatz auf einem Server belegen konnten. Wenn Sie beispielsweise 50 Benutzer haben, die sich den Festplattenplatz auf einem Dateiserver teilen, und dabei kein Quota-System einsetzen, könnte ein einzelner Benutzer die gesamte Festplatte belegen, was dazu führt, dass sämtliche Anwendungen der Anwender sich weigern, weitere Daten abzuspeichern.

Ein Quota-System zwingt die Benutzer dazu, unterhalb ihrer Festplattenverbrauchsgrenzen zu bleiben, indem es den Benutzern die Möglichkeit nimmt, auf einem System uneingeschränkt Festplattenplatz zu verbrauchen. Das System behält die Quotas pro Benutzer und pro Dateisystem im Auge. Wenn Sie mehr als ein Dateisystem haben, auf dem die Benutzer Dateien anlegen können, richten Sie das System für jedes Dateisystem separat ein.

Sie können mit dem gleichen Quota-System auch den Festplattenplatz für eine von Ihnen gehostete Domain beschränken. Mit verschiedenen Werkzeugen können Sie die Quota-Richtlinien auf Ihrem System verwalten und automatisieren. In diesem Teil der Serverkonfiguration werden Sie jetzt ein Quota-System hinzufügen, damit Sie es später verwenden können.

Installieren Sie als Erstes die *quota*-Pakete mit Hilfe von *apt-get*:

```
# apt-get install quota quotatool
```

Sollten Sie bei der Installation gefragt werden, ob Sie den Benutzern eine tägliche Erinnerung über Quota schicken möchten, antworten Sie bitte zu diesem Zeitpunkt mit Nein.

Debian installiert und konfiguriert zwar diese beiden Pakete, Sie müssen aber noch die Datei */etc/fstab* bearbeiten, damit die Quotas auf allen von Ihnen gewünschten Dateisystemen aktiviert werden. Da Ihr System nur eine Partition für alle Dateien besitzt, reicht es, wenn Sie die Optionen *usrquota* und *grpquota* lediglich der Partition mit dem Mountpunkt / hinzufügen:

```
# /etc/fstab: static filesystem information.
#
# <filesystem>  <mount point>   <type>  <options>           <dump>  <pass>
proc            /proc           proc    defaults            0       0
/dev/hda1       /               ext3    defaults,errors=remount-
ro,usrquota,grpquota 0    1
/dev/hda5       none            swap    sw                  0       0
/dev/hdc        /media/cdrom0   iso9660 ro,user,noauto      0       0
/dev/fd0        /media/floppy0  auto    rw,user,noauto      0       0
```

Führen Sie jetzt die folgenden Befehle aus, um dem Wurzelverzeichnis Dateien hinzuzufügen:

```
# touch /quota.user /quota.group
# chmod 600 /quota.*
# mount -o remount /
# quotacheck -avugm
```

Der Linux-Kernel unterstützt Quotas normalerweise standardmäßig. Der Kernel entdeckt die Quota-Optionen in /etc/fstab und überprüft *quota.user* und *quota.group*, um festzustellen, ob Benutzer und/oder Gruppen Beschränkungen auf dem Festplattenplatz haben.

Sie sehen jetzt Folgendes in Ihrer Konsole:

```
quotacheck: Scanning /dev/hda1 [/] done
```

Sie erhalten auch eine Meldung, die in etwa Folgendes aussagt:

```
quotacheck: Checked 2106 directories and 29754 files
```

Führen Sie jetzt den nächsten Befehl aus:

```
# quotaon -avug
```

Sie werden diese Meldungen sehen:

```
/dev/hda1 [/]: group quotas turned on
/dev/hda1 [/]: user quotas turned on
```

Fragen Sie sich vielleicht gerade, was Sie da eben gemacht haben? Diese Befehlsfolge aktivierte die Quotas auf dem System. Sie können sich gern die Hilfeseiten für *quota* ansehen, wenn Sie das Gefühl haben, jetzt mehr verstehen zu müssen. Ihr Server ist nun eingerichtet und setzt das Quota-System ein.

Domainnamensdienste bereitstellen

In Kapitel 3 werden Sie erfahren, wie Sie die Domainnamen Ihres Servers sowie beliebige virtuelle Domains verwalten, die sich auf Ihrem System befinden. Für den Moment reicht es jedoch, wenn wir eine Minimalkonfiguration von BIND, dem allgegenwärtigen DNS-Server, einrichten.

Debian stellt in seinen Repositories eine stabile Version von BIND zur Verfügung. Wir werden BIND installieren und einrichten und dann in einer *chroot*-Umgebung absichern. Das bedeutet, dass BIND nur diejenigen Dateien sehen und darauf zugreifen kann, die sich innerhalb seines Verzeichnisbaums befinden. Hierbei handelt es sich um eine wichtige Sicherheitstechnik. Der Begriff *chroot* bezieht sich dabei auf den Trick, das Root-Dateisystem (das Verzeichnis /), das ein Prozess sieht, so abzuändern, dass der Prozess auf einen Großteil des Systems tatsächlich nicht zugreifen kann.

Des Weiteren werden wir BIND so einrichten, dass er nicht unter dem *root*-Benutzer läuft. Auf diese Weise erhält jemand, der es geschafft hat, Zugriff auf BIND zu erlangen, keine *root*-Privilegien und kann auch keine anderen Prozesse kontrollieren.

Um auf Ihrem Debian-Server BIND zu installieren, führen Sie diesen Befehl aus:

apt-get install bind9

Debian lädt die Datei herunter und konfiguriert sie als Internetdienst. Sie sehen die folgenden Meldungen auf Ihrer Konsole:

Richte bind9 ein (9.3.4-2)
Lege Gruppe `bind' (UID 105) an ...
Fertig.
Lege Systembenutzer `bind' (UID 105) an ...
Lege neuen Benutzer `bind' (UID 105) mit Gruppe `bind' an ...
Erstelle Home-Verzeichnis `/var/cache/bind' nicht.
Starting domain name service...: bind.

Wenn Sie mit dem Utility *apt-get* andere Dienste installieren oder entfernen, sehen Sie ähnliche Ausgabemeldungen.

Wenn Sie BIND in eine abgesicherte Umgebung verlegen möchten, müssen Sie ein Verzeichnis erstellen, in dem der Dienst unbehelligt von anderen Diensten laufen kann. Auch werden Sie diesen Dienst als unprivilegierten Benutzer laufen lassen, aber trotzdem wird nur *root* auf dieses Verzeichnis zugreifen können.

Beenden Sie als Erstes den Dienst mit dem folgenden Befehl:

/etc/init.d/bind9 stop

Bearbeiten Sie anschließend die Datei */etc/default/bind9* so, dass der Daemon als unprivilegierter Benutzer *bind* läuft, und zwar in der *chroot*-Umgebung */var/lib/named*. Ändern Sie die Zeile:

OPTIONS="-u bind"

folgendermaßen ab:

OPTIONS="-u bind -t /var/lib/named"

Damit zur Ausführung von BIND eine vollständige Umgebung zur Verfügung steht, richten Sie jetzt noch die notwendigen Verzeichnisse unterhalb von */var/lib* ein:

mkdir -p /var/lib/named/etc
mkdir /var/lib/named/dev
mkdir -p /var/lib/named/var/cache/bind
mkdir -p /var/lib/named/var/run/bind/run

Verschieben Sie jetzt das Konfigurationsverzeichnis von */etc* nach */var/lib/named/etc*:

mv /etc/bind /var/lib/named/etc

Richten Sie als Nächstes aus dem alten Speicherort heraus einen symbolischen Link auf das neue Konfigurationsverzeichnis ein, um Probleme zu vermeiden, wenn BIND zukünftig aktualisiert wird:

```
# ln -s /var/lib/named/etc/bind /etc/bind
```

Richten Sie die Geräte null und random ein, damit sie von BIND verwendet werden können, und korrigieren Sie die Berechtigungen für diese Verzeichnisse:

```
# mknod /var/lib/named/dev/null c 1 3
# mknod /var/lib/named/dev/random c 1 8
```

Ändern Sie jetzt die Berechtigungen und die Eigentümerrechte für diese Dateien:

```
# chmod 666 /var/lib/named/dev/null /var/lib/named/dev/random
# chown -R bind:bind /var/lib/named/var/*
# chown -R bind:bind /var/lib/named/etc/bind
```

Sie müssen jetzt noch die Datei */etc/default/syslogd* so abändern, dass Sie weiterhin Meldungen in den Systemprotokollen sehen können. Ändern Sie die Zeile:

```
SYSLOGD=""
```

folgendermaßen ab:

```
SYSLOGD="-a /var/lib/named/dev/log"
```

Starten Sie nun den Protokollierungsprozess mit diesem Befehl neu:

```
# /etc/init.d/sysklogd restart
```

Sie sehen die folgende Meldung:

```
Restarting system log daemon: syslogd.
```

Jetzt starten Sie schließlich BIND:

```
# /etc/init.d/bind9 start
```

Überprüfen Sie */var/log/syslog* auf eventuelle Fehlermeldungen. Sie können die Datei folgendermaßen durchblättern:

```
# less /var/log/syslog
```

Sie können davon ausgehen, dass BIND erfolgreich gestartet wurde, wenn Sie beim Starten von BIND auf der Konsole folgende Zeile sehen:

```
Starting domain name service...: bind.
```

Lassen Sie uns jetzt überprüfen, ob *named* ohne irgendwelche Probleme funktioniert. Führen Sie diesen Befehl aus, und Sie sollten das folgende Ergebnis sehen:

```
server1:/home/administrator# rndc status

number of zones: 4
debug level: 0
xfers running: 0
xfers deferred: 0
soa queries in progress: 0
```

```
    query logging is OFF
    recursive clients: 0/1000
    tcp clients: 0/100
    server is up and running
    server1:/home/administrator#
```

Wenn DNS nicht richtig funktioniert, erhalten Sie stattdessen in etwa Folgendes:

```
server1:~# rndc status
rndc: neither /etc/bind/rndc.conf nor /etc/bind/rndc.key was found
server1:~#
```

Glücklicherweise läuft unser DNS-System korrekt.

Im Moment haben wir unsere primären Zonendateien noch nicht eingerichtet und unseren DNS auch lediglich als Caching-Nameserver konfiguriert, der seinen Cache immer dann erweitert, wenn irgendjemand eine Webseite aufruft. Wir werden Ihnen in Kapitel 3 zeigen, wie Sie primäre und sekundäre DNS-Server einrichten können.

Wenngleich viele Menschen die Bedeutung von DNS nicht erkennen wollen, so ist doch dessen Beherrschung sehr wichtig, da so viele andere Dienste davon abhängig sind. Sie werden feststellen, dass DNS ein wichtiger Bestandteil beinahe aller Internetdienste ist, die Ihr System betreibt.

Eine relationale Datenbank hinzufügen: MySQL

Websites und Webanwendungen binden Objekte mit Hilfe von relationalen Datenbanken in Webseiten ein. Dies führt zu einem raschen Anstieg der Website-Anfragen. Webbrowser können 30 gleichzeitige Anfragen auslösen und damit die Last auf CPUs, Arbeitsspeicher und Festplattenzugriff erhöhen. Relationale Datenbanken können in Verbindung mit einem Webserver komplexe Webseiten aus dem Stegreif zusammenbauen.

Wir behandeln in diesem Buch nicht die komplexe Thematik der Datenbankadministration. Jedoch erwarten Entwickler von Linux-Systemadministration häufig, dass von den Administratoren Datenbanken zu Entwicklungszwecken eingerichtet werden. Deshalb zeigen wir hier, wie Sie Ihren Linux-Server mit einer der populären Open Source-Datenbanken konfigurieren: MySQL. Damit die Datenbank erfolgreich eingesetzt werden kann, müssen Sie wissen, wie:

1. MySQL installiert und gestartet wird,
2. ein *root*-Benutzer für MySQL eingerichtet wird,
3. ein normaler MySQL-Benutzer eingerichtet wird, mit dem die Anwendung dann auf die Datenbank zugreift,
4. Datensicherungen durchgeführt werden und die Datenbanken wiederhergestellt werden können.

Mit diesem Befehl installieren Sie den Datenbankserver, ein praktisches Clientprogramm, mit dem Sie den Server verwalten können, sowie die Bibliotheken, die von beiden Programmen benötigt werden:

```
# apt-get install mysql-server mysql-client libmysqlclient15-dev
```

Debian lädt jetzt MySQL von seinen Repositories herunter und beginnt mit der Installation. Sie sehen unter anderem folgende Meldungen:

```
...
Richte mysql-client-5.0 ein (5.0.32-7etch1) ...
Richte psmisc ein (22.3-1) ...

Richte mysql-server-5.0 ein (5.0.32-7etch1) ...
Stopping MySQL database server: mysqld.
Starting MySQL database server: mysqld.
Checking for corrupt, not cleanly closed and upgrade needing tables..

Richte libmysqlclient15-dev ein (5.0.32-7etch1) ...

Richte mysql-client ein (5.0.32-7etch1) ...
Richte mysql-server ein (5.0.32-7etch1) ...
server1:~#
```

Aus Administratorensicht ist MySQL mit Linux vergleichbar: Beide besitzen einen *root*-Benutzer, der die Kontrolle über den gesamten laufenden Betrieb besitzt und anderen Benutzern Berechtigungen gewähren oder verweigern kann. Der *root*-Benutzer von MySQL hat nichts mit dem *root*-Benutzer von Linux zu tun; lediglich die Namen sind gleich. Richten Sie den *root*-Benutzer für MySQL mit dem folgenden Befehl ein:

```
# mysqladmin -u root password 'passwort'
```

Suchen Sie sich für Ihr Passwort (*passwort*) eine einigermaßen schwer zu merkende Zeichenkette heraus, die keinen Sinn ergibt. Ab jetzt müssen Sie jedes Mal, wenn Sie MySQL administrieren möchten, erst den folgenden Befehl und dann Ihr Passwort an der Eingabeaufforderung eingeben:

```
# mysql -u root -p
Enter password:
```

Probieren Sie das jetzt aus und vergewissern Sie sich damit, dass der Client und der Server funktionieren und dass Sie sich am Datenbankserver anmelden können. Sie sollten auf Ihrer Konsole eine Ausgabe sehen, die in etwa folgendermaßen aussieht:

```
Welcome to the MySQL monitor. Commands end with ; or \g.
Your MySQL connection id is 9
Server version: 5.0.32-Debian_7etch1-log Debian etch distribution

Type 'help;' or '\h' for help. Type '\c' to clear the buffer.

mysql>
```

Geben Sie /q oder quit; ein, um das Programm zu verlassen.

Da der MySQL-Server läuft, können Sie *netstat -tap* ausführen und sehen dann unter anderem in etwa folgende Zeile:

```
tcp     0     0 localhost:mysql    *:*       LISTEN     2449/mysqld
```

Auf MySQL kann vom lokalen Host (127.0.0.1) aus über den Port 3306 zugegriffen werden. Wenn Sie diese Zeile nicht sehen, dann bearbeiten Sie */etc/mysql/my.cnf* (die Konfigurationsdatei, die Client und Server auf Betriebsparameter überprüfen) und kommentieren skip-networking durch Hinzufügen eines #-Zeichens aus:

```
#skip-networking
```

Möchten Sie, dass MySQL auf allen verfügbaren IP-Adressen lauscht, bearbeiten Sie */etc/mysql/my.cnf* und kommentieren die Zeile bind-address = 127.0.0.1 aus:

```
#bind-address         = 127.0.0.1
```

Wenn Sie */etc/mysql/my.cnf* bearbeiten mussten, starten Sie MySQL mit diesem Befehl neu:

 # /etc/init.d/mysql restart

Diese Abhandlung hat nicht alle Funktionen behandelt, die die Datenbankentwickler möglicherweise von Ihnen erwarten. MySQL ist jetzt allerdings auf Ihrem Server eingerichtet und läuft – und das reicht Ihnen jetzt erst mal, um mit den nächsten Schritten weitermachen zu können. Wir werden in den Kapiteln 6 und 11 mehr mit MySQL machen.

Mail sicher mit Postfix, POP3 und IMAP konfigurieren

In diesem Abschnitt werden wir E-Mail-Transport- und Delivery-Agents hinzufügen und eine strenge Kontrolle über die Systemumgebung implementieren. Wir werden demonstrieren, wie wir echte Benutzer eines E-Mail-Systems authentifizieren und betrügerischen Zugriff auf die E-Mail-Funktionalitäten verhindern.

Seit mehr als 25 Jahren dient Sendmail nun schon als wichtigster MTA des Internets. Viele für Linux geschriebene Anwendungen gehen davon aus, dass sie ein auf dem Server laufendes Sendmail vorfinden. Da Sendmail jedoch geschrieben wurde, bevor das Internet der breiten Öffentlichkeit zugänglich wurde, besitzt es viele der Sicherheitsprobleme, die auf der Liste der Common Vulnerabilities and Exposures (CVE) auf *http://cve.mitre.org* beschrieben werden.

Glücklicherweise wurden inzwischen andere MTAs entwickelt, um den Platz von Sendmail einzunehmen. Das größte Problem, dem sich diese MTAs gegenübersehen, ist, dass viele wichtige Anwendungen erwarten, dass Sendmail auf dem Linux-Server vorhanden ist. Um dieses Problem zu umgehen, müssen MTAs, wie beispielsweise Postfix und Exim, den Anwendungen gegenüber so auftreten können, als wären sie Sendmail. Wir nennen diese MTAs dann *Drop-in-Replacements* (zu Deutsch etwa vollständiger Ersatz), und sie können in einem Sendmail-Modus betrieben werden.

Postfix ist unser bevorzugter Ersatz für Sendmail. Es ist schneller als Sendmail, besitzt eine sicherere, modulare Architektur und bietet viele Features, die von einem stark frequentierten Mailprovider benötigt werden. Postfix bietet keine veralteten Protokolle an, verwendet aber den Internetstandard Simple Mail Transport Protocol (SMTP) und besitzt die wenigsten Einträge in der CVE-Liste. Aus all diesen Gründen setzen wir für unseren MTA lieber Postfix als Sendmail ein.

Zur Absicherung von E-Mail gehört es, unberechtigte Benutzer vom Server komplett fernzuhalten (damit sie über ihn keine unerwünschten Massen-E-Mails verschicken können), sicherzustellen, dass niemand legitimierte Benutzer hereinlegen kann, und die Inhalte der einzelnen E-Mails davor zu schützen, bei der Übertragung unberechtigterweise gelesen oder verändert werden zu können.

Bei einer schwachen E-Mail-Sicherheit können Betrüger Ihre Anwender leicht hereinlegen. Um die Authentifizierung zu verbessern, installieren wir Postfix mit Transport Layer Security (TLS), einem Protokoll, das wohl eher unter dem Namen Secure Sockets Layer (SSL) bekannt ist. Dadurch wird verhindert, dass von einem E-Mail-Client Passwörter im Klartext zum Server geschickt werden.

Wir möchten auch, dass sich der Anwender am Server authentifizieren oder sich am Mailserver anmeldet. Hierfür verwenden wir den Simple Authentication and Security Layer (SASL). Dadurch wird eine Erweiterung (ESMTP) eingerichtet, die einem SMTP-Client die Authentifizierung am Server ermöglicht.

Mit dem folgenden Befehl installieren Sie die Pakete, die von Postfix und den anderen Mailkomponenten benötigt werden:

```
# apt-get install postfix postfix-tls libsasl2 sasl2-bin \
libsasl2-modules ipopd-ssl uw-imapd-ssl
```

Debian wird Ihnen bei der Installation einige (*ncurses*-basierte) Eingabemasken zeigen, in denen Ihnen mehrere Fragen gestellt werden.

Das erste Fenster (siehe Abbildung 2-1) dient der Information; der Debian-Installer teilt Ihnen dabei mit, welche Möglichkeiten Sie für die Mailkonfiguration haben. Drücken Sie »Ok«, um zur Eingabemaske (siehe Abbildung 2-2) zu gelangen, in der Sie eine dieser Optionen auswählen können. Für unsere Zwecke wählen wir hier Internet-Server aus, da wir für den gesamten Datenverkehr SMTP einsetzen werden, entweder innerhalb eines LAN oder auch draußen im Internet. Debian wird dann die Konfigurationsdatei zur Verfügung stellen, die Ihren Anforderungen am besten entspricht. Wir können zu dieser Standardkonfiguration später noch Ergänzungen vornehmen.

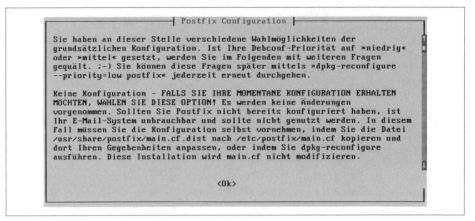

Abbildung 2-1: Die Postfix-Konfiguration beginnt

Wenn Sie Postfix so einrichten, dass er E-Mail verarbeiten soll, wird er als Standard-Mailtransfer-Agent arbeiten; deshalb werden Sie in Abbildung 2-2 nicht die Option wählen, in der er einen anderen Mailserver als Smarthost verwenden soll. Mit anderen Worten, Ihr System wird hiermit die Mailinstanz für Ihre Domain. Wenn Sie bisher einen anderen Server (beispielsweise einen der bekannten Mailanbieter oder einen ISP) für den Versand und den Empfang von Mail verwendet haben, dann wird Ihr Server jetzt diese Aufgabe übernehmen.

Abbildung 2-2: Postfix-Konfigurationsoptionen

In Abbildung 2-3 möchte Postfix den vollständig qualifizierten Namen des Servers wissen, der als E-Mail-Name des Systems verwendet werden wird. Diese Eingabemaske wird in dem blauen Textfeld einen Standardwert haben, den Sie hier so übernehmen können, wie er Ihnen angezeigt wird.

 centralsoft.org ist der Domainname, den wir in diesem Buch verwenden. Sie sollten an dieser Stelle aber Ihren Domainnamen eingeben.

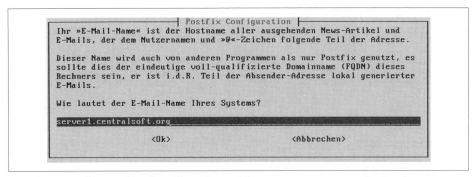

Abbildung 2-3: Überprüfung des vollständig qualifizierten Domainnamens für Postfix

Nachdem Sie auf »Ok« gedrückt haben, wird Debian mit der Installation und Konfiguration von Postfix fortfahren. Sie können das in Ihrem Konsolenfenster nachverfolgen. Sobald der Installationsvorgang beendet ist, müssen wir noch einige weitere Konfigurationen vornehmen. Geben Sie hierfür folgenden Befehl ein:

`dpkg-reconfigure postfix`

Sie sehen jetzt noch einmal die beiden ersten Fenster. Übernehmen Sie hier die gleichen Einstellungen wie vorhin, bis Sie zur dritten Eingabemaske gelangen (siehe Abbildung 2-4). Lassen Sie in dieser Eingabemaske das Eingabefeld leer und drücken Sie auf »Ok«. Postfix wird jetzt seine eigene Aliasdatei anlegen.

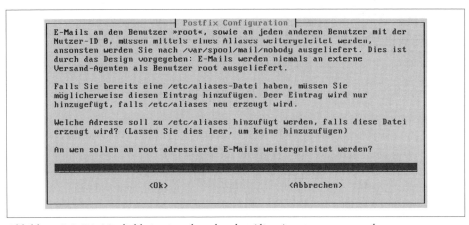

Abbildung 2-4: Die Möglichkeit, einen bestehenden Alias-Account zu verwenden

Nun sehen Sie noch einmal die Eingabemaske aus Abbildung 2-3 zur Angabe des vollständig qualifizierten Domainnamens. Übernehmen Sie hier wieder wie vorhin den vorgegebenen Standardwert und drücken Sie dann auf »Ok«, um mit der Konfiguration fortzufahren.

In Abbildung 2-5 werden Sie erkennen, dass dem Namen *localhost.centralsoft.org* zwei Kommata folgen. Entfernen Sie hier das zweite Komma.

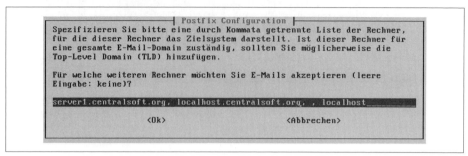

Abbildung 2-5: Interne Domainliste, die von Postfix verwendet wird

In Abbildung 2-6 fragt das Postfix-Konfigurationsprogramm nach synchronen Aktualisierungen. Wir werden die Administration von Mailservern in Kapitel 5 genauer behandeln; antworten Sie jetzt einfach mit <Nein> und machen Sie weiter.

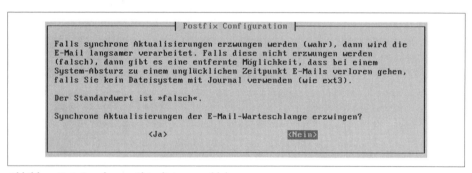

Abbildung 2-6: Synchrone Aktualisierung ablehnen

Das Postfix-Konfigurationsprogramm präsentiert Ihnen jetzt noch einige Eingabemasken zu lokalen Netzwerken, der lokalen E-Mail-Zustellung durch procmail, der maximalen Postfachgröße, dem Zeichen für die lokale Adresserweiterung und zu den einzusetzenden Internetprotokollen. Übernehmen Sie hier einfach die vorgegebenen Standardeinstellungen. Das Konfigurationsprogramm wird dann beendet, und Sie werden wieder zurück auf die Konsole geführt.

Jetzt haben Sie es fast geschafft, wir müssen nur noch das Paket *ipopd* konfigurieren. Geben Sie hierfür den folgenden Befehl an der Konsole ein:

```
# dpkg-reconfigure ipopd
```

Wenn Sie die Eingabemaske »Konfiguriere ipopd« sehen, die in Abbildung 2-7 dargestellt wird, wählen Sie pop3 und pop3s aus.

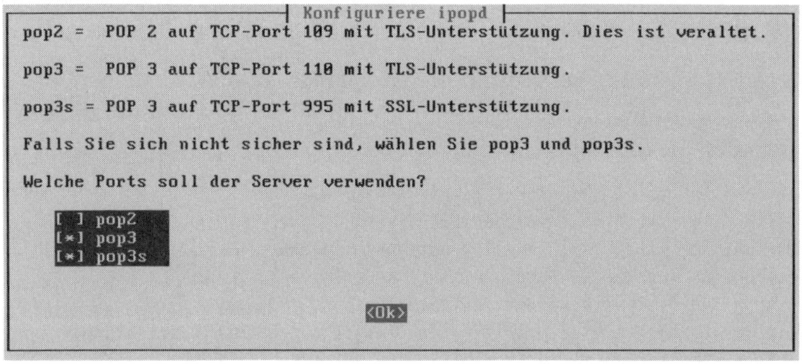

```
-| Konfiguriere ipopd |-
pop2 =  POP 2 auf TCP-Port 109 mit TLS-Unterstützung. Dies ist veraltet.
pop3 =  POP 3 auf TCP-Port 110 mit TLS-Unterstützung.
pop3s = POP 3 auf TCP-Port 995 mit SSL-Unterstützung.
Falls Sie sich nicht sicher sind, wählen Sie pop3 und pop3s.
Welche Ports soll der Server verwenden?
        [ ] pop2
        [*] pop3
        [*] pop3s

                         <Ok>
```

Abbildung 2-7: Konfigurationsmaske für E-Mail

Als Nächstes erhalten Sie die Eingabemaske aus Abbildung 2-8, in der Sie <Nein> wählen sollten, um sich die Flexibilität, Ports umleiten zu können, zu bewahren, für den Fall, dass Sie das Gefühl haben, das später noch einmal gebrauchen zu können. Die Standardports funktionieren hier, da wir TLS und einen SASL-Daemon verwenden.

Abbildung 2-8: Die Standardports für Mail belassen

Nachdem Debian die Installation und Konfiguration beendet hat und Sie sich wieder auf der Konsole an der Eingabeaufforderung befinden, müssen Sie jetzt damit beginnen, die verschiedenen Mailkomponenten zusammenzufügen. Das bedeutet, dass Sie an der Postfix-Konfigurationsdatei Einträge vornehmen und Zertifikate sowie Schlüssel für die Verschlüsselung generieren werden.

Am Anfang dieses Kapitels haben wir Sie vor diesem Teil der Konfiguration gewarnt. Einige der Befehle werden für Sie keinen Sinn ergeben. Sie sollten sich darüber keine Gedanken machen, aber vielleicht hilft es Ihnen ja zu verstehen, was Sie gerade machen, wenn Sie sich noch einmal die Absätze am Anfang dieses Abschnitts ansehen, die unsere Aufgaben darlegen.

Der Befehl *postconf* befindet sich im Verzeichnis */usr/sbin*. Mit diesem Befehl geben Sie den Wert eines Postfix-Parameters in der Konfigurationsdatei *main.cf* aus.

Da Sie Postfix installiert haben und er von Debian als Dienst eingerichtet wurde, müssen Sie ihm mitteilen, was er bezüglich der sicheren Authentifizierung zu tun hat. Verwenden Sie die folgenden Befehle:

```
# postconf -e 'smtpd_sasl_local_domain ='
# postconf -e 'smtpd_sasl_auth_enable = yes'
# postconf -e 'smtpd_sasl_security_options = noanonymous'
# postconf -e 'broken_sasl_auth_clients = yes'
# postconf -e 'smtpd_recipient_restrictions = \
permit_sasl_authenticated,permit_mynetworks,reject_unauth_destination'
# postconf -e 'inet_interfaces = all'
```

Diese Befehle schreiben Text in die Datei *smtpd.conf*:

```
# echo 'pwcheck_method: saslauthd' >> /etc/postfix/sasl/smtpd.conf
# echo 'mech_list: plain login' >> /etc/postfix/sasl/smtpd.conf
```

Erstellen Sie jetzt ein Verzeichnis für Ihre SSL-Zertifikate und generieren Sie sowohl die Zertifikate als auch die Schlüssel zur Verschlüsselung:

```
# mkdir /etc/postfix/ssl
# cd /etc/postfix/ssl/
# openssl genrsa -des3 -rand /etc/hosts -out smtpd.key 1024
313 semi-random bytes loaded
Generating RSA private key, 1024 bit long modulus
.......................................++++++
.......................................++++++
e is 65537 (0x10001)
Enter pass phrase for smtpd.key:
Verifying - Enter pass phrase for smtpd.key:
```

Ändern Sie dann mit diesem Befehl die Berechtigungen auf die Datei, die den OpenSSL-RSA-Schlüssel enthält:

```
# chmod 600 smtpd.key
```

Generieren Sie als Nächstes einen weiteren Schlüssel sowie ein Zertifikat und ändern Sie die bestehenden Schlüssel in die neu generierten ab:

```
# openssl req -new -key smtpd.key -out smtpd.csr
Enter pass phrase for smtpd.key:
You are about to be asked to enter information that will be incorporated
into your certificate request.
What you are about to enter is what is called a Distinguished Name or a DN.
There are quite a few fields but you can leave some blank
For some fields there will be a default value,
If you enter '.', the field will be left blank.
Country Name (2 letter code) [AU]: US
State or Province Name (full name) [Some-State]: Texas
Locality Name (eg, city) []: Dallas
Organization Name (eg, company) [Internet Widgits Pty Ltd]: centralsoft.org
Organizational Unit Name (eg, section) []: web
```

```
Common Name (eg, YOUR name) []: Tom Adelstein
Email Address []: tom.adelstein@centralsoft.org
Please enter the following 'extra' attributes
to be sent with your certificate request
A challenge password []:
An optional company name []: cso
# openssl x509 -req -days 3650 -in smtpd.csr -signkey smtpd.key -out \
smtpd.crt
Signature ok
subject=/C=US/ST=Texas/L=Dallas/O=centralsoft.org/OU=web/CN=Tom_Adelstein/
emailAddress=tom.adelstein@centralsoft.org
Getting Private key
Enter pass phrase for smtpd.key:
# openssl rsa -in smtpd.key -out smtpd.key.unencrypted
Enter pass phrase for smtpd.key:
writing RSA key
# mv -f smtpd.key.unencrypted smtpd.key
# openssl req -new -x509 -extensions v3_ca -keyout cakey.pem -out \
cacert.pem -days 3650
Generating a 1024 bit RSA private key
....................++++++
.......................++++++
writing new private key to 'cakey.pem'
Enter PEM pass phrase:
Verifying - Enter PEM pass phrase:
-----
You are about to be asked to enter information that will be incorporated
into your certificate request.
What you are about to enter is what is called a Distinguished Name or a DN.
There are quite a few fields but you can leave some blank
For some ficlds there will be a default value,
If you enter '.', the field will be left blank
Country Name (2 letter code) [AU]:
State or Province Name (full name) [Some-State]:
Locality Name (eg, city) []:
Organization Name (eg, company) [Internet Widgits Pty Ltd]:
Organizational Unit Name (eg, section) []:
Common Name (eg, YOUR name) []:
Email Address []:
```

Es gibt Diskussionen darüber, ob selbst generierte Zertifikate die an den Eingabeaufforderungen angeforderten Informationen benötigen. Wir empfehlen Ihnen, die entsprechenden Informationen Ihres Umfelds einzugeben.

Jetzt müssen Sie Postfix Ihre Schlüssel und Zertifikate mit Hilfe der folgenden *postconf*-Befehle mitteilen:

```
# postconf -e 'smtpd_tls_auth_only = no'
# postconf -e 'smtp_use_tls = yes'
# postconf -e 'smtpd_use_tls = yes'
# postconf -e 'smtp_tls_note_starttls_offer = yes'
```

```
# postconf -e 'smtpd_tls_key_file = /etc/postfix/ssl/smtpd.key'
# postconf -e 'smtpd_tls_cert_file = /etc/postfix/ssl/smtpd.crt'
# postconf -e 'smtpd_tls_CAfile = /etc/postfix/ssl/cacert.pem'
# postconf -e 'smtpd_tls_loglevel = 1'
# postconf -e 'smtpd_tls_received_header = yes'
# postconf -e 'smtpd_tls_session_cache_timeout = 3600s'
# postconf -e 'tls_random_source = dev:/dev/urandom'
```

Die Datei */etc/postfix/main.cf* sollte jetzt in etwa so aussehen:

```
# See /usr/share/postfix/main.cf.dist for a commented, more complete version


# Debian specific:  Specifying a file name will cause the first
# line of that file to be used as the name.  The Debian default
# is /etc/mailname.
#myorigin = /etc/mailname

smtpd_banner = $myhostname ESMTP $mail_name (Debian/GNU)
biff = no

# appending .domain is the MUA's job.
append_dot_mydomain = no

# Uncomment the next line to generate "delayed mail" warnings
#delay_warning_time = 4h

# TLS parameters
smtpd_tls_cert_file = /etc/postfix/ssl/smtpd.crt
smtpd_tls_key_file = /etc/postfix/ssl/smtpd.key
smtpd_use_tls = yes
smtpd_tls_session_cache_database = btree:${queue_directory}/smtpd_scache
smtp_tls_session_cache_database = btree:${queue_directory}/smtp_scache

# See /usr/share/doc/postfix/TLS_README.gz in the postfix-doc package for
# information on enabling SSL in the smtp client.

myhostname = server1.centralsoft.org
alias_maps = hash:/etc/aliases
alias_database = hash:/etc/aliases
myorigin = /etc/mailname
mydestination = server1.centralsoft.org, localhost.centralsoft.org, localhost
relayhost =
mynetworks = 127.0.0.0/8
mailbox_command = procmail -a "$EXTENSION"
mailbox_size_limit = 0
recipient_delimiter = +
inet_interfaces = all
inet_protocols = all
smtpd_sasl_local_domain =
smtpd_sasl_auth_enable = yes
smtpd_sasl_security_options = noanonymous
broken_sasl_auth_clients = yes
smtpd_recipient_restrictions = permit_sasl_authenticated,permit_mynetworks,reject_unauth_destination
```

```
smtpd_tls_auth_only = no
smtp_use_tls = yes
smtp_tls_note_starttls_offer = yes
smtpd_tls_CAfile = /etc/postfix/ssl/cacert.pem
smtpd_tls_loglevel = 1
smtpd_tls_received_header = yes
smtpd_tls_session_cache_timeout = 3600s
tls_random_source = dev:/dev/urandom
```

Wenn Ihre Datei mit dieser hier übereinstimmt, können Sie mit folgendem Befehl die Änderungen umsetzen:

```
# /etc/init.d/postfix restart
Stopping Postfix Mail Transport Agent: postfix.
Starting Postfix Mail Transport Agent: postfix.
```

Die Authentifizierung erfolgt über *saslauthd*, einem SASL-Daemon. Sie müssen allerdings ein paar Änderungen vornehmen, damit er richtig funktioniert. Da Postfix in einer *chroot*-Umgebung in */var/spool/postfix* läuft, geben Sie die folgenden Befehle ein:

```
# mkdir -p /var/spool/postfix/var/run/saslauthd
# rm -fr /var/run/saslauthd
```

Jetzt müssen Sie */etc/default/saslauthd* bearbeiten, um *saslauthd* zu aktivieren. Setzen Sie START=yes und ändern Sie die Zeile OPTIONS="-c" auf OPTIONS="-c -m /var/spool/postfix/var/run/saslauthd", damit die Datei folgendermaßen aussieht:

```
#
# Settings for saslauthd daemon
#

# Should saslauthd run automatically on startup? (default: no)
START=yes

# Which authentication mechanisms should saslauthd use? (default: pam)
#
# Available options in this Debian package:
# getpwent  -- use the getpwent() library function
# kerberos5 -- use Kerberos 5
# pam       -- use PAM
# rimap     -- use a remote IMAP server
# shadow    -- use the local shadow password file
# sasldb    -- use the local sasldb database file
# ldap      -- use LDAP (configuration is in /etc/saslauthd.conf)
#
# Only one option may be used at a time. See the saslauthd man page
# for more information.
#
# Example: MECHANISMS="pam"
MECHANISMS="pam"

# Additional options for this mechanism. (default: none)
# See the saslauthd man page for information about mech-specific options.
```

```
MECH_OPTIONS=""

# How many saslauthd processes should we run? (default: 5)
# A value of 0 will fork a new process for each connection.
THREADS=5

# Other options (default: -c)
# See the saslauthd man page for information about these options.
#
# Example for postfix users: "-c -m /var/spool/postfix/var/run/saslauthd"
# Note: See /usr/share/doc/sasl2-bin/README.Debian
OPTIONS="-c -m /var/spool/postfix/var/run/saslauthd"
```

Starten Sie jetzt *saslauthd* neu:

```
# /etc/init.d/saslauthd start
```

Mit dem folgenden Befehl überprüfen Sie, ob SMTP-AUTH und TLS richtig funktionieren:

```
# telnet localhost 25
Trying 127.0.0.1...
Connected to localhost.localdomain.
Escape character is '^]'.
220 server1.centralsoft.org ESMTP Postfix (Debian/GNU)
```

Hierdurch wird eine Verbindung zu Postfix aufgebaut. Geben Sie jetzt dieses ein:

```
ehlo localhost
```

Wenn Sie folgende Zeilen sehen:

```
server1:/etc/postfix# telnet localhost 25
Trying 127.0.0.1...
Connected to localhost.localdomain.
Escape character is '^]'.
220 server1.centralsoft.org ESMTP Postfix (Debian/GNU)
ehlo localhost
250-server1.centralsoft.org
250-PIPELINING
250-SIZE 10240000
250-VRFY
250-ETRN
250-STARTTLS
250-AUTH LOGIN PLAIN
250-AUTH=LOGIN PLAIN
250-ENHANCEDSTATUSCODES
250-8BITMIME
250 DSN
```

sollte Ihre Konfiguration funktionieren, und Sie haben dann diesen Teil der Mailkonfiguration beendet. Sie können jetzt **quit** eingeben und mit dem nächsten Abschnitt weitermachen.

Apache zum Laufen bringen

Wie wir bereits weiter oben in diesem Kapitel erwähnt haben, wird unsere Grundkonfiguration auch einen Webserver enthalten, da es für Sie wichtig ist, etwas über dessen grundlegende Serveradministration zu erfahren und weil der Server eine hilfreiche Umgebung für andere Tools sein kann. Am Ende dieses Kapitels werden wir mit diesem Webserver Webstatistiken zur Verfügung stellen, die von Webalizer generiert wurden.

Im November 2006 veröffentlichte Netcraft einen Bericht, der aussagte, dass 60 Prozent der Websites im Internet Apache einsetzen. Damit wird Apache häufiger eingesetzt als alle anderen Webserver zusammengenommen.

Apache ist in den meisten Linux-Distributionen sehr gut integriert. In diesem Abschnitt folgen wir einem vertrauten Muster und installieren und konfigurieren Apache mit dem folgenden Befehl:

```
# apt-get install apache2 apache2-doc
...

Richte apache2-mpm-worker ein (2.2.3-4) ...
Starting web server (apache2)....

Richte apache2 ein (2.2.3-4) ...
Richte apache2-doc ein (2.2.3-4) ...
```

Sobald Debian mit der Installation des *apache httpd*-Servers fertig ist, geben Sie folgenden Befehl ein:

```
# apt-get install libapache2-mod-php4 libapache2-mod-perl2 \
  php4 php4-cli php4-common php4-curl php4-dev php4-domxml \
  php4-gd php4-imap php4-ldap php4-mcal php4-mhash php4-mysql \
  php4-odbc php4-pear php4-xslt curl libwww-perl imagemagick
```

Dieser Befehl holt sich 71 Dateien und konfiguriert sie, das wird also etwas dauern. Im Anschluss daran können Sie zum nächsten Schritt übergehen.

Ändern Sie die Direktive `DirectoryIndex` in der Datei */etc/apache2/mods-available/dir.conf*:

```
DirectoryIndex index.html index.cgi index.pl index.php index.xhtml
```

zu:

```
DirectoryIndex index.html index.htm index.shtml index.cgi index.php
index.php3 index.pl index.xhtml
```

Fügen Sie als Nächstes, wie unten gezeigt, in der Datei */etc/mime.types* #-Zeichen hinzu, um die folgenden Zeilen auszukommentieren:

```
#application/x-httpd-php              phtml pht php
#application/x-httpd-php-source       phps
#application/x-httpd-php3             php3
```

```
#application/x-httpd-php3-preprocessed       php3p
#application/x-httpd-php4                    php4
```

Sie müssen auch noch zwei Zeilen in */etc/apache2/mods-enabled/php4.conf* auskommentieren:

```
<IfModule mod_php4.c>
#AddType application/x-httpd-php .php .phtml .php3
#AddType application/x-httpd-php-source .phps
</IfModule>
```

Stellen Sie jetzt sicher, dass die nächsten beiden Zeilen in der Datei */etc/apache2/ports.conf* vorhanden sind, indem Sie sie wenn nötig hinzufügen:

```
Listen 80
Listen 443
```

Nun müssen Sie einige Apache-Module aktivieren (*SSL*, *rewrite* und *suexec*), indem Sie sie symbolisch auf die Dateien im Unterverzeichnis *mods-enabled* verlinken:

```
# cd /etc/apache2/mods-enabled
# ln -s /etc/apache2/mods-available/ssl.conf ssl.conf
# ln -s /etc/apache2/mods-available/ssl.load ssl.load
# ln -s /etc/apache2/mods-available/rewrite.load rewrite.load
# ln -s /etc/apache2/mods-available/suexec.load suexec.load
# ln -s /etc/apache2/mods-available/include.load include.load
```

Als Sie weiter oben in diesem Kapitel andere Prozesse installierten, haben Sie bereits gesehen, dass die Installation der richtigen Module mit *apt-get* automatisch Apache auf dem System startet. Da Sie jedoch mehrere Änderungen an der Konfiguration vorgenommen haben, müssen Sie Apache neu starten, damit die Änderungen auch aktiv werden, ohne dass Sie Ihren ganzen Server neu starten. Geben Sie diesen Befehl ein:

```
# /etc/init.d/apache2 restart
```

Ihr Webserver startet neu und aktiviert die neuen Module sowie die Änderungen an Ihrer Konfiguration.

FTP-Dienste mit ProFTPD hinzufügen

Zusammen mit dem *httpd*-Server, mit dem Webseiten in einem Browser angezeigt werden können, möchten Sie wahrscheinlich auch einen File Transfer Protocol- (FTP-)Server umsetzen. Wir werden hierfür das Open Source-Tool ProFTPD einsetzen, da es weit verbreitet, sicher und konfigurierbar ist.

Der FTP-Server setzt eine einzelne Hauptkonfigurationsdatei ein, in der sich Direktiven und Direktivengruppen befinden, die ein Administrator, der einmal den Apache-Webserver eingesetzt hat, verstehen wird. ProFTPD besitzt *.ftpaccess*-Konfigurationsdateien für einzelne Verzeichnisse, die den *.htaccess*-Dateien von

Apache ähnlich sind und die erfordern, dass die Benutzer ihre Benutzer-IDs und Passwörter eingeben müssen, um auf einzelne Verzeichnisse zugreifen zu können.

Mit ProFTPD können Sie mehrere virtuelle FTP-Server sowie anonyme FTP-Dienste konfigurieren. Der Daemon führt niemals ein externes Programm aus und läuft als unprivilegierter Benutzer.

Installieren Sie ProFTPD mit diesem Befehl:

```
# apt-get install proftpd ucf
```

Abbildung 2-9 zeigt den Bildschirm, den Sie sehen, sobald Debian ProFTPD heruntergeladen hat und mit der Installation beginnt. ProFTPD kann entweder als eigener Dienst oder als Dienst von *inetd* laufen. Aus Sicherheitsgründen werden wir ProFTPD als Standalone-Dienst betreiben.

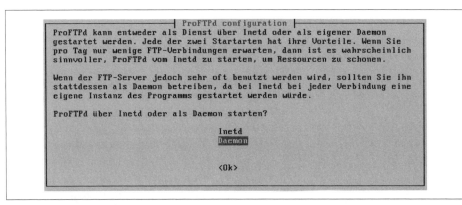

Abbildung 2-9: Debian-Konfigurationsbildschirm für ProFTPD

Öffnen Sie jetzt die Datei */etc/proftpd/proftpd.conf* mit Ihrem Lieblingseditor und ändern Sie dort die Zeile, die mit UseIPv6 beginnt, von on auf off, ansonsten erhalten Sie beim Start von ProFTPD eine Fehlermeldung. Diese Zeile sollte jetzt so aussehen:

```
UseIPv6         off
```

Da wir in einem der folgenden Kapitel ISPConfig installieren werden und dieses Programm erwartet, dass sich die Konfigurationsdatei von ProFTPD im Verzeichnis */etc/proftpd.conf* befindet, erstellen wir jetzt einen symbolischen Link, der dafür sorgt, dass die Erwartungen von ISPConfig auch erfüllt werden:

```
# ln -s /etc/proftpd/proftpd.conf /etc/proftpd.conf
```

Fügen Sie als Nächstes die folgenden Zeilen Ihrer Datei */etc/proftpd/proftpd.conf* hinzu:

```
DefaultRoot ~
IdentLookups off
ServerIdent on "FTP Server ready."
```

Jetzt starten wir, wie wir das auch schon bei anderen Prozessen getan haben, ProFTPD mit Hilfe des folgenden Befehls neu:

```
# /etc/init.d/proftpd restart
```

Zusammenfassen Ihrer Webstatistiken mit Webalizer

Webalizer erstellt statistische Auswertungen für Webserver-Protokolldateien. Sie können Webalizer mit einem Standard-Webbrowser einsetzen, und er erzeugt detaillierte, einfach zu konfigurierende Berichte im HTML-Format.

Das Debian-Projekt bietet Webalizer in seinen Stable-Repositories an. Daher können Sie es mit diesem Befehl installieren:

```
# apt-get install webalizer
```

Debian lädt jetzt die benötigten Dateien herunter und konfiguriert Webalizer mit den Standardeinstellungen. Damit ist auch die Installation von Webalizer abgeschlossen.

Synchronisierung der Systemuhr

Die Uhren von Computersystemen neigen dazu, voneinander abzuweichen. Aus diesem Grund ist eine der grundlegendsten Konfigurationsaufgaben die Verbindung Ihres Systems mit einem Network Time Protocol-(NTP-)Server, der Ihr System im Rahmen einiger weniger Sekunden in der richtigen Zeit hält.

Mit dem folgenden Befehl können Sie Ihre Systemuhr mit einem NTP-Server synchron halten:

```
# apt-get install ntp ntpdate
```

Debian wird die benötigten Pakete herunterladen, installieren und konfigurieren. Ab jetzt werden Sie immer einen korrekten Systemzeit haben.

Installation von Perl-Modulen, die von SpamAssassin benötigt werden

Viele Tools benötigen die Programmiersprache Perl oder bieten eine Perl-Schnittstelle an, mit der Sie diese Tools anpassen können (auch wenn andere Sprachen zunehmend Anhänger in der Open Source- und Unix-Welt finden). SpamAssassin, ein wichtiges Werkzeug für Mailadministratoren (und auch Mailbenutzer), ist ein Programm, das wir in diesem Buch einsetzen und das Perl benötigt. Als Systemadministrator sollten Sie selbst dann, wenn Sie nicht in Perl programmieren möchten, in der Lage sein, Perl-Module vom populärsten und vertrauenswürdigsten Repository herunterladen zu können, dem Comprehensive Perl Archive Network (CPAN).

Damit Sie ein Gefühl für die Installation von Perl-Modulen erhalten, werden wir jetzt ein paar dieser Module mit Hilfe der Perl CPAN-Shell installieren. Hierbei handelt es sich um eine Umgebung, die nach dem Archiv sucht und die Module dann von diesem Archiv aus installiert.

Melden Sie sich an Ihrer Kommandozeile als *root* an und starten Sie mit dem folgenden Befehl die Perl CPAN-Shell:

```
server1:/home/admin# perl -MCPAN -e shell
```

Beantworten Sie alle Fragen, indem Sie die Eingabetaste drücken und dadurch die Standardwerte übernehmen. Installieren Sie dann mit den folgenden Befehlen die Module, die wir in den nächsten Kapiteln verwenden werden:

```
> install HTML::Parser
> install DB_File
> install Net::DNS
```

An der `enable tests?`-Eingabeaufforderung antworten Sie mit no.

Wenn ein Modul bereits auf Ihrem System vorhanden ist, erhalten Sie in etwa folgende Meldung: `HTML::Parser is up to date`. Wurde eines erfolgreich installiert, sehen Sie `/usr/bin/make install - OK`.

Sobald Sie fertig sind, geben Sie einfach q ein, um Perl damit zu verlassen, und kehren zurück zur Eingabeaufforderung.

Was kommt als Nächstes?

Jetzt, da Sie alle Aufgaben zur Konfiguration Ihres Servers abgeschlossen haben, werden Sie den Server auch endlich in einer produktiven Umgebung einsetzen wollen. Sie müssen jetzt Ihre DNS-Dienste einrichten und Ihren Registrar darüber informieren, wo Sie Ihre Domain eingerichtet haben (das ist Thema des nächsten Kapitels). Sobald Sie mit der DNS-Konfiguration fertig sind, können Sie eine webbasierte Anwendung installieren (wir werden hierfür ISPConfig verwenden) und damit beginnen, die Funktionsweise von Webanwendungen zu untersuchen.

KAPITEL 3
Das Domain Name System

Dieses Kapitel zeigt Ihnen, wie Sie mit Hilfe von BIND einen Domain Name System-(DNS-)Server einrichten. Wenn Sie diesen Stoff durchgearbeitet haben, sollten Sie verstehen, wie Sie einen Server für eine beliebige von Ihnen registrierte Domain installieren, konfigurieren und verwalten können und wie Sie auf diesem Server auf Fehlersuche gehen können. Wir werden mit einer Einführung zu DNS beginnen, die Sie aber auch auslassen können, wenn Sie lieber direkt zu dem Abschnitt mit der Schritt-für-Schritt-Installation und -Konfiguration wechseln möchten. Sollten Sie auf Probleme stoßen, können Sie ja vielleicht wieder zurückblättern und den vorangegangenen Stoff lesen und/oder noch einmal durchgehen.

DNS-Grundlagen

Wenn Sie irgendwelche Recherchen über das DNS des Internets durchführen, werden Sie sicherlich auf die Behauptung stoßen, dass DNS die größte Datenbank der Welt sei. Verglichen mit einer Datenbank wie Oracle oder MySQL ist das jedoch irreführend. Tatsache ist jedoch, dass DNS das größte verteilte digitale Verzeichnis der Welt ist. Wie bei einem Online-Telefonverzeichnis gleichen Sie damit Namen mit Nummern ab – allerdings entsprechen bei DNS die Zahlen den IP-Adressen der vielen Server, die mit dem Internet verbunden sind, zu denen sowohl diejenigen Server gehören, die kleine Websites verwalten, als auch gigantische Serverfarmen wie Google oder Amazon.

Wie eine öffentliche Bibliothek mit einer Gesamtsammlung aller Telefonbücher, die in die einzelnen Länder aufgeteilt ist, sortiert auch DNS die Domains in Kategorien ein. Die Gesamtsammlung der Kategorien befindet sich in sogenannten *Root-Verzeichnissen*. Diese Sammlung wird in Top-Level-Domains (TLDs) aufgeteilt, und zwar in etwa auf die gleiche Art und Weise, wie auch die Gesamtsammlung der Telefonbücher in Länder aufgeteilt wird. Anstatt nach Telefonnummern mit einer Stuttgarter Vorwahl zu suchen, sucht DNS nach Namen, die mit Endungen wie

.edu, *.org*, *.com*, *.net*, *.mil*, *.de*, *.fr* und so weiter enden. Die Domains innerhalb der einzelnen TLD führen schließlich zu einer Adresse, über die Sie mit einem Server kommunizieren können.

Das DNS (ursprünglich 1983 in RFC 882 festgelegt und später mit den RFCs 1034 und 1035 überarbeitet) führte verschiedene Ideen ein, mit denen die Abbildung herkömmlicher Internetnamen auf IP-Adressen verwaltet werden kann. Das System verteilt die Daten und die Namensvergabe der Hosts hierarchisch in einem *Domain-Namensraum*. Jede Domain gleicht einem Zweig eines Baums und jeder Zweig besitzt Unterverzweigungen. Programme mit dem Namen *Nameserver* stellen Informationen über ihren Teil des Baums zur Verfügung, und sogenannte *Resolver* fordern auf der Seite der Clientprogramme Domain-Informationen von Nameservern an.

Hierarchische Namensschemata wie DNS verhindern ein mehrfaches Vorkommen von Daten. Jede Domain kommt nur einmal vor, und Sie können so viele Server innerhalb einer Domain haben, wie Sie gern möchten – stellen Sie die Hostnamen der Server einfach vor den Domainnamen. Eine Site, die beispielsweise die Kontrolle über *centralsoft.org* besitzt, könnte eine beliebige Anzahl an Hosts mit Namen wie *server1.centralsoft.org*, *ldap.centralsoft.org* und *mail.centralsoft.org* haben.

Vorteile einer eigenen DNS-Administration

Kleinere Organisationen lassen ihre DNS-Administration häufig durch ihre ISPs verwalten. Es hat jedoch Vorteile, wenn Sie Ihre eigenen Server einrichten. Sie erhalten dadurch die vollständige Kontrolle darüber, welche Systeme Ihre öffentlichen Dienste (beispielsweise Webdienste und E-Mail) beherbergen. Außerdem erhalten Sie eine höhere Skalierbarkeit, wenn Sie Ihre Infrastruktur um DNS erweitern: Sie können je nach Anforderung weitere Server hinzufügen und sogar eine Lastverteilung unter diesen Servern einrichten. Dies wird insbesondere dann wichtig, wenn Sie mehrere aktive Domains besitzen und betreiben oder interne Authentifizierungsdienste am Laufen haben. Außerdem haben Sie eine größere Kontrolle über die Aktualität Ihrer Namen. Kurz, in den heutigen Geschäftsumgebungen ist wichtig, dass Sie die Kontrolle über Ihren eigenen DNS haben und das nicht von irgendjemand anderem erledigen lassen.

Viele Firmen sind dazu übergegangen, ihr Kerngeschäft mit Hilfe von Webanwendungen abzuwickeln. Anstatt ihre produktiven Systeme zu ersetzen, möchten sie ihre alten Anwendungen über todschicke neue Weboberflächen zur Verfügung stellen. Die Unternehmen gehen dabei so vor, dass sie ihre alten Anwendungen um Web-Frontends erweitern und dabei für die Verbindung verschiedener Systeme webbasierte Backends einsetzen. IT-Abteilungen setzen Anwendungsserver, wie beispielsweise JBoss (jetzt im Besitz von Red Hat), IBMs WebSphere und BEAs WebLogic, für die Backends ein sowie zahlreiche weitere Produkte für die Frontends. Auf jeden Fall wird DNS ein integraler Bestandteil, wenn Anwendungen webfähig gemacht werden sollen, da solche Systeme Verzeichnisserver einsetzen, die untereinander kommunizieren.

DNS besitzt auch eine bedeutende Position bei der zunehmenden Verbreitung von Webdiensten und ausführbaren Internetanwendungen, die von Google, Yahoo! und anderen angeboten und von jedermann eingesetzt werden können. Das schnelle und zuverlässige Auflösen von IP-Adressen ist für den Erfolg dieser Produkte im Internet und innerhalb der Unternehmen entscheidend. Betrachten Sie die Konfiguration und die Verwaltung von DNS als eine der wichtigsten Fähigkeiten, die Sie als Systemadministrator erwerben können.

So, was müssen Sie also als Systemadministrator tun, wenn Sie Ihre eigenen öffentlichen DNS-Server betreiben? Sie müssen die Adressen von zwei oder mehreren solcher Server Ihrem Domain-Registrar mitteilen (es werden mindestens zwei benötigt, da dann die Wahrscheinlichkeit groß ist, dass immer gerade einer läuft, wenn ein Name angefordert wird). Des Weiteren müssen Sie die Domainnamen derjenigen Systeme verwalten, die öffentlich erreichbar sein sollen: Ihre Webserver, Mailserver und so weiter.

Wenn Sie gerade damit beginnen, sich in DNS einzuarbeiten, wird Ihnen DNS wahrscheinlich nicht gerade intuitiv erscheinen. In vielen Fällen kommt einem dieser Jargon wie eine völlig fremde Sprache vor. Solange Sie nicht eine Zeit lang damit gearbeitet haben, wird es Ihnen möglicherweise ziemlich sinnlos erscheinen. Wir werden Ihnen gleich zeigen, wie Sie einen DNS-Server einrichten können. Dann werden wir uns noch einmal einige Kernpunkte und Begriffe ansehen, bevor wir tiefer in die Konfigurationsdateien einsteigen.

Der Einstieg in BIND

Auf den meisten DNS-Servern weltweit läuft Berkeley Internet Name Daemon, auch BIND genannt. BIND ist der Standard auf allen Versionen von Unix und Linux. Da es sehr wahrscheinlich ist, dass Administratoren mit BIND in Berührung kommen, behandelt dieses Kapitel BIND im Detail.

 Die bekannteste Alternative zu BIND ist die *djbdns*-Softwaresammlung. Sie funktioniert gut, wird von vielen großen Nameservern eingesetzt und besitzt wohl eine einfachere Konfiguration. Sehen Sie sich weitere Details auf *http://cr.yp.to/djbdns.html* an.

Wir werden Ihnen hier keine Geschichtsstunde über BIND geben, da Sie das Thema wahrscheinlich ermüden würde. Dennoch müssen wir ein historisches Thema ansprechen. Viele setzen nach wie vor noch eine veraltete Version von BIND ein, von deren Verwendung eigentlich abgeraten wird: Version 4. In diesem Kapitel verwenden wir die neuere Version 9.

Wenn Sie an einem System arbeiten, dessen DNS-Konfigurationsdateien anders aussehen als die Syntax, die in diesem Kapitel gezeigt wird, liegt das wahrscheinlich daran, dass dieses System BIND 4 einsetzt. Wie wir bereits gesagt haben, tauschen die Unternehmen nicht gern funktionierende Systeme aus, und es kann schon einmal vorkommen, dass eine Katastrophe passieren muss, damit eine IT-Abteilung eine Aktualisierung auf BIND 8 oder 9 vornimmt. Auf Grund der möglichen Sicherheitsrisiken durch Exploits, die es für BIND 4 geben kann, sollten Sie jedoch ernsthaft eine solche Aktualisierung in Erwägung ziehen. (Nur nebenbei, die Versionsnummerierung sprang von 4 auf 8, um mit den Versionen von Sendmail gleichziehen zu können; lassen Sie sich also von niemandem BIND 5, 6 oder 7 verkaufen.)

Bestandteile von BIND

BIND besteht aus drei Bestandteilen. Die erste Komponente ist der Dienst oder Daemon, der für die Antwortseite von DNS zuständig ist. Dieser Teil wird *named* (ausgesprochen *name-dee*) genannt. Er geht an das Telefon, wenn es klingelt.

Der zweite Teil aus dem BIND-Paket ist die *Resolver*-Bibliothek. Das ist das, was Webbrowser, Mailsoftware und andere Anwendungen abfragen, wenn sie einen Server anhand seines DNS-Namens im Internetdschungel ausfindig machen möchten.

Einige Leute betrachten einen Resolver als Client innerhalb von BIND. Anders als bei dem Server, handelt es sich jedoch bei dem Client nicht um ein einzelnes Programm. Stattdessen ist es eine Bibliothek, die mit jedem Webbrowser, E-Mail-Client und so weiter verlinkt ist. Der Resolver-Code fragt die DNS-Server ab und versucht dabei, Namen in IP-Adressen zu übersetzen.

Dieser Teil von BIND verwendet sein eigenes kleines Verzeichnis mit dem Namen *resolv.conf*, das auf jedem Computersystem vorhanden ist. Die Konfiguration von *resolv.conf* ist Ihre Aufgabe. Wir zeigen Ihnen hier, wie die Datei *resolv.conf* auf Computern in der Domain *centralsoft.org* aussieht:

```
search centralsoft.org
nameserver 70.253.158.42
nameserver 70.253.158.45
```

Wie Sie sehen können, ist die Konfigurationsdatei des BIND-Resolver sehr einfach aufgebaut. Die erste Zeile sucht nach einem Server in der lokalen Domain. Die anderen Zeilen stellen die Adressen von Nameservern zur Verfügung, die dem Administrator bekannt sind und auf die ein Resolver zurückgreifen kann, wenn die erste Suche nach einem Server fehlschlägt.

Der dritte Teil von BIND stellt Werkzeuge wie beispielsweise den Befehl *dig* zur Verfügung, mit denen das DNS getestet werden kann. Gehen Sie zu Ihrer Konsole, geben Sie dort *dig yahoo.com* (oder irgendeine andere bekannte Domain) ein und sehen Sie sich an, was passiert. Wir werden *dig* und die anderen Utilities in dieser Werkzeugsammlung später behandeln.

Einrichten eines DNS-Servers

Für den Aufbau unseres Servers werden wir eine frische Installation mit der neuesten Stable-Version von Debian einsetzen und diese Installation mit einem Minimum an Paketen konfigurieren.

Wenn Sie die Netzwerkinstallations-CD aus Kapitel 2 noch nicht haben, dann laden Sie sich diese von *http://www.de.debian.org/CD/netinst* herunter. Führen Sie dann eine Netzwerkinstallation durch und stellen Sie dabei sicher, dass Sie einen vollständig qualifizierten Domainnamen angeben. Konfigurieren Sie Debian dann so, wie es hier empfohlen wird.

Wenn Sie sich die aktuelle Version von Debian GNU/Linux holen, kann es sein, dass Sie Unterschiede zwischen dieser Version und der Version, mit der wir die folgenden Anweisungen geschrieben haben, feststellen werden. Linux-Entwickler aktualisieren ihre Distributionen häufiger, und die Installationsroutinen ändern sich mit den Aktualisierungen, Patches und neuen Versionen des Linux-Kernels. Sollten Sie auf Unterschiede bei der von uns hier beschriebenen Installation stoßen, suchen Sie in unserer Erklärung nach dem Wesentlichen, und Sie sollten dann eigentlich keine größeren Probleme beim Nachvollziehen mit der neuesten Version haben.

Nach den ersten Stufen der Debian-Installation sehen Sie einen grafischen Bildschirm, in dem Sie nach der Art der von Ihnen gewünschten Installation gefragt werden. Der Bildschirm sieht in etwa so aus:

```
( ) Desktop-Umgebung
( ) Web-Server
( ) Druck-Server
( ) DNS-Server
( ) Datei-Server
( ) Mail-Server
( ) SQL-Datenbank
( ) Laptop
(*) Standard-System
```

Wählen Sie hier lediglich den Menüpunkt »Standard-System« aus und drücken Sie dann die Tabulatortaste. Drücken Sie dann auf der markierten »Weiter«-Schaltfläche die Eingabetaste. Das Installationsprogramm von Debian beginnt jetzt mit dem Herunterladen und der Installation der Pakete.

Sobald Sie mit der Minimalinstallation von Debian fertig sind, sollten Sie einige unnötige Programme entfernen, die eventuell in einem LAN hilfreich sind, aber nicht auf einen Internetserver gehören. Sie können diese Programme mit Hilfe des Debian-Utility *apt-get* löschen:

```
# apt-get remove nfs-common portmap pidentd
```

Wenn Sie sich an Stelle von Debian für den Einsatz von SUSE oder Fedora entschlossen haben, können Sie diese Pakete mit Ihrer bevorzugten Methode entfernen.

Lassen Sie uns jetzt noch, wenn nötig, einige Dienstskripten herausnehmen und *inetd* neu starten:

```
# update-inetd --remove daytime
# update-inetd --remove telnet
# update-inetd --remove time
# update-inetd --remove finger
# update-inetd --remove talk
# update-inetd --remove ntalk
# update-inetd --remove ftp
# update-inetd --remove discard
# /etc/init.d/openbsd-inetd reload
```

Installieren Sie jetzt BIND mit dem folgenden Befehl auf Ihrem Debian-Server:

```
# apt-get install bind9
```

Debian lädt die Datei herunter und konfiguriert das Paket als Internetdienst. Sie sehen die folgenden Meldungen auf Ihrer Konsole:

```
...
Richte bind9 ein (9.3.4-2)
Lege Gruppe `bind' (104) an ...
Fertig.
Lege Systembenutzer `bind' (UID 103) an ...
Lege neuen Benutzer `bind' (UID 103) mit Gruppe `bind' an ...
Erstelle Home-Verzeichnis `/var/cache/bind' nicht.
wrote key file "/etc/bind/rndc.key"
Starting domain name service...: bind.
```

Einsatz einer chroot-Umgebung aus Sicherheitsgründen

Viele Sicherheitsadministratoren empfehlen, BIND als Nicht-*root*-Benutzer in einem isolierten Verzeichnis laufen zu lassen, auch *chroot-Umgebung* genannt. Dieses Vorgehen verhindert die nicht zu verachtende Gefahr, dass in Ihrer BIND-Version eine Sicherheitslücke gefunden wird, die dann möglicherweise Außenstehenden einen Angriff auf den *named*-Daemon ermöglicht, über den sie Zugriff auf Ihr System erlangen können. Selbst wenn *named* über einen Exploit kompromittiert wurde, beschränkt eine chroot-Umgebung den möglichen Schaden auf die Namensdienste.

Damit BIND in einer chroot-Umgebung läuft, müssen Sie ein Verzeichnis einrichten, in dem der Dienst unbehelligt von anderen Prozessen laufen kann. Auch werden Sie BIND als unprivilegierten Benutzer laufen lassen, aber nur *root* wird auf dieses Verzeichnis zugreifen können. Dieses Verzeichnis enthält dann alle Dateien, die BIND benötigt, und erscheint BIND dann als gesamtes Dateisystem, nachdem Sie den Befehl *chroot* ausgeführt haben.

Beenden Sie als Erstes mit dem folgenden Befehl den Dienst:

```
# /etc/init.d/bind9 stop
```

Bearbeiten Sie jetzt als Nächstes die Datei */etc/default/bind9* so, dass der Daemon als unprivilegierter Benutzer *bind* in der chroot-Umgebung */var/lib/named* läuft. Ändern Sie die Zeile:

```
OPTIONS="-u bind"
```

folgendermaßen ab:

```
OPTIONS="-u bind -t /var/lib/named"
```

Damit zur Ausführung von BIND eine vollständige Umgebung zur Verfügung steht, richten Sie jetzt unterhalb von */var/lib* die notwendigen Verzeichnisse ein:

```
# mkdir -p /var/lib/named/etc
# mkdir /var/lib/named/dev
# mkdir -p /var/lib/named/var/cache/bind
# mkdir -p /var/lib/named/var/run/bind/run
```

Verschieben Sie das Konfigurationsverzeichnis von */etc* nach */var/lib/named/etc*:

```
# mv /etc/bind /var/lib/named/etc
```

Nun richten Sie einen symbolischen Link auf das neue Konfigurationsverzeichnis vom alten Ablageort aus ein, um Problemen vorzubeugen, wenn BIND zukünftig aktualisiert wird:

```
# ln -s /var/lib/named/etc/bind /etc/bind
```

Richten Sie die Geräte null und random ein, damit sie von BIND verwendet werden können, und passen Sie dann die Verzeichnisberechtigungen an:

```
# mknod /var/lib/named/dev/null c 1 3
# mknod /var/lib/named/dev/random c 1 8
```

Ändern Sie jetzt die Berechtigungen und Eigentümerrechte der Dateien:

```
# chmod 666 /var/lib/named/dev/null /var/lib/named/dev/random
# chown -R bind:bind /var/lib/named/var/*
# chown -R bind:bind /var/lib/named/etc/bind
```

Sie müssen nun noch die Konfigurationsdatei */etc/default/syslogd* bearbeiten, damit Sie auch die Nachrichten in den Systemprotokollen sehen können. Ändern Sie die Zeile:

```
SYSLOGD=""
```

folgendermaßen ab:

```
SYSLOGD="-a /var/lib/named/dev/log"
```

Starten Sie jetzt den Protokollierungsprozess mit dem folgenden Befehl neu:

```
# /etc/init.d/sysklogd restart
```

Sie sehen die folgende Meldung:

```
Restarting system log daemon: syslogd.
```

Zum Schluss starten Sie BIND:

```
# /etc/init.d/bind9 start
```

Überprüfen Sie jetzt */var/log/syslog* auf eventuelle Fehler. Sie können die Datei folgendermaßen durchblättern:

```
# less /var/log/syslog
```

Normalerweise wissen Sie, dass BIND erfolgreich gestartet wird, wenn Sie auf der Konsole folgende Zeile sehen:

```
Starting domain name service...: bind.
```

Leider kann *named* auch starten, wenn er seine Datendateien nicht laden konnte, was dazu führt, dass er nicht funkioniert. Überprüfen Sie also mit Hilfe des folgenden Befehls, ob *named* funktioniert:

```
# rndc status
number of zones: 4
debug level: 0
xfers running: 0
xfers deferred: 0
soa queries in progress: 0
query logging is OFF
recursive clients: 0/1000
tcp clients: 0/100
server is up and running
server1:/home/admin#
```

Wenn DNS nicht richtig funktioniert, werden Sie stattdessen in etwa Folgendes sehen:

```
# rndc status
rndc: neither /etc/bind/rndc.conf nor /etc/bind/rndc.key was found
```

Sollten Sie diesen Fehler erhalten, werfen Sie am besten einen Blick auf den Abschnitt »Ich kann keine Verbindung mit Hilfe von rndc aufbauen«, der sich ziemlich weit hinten in diesem Kapitel befindet.

Konfiguration eines autoritativen DNS-Servers

Wenn Sie die Telefonnummer von Ilse Bill in einem digitalen Telefonbuch herausfinden möchten, dann ist es die Telefongesellschaft, die diese Information veröffentlicht. Möchten Sie dagegen *ilsebill.com* finden, muss ein Systemadministrator sich mit dem Domainnamen und der Nummer (IP-Adresse) melden und sie zu einem Teil des verteilten DNS-Verzeichnisses machen. Administratoren machen das, indem sie Aufzählungslisten in etwas erstellen, das DNS-Begeisterte *Zonendateien* nennen.

Eine *Zone* enthält die Informationen für eine Domain oder, entsprechend unserer Telefon-Analogie, für einen Haushalt. Gehen wir einmal davon aus, in Ihrem Haus würden 15 Kinder leben und jemand, der eines dieser Kinder sprechen möchte, ruft Sie an. Jedes dieser Kinder besitzt ein Mobiltelefon, deren Telefonnumern Sie allerdings nicht alle im Kopf haben. Stattdessen haben Sie Ihre eigene Liste, ein Verzeichnis, in dem Sie nachsehen, um die Mobilnummer für das Kind herauszufinden, das der Anrufer gern erreichen würde.

Entsprechend könnten Sie auch 15 Server haben, die in Ihrem Rechenzentrum leben, oder 15 Websites, die auf Ihrem Server gehostet werden. Um das Ganze zu veranschaulichen, gehen wir jetzt davon aus, Sie würden einen Server administrieren, der fünf verschiedene Websites hostet, wobei jede Website einen komplett anderen Domainnamen besitzt. Nehmen wir nun an, ein Domainname wäre *centralsoft.org*, während die anderen Domainnamen *linhelp.com*, *supportcall.org*, *jdshelp.net* und *linuxconf.net* lauten. Alle Eigentümer der Websites bitten Sie darum, ihre DNS-Einträge zu verwalten. Die Vielseitigkeit von BIND ermöglicht Ihnen die Verwaltung mehrerer DNS-Server auf einmal sowie die unabhängige Verwaltung mehrerer Domains auf einem Server.

Jede Website befindet sich in einer anderen Domain, deshalb müssen Sie also für jede Website eine Zonendatei schreiben. In den Datenbanken Ihres Registrars wird Ihr DNS-Server als *Nameserver* für diese Domainnamen aufgeführt. Mit anderen Worten, *server1.centralsoft.org* wird dort als derjenige aufgeführt, den Außenstehende kontaktieren können, um die anderen Kinder im Haus ausfindig zu machen (*linhelp.com*, *supportcall.org* und die anderen).

Die Datei, die der Liste mit den Mobilnummern aus unserer Haus-Analogie entspricht, ist die Datei */etc/named.conf*. In gewisser Hinsicht ist */etc/named.conf* Ihre Verzeichnisliste der Zonendateien. Sie liefert Ihnen die Informationen über den Standort jeder einzelnen Zone auf Ihrem System.

Ihre Verantwortung bei DNS

Wie wir bereits angemerkt haben, verteilt DNS sein Verzeichnis. Wenn Sie eine Gebühr zahlen und eine Domain registrieren, müssen Sie unter anderem auch die Frage nach Ihren Nameservern beantworten. Sie müssen die Namen und Adressen der beiden Server angeben, und diese müssen im DNS-System registriert werden.

Jetzt können Sie sich vielleicht eine Vorstellung davon machen, in welchem Umfang der Systemadministrator daran beteiligt ist. Sie müssen alle Nameserver in Ihren Domains so konfigurieren, dass sie den Vorgaben der Internet Engineering Task

Force (IETF) entsprechen. Wenn Sie die vorgegebenen Protokolle nicht befolgen, wird Ihr System auch nicht Bestandteil des weltweiten Verzeichnisdiensts.

Hoffentlich hat die vorangegangene Diskussion Ihnen eine Idee davon gegeben, um »was« es sich bei DNS handelt. Lassen Sie uns jetzt etwas genauer ansehen, wie Sie Ihren Teil an diesem Verzeichnis zum Laufen bringen.

Das verteilte Verfahren zum Auflösen von Domainnamen

Lassen Sie uns noch einmal die DNS-Verzeichnisstruktur durchgehen. Das Verzeichnis besteht aus drei Ebenen. Die erste Servergruppe wird *Root*-Server genannt, da sie den Ausgangspunkt für Anfragen bieten. Die zweite Gruppe besteht aus den *Top-Level-Domain*-Servern. Zu den TLDs gehören *.com*, *.net*, *.org*, *.mil*, *.gov*, *.edu* und so weiter sowie die Länderdomains wie beispielsweise *.de*. (Im Übrigen sind Domainnamen unabhängig von Groß- oder Kleinschreibung: *.com* und *.COM* sind dasselbe.)

Abbildung 3-1 veranschaulicht die DNS-Struktur. Oben im Bild sehen Sie eine Darstellung der Root-Server des Internets. Diese Server enthalten lediglich die Namen und IP-Adressen der nächsten Serverebene und sind nur für das Umleiten der Anfragen auf die einzelnen TLDs zuständig.

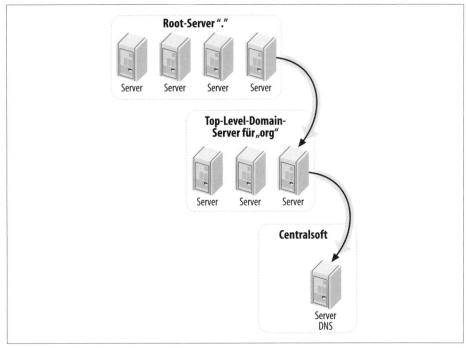

Abbildung 3-1: Die verteilte Verzeichnisstruktur von DNS

In der Mitte der Abbildung sehen Sie einige Server der *.org*-TLD. Diese Server enthalten die Namen und IP-Adressen aller registrierten DNS-Server mit dem Suffix *.org*. Wenn Sie eine Domain mit dem Suffix *.org* registrieren, befindet sich dessen IP-Adresse in allen TLD-Servern von *.org*. Sie müssen dann die restlichen Informationen über alle Subdomains zur Verfügung stellen sowie über die Server innerhalb Ihrer Domain.

Der untere Abschnitt in Abbildung 3-1 stellt einen primären Nameserver mit dem Namen *server1.centralsoft.org* dar. Er fungiert als DNS-Server für eine Reihe von Domains, wie wir später noch sehen werden. Für jetzt reicht es, wenn Sie wissen, dass *server1.centralsoft.org* den Teil des DNS-Systems repräsentiert, den Sie verwalten müssen.

Eine Domain finden

Wie bereits erwähnt, wird von BIND nicht nur ein Daemon zum Schreiben der DNS-Einträge in das verteilte Verzeichnis zur Verfügung gestellt, sondern auch ein Verfahren, mit dem das Verzeichnis ausgelesen werden kann. Wenn Ihr Computer die Adresse für eine Website herausfinden muss, fragt er die von Ihnen angegebenen DNS-Server ab (die sich normalerweise in Ihrem lokalen Netzwerk oder bei Ihrem ISP befinden).

Nehmen wir einmal an, Ihr Browser möchte *www.google.com* finden. Der BIND-»Client« führt einen Befehl aus, der dann tatsächlich seinen DNS-Server fragt, ob er denn die Adresse dieser Website kennt. Wenn der DNS-Server die Adresse nicht kennt, fragt er einen Root-Server nach dieser Adresse.

Der Root-Server antwortet daraufhin: »Ich weiß es nicht, aber ich weiß, wo du die Antwort finden kannst. Beginne mit den TLD-Servern für *.com*.« Und der Root-Server liefert dann die IP-Adresse eines Servers, der alle Domains (und das sind ziemlich viele!) kennt, die direkt unter *.com* registriert sind.

Im Namen Ihres Browsers fragt der Resolver auf dem DNS-Server dann einen *.com*-Server nach der Adresse. Der *.com*-Server sagt: »Ich habe zwar nicht die gefragten Informationen, ich kenne aber einen Nameserver, der diese Informationen besitzt. Er hat die Adresse 64.233.167.99, und sein Name ist *ns1.google.com*.«

Ihr freundlicher DNS-Server geht zu dieser Adresse, liest die Verzeichnisinformationen, die *ns1.google.com* bietet, und kommt dann wieder zurück, um Ihrem Browser die Adresse von *www.google.com* mitzuteilen. Der DNS-Server legt diese Informationen dann in seinem Cache ab, damit er nicht noch einmal herumrennen und nach der Adresse von Google suchen muss.

Im Grunde steuert *resolv.conf* die Anfragen nach Domainnamen, die von Browsern und anderen Clients vorgenommen werden, während *named* die Fragen beantwortet und sicherstellt, dass die Informationen auf allen Servern aktuell gehalten werden.

Anfragen beantworten

Abbildung 3-2 beschreibt den Ablauf, wie normalerweise eine Anfrage beantwortet wird. Lassen Sie uns diesen Ablauf einmal genauer untersuchen.

In der oberen linken Ecke der Abbildung befindet sich die Zeichnung eines Servergehäuses (in unserem Beispiel hat dieser Server den Namen *server1.centralsoft.org*; er hat die gleiche Funktion wie auch *ns1.google.com*). Nehmen wir nun an, dass auf dem Server Linux und BIND laufen. Ein Server aus einer höheren Ebene leitet die Resolver auf das System weiter (im Fall von *server1.centralsoft.org* schickt ein TLD-Nameserver der *.org*-Domains die Anfragen).

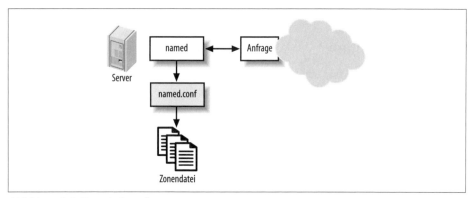

Abbildung 3-2: Eine Anfrage beantworten

Der *named*-Daemon lauscht auf UDP-Port 53, ob irgendjemand Anfragen für Namen in der Domain stellt. Wenn *named* eine Anfrage erhält, konsultiert er seine Konfigurationsdatei */etc/named.conf*. Besitzt der Server Informationen über die angefragte Domain, sieht er in den zugehörigen Zonendateien nach. Wenn die Zonendatei die angeforderten Informationen besitzt, liefert der Server diese Informationen an das System aus, das nach diesen Informationen gefragt hat.

Einige Leute nennen die Konfigurationsdateien auch *Regeldateien*. Das ist in gewisser Hinsicht einleuchtend, da zu einem korrekten DNS-Betrieb auch eine strenge Einhaltung der Regeln und Protokolle von DNS gehört. Jedoch sind die Zonendateien tatsächlich ein Teil des DNS-Verzeichnisses, und deren primäre Aufgabe besteht darin, Informationen zu liefern und nicht das Einhalten von Regeln zu erzwingen.

Primäre und sekundäre DNS-Server

Wie wir bereits gesagt haben, müssen Sie die Namen von mindestens zwei DNS-Servern angeben, wenn Sie Ihre Domain registrieren. Wenn Sie möchten, können Sie von den Informationen, die Sie auf Ihrem ersten DNS-Server eingerichtet haben, eine genaue Kopie erstellen und diese dann auf Ihrem zweiten Server ablegen.

Einige Provider machen genau das. Das üblichere und leichter zu pflegende Vorgehen liegt allerdings darin, einen Server als *primären* oder *Master*-Server anzusehen (auf dem Sie alle manuellen Aktualisierungen durchführen) und den anderen Server als *sekundären* oder *Slave*-Server. BIND erlaubt dann dem sekundären Server, Verbindung mit dem primären Server aufzunehmen und das Verzeichnis automatisch zu replizieren – ein Verfahren, das *Zonentransfer* genannt wird.

Sekundäre Server sind, genauso wie primäre Server, autoritativ. Das bedeutet, dass sekundäre Server auf Anfragen antworten und Informationen über alle Zonen, für die sie verantwortlich sind, herausgeben können. Der Unterschied besteht darin, dass Sie, wenn Sie Änderungen vornehmen, diese nur auf Ihrem primären Server vornehmen sollten. Der sekundäre Server wird sich diese Informationen dann vom primären Server holen.

Der primäre Server übermittelt seine neue Konfiguration von sich aus nicht sofort an den sekundären Server. Stattdessen fragt jeder sekundäre Server den primären Server in regelmäßigen Abständen ab, um herauszufinden, ob irgendwelche Änderungen vorgenommen wurden. Ein sekundärer Server weiß, dass er seinen großen Bruder in regelmäßigen Abständen abfragen soll, da er in seiner *named.conf*-Datei mit der Bezeichnung `slave` eingetragen ist, so wie hier gezeigt:

```
zone "centralsoft.org" {
    type slave;
    file "sec.centralsoft.org";
    masters { 70.253.158.42; };
};
```

Wir werden die vollständige Syntax und Rolle dieses Eintrags jetzt nicht besprechen. Worauf es hier ankommt, ist die Zeile `type slave;`, die diesen Server als sekundären Server festlegt, sowie die Zeile `masters`, die dem Server mitteilt, wo er sich seine Informationen holen kann. In diesem Beispiel hat der Master-Server die IP-Adresse 70.253.158.42. Diese Adresse entspricht dem, was wir weiter oben in diesem Kapitel in die Datei *resolv.conf* eingetragen haben (sehen Sie sich hierzu den Abschnitt »Bestandteile von BIND« an). Die Datei *resolv.conf* hilft einem Client bei der Verbindung mit DNS, wohingegen der voranstehende Eintrag in *named.conf* einem sekundären DNS-Server dabei hilft, den primären DNS-Server herauszufinden.

> ### Firewall-Probleme
>
> Wenn Sie auf Ihrem primären Server eine Firewall im Einsatz haben, sollten Sie sicherstellen, dass Sie den UDP-Port 53 nicht blockieren. Über diesen Port werden Anfragen angenomme, und es wird auf Anfragen geantwortet. Wenn sich der sekundäre Server auf der anderen Seite einer Firewall befindet, dürfen Sie auch den TCP-Port 53 nicht blockieren. Der sekundäre Server verwendet zur Durchführung von Zonentransfers, mit denen der Server aktuell gehalten wird, sowohl TCP als auch UDP.

Wird der sekundäre Server als Slave bestimmt, wird er angewiesen, den primären Server regelmäßig auf Änderungen in den Domain-Verzeichnisdateien zu überprüfen. Die Datei *named.conf* gibt auf den einzelnen Servern an, wie diese regelmäßigen Abfragen und Zonentransfers durchzuführen sind. Der Wert *refresh* teilt dem sekundären Server mit, wie oft er sich mit dem Master abgleichen soll. Die *Seriennummer* ist ein Wert, den Sie auf dem primären Server jedes Mal hochzählen müssen, wenn Sie die von ihm angebotenen Informationen ändern; der sekundäre Server stellt anhand eines Vergleichs des Werts auf dem primären Server mit seinem eigenen Wert fest, ob er einen Zonentransfer durchführen soll.

In der primären Konfigurationsdatei steht auch ein *retry*-Wert, den der sekundäre Server an Stelle des Refresh-Werts nimmt, wenn er den primären Server nicht erreichen kann. Das kann zum Beispiel passieren, wenn der Master-Server oder das Netzwerk gerade nicht erreichbar ist. In diesem Fall gibt sich der sekundäre Server dann ein Weile als Master aus.

Ein sekundärer Server kann sich jedoch nicht ewig als Master ausgeben. Unter Umständen könnten seine Informationen so veraltet sein, dass es besser wäre, wenn er überhaupt nicht mehr antworten würde. Deshalb wird in der Konfigurationsdatei mit dem Wert *expiry* auch eine Zeitspanne angegeben. Verstreicht diese Zeitspanne ohne eine erfolgreiche Aktualisierung, versucht der sekundäre Server zwar weiterhin, Verbindung zum primären Server aufzubauen, beantwortet aber keine Anfragen mehr.

Es gibt noch einen weiteren Wert, den Sie kennen sollten, bevor Sie die Konfigurationsdateien in Angriff nehmen: den Wert *Minimum Time To Live* (TTL). Wenn ein entfernter DNS-Server von Ihnen eine Antwort auf eine Anfrage erhält, speichert er diese Informationen zwischen und verwendet sie, bis die im TTL-Wert angegebene Zeitspanne abgelaufen ist. Das Caching ist für die Performance von DNS sehr wichtig. Wenn irgendjemand eine Stunde lang verschiedene Webseiten auf Ihrer Site besucht (zu jeder Seite könnten beispielsweise mehrere Downloads gehören), dann muss, weil es das Caching gibt, ein Server in der Nähe des Benutzers den Domainnamen nur einmal abfragen; danach kann er dann jede Anfrage aus seinem Cache heraus beantworten. Um jedoch zu verhindern, dass die zwischengespeicherten Informationen uninteressant werden, sorgt der TTL-Wert dafür, dass der Server schließlich den zwischengespeicherten Wert verwirft und wieder zu Ihnen, dem autoritativen Server, kommt, um sich den aktuellen Wert zu holen.

All diese Werte finden Sie in Ihrer Zonendatei, nicht in der Datei *named.conf*. Die Datei *named.conf* verweist lediglich auf den Speicherort Ihrer Zonendatei.

Caching-Only-Server

Zusätzlich zu primären und sekundären Servern bietet DNS noch Caching-Only-Server an. Von den Administratoren werden diese Server zur Verringerung der Last auf den autoritativen Servern eingesetzt. Ein Caching-Server besitzt keine Autorität; er trägt lediglich dazu bei, dass DNS schneller arbeitet, indem er die Domainnamen, die er von autoritativen Servern mitgeteilt bekommt, abspeichert und seinen Clients anbietet.

Der Server, den Sie für das Hosten von Domains einrichten, ist normalerweise mit dem Beantworten von Anfragen anderer DNS-Server im Internet beschäftigt. Dieser Job belastet schon an sich die Ressourcen dieses Servers, deshalb setzen Administratoren häufig Caching-Server ein, um die Informationen lokal für die Benutzeranfragen vorzuhalten. Sie finden Caching-Server beispielsweise bei ISPs im Einsatz, die lediglich deren Privatkunden bedienen. Mit einem anderen Server stellen sie dann dem Internet die Domainnamen für die von ihnen gehosteten Sites zur Verfügung.

Wenn Sie BIND installieren, wird standardmäßig ein Caching-Server eingerichtet. Bei der Durchführung einer Abfrage behält der Caching-Server die Ergebnisse in seinem Cache. Wenn Sie dann das nächste Mal wieder die gleiche Website finden möchten, müssen Sie nicht noch einmal durch den gesamten Suchvorgang gehen: Sie erhalten die Informationen über die Host-zu-IP-Adresszuordnung aus dem Cache.

Bearbeiten der Konfigurationsdateien

Bisher haben wir das Domain Name System auf sehr hoher Ebene untersucht und die Bestandteile erklärt, die von Ihnen gewartet werden müssen. Jetzt müssen wir aber auf die Details der Konfigurationsdateien eingehen, damit Sie diese bei Bedarf auch schreiben, ändern oder Fehler darin beheben können.

Wenn Sie BIND unter Linux installieren, liefert Ihnen das Paket Konfigurationsdateien mit; Sie müssen also nicht jede Datei von Grund auf neu schreiben. Abbildung 3-3 stellt die Hauptdateien dar. Wir werden mit der Datei *named.conf* beginnen, die auf jedem BIND-Server das gesamte System koordiniert und auf den Rest verweist.

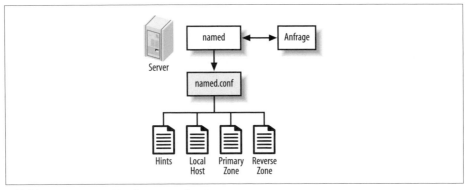

Abbildung 3-3: BIND-Konfigurationsdateien

named.conf

Sie erinnern sich bestimmt daran, dass wir im Abschnitt »Anfragen beantworten« gesagt haben, dass immer dann, wenn *named* eine Anfrage entgegennimmt, *named* in seinem eigenen kleinen Verzeichnis nachsieht, der Konfigurationsdatei *named.conf*. Diese Konfigurationsdatei verweist *named* dann auf die Zonendatei für die angeforderte Domain.

Lassen Sie uns jetzt einen Blick auf eine einfache *named.conf*-Datei werfen. Wenn Sie diese Datei zu diesem Zeitpunkt noch nicht verstehen können, machen Sie sich trotzdem damit vertraut, wie sie aufgebaut ist. Wir werden die Datei dann gleich in ihre Bestandteile zerlegen.

Denken Sie daran, dass diese Datei normalerweise bereits standardmäßig auf Ihrem Linux-Server installiert wurde. Abhängig von der Distribution kann sich *named.conf* in unterschiedlichen Verzeichnissen befinden (bei Debian befindet sich diese Datei bei BIND 9 unter */etc/bind/named.conf*), und der Aufbau der Datei kann sich etwas unterscheiden. Beispielsweise kann diese Datei zahlreiche Kommentare enthalten.

Hier ist unsere Beispieldatei *named.conf*. Kommentare folgen auf doppelte Schrägstriche:

```
options {
    pid-file "/var/run/bind/run/named.pid";
    directory "/etc/bind";
    // query-source address * port 53; };

//
// Konfiguration eines Master-Nameserver
//
zone "." {
    type hint;
    file "db.root";
};

zone "0.0.127.in-addr.arpa" {
    type master;
    file "db.local";
};

zone "158.253.70.in-addr.arpa" {
    type master;
    file "pri.158.253.70.in-addr.arpa";
};

zone "centralsoft.org" {
    type master;
    file "pri.centralsoft.org";
};
```

> ### Einfache Sicherheit bei Datentransfers
> In unserer aktuellen Konfiguration darf jeder Nameserver unsere Zone *centralsoft.org* von unserem primären Nameserver transferieren. Da wir nur unserem sekundären Nameserver (70.253.158.45) den Transfer der Zone ermöglichen wollen, müssen wir auf unserem primären Nameserver *server1.centralsoft.org* in der Datei *named.conf* die folgende Zeile an unsere Zone *centralsoft.org* anhängen:
>
> ```
> allow-transfer { 70.253.158.45; };
> ```
>
> Die zone sollte jetzt folgendermaßen aussehen:
>
> ```
> zone "centralsoft.org" {
>     type master;
>     file "pri.centralsoft.org";
>     allow-transfer { 70.253.158.45; };
> };
> ```

Die Beispieldatei *named.conf* verweist auf vier weitere Konfigurationsdateien. In der dritten Zeile von oben steht das Verzeichnis, in dem sich alle befinden, */etc/bind*.

Die Anweisung options enthält zwei Zeilen. Die erste Zeile gibt den Speicherort von *named.pid* an, an dem sich lediglich die Prozess-ID des gerade laufenden *named*-Daemon befindet. Das mag vielleicht wie ein ungewöhnliches Stück Information erscheinen, das hier abgespeichert wird, ist aber sehr hilfreich für Utilities, die *named* beenden oder neu starten müssen. Noch bezeichnender ist die zweite Zeile der options-Anweisung, die das Verzeichnis festlegt, in dem sich *named* und die zu dessen Ausführung gehörenden Dateien befinden.

Die darauf folgenden zone-Anweisungen, ein Beispiel hierzu haben wir bereits gesehen, geben die Speicherorte der verschiedenen Dateien an, die Konfigurationsinformationen enthalten. Zusammengefasst muss *named.conf* auf die folgenden Dateien in den zone-Anweisungen verweisen:

Hints-Datei (für zone "."*)*
    Diese Datei enthält die Namen und Adressen der Root-Server im Internet. *named* muss die Adressen dieser Server kennen, damit er eine Abfrage starten kann, wenn keine Teile der angefragten Domain im Cache von *named* abgespeichert sind.

Local-Host-Datei (für zone "0.0.127.in-addr.arpa"*)*
    Diese Datei macht Ihr eigenes System (IP-Adresse 127.0.0.1) dem DNS bekannt. Der Hintergrund für das Erstellen lokaler Zonendateien für die einzelnen Bereiche Ihres lokalen Hosts liegt darin, den Datenverkehr zu reduzieren und dafür zu sorgen, dass Software immer auf die gleiche Art und Weise arbeiten kann, egal ob sie dabei auf Ihr lokales System oder auf ein entferntes System zugreift.

Reverse-Zonendatei (für zone "158.253.70.in-addr.arpa"*)*
Diese Datei bildet IP-Adressen auf Hostnamen ab. Es handelt sich dabei um ein Spiegelbild der primären Zonendatei. Sie erkennen eine Reverse-Zonendatei daran, dass sie die Endung *in-addr.arpa* besitzt und PTR-Records verwendet (das behandeln wir später).

Primäre Zonendatei (für zone "centralsoft.org"*)*
Diese Datei, manchmal auch als *Domain-Datenbank* bezeichnet, legt die meisten Informationen fest, die für das Auflösen der Anfragen über die von Ihnen administrierte Domain benötigt werden. Diese Datei wird nicht vorkonfiguriert, wenn Sie BIND installieren. Normalerweise müssen Sie sie von Grund auf neu schreiben oder eine der Dateien verwenden, die bei BIND als Vorlage mitgeliefert werden.

Die primäre Zonendatei bildet Namen auf IP-Adressen ab und liefert Informationen darüber, welche Dienste Ihre Computer dem Internet zur Verfügung stellen (hierzu gehören Ihre Web- und FTP-Server, E-Mail-Server, Nameserver und so weiter).

Die Standard-Konfigurationsdatei enthält die beiden ersten zone-Anweisungen (für die Hints- und die Local-Host-Datei – diese Dateien sind normalerweise bereits vorhanden, wenn Sie BIND installieren, und müssen nicht geändert werden). Sie müssen allerdings noch die Einträge für die Reverse- und die primäre Zonendatei hinzufügen.

Zonendateien verwenden verschiedene Record-Arten, hierzu gehören:

- SOA (Start of Authority)
- NS (Name Server)
- MX (Mail eXchanger, der einen Mailserver in der Domain festlegt)
- A (Abbildung von Hostnamen auf Adressen)
- CNAME (Canonical Name, der einen Alias für einen Hostnamen in einem A-Record festlegt)
- PTR (Pointer, der Adressen auf Namen abbildet)

Es ist nicht notwendig, dass Sie versuchen, sich zu diesem Zeitpunkt diese Record-Arten zu merken oder gar zu verstehen. Wenn wir nachher tiefer in dieses Thema eintauchen, werden Sie noch ausreichend Gelegenheit haben, diese Records einzusetzen.

Als Nächstes werden wir uns eine primäre Zonendatei ansehen und sie in ihre Bestandteile zerlegen.

Die primäre Zonendatei

Die primäre Zonendatei enthält den Hauptteil der Konfigurationsinformationen, die DNS benötigt. Das Format der Datei ist nicht standardisiert, allerdings sind die darin enthaltenen Elemente durch RFC 1035 festgelegt.

Wenn Sie die Dateien verwenden, die die Debian-Installation zur Verfügung stellt, sollten Sie Ihre eigene primäre Zonendatei nach Ihrer Domain benennen. Wir haben die Zonendatei für die Domain *centralsoft.org* mit *pri.centralsoft.org* benannt. (Das Präfix *pri* soll Ihnen dabei helfen, die Datei als primäre Zonendatei zu erkennen.) Wir werden hier jeden einzelnen Teil der Datei beschreiben. Wenn Sie die Datei in ihrer Gesamtheit sehen möchten, gehen Sie ein Stückchen weiter und sehen sich den Abschnitt »Alles zusammengenommen« an.

Die ersten Zeilen liefern die Informationen, die zur Synchronisation mit Ihrem sekundären oder Slave-Server benötigt werden (das können auch mehrere Server sein):

```
@ IN SOA server1.centralsoft.org. root.localhost. (
            2006012103; Seriennummer
            28800; Refresh, Sekunden
            7200; Retry, Sekunden
            604800; Expiry, Sekunden
            86400 ); Minimum-TTL, Sekunden

;
```

Hierbei handelt es sich um einen SOA-Record. SOA ist der *Start of Authority*, der diese Informationen, im Gegensatz zu einem Caching-Server, als Informationen für autoritative Server (sowohl primäre als auch sekundäre) kennzeichnet. In dem Moment, in dem Sie Ihren Teil des verteilten DNS-Verzeichnisses selbst schreiben, hat das DNS-System Ihnen die Autorität für Ihren Teil des DNS überlassen. Deshalb muss Ihre Zonendatei auch festlegen, wo Ihre Autorität beginnt – also bei der von Ihnen bereitgestellten Domain.

Ein Semikolon (;) bezeichnet hier nicht das Ende einer Zeile; er markiert lediglich den Anfang eines Kommentars. Wenn Sie folglich nicht den Kommentar »Seriennummer« mit angeben möchten, können Sie die folgende Zeile:

```
2006012103; Seriennummer
```

auch einfach so schreiben:

```
2006012103
```

Lassen Sie uns jetzt einen Blick auf die erste Zeile werfen, diejenige, die mit dem At-Zeichen (@) beginnt. Von links nach rechts bedeuten die Felder:

Name
> Der Root-Name der Zone. Das @-Zeichen ist eine Kurzreferenz auf die aktuelle Zone in der Datei */etc/named.conf*. Es wäre also das Gleiche, wenn wir in unserem Beispiel `server1.centralsoft.org` verwendeten. Das @-Zeichen wird im DNS-Jargon auch als *Ursprung* bezeichnet.

Klasse
> Die DNS-Klasse. Es gibt eine Reihe von Klassen, allerdings verwenden die meisten Sites die Klasse `IN` (Internet). Die anderen Klassen stehen für Protokolle und Funktionen, die nicht zum Internet gehören.

Typ
> Der Typ des DNS-Resource-Records. In diesem Fall handelt es sich um einen SOA-Resource-Record.

Nameserver
> Der vollständig qualifizierte Name des primären Nameservers. Ein schnell mal vergessenes Detail ist allerdings wichtig: Der Name muss mit einem Punkt (.) enden und damit die Wurzel der DNS-Hierarchie kennzeichnen, um dadurch klarzustellen, dass es sich bei dem Pfad um einen vollständigen Domainnamen handelt.

E-Mail-Adresse
> Die E-Mail-Adresse der Person, die für die Domain verantwortlich ist. Es gibt hier eine weitere DNS-spezifische Konvention: Sie können hier nicht das @ verwenden, das in allen Internet-E-Mail-Adressen vorkommt, da, wie wir bereits gesehen haben, ein @ in dieser Datei eine andere Bedeutung besitzt. Aus diesem Grund wird hier ersatzweise ein Punkt verwendet. Möchten wir hier den *root*-Benutzer auf dem lokalen System angeben, also *root@localhost*, müssen wir diese E-Mail-Adresse daher in dem ungewöhnlichen Format `root.localhost.` angeben. Beachten Sie, dass die E-Mail-Adresse ebenfalls mit einem Punkt enden muss.

Die folgenden Zeilen im SOA-Record enthalten Felder, die der Slave-Server benötigt:

Seriennummer
> Die Seriennummer für die aktuelle Konfiguration. Sie zählen diese Nummer jedes Mal hoch, wenn Sie Änderungen an Ihrer Konfiguration vornehmen, damit die Slave-Server wissen, ob sie ihre Informationen aktualisieren müssen. Diese Zahl besitzt normalerweise ein Datumsformat, JJJJMMTT, dem eine zweistellige Zahl angehängt wird (damit können Sie mehrere Änderungen am Tag vornehmen). Dadurch ist jede Seriennummer höher als die vorherige und dokumentiert auch noch das Datum, an dem die Änderungen vorgenommen wurden. Jeder Slave überprüft in regelmäßigen Abständen diese Seriennummer auf eine eventuelle Änderung. Wenn die aktuelle Nummer auf dem Server höher ist als diejenige, die die Konfigurationsinformationen des Slave repräsen-

tiert, führt der Slave einen Zonentransfer durch. In unserem Zonendateien-Beispiel ist 2006012103 die anfängliche Seriennummer.

Refresh

Das Intervall, in dem ein Slave-DNS-Server eine Überprüfung auf dem Master daraufhin durchführen soll, ob ein Zonentransfer benötigt wird. Der Wert wird in Sekunden dargestellt. In unserem Beispiel verwenden wir den Wert 28800 (28.800 Sekunden = 8 Stunden).

Retry

Gibt an, wie oft ein Slave versuchen soll, erneut eine Verbindung zum Master aufzubauen, sollte es Verbindungsprobleme geben. Das Intervall in unserem Beispiel beträgt 7200 (7.200 Sekunden = 2 Stunden).

Expiry

Die Zeitspanne, innerhalb der ein Slave versuchen sollte, den Master zu kontaktieren, bevor die von ihm enthaltenen Daten ihre Gültigkeit verlieren. Wenn die Daten ihre Gültigkeit verlieren und der Slave keinen Kontakt zum Server aufnehmen kann, um sich neue Informationen zu holen, wird er zukünftige Anfragen an die Root-Server weiterleiten. Die hier angegebene Zeitspanne entspricht tatsächlich der Zeitspanne, in der der Server weiterhin auf Anfragen antworten soll, auch wenn er die Zonendatei nicht aktualisieren kann; diese Zeitspanne legt damit fest, wie lange es für Sie in Ordnung ist, veraltete Informationen auszuliefern. In unserem Beispiel verwenden wir 604800 (604.000 Sekunden = 7 Tage).

Minimum-TTL

Der Standard-Time-To-Live-Wert in Sekunden für diese Domain. Jeder Resource-Record, der keinen speziellen TTL-Wert angegeben hat, verwendet den Standardwert 86400. Da 86.400 Sekunden einem Tag entsprechen, sollte der abgefragte Cache-Record nach einem Tag ungültig werden.

Das war alles, was den SOA-Record anbetrifft. Ihm folgt eine Liste mit Hostnamen verschiedener Arten:

```
NS server1.centralsoft.org.;
NS server2.centralsoft.org.;
```

Diese NS-Records geben die Nameserver für die Domain an (diejenigen, die Sie angegeben haben, als Sie die Domain registrierten). Wieder einmal ist das Semikolon nicht notwendig, aber praktisch, wenn Sie am Ende der Zeile einen Kommentar hinzufügen möchten.

Als Nächstes folgt ein MX-Record, der den Mailserver der Domain bestimmt:

```
MX 10 server1.centralsoft.org.
```

In unserem Beispiel haben wir nur einen Mailserver verwendet, in den meisten produktiven Umgebungen werden allerdings mehrere angeboten (sowohl für die

Bewältigung großer Lasten als auch, um ein Ersatzsystem zu haben, sollte eines ausfallen). Mit dem zweiten Feld in diesem Eintrag (in unserem Beispiel 10) kann festgelegt werden, in welcher Reihenfolge die MX-Server ausprobiert werden sollen; dadurch werden die Server priorisiert.

Dem MX-Record in unserer beispielhaften primären Zonendatei folgen mehrere A-Records:

```
centralsoft.org.    A 70.253.158.42
www                 A 70.253.158.42
server1             A 70.253.158.42
server2             A 70.253.158.45
```

Ein A-Record bildet einen Namen auf eine IP-Adresse ab. Da einem Computer mehrere Namen zugewiesen werden können, können Sie auch mehrere A-Records haben, die auf eine einzige IP-Adresse verweisen. Jeder Hostname kann jedoch maximal einen A-Record besitzen. Unsere Datei besitzt vier A-Records, die drei Namen auf einer Adresse sowie einen Namen auf einer anderen Adresse abbilden.

Verbesserungen und fortgeschrittenere Funktionen

Wenn Sie eine Datei mit den Inhalten des vorangegangenen Abschnitts einrichten, stellen Sie lediglich sicher, dass die richtigen Hostnamen und IP-Adressen für Ihre Umgebung eingetragen werden, Sie erhalten eine funktionierende primäre Zonendatei. (Natürlich benötigen Sie auch noch andere Dateien, wie wir noch erklären werden.) Sie sollten sich jedoch darüber bewusst sein, dass Sie mit der primären Zonendatei noch einige andere nützliche Dinge machen können.

MX-Records: Wie Sie bereits gesehen haben, sieht ein typischer MX-Record folgendermaßen aus:

```
MX 10 server1.centralsoft.org.
```

Dieser Eintrag besagt, dass E-Mail, die an die Domain *centralsoft.org* adressiert ist, an *server1.centralsoft.org* (den Mailserver der Domain) ausgeliefert werden soll, der eine Priorität von 10 besitzt.

Prioritäten kommen in komplexeren Konfigurationen ins Spiel, in denen mehr als nur ein Mailserver zur Verfügung steht. Niedrigere Zahlen kennzeichnen höhere Prioritäten – betrachten Sie die 1 als die höchste Priorität. Das Priorisierungssystem funktioniert folgendermaßen: Der entfernte Mailserver versucht zuerst, den Server zu kontaktieren, der in Ihrer Liste die höchste Priorität besitzt; wenn dieser nicht antwortet, wird der Server mit der nächsthöheren Priorität ausprobiert und entsprechend der Liste so weiter. Gehen wir einmal davon aus, Sie würden mehr als einen Mail-Exchanger auflisten, so wie hier aufgeführt:

```
MX 10 server1.centralsoft.org.
MX 20 mail.eineanderedomain.com.
```

Wenn jetzt Mail an *centralsoft.org* geschickt wird, versucht der absendende MTA zuerst, eine Verbindung mit *server1.centralsoft.org* aufzubauen, da er die höchste Priorität (10) besitzt. Wenn *server1.centralsoft.org* nicht erreichbar ist, wird der absendende MTA den nächsten Server, *mail.eineanderedomain.com*, nehmen, der die Priorität 20 besitzt.

DNS schreibt nicht vor, wie mehrere Mailserver mit der gleichen Priorität behandelt werden sollen. Viele Mailer wählen dann einen Mailserver zufällig aus, um eine grobe Lastverteilung zu realisieren.

Bis jetzt haben wir MX-Records nur für E-Mail festgelegt, die an *benutzer@centralsoft.org* gerichtet ist. Was ist aber, wenn Sie E-Mail an verschiedene Abteilungen einer Firma oder einer öffentlichen Behörde weiterleiten möchten? Sie erreichen das, indem Sie Ihren MX-Records Subdomains hinzufügen.

Das Hinzufügen von *buchhaltung.centralsoft.org* würde folglich einfach nur einen weiteren MX-Record erforderlich machen:

```
buchhaltung.centralsoft.org.    MX 10 server1.centralsoft.org.
```

Beachten Sie den Punkt am Ende von buchhaltung.centralsoft.org.. Wenn Sie diesen nicht hinzufügen, wird der Ursprung der Zone an den Namen angehängt. Würden Sie beispielsweise Folgendes schreiben:

```
buchhaltung.centralsoft.org    MX 10 server1.centralsoft.org.
```

also ohne schließenden ».«, würde das zu *buchhaltung.centralsoft.org.centralsoft.org* abgeändert werden, was natürlich nicht richtig ist.

A-Records: NS- und MX-Records verwenden Hostnamen, wie beispielsweise *centralsoft.org*, *server1.centralsoft.org* und *server2.centralsoft.org*. Die primäre Zonendatei muss allerdings auch die IP-Adressen festlegen, auf die diese Namen abgebildet werden sollen. A-Records führen diese Abbildung durch. Viele halten diese Einträge für die wichtigsten DNS-Einträge, da Sie mit ihnen Hostadressen wie *www.centralsoft.org* einrichten können, wobei *www* für den Host steht.

Der folgende einfache A-Record aus unserer primären Zonendatei legt fest, dass *centralsoft.org* die IP-Adresse 70.253.158.42 besitzt:

```
centralsoft.org.        A 70.253.158.42
```

(Vergessen Sie nicht den Punkt am Ende des Hostnamens.)

In einem Browser geben Sie für gewöhnlich *www.centralsoft.org* an Stelle von *centralsoft.org* ein. Technisch gesehen, ist *www.centralsoft.org* etwas völlig anderes als *centralsoft.org*, die meisten Besucher erwarten allerdings, dass sie die gleiche Website sehen, egal ob sie das führende *www.* angegeben haben oder nicht. Deshalb haben wir auch diesen Eintrag erstellt:

```
www                     A 70.253.158.42
```

Dem www folgt kein Punkt, deshalb hängt BIND den Ursprung der Zone an. Das Ergebnis ist damit das gleiche, wenn wir Folgendes festlegen:

```
www.centralsoft.org.    A 70.253.158.42
```

Geben Sie jetzt die IP-Adressen für *server1.centralsoft.org* und *server2.centralsoft.org* an:

```
server1         A 70.253.158.42
server2         A 70.253.158.45
```

Der Eintrag für *server2.centralsoft.org* verweist auf eine andere IP-Adresse, was auch sinnvoll ist, da es sich dabei um unseren sekundären Nameserver handelt und es sich für den Fall, dass unser primärer Nameserver ausfällt, deshalb auch um ein anderes System handeln muss.

Das Bootstrapping-Problem und Glue-Records

Eventuell fragen Sie sich, wie *server1.centralsoft.org* und *server2.centralsoft.org* dazu verwendet werden können, nach Einträgen für *centralsoft.org* zu suchen, wo sie sich doch selbst in der Zone befinden, die abgefragt werden soll. Hierbei handelt es sich um ein klassisches Henne-oder-Ei-Problem: Sie können nicht mit der gleichen Technik die Anfrage starten, mit der Sie dann auch den Hauptteil der Anfrage durchführen.

Die Lösung bieten *Glue-Records*. Wenn die TLD-Server für .org entfernte Sites auf die Nameserver von *centralsoft.org* weiterleiten, geben sie normalerweise einen Namen an Stelle einer IP-Adresse heraus (also *server1.centralsoft.org* an Stelle von 70.253.158.42). Damit aber auch die autoritativen DNS-Server in der Zone gefunden werden können, existiert auf dem TLD-Server ein Glue-Record, der den Namen auf eine IP-Adresse abbildet (in unserem Fall wird dabei *server1.centralsoft.org* auf 70.253.158.42 abgebildet), und die TLD-Server liefern die IP-Adresse an Stelle des Namens des Nameservers. Das bedeutet, dass Sie den Server nicht erst finden müssen, bevor Sie fragen können, wo er sich befindet.

CNAME-Records: CNAME ist die Kurzbezeichnung für *Canonical Name*; Sie können sich das wie einen Alias für einen A-Record vorstellen. Zum Beispiel bedeutet:

```
ftp         CNAME www
```

dass *ftp.centralsoft.org* ein alternativer Name für *www.centralsoft.org* ist. Daher verweist *ftp.centralsoft.org* auf die gleiche Maschine wie *www.centralsoft.org*. Sie kommen vielleicht gelegentlich in Situationen, insbesondere dann, wenn Sie Linux-Pakete herunterladen, in denen das Repository beispielsweise den Namen *http://ftp.mirrors.kernel.org* hat. In solchen Fällen ist es ziemlich wahrscheinlich, dass ein

CNAME-Record verwendet wurde, um den *ftp*-Teil an den Hostnamen eines Systems anzufügen, das in seinem A-Record einen anderen Namen besitzt.

Ein CNAME muss immer auf einen A-Record verweisen und nicht auf einen weiteren CNAME. Des Weiteren dürfen Sie keine CNAME-Hostnamen in MX- oder SOA-Records verwenden. Das hier ist zum Beispiel nicht erlaubt:

```
MX 10 ftp
```

Die Verwendung von CNAME-Records hat ihre Vor- und Nachteile. Viele DNS-Spezialisten machen gegen deren Verwendung Stimmung. Trotzdem stellen Sie vielleicht fest, dass CNAME-Records auch ihren Wert haben. Wenn Ihr DNS-Verzeichnis zum Beispiel viele A-Records enthält, die alle auf die gleiche IP-Adresse verweisen, und Sie zu einem anderen Hosting-Anbieter wechseln, der Ihnen eine andere IP-Adresse zuweist, dann müssen Sie jeden einzelnen A-Record aktualisieren. Wenn Sie aber nur einen A-Record besitzen und sich Ihre anderen Hostnamen alle in CNAME-Records befinden, müssen Sie nur einen A-Record aktualisieren. Sie sehen also, wir glauben, dass CNAME-Records nach wie vor einen Platz in der DNS-Ruhmeshalle verdient haben.

TXT- und SPF-Records: Mit TXT-Records können Sie einer Zone Text hinzufügen. In erster Linie werden TXT-Records für das Einbinden von SPF-(Sender Policy Framework-)Records eingesetzt. Mit diesen Records können Sie steuern, ob Mail-Exchanger E-Mails annehmen sollen, die die Absenderadresse Ihrer Domain besitzen. Die großen E-Mail-Anbieter, wie beispielsweise Yahoo! und Hotmail, stützen sich inzwischen sehr auf SPF-Records, um dadurch zu verhindern, dass Spammer E-Mail-Adressen mit den Domainnamen des Anbieters fälschen. Wenn E-Mail von einer Maschine ankommt, die nicht in dem SPF-Record aufgeführt ist, kann ein MTA diese E-Mail als Spam einstufen.

Einen Assistenten für das Erstellen von SPF-Records finden Sie auf *http://www.openspf.org/wizard.html?mydomain=&x=26&y=8*. Wir haben mit diesem Assistenten zwei SPF-Records für *centralsoft.org* erstellt, sie dann in TXT-Records eingebunden und unserer Zonendatei hinzugefügt:

```
centralsoft.org.            TXT "v=spf1 a mx ~all"
server1.centralsoft.org.    TXT "v=spf1 a -all"
```

Alles zusammengenommen

Lassen Sie uns jetzt einen Blick auf unsere Zonendatei *pri.centralsoft.org* werfen. Beachten Sie, dass wir CNAME- und TXT-Records an die Teile angefügt haben, die wir bereits weiter vorne besprochen haben:

```
@ IN SOA server1.centralsoft.org. root.localhost. (
            2006012103; Seriennummer
            28800; Refresh, Sekunden
            7200; Retry, Sekunden
```

```
                        604800; Expiry, Sekunden
                        86400 ); Minimum-TTL, Sekunden
;
                NS server1.centralsoft.org.;
                NS server2.centralsoft.org.;
;
                MX 10 server1.centralsoft.org.
;
centralsoft.org.        A 70.253.158.42
www                     A 70.253.158.42
server1                 A 70.253.158.42
server2                 A 70.253.158.45
ftp                     CNAME www
centralsoft.org.                        TXT "v=spf1 a mx ~all"
server1.centralsoft.org.                TXT "v=spf1 a -all"
```

Die Reverse-Zonendatei

Da unsere primäre Zonendatei jetzt vollständig ist, können die Programme die Domain *centralsoft.org* und alle ihre Subdomains im DNS abfragen. Wir benötigen aber noch eine Reverse-Zonendatei.

Eine Reverse-Zonendatei bildet IP-Adressen auf Namen ab. Die Datei sieht beinahe wie ein Spiegel der primären Zonendatei aus; anstatt aber zuerst die Namen aufzuführen, listet die Reverse-Zonendatei zuerst die IP-Adressen auf.

Warum sollte irgendjemand eine Reverse-Zonendatei einsetzen wollen? In der Vergangenheit haben viele Organisationen es nicht zugelassen, dass Sie ihre Dienste verwenden, wenn sie Ihren Domainnamen nicht in umgekehrter Form anpingen konnten. Heutzutage verwenden viele Internetserver Reverse-Lookups, um den Ursprung einer E-Mail zu überprüfen und dadurch Spammer abzuwehren; das ist auch der Sinn von SPF-Records, die wir weiter vorne behandelt haben.

Das System, das wir hier beschrieben haben, hat mit einem Mail-Relaying-Problem zu tun, das wir in Kapitel 5 genauer beschreiben werden. DNS legt fest, welcher MTA für Mail von der in der Absender-E-Mail-Adresse aufgeführten Domain verantwortlich ist. Viele Spammer versuchen, Mail mit Hilfe verschiedener MTAs weiterzuleiten, der entgegennehmende Mail-Agent kann allerdings einen Reverse-Lookup durchführen, die Abweichung feststellen und die unerwünschte Mail zurückweisen.

Da wir nicht möchten, dass E-Mails, die von der Domain *centralsoft.org* stammen, als Spam eingestuft werden, werden wir eine Reverse-Zonendatei einrichten. Als Erstes müssen wir, um auf diese Datei verweisen zu können, folgenden Eintrag in unserer Datei *named.conf* ablegen:

```
zone "158.253.70.in-addr.arpa" {
    type master;
    file "pri.158.253.70.in-addr.arpa";
};
```

Die Nummern sehen vielleicht etwas merkwürdig aus, folgen aber einem einfachen Muster. *centralsoft.org* befindet sich im Netzwerk 70.253.158, deshalb drehen wir die Elemente von 70.253.158 um, um dadurch 158.253.70 zu erhalten. Diese Reihenfolge verwenden wir dann in der zone-Anweisung in *named.conf*. Die Domain *in-addr.arpa* ist die Top-Level-Domain, die von allen Reverse-Lookups verwendet wird.

Wir werden unsere Reverse-Zonendatei *pri.158.253.70.in-addr.arpa* nennen und die Datei in dem gleichen Verzeichnis ablegen, in dem sich auch unsere primäre Zonendatei *pri.centralsoft.org* befindet.

Der Anfang von *pri.158.253.70.in-addr.arpa* sieht genau so aus wie *pri.centralsoft.org*:

```
@ IN SOA server1.centralsoft.org. root.localhost. (
                2006012103; Seriennummer
                28800; Refresh, Sekunden
                7200; Retry, Sekunden
                604800; Expiry, Sekunden
                86400 ); Minimum-TTL, Sekunden
;
                NS server1.centralsoft.org.;
                NS server2.centralsoft.org.;
```

Aber hier fügen wir keine A-, MX- oder CNAME-Records hinzu. Stattdessen erstellen wir PTR-Records.

PTR-Records

PTR ist die Kurzbezeichnung für Pointer, und das ist auch das, worum es sich hier handelt: ein Zeiger auf einen Domainnamen. Lassen Sie uns jetzt einen solchen Eintrag erstellen, indem wir mit der IP-Adresse von *centralsoft.org*, 70.253.158.42, beginnen. Die Datei *named.conf* hat bereits über die zone-Anweisung, die wir im vorangegangenen Abschnitt gezeigt haben, festgelegt, dass diese Datei Hosts für die Domain 70.253.158 festlegt. Deshalb müssen alle PTR-Records lediglich den letzten Hostteil der IP-Adresse angeben, hier 42:

```
42              PTR     centralsoft.org.
```

Richten Sie genau einen PTR-Record für jede IP-Adresse in Ihrer Domain ein. In unserem Beispiel ist die einzige weitere IP-Adresse, die von uns verwendet wird, die 70.253.158.45 (für *server2.centralsoft.org*). Wir fügen also hinzu:

```
45              PTR     server2.centralsoft.org.
```

Das ist schon alles. Unsere Reverse-Zonendatei sieht jetzt folgendermaßen aus:

```
@  IN SOA server1.centralsoft.org. root.localhost. (
                2006012103; Seriennummer
                28800; Refresh, Sekunden
                7200; Retry, Sekunden
                604800; Expiry, Sekunden
                86400 ); Minimum-TTL, Sekunden
;
                NS  server1.centralsoft.org.;
                NS  server2.centralsoft.org.;

42              PTR centralsoft.org.
45              PTR server2.centralsoft.org.
```

Testen von Lookups

Sobald Sie all diese Konfigurations- und Zonendateien bearbeitet haben, müssen Sie jetzt noch BIND Ihre Änderungen mitteilen. Sie können *named* folgendermaßen stoppen und starten:

```
# /etc/init.d/bind9 stop
# /etc/init.d/bind9 start
```

Sollten Sie irgendwelche Fehler erhalten oder sollte sich Ihr BIND nicht wie erwartet verhalten, verweise ich Sie auf den nachfolgenden Troubleshooting-Abschnitt, in dem Details zu den häufigsten Problemen aufgeführt werden.

Zukünftig, wenn Sie als einzige Änderung nur noch die Aktualisierung einer Zonendatei mit einem neuen DNS-Eintrag für die dazugehörige Domain durchführen, reicht es aus, wenn Sie BIND lediglich mitteilen, dass es seine Informationen zu dieser Zone neu laden soll (anstatt den ganzen Dienst neu zu starten):

```
# rndc reload centralsoft.org
```

Den *rndc*-Befehl werden wir gleich noch detaillierter betrachten.

Jetzt können wir unsere Konfiguration testen, indem wir mit dem Kommandozeilenwerkzeug *dig* eine Abfrage ausführen. Als Erstes werden wir die IP-Adresse für *centralsoft.org* abfragen:

```
# dig centralsoft.org

; <<>> DiG 9.3.4 <<>> centralsoft.org
;; global options:  printcmd
;; Got answer:
;; ->>HEADER<<- opcode: QUERY, status: NOERROR, id: 48489
;; flags: qr rd ra; QUERY: 1, ANSWER: 1, AUTHORITY: 0, ADDITIONAL: 0

;; QUESTION SECTION:
;centralsoft.org.               IN      A
```

```
;; ANSWER SECTION:
centralsoft.org.         86400    IN      A       70.253.158.42

;; Query time: 198 msec
;; SERVER: 81.169.163.104#53(81.169.163.104)
;; WHEN: Sat Mar 11 18:55:21 2006
;; MSG SIZE  rcvd: 49
```

Wie Sie sehen, liefert diese Abfrage die IP-Adresse 70.253.158.42 zurück.

Jetzt können wir einen Reverse-Lookup durchführen:

```
# dig -x 70.253.158.42

; <<>> DiG 9.2.1 <<>> -x 70.253.158.42
;; global options:  printcmd
;; Got answer:
;; ->>HEADER<<- opcode: QUERY, status: NOERROR, id: 4096
;; flags: qr rd ra; QUERY: 1, ANSWER: 1, AUTHORITY: 0, ADDITIONAL: 0

;; QUESTION SECTION:
;42.158.253.70.in-addr.arpa.    IN      PTR

;; ANSWER SECTION:
42.158.253.70.in-addr.arpa. 5304 IN     PTR     centralsoft.org.

;; Query time: 2 msec
;; SERVER: 81.169.163.104#53(81.169.163.104)
;; WHEN: Sat Mar 11 18:57:54 2006
;; MSG SIZE  rcvd: 98
```

Die Forward- und Reverse-Lookups stimmen überein. Die Konfiguration unseres primären Servers ist nun abgeschlossen.

Konfiguration des sekundären Nameservers

Lassen Sie uns jetzt als Nächstes unseren sekundären Nameserver, *server2.centralsoft.org* einrichten. Für den Fall, dass der primäre Nameserver (*server1.centralsoft.org*) ausfällt, wird der sekundäre als Backup-Nameserver einspringen, damit die Anwender trotzdem noch nach *centralsoft.org* und seinen Subdomains suchen können.

Die Datei *named.conf* von *server2.centralsoft.org* ähnelt der Datei des primären Nameservers, allerdings mit ein paar Unterschieden:

```
options {
    pid-file "/var/run/bind/run/named.pid";
    directory "/etc/bind";
    // query-source address * port 53;
};
```

```
zone "." {
    type hint;
    file "db.root";
};

zone "0.0.127.in-addr.arpa" {
    type master;
    file "db.local";
};

zone "centralsoft.org" {
    type slave;
    file "sec.centralsoft.org";
    masters { 70.253.158.42; };
};
```

Den wichtigsten Unterschied haben wir in diesem Kapitel bereits behandelt. Die Zeile type slave; in der letzten zone-Anweisung weist darauf hin, dass es sich hierbei um eine Slave-Zone handelt. In der Zeile file geben wir dabei den Dateinamen an, in dem die Slave-Zone abgespeichert sein sollte, und in der Zeile masters geben wir die IP-Adresse des primären Nameservers an.

Mehr müssen wir auch nicht tun, um den sekundären Nameserver einzurichten.

Starten Sie *named* auf *server2.centralsoft.org* neu, und schon kurz darauf sollten Sie auf Ihrem sekundären Nameserver die Datei */etc/bind/sec.centralsoft.org* vorfinden. Was ist passiert? Der sekundäre Nameserver hat den primären Nameserver kontaktiert, der dann die Zone übertragen hat.

Sorgen Sie ab jetzt immer dafür, dass Sie auch die Seriennummer erhöhen, wenn Sie auf dem primären Nameserver eine Zone aktualisieren. Ansonsten wird die aktualisierte Zone nicht auf den sekundären Nameserver übertragen.

BIND-Tools

Wie wir bereits in diesem Kapitel erwähnt haben, besteht BIND aus drei Teilen: dem *named*-Daemon, der *Resolver*-Bibliothek und einigen Werkzeugen.

Ein Werkzeug, mit dem Administratoren DNS-Nameserver abfragen und das Sie bereits verwendet haben, ist *dig*. *dig* führt dabei eine DNS-Abfrage durch und zeigt dann sowohl die Antworten, die von den Nameservern zurückgeliefert wurden, als auch Statistiken über die Abfrage an.

Die meisten DNS-Administratoren gehen bei DNS-Problemen mit *dig* auf die Fehlersuche, da es flexibel, einfach zu verwenden und übersichtlich ist. Andere Lookup-Tools haben im Allgemeinen weniger Funktionen. Eine Alternative, die Sie jedoch kennen sollten, ist *nslookup*. Außerdem werden wir noch einen Blick auf *rndc* werfen, ein nützliches Administrationswerkzeug, das in BIND enthalten ist.

nslookup

nslookup funktioniert ähnlich wie *dig*, man sollte es unter Linux allerdings nicht mehr unbedingt einsetzen. Die Arbeit damit erfordert zwar mehr Aufwand, machen Sie sich aber trotzdem damit vertraut, da es von Microsoft Windows nach wie vor als primäres Lookup-Tool eingesetzt wird.

nslookup fragt Internet-Domain-Nameserver auf zwei Arten ab: interaktiv und nicht interaktiv. Mit dem interaktiven Modus können Sie Nameserver nach Informationen über verschiedene Hosts und Domains abfragen oder eine Liste mit Hosts in einer Domain ausgeben.

Der nicht interaktive Modus gibt lediglich den Namen sowie die angefragte Information über einen Host oder eine Domain aus. Sie könnten beispielsweise den folgenden Befehl ausführen, um ein paar Informationen über einen Server von Google herauszufinden:

```
# nslookup ns1.google.com
Server:         68.94.156.1
Address:        68.94.156.1#53

Non-authoritative answer:
Name:   ns1.google.com
Address: 216.239.32.10
```

Im interaktiven Modus bietet *nslookup* eine Eingabeaufforderung an, an der Sie Befehle ausführen können, zum Beispiel:

```
# nslookup
>
```

Vom Prompt aus können Sie einfache Lookups durchführen, zum Beispiel auf eine IP-Adresse:

```
> 70.253.158.42
Server:         172.30.1.2
Address:        172.30.1.2#53

Non-authoritative answer:
42.158.253.70.in-addr.arpa      name = adsl-70-253-158-42.dsl.rcsntx.swbell.net.

Authoritative answers can be found from:
158.253.70.in-addr.arpa nameserver = ns1.swbell.net.
158.253.70.in-addr.arpa nameserver = ns2.swbell.net.
>
```

Sie können auch verschiedene Befehle ausführen, zu denen *lserver* (der über Ihren lokalen Server einen Lookup durchführt), *server* (der für den Lookup einen anderen Server verwendet) und *host* gehören. Der Befehl *lserver* produziert in etwa die folgende Ausgabe:

```
> lserver google.com
Default server: google.com
```

```
Address: 64.233.167.99#53
Default server: google.com
Address: 64.233.187.99#53
Default server: google.com
Address: 72.14.207.99#53
```

Zum Beenden einer interaktiven *nslookup*-Sitzung geben Sie exit ein.

host

Der Befehl *host* bietet ein einfaches Hilfswerkzeug, mit dem Lookups durchgeführt werden können. Wenn keine Argumente oder Optionen übergeben wurden, gibt *host* eine kurze Zusammenfassung seiner Kommandozeilenargumente und -optionen aus. Es wird hauptsächlich für das Konvertieren von Namen auf IP-Adressen und umgekehrt verwendet. Hier ist ein Beispiel:

```
# host centralsoft.org
centralsoft.org has address 70.253.158.42
```

Wenn Sie *host* mit der Option *-v* in den Verbose-Modus (geschwätzigen Modus) versetzen, liefert es ähnliche Informationen wie der *dig*-Befehl:

```
# host -v centralsoft.org
Trying "centralsoft.org"
;; ->>HEADER<<- opcode: QUERY, status: NOERROR, id: 43756
;; flags: qr rd ra; QUERY: 1, ANSWER: 1, AUTHORITY: 1, ADDITIONAL: 0

;; QUESTION SECTION:
;centralsoft.org.               IN      A

;; ANSWER SECTION:
centralsoft.org.        86400   IN      A       70.253.158.42

;; AUTHORITY SECTION:
centralsoft.org.        29437   IN      NS      server1.centralsoft.org.

Received 71 bytes from 68.94.156.1#53 in 30 ms
```

Diese Information kam von der IP-Adresse 68.94.156.1 auf der Portnummer 53. Hierbei handelt es sich um den Nameserver, der in der *resolv.conf*-Datei des Arbeitsplatzrechners aufgeführt ist, der die Abfrage durchführte.

Sie können mit *host* jetzt wiederum den Namen dieses Servers herausfinden:

```
# host 68.94.156.1
1.156.94.68.in-addr.arpa domain name pointer dnsr1.sbcglobal.net.
```

In einigen Fällen können Sie auch mit *named* auf die Fehlersuche gehen. Um beispielsweise die Versionsnummer Ihrer BIND-Implementierung herauszubekommen, geben Sie den folgenden Befehl ein:

```
# named -v
named 8.4.6-REL-NOESW Tue Feb  1 10:10:48 UTC 2005
        buildd@rockhopper:/build/buildd/bind-8.4.6/src/bin/named
```

rndc

BIND liefert den Befehl *rndc* als Teil der Installation mit. Mit *rndc* können Sie *named* mit Hilfe der Kommandozeile verwalten. Das Utility schickt die auf der Kommandozeile eingegebenen Befehle an den laufenden *named*-Server, der dann darauf reagiert. *rndc* wird auch vom Initialisierungsskript des BIND 9-Systems verwendet.

Um zu verhindern, dass unautorisierte Benutzer auf Ihren Nameserver zugreifen können, sollten Sie mit einem Shared-Secret-Key den Zugriff authentifizieren. Damit *rndc* Befehle an beliebige *named*-Server weiterreichen kann, auch auf einer lokalen Maschine, müssen beide den gleichen Schlüssel verwenden. Dieser Schlüssel wird in der Datei */etc/bind/rndc.key* abgespeichert, und sowohl *named* als auch *rndc* werden den Schlüssel aus diesem Speicherort auslesen. Die Datei *rndc.key* sollte während der Installation von BIND erstellt worden sein.

Der *rndc*-Befehl besitzt die folgende Form:

```
# rndc rndc-Optionen Befehl Befehl-Optionen
```

Im Folgenden finden Sie häufig verwendete, nützliche `rndc-Optionen`, die Sie vielleicht einmal einsetzen werden (lesen Sie sich die Manpage zu *rndc* durch, wenn Sie eine vollständige Liste sehen möchten):

-k *Schlüsseldatei*
Verwendet die angegebene *Schlüsseldatei* an Stelle der Standarddatei */etc/bind/rndc.key*.

-s *Server*
Schickt den Befehl an den angegebenen *Server* anstatt an den lokalen Server.

-V
Aktiviert die Verbose-Protokollierung für diesen Befehl.

Weiterhin sehen Sie jetzt einige der häufiger verwendeten Befehle, die *rndc* an *named* schicken kann (wenn Sie eine vollständige Liste der Befehle erhalten möchten, geben Sie einfach nur den Befehl *rndc* an):

halt
Beendet den Nameserver sofort.

querylog
Aktiviert oder deaktiviert die Protokollierung aller Anfragen, die von Clients an diesen Nameserver gestellt werden. Es handelt sich hierbei um einen Schalterbefehl: Er schaltet die Protokollierung an, wenn sie gerade aus ist, oder eben umgekehrt.

reload [Zone]
Lädt die Zonendateien neu, behält dabei aber alle anderen vorher zwischengespeicherten Antworten bei. Damit können Sie Änderungen an den Zonenda-

teien vornehmen und diese sowohl auf Ihren Master- als auch auf Ihren Slave-Servern aktiv werden lassen, ohne dass Sie dabei alle gespeicherten Namensauflösungen verlieren. Wenn Ihre Änderungen nur auf eine bestimmte Zone Auswirkungen hatte, können Sie *named* mitteilen, dass er nur diese Zone neu laden soll.

retransfer Zone
    Erzwingt einen erneuten Transfer der angegebenen *Zone*, ohne dass dabei die Seriennummer überprüft wird.

stats
    Schreibt die aktuellen *named*-Statistiken in die Datei *named.stats*.

status
    Zeigt den aktuellen Status des Nameservers an.

stop
    Beendet den Server vorsichtig und speichert dabei alle dynamischen Aktualisierungsdaten, bevor der Server beendet wird.

Troubleshooting unter BIND

Wenn Sie an dieser Stelle des Kapitels angelangt sind, sollten Sie ein gutes Verständnis über DNS besitzen. Sie sollten aber auch wissen, wie Sie Ihre Dateien konfigurieren und wie Sie Syntaxprobleme in diesen Dateien herausfinden können, wie beispielsweise Schreibfehler. In diesem Abschnitt behandeln wir einige wichtige, häufig vorkomende Probleme, auf die Sie stoßen könnten, während Sie BIND und DNS zum Laufen bringen. Es handelt sich hierbei nicht um eine umfassende Abhandlung, sie sollte Ihnen aber dabei helfen, auf Ihrem Linux-Server DNS zum Laufen zu bringen, wenn Sie beim Auflösen von Hostnamen in Ihrer Domain oder beim Durchführen von Zonentransfers auf Probleme stoßen.

    Das Domain Name System ist zwar sehr robust ausgelegt, es können aber trotzdem hin und wieder merkwürdige Probleme auftreten. Wenn Sie die anfangs in diesem Kapitel beschriebenen Muster zum Erstellen von Zonendateien befolgen, können Sie geheimnisvolle Probleme vermeiden, die nicht Gegenstand dieses Buchs sein können.

Ich kann keine Verbindung mit Hilfe von rndc aufbauen

Sehen wir uns am Anfang einen hilfreichen Hinweis zur DNS-Auflösung an. Weiter oben haben wir behandelt, wie Sie sich mit Hilfe des Befehls *rndc status* den aktuellen Status Ihres laufenden DNS-Server anzeigen lassen können. Versuchen Sie sich einmal, als *root* am Server anzumelden und den folgenden Befehl auszuführen:

```
server1:~# rndc status
number of zones: 6
debug level: 0
xfers running: 0
xfers deferred: 0
soa queries in progress: 0
query logging is OFF
recursive clients: 0/1000
tcp clients: 0/100
server is up and running
server1:~#
```

Damit *named* die Befehle von *rndc* entgegennimmt, ist *rndc* auf eine Datei mit einem Shared Key unter dem Pfad */etc/bind/rndc.key* angewiesen. Probleme mit dieser Datei können dazu führen, dass *rndc* die Befehle nicht abschicken kann. Hier ist ein Beispiel dafür, was Sie sehen würden, wäre die Schlüsseldatei nicht vorhanden:

```
server1:~# rndc status
rndc: neither /etc/bind/rndc.conf nor /etc/bind/rndc.key was found
server1:~#
```

Mit diesem Befehl können wir sichergehen, dass die Datei tatsächlich nicht vorhanden ist:

```
server1:~# ls -l /etc/bind/rndc.key
ls: /etc/bind/rndc.key: Datei oder Verzeichnis nicht gefunden
```

Wir können das Problem jetzt lösen, indem wir die Datei auf die gleiche Art und Weise erneut generieren, wie das bei der BIND-Einrichtung vorgenommen wurde:

```
server1:~# rndc-confgen -a
wrote key file "/etc/bind/rndc.key"
server1:~# ls -l /etc/bind/rndc.key
-rw------- 1 root bind 77 Jul 19 22:38 /etc/bind/rndc.key
server1:~#
```

Da *named* diesen neuen Schlüssel noch nicht besitzt, müssen wir jetzt den *named*-Prozess beenden und neu starten. Hierfür verwenden wir den Systembefehl *killall*, der den vollständigen Pfadnamen auf das *named*-Programm entgegennimmt. Um *named* so vorsichtig wie nur möglich zu beenden, führen wir zwei *killall*-Befehle aus, lassen dazwischen ein paar Sekunden Pause verstreichen und starten dann *named* neu.

Sollte auf Ihrem System der Befehl *killall* nicht vorhanden sein, dann ist es jetzt an der Zeit, das dazugehörige Paket nachzuinstallieren. Führen Sie hierzu den folgenden Installationsbefehl aus:

```
server1:~# apt-get install psmisc
```

Sobald das Paket installiert ist, können Sie jetzt *named* beenden und dann neu starten:

```
server1:~# killall -TERM /usr/sbin/named
server1:~# killall -KILL /usr/sbin/named
/usr/sbin/named: Kein Prozess abgebrochen
```

```
server1:~# /etc/init.d/bind9 start
Starting domain name service...: bind.
server1:~# rndc status
number of zones: 6
debug level: 0
xfers running: 0
xfers deferred: 0
soa queries in progress: 0
query logging is OFF
recursive clients: 0/1000
tcp clients: 0/100
server is up and running
server1:~#
```

named startet zwar, löst aber keine Namen auf

Sehen wir uns jetzt einige Situationen an, in denen *named* nicht richtig läuft. Häufig verursachen falsch abgelegte BIND-Dateien Probleme, insbesondere in chroot-Umgebungen, in denen die BIND-Dateien in einem separaten Verzeichnis abgelegt werden.

Wenn *named* zwar sauber startet, aber keine Zonendateien lädt, kann es sein, dass sich diese Dateien gar nicht in diesem separaten Verzeichnis befinden. Sie müssen sich die Datei */var/log/syslog* ansehen, um herauszufinden, ob das der Fall ist. Hier ein beispielhafter Ausschnitt aus der Protokolldatei:

```
starting BIND 9.2.4 -u bind -t /var/lib/named
using 1 CPU
loading configuration from '/etc/bind/named.conf'
listening on IPv4 interface lo, 127.0.0.1#53
listening on IPv4 interface eth0, 70.253.158.42#53
command channel listening on 127.0.0.1#953
command channel listening on ::1#953
running
```

Das Protokoll zeigt zwar an, dass BIND gestartet wurde, enthält aber keine Zeilen, die erkennen lassen, dass die Zonendateien geladen wurden. Da *named* innerhalb der chroot-Umgebung */var/lib/named* läuft, sucht er auch relativ zu diesem Verzeichnis nach allen Dateien. Tatsächlich liest *named* also die Datei */var/lib/named/etc/bind/named.conf* aus, um die Liste der zu ladenden Zonen zu erhalten. Jede dieser Zonendateien muss sich relativ zu dem Verzeichnis */var/lib/named* befinden.

Ein weiterer häufig vorkommender Fehler ist ein Verbindungsfehler, der *rndc* betrifft, wenn der Nameserver neu geladen oder gestartet wird:

```
# /etc/init.d/ bind9 reload
Stopping named: rndc: connect failed: connection refused
[OK]
Starting named: [OK]
#
```

Dieser Fehlertyp kann auch als Ergebnis daraus entstehen, dass BIND in einer chroot-Umgebung betrieben wird und dass ein oder mehrere Dateien im separaten Verzeichnis fehlen. Sie können einige der wichtigen Dateien überprüfen, um dadurch sicherzustellen, dass sie sich auch an den richtigen Speicherorten befinden:

```
# ls -l /var/lib/named/etc/bind/named.conf
-rw-r--r-- 1 root bind 1611 2006-09-07 12:21 /var/lib/named/etc/bind/named.conf
# ls /var/lib/named/etc/bind/
db.0       db.local    named.conf.local         pri.centralsoft.org
db.127     db.root     named.conf.options       pri.opensourcetoday.org
db.255     named.conf  pri.156.18.67.in-addr.arpa   rndc.key
db.empty   named.conf~ pri.156.18.67.in-addr.arpa~  zones.rfc1918
#
...
```

Wenn diese Dateien nicht vorhanden sind, ist die chroot-Umgebung nicht richtig oder vollständig eingerichtet worden. Gehen Sie dann zurück zum Abschnitt »Einsatz einer chroot-Umgebung aus Sicherheitsgründen«, der sich ziemlich am Anfang dieses Kapitels befindet, und befolgen Sie die dortigen Anweisungen sorgfältig, um sicherzustellen, dass sich jede Datei auch an ihrem Ort befindet.

Sobald Sie das Problem behoben haben, müssen Sie *named* anhalten und erneut starten, damit *rndc* den laufenden Server erreichen kann. Verwenden Sie hierfür die *killall*-Befehlsfolge, die im vorangegangenen Abschnitt schon beschrieben wurde:

```
server1:~# killall -TERM /usr/sbin/named
server1:~# killall -KILL /usr/sbin/named
/usr/sbin/named: Kein Prozess abgebrochen
server1:~# /etc/init.d/bind9 start
Starting domain name service: bind.
server1:~#
```

Überprüfen Sie als Nächstes Ihre Datei */var/log/syslog*, um festzustellen, ob die Zonendateien geladen wurden. Sie sollten in etwa Folgendes sehen:

```
starting BIND 9.2.4 -u bind -t /var/lib/named
using 1 CPU
loading configuration from '/etc/bind/named.conf'
listening on IPv4 interface lo, 127.0.0.1#53
listening on IPv4 interface eth0, 70.253.158.42#53
command channel listening on 127.0.0.1#953
command channel listening on ::1#953
zone 0.0.127.in-addr.arpa/IN: loaded serial 1
zone 158.253.70.in-addr.arpa/IN: loaded serial 2006070401
zone centralsoft.org/IN: loaded serial 2006070502
zone supportcall.org/IN: loaded serial 2006062704
running
```

Hosts werden nicht erkannt

Bei der Überprüfung der korrekten Funktionsweise von DNS besteht der nächste Schritt jetzt darin festzustellen, ob Ihre Hostnamen richtig beantwortet werden. Als

Erstes müssen Sie überprüfen, ob die Datei */etc/resolv.conf* Ihre Nameserver mit den richtigen Adressen aufführt. Die meisten Programme legen anhand der Adressen aus dieser Datei fest, welche Nameserver sie abfragen sollen und in welcher Reihenfolge:

```
server1:~# cat /etc/resolv.conf
search centralsoft.org
nameserver 70.253.158.42
nameserver 70.253.158.45
server1:~#
```

Der *host*-Befehl führt mit Hilfe der in der Datei */etc/resolv.conf* aufgeführten Server eine einfache DNS-Abfrage durch. Er nimmt den Host, nach dem Sie suchen möchten, als Argument entgegen, und ein zweites Argument führt dazu, dass der Befehl einen bestimmten Nameserver abfragt. Hier sind zwei Beispiele für den *host*-Befehl und seine Ergebnisse:

```
server1:~# host www.centralsoft.org
www.centralsoft.org has address 70.253.158.42
server1:~# host www.centralsoft.org server2.centralsoft.org
Using domain server:
Name: server1.centralsoft.org
Address: 70.253.158.45#53
Aliases:

www.centralsoft.org has address 70.253.158.42
server1:~#
```

Eine Alternative zu *host* ist der Befehl *dig*, der zwar komplexer ist, aber auch detailliertere Antworten liefert. Er besitzt auch mehr Optionen, mit denen Sie sehr spezifische Abfragen durchführen können.

Die Ausgabe von *dig* wird entsprechend der Syntax einer Zonendatei formatiert. Das ist praktisch, denn sobald Sie gelernt haben, wie die Einträge in einer Zonendatei formatiert werden, können Sie ebenfalls sehr einfach alle Details dieser Einträge in der Ausgabe von *dig* verstehen. Auch bietet *dig* einige zusätzliche Informationen über die Ergebnisse der Abfrage in Form zonenformatierter Kommentare, die mit einem Semikolon beginnen.

Lassen Sie uns einen Blick auf das Ergebnis eines *dig*-Befehls werfen. Viele Zeilen der Ausgabe von *dig* sind sehr lang und passen nicht in das Seitenlayout dieses Buchs. Im folgenden Abdruck werden diese Zeilen auf die nächste Zeile umbrochen. Wahrscheinlich sehen Sie ähnliche Ergebnisse, wenn Sie diesen Befehl in Ihrer Shell-Sitzung ausführen:

```
server1:~# dig www.centralsoft.org a

; <<>> DiG 9.2.4 <<>> www.centralsoft.org a
;; global options:  printcmd
;; Got answer:
;; ->>HEADER<<- opcode: QUERY, status: NOERROR, id: 1633
;; flags: qr aa rd ra; QUERY: 1, ANSWER: 1, AUTHORITY: 2, ADDITIONAL: 2
```

```
;; QUESTION SECTION:
;www.centralsoft.org.          IN      A

;; ANSWER SECTION:
www.centralsoft.org.    86400  IN      A       70.253.158.42

;; AUTHORITY SECTION:
centralsoft.org.        86400  IN      NS      server1.centralsoft.org.
centralsoft.org.        86400  IN      NS      server2.centralsoft.org.

;; ADDITIONAL SECTION:
server1.centralsoft.org. 86400 IN      A       70.253.158.42
server2.centralsoft.org. 86400 IN      A       70.253.158.45

;; Query time: 1 msec
;; SERVER: 70.253.158.42#53(70.253.158.42)
;; WHEN: Mon Jul 17 23:30:51 2006
;; MSG SIZE  rcvd: 129

server1:~#
```

Der erste Teil der Ausgabe verweist auf verschiedene Statuscodes und Flags. Richten Sie Ihre Aufmerksamkeit insbesondere auf den status-Wert in der vierten Zeile. In diesem Beispiel ist der Wert NOERROR. Jeder andere Wert verweist wahrscheinlich auf ein Problem irgendeiner Art.

Die tatsächlichen Zonendaten stehen in vier Abschnitten:

QUESTION
Dieser Abschnitt gibt detailliert Auskunft über die Abfrage selbst. Er wird als Kommentar angezeigt, da es sich dabei nicht um etwas handelt, das in einer Zonendatei vorkommen sollte.

ANSWER
Dieser Abschnitt enthält die tatsächlichen Ergebnisse, die über die Anfrage abgefragt wurden. In diesem Abschnitt werden, wenn verfügbar, die speziell angefordderten Einträge angezeigt oder aber alle Einträge, wenn der spezielle Abfragetyp any verwendet wird.

AUTHORITY
Dieser Abschnitt verweist auf die offiziellen Nameserver der Zone, für die die Antwort gegeben wurde.

ADDITIONAL
Dieser Abschnitt liefert die Adressen einiger oder aller Namen der vorangegangenen Abschnitte, um Ihnen damit die Arbeit zu ersparen, weitere Abfragen für diese Informationen durchführen zu müssen.

Lassen Sie uns jetzt einen Blick darauf werfen, was Sie als Antwort erhielten, wenn ein Fehler aufgetreten ist. Beim vorherigen Beispiel wurde für die Abfrage des Webservers ein gültiger Hostname verwendet. Diesmal werden wir aber nach dem Namen eines FTP-Servers fragen, den wir in unserer Zonendatei nicht konfiguriert haben:

```
server1:~# dig ftp.centralsoft.org a

; <<>> DiG 9.2.4 <<>> ftp.centralsoft.org a
;; global options:  printcmd
;; Got answer:
;; ->>HEADER<<- opcode: QUERY, status: NXDOMAIN, id: 6531
;; flags: qr aa rd ra; QUERY: 1, ANSWER: 0, AUTHORITY: 1, ADDITIONAL: 0

;; QUESTION SECTION:
;ftp.centralsoft.org.            IN      A

;; AUTHORITY SECTION:
centralsoft.org.        86400   IN      SOA     server1.centralsoft.org. admin.centralsoft.org. 2006070502 28800 7200 604800 86400

;; Query time: 1 msec
;; SERVER: 70.253.158.42#53(70.253.158.42)
;; WHEN: Mon Jul 17 23:30:59 2006
;; MSG SIZE  rcvd: 87

server1:~#
```

Achten Sie darauf, dass der status für diese Abfrage NXDOMAIN ist, was im Wesentlichen so viel bedeutet wie: »Diesen Domainnamen gibt es nicht.« Wenn Sie den Hostnamen weglassen oder einen Hostnamen in der Zonendatei falsch schreiben, erhalten Sie diesen Fehler.

Eine andere Art Fehler, die Sie bei *dig* sehen könnten, tritt dann auf, wenn ein Domainname in der Verantwortung Ihres Nameservers liegt, diese Domain allerdings nicht auf dem Server konfiguriert ist oder aus irgendeinem anderen Grund nicht geladen werden kann. Dieser Fehler liefert status mit dem Wert SERVFAIL zurück. Wenn Sie diesen Fehler für eine Ihrer Domains sehen, müssen Sie diese Domain Ihrer Datei *named.conf* hinzufügen und sicherstellen, dass es für diese Domain eine gültige Zonendatei gibt. Tritt der Fehler, nachdem Sie diese Schritte durchgeführt haben, erneut auf, sollten Sie die Datei */var/log/syslog* auf irgendwelche Meldungen überprüfen, die Auskunft darüber geben, warum die Zone nicht geladen wurde. Wir demonstrieren Ihnen das Problem mit einem Domainnamen, der zwar registriert ist, aber derzeit nicht verwendet wird:

```
server1:~# dig linhelp.org a

; <<>> DiG 9.2.4 <<>> linhelp.org a
;; global options:  printcmd
;; Got answer:
```

```
;; ->>HEADER<<- opcode: QUERY, status: SERVFAIL, id: 29949
;; flags: qr rd ra; QUERY: 1, ANSWER: 0, AUTHORITY: 0, ADDITIONAL: 0

;; QUESTION SECTION:
;linhelp.org.            IN      A

;; Query time: 2 msec
;; SERVER: 70.253.158.42#53(70.253.158.42)
;; WHEN: Mon Jul 17 23:47:14 2006
;; MSG SIZE  rcvd: 37

server1:~#
```

Was kommt als Nächstes?

An dieser Stelle sollten Sie jetzt mit den Grundlagen von DNS und BIND vertraut sein. Administratoren in kleinen bis mittelgroßen Unternehmen stellen vielleicht fest, dass die Informationen in diesem Kapitel alles sind, was sie jemals benötigen werden. Aber Systemadministratoren großer Unternehmen werden sicherlich auf Probleme stoßen, die komplexer sind als diejenigen, die in einem einzelnen Kapitel behandelt werden können.

Es gibt verschiedene Bücher, die Administratoren von großen Unternehmen und DNS-Administratoren detailliertere Informationen zur Verfügung stellen können. Hierzu gehören *DNS und BIND* von Cricket Liu und Paul Albitz (O'Reilly), *DNS & BIND Kochbuch* von Cricket Liu (O'Reilly), *Pro DNS and BIND* von Ron Aitchison (Apress) und *DNS in Action: A Detailed and Practical Guide to DNS Implementation, Configuration, and Administration* von L. Dostalek und A. Kableova (Packt).

Da Sie jetzt einen funktionierenden Nameserver haben, der Anfragen beantwortet und über einen Slave- oder sekundären Server gesichert wird, können Sie sich im nächsten Kapitel daran machen, eine Webdienstanwendung zu installieren. Die neue Anwendung wird die Dienste einsetzen, die Sie in Kapitel 2 eingerichtet haben. Sobald die Anwendung, die den Namen ISPConfig trägt, eingerichtet ist und läuft, besitzen Sie ein funktionierendes Beispiel einer vollständig einsatzfähigen Website. Wir können dann mit der Erkundung davon beginnen, wie die vielen Linux-Dienste administriert werden können, die Sie im Internet vorfinden.

KAPITEL 4
Eine erste internetfähige Umgebung

Eine der großartigsten Eigenschaften von Linux ist seine Flexibilität. Kommerzielle Unternehmen wie beispielsweise Cisco haben Linux unter sehr einfachen Oberflächen versteckt, um deren Linksys-Router und andere Produkte benutzerfreundlich zu gestalten. Auch wir können das so machen.

ISPConfig (*http://ispconfig.org*), ein benutzerfreundliches Linux-Projekt unter einer freien Softwarelizenz (BSD), ermöglicht uns, aus einer einzigen herunterladbaren Anwendung heraus einen vielseitigen, einsatzfähigen Internetserver zusammenzustellen. Sobald wir die Anwendung installiert haben, besitzen wir ein Werkzeug, mit dessen Unterstützung wir einen Server konfigurieren und auf einfache Art und Weise pflegen können. Mit diesem Server können wir dann Websites verwalten, Domain-Namensdienste bereitstellen, E-Mail- und File-Transfers durchführen sowie Benutzer, Administratoren und andere Personen hinzufügen, die zur Durchführung verschiedener administrativer Aufgaben auf das System zugreifen können. Ach so, haben wir denn schon erwähnt, dass wir all diese administrativen Aufgaben über eine grafische Benutzeroberfläche vornehmen können?

Wir haben ISPConfig in erster Linie deshalb gewählt, weil wir damit unter Linux leistungsfähige Serveranwendungen bereitstellen können, ohne dadurch irgendwelche Leistungsmerkmale oder Flexibilität opfern zu müssen. Des Weiteren:

- ISPConfig setzt Standard-Daemons ein, die mit den Linux-Distributionen mitgeliefert werden. Wir werden Apache für die Websites, Postfix für E-Mail, ProFTPD für FTP, BIND für DNS und MySQL als Backend-Datenbank einsetzen.
- Die Installation von ISPConfig konfiguriert die verschiedenen Serverkomponenten automatisch.
- Die in ISPConfig enthaltenen Pakete arbeiten mit den meisten verfügbaren Linux-Distributionen zusammen.
- Die Standardpakete der Distributionen können verwendet werden.

- Für jede enthaltene Komponente kann im Internet Unterstützung gefunden werden.
- Das ISPConfig-Team bietet für die gesamte Anwendung Onlineunterstützung an.

Wenn Sie dieses Kapitel durcharbeiten, sollten Sie eine gute Vorstellung davon bekommen, was alles benötigt wird, um die von einem Server bereitgestellten Dienste einzurichten und zum Laufen zu bringen. Sie werden dann auch beurteilen können, ob Sie bei Ihren Anforderungen an Stelle einer Kommandozeile eine grafische administrative Verwaltungsoberfläche einsetzen können.

ISPConfig selbst stellt keine Kommandozeilenschnittstelle zur Verfügung. Stattdessen können Sie damit Server über eine webbasierte Administrationsoberfläche oder auch ein Panel verwalten, was später in diesem Kapitel beschrieben wird. Am Anfang dieses Kapitels müssen Sie allerdings ein paar Kommandozeilenaufgaben erledigen, wenn Sie ISPConfig einrichten, damit ISPConfig danach alles Weitere installieren kann. In späteren Abschnitten werden wir uns aber vollständig auf diese grafische Benutzeroberfläche konzentrieren.

Die Verwaltungsoberfläche der Webanwendung ISPConfig vereinfacht zwar die Ausführung vieler administrativer Aufgaben unter Linux, es ist aber auch wichtig, dass Sie wissen, wie die Standard-Utilities der Kommandozeile eingesetzt werden müssen, um das gleiche Ergebnis zu erreichen. Wir werden diese Punkte in späteren Kapiteln behandeln. Sie sind nicht an ISPConfig gebunden. Wenn Sie sich dazu entscheiden, ohne ISPConfig zu arbeiten, werden Sie auch dafür das notwendige Know-how haben.

ISPConfig installieren

ISPConfig stammt von der Firma Projektfarm GmbH. Till Brehm und Falko Timme haben die Anwendung entwickelt, die sie ursprünglich auf *http://42go.de* als proprietäres System vertrieben haben. Jetzt können Sie sich die Anwendung von *http://sourceforge.net/projects/ispconfig* herunterladen.

Das Projekt konfiguriert diese Dienste:
- *httpd* (virtuelle Hosts, Domain- und IP-basiert)
- FTP
- BIND
- POP3-Auto-Responder
- MySQL-Client-Datenbanken
- Webalizer-Statistiken
- Festplatten-Quotas
- Mail-Quotas

- Datentransferbeschränkungen
- IP-Adressen
- SSL
- SSI
- Shell-Zugriff
- Mailscanner (Antivirus)
- Firewall

Systemanforderungen

Als dieses Buch geschrieben wurde, gehörten zu den Systemanforderungen:

Betriebssystem
Linux (Kernel 2.4 oder neuer mit der *glibc6*-Bibliothek). Die folgenden Distributionen werden unterstützt:
- CentOS 4.1 bis 5.0
- Debian Version 3.0, 3.1, 4.0
- Fedora Core 1 bis 6, Fedora 7
- Mandrake Linux ab Version 8.1 bis 10.2
- Mandriva 2006, 2007 und 2007 Spring
- Red Hat Linux ab Version 7.3 bis 9.0
- SUSE Linux ab Version 7.2 bis 10.2
- Ubuntu 5.04, 5.10, 6.06, 6.10 und 7.04

Linux-Pakete
Die Projekt-Maintainer führen auch die speziellen Bestandteile der Linux-Distribution auf, die auf Ihrem System installiert sein müssen, bevor Sie ISPConfig installieren können. Hierzu gehören:
- Apache-Webserver ab Version 1.3.12 oder ab Version 2.0.40
- BIND 8 oder 9
- *iptables* oder *ipchains*
- MySQL-Datenbank
- OpenSSL und *mod_ssl* für die Erstellung virtueller Hosts mit SSL
- PHP 4.0.5 oder neuer als Apache-Modul
- POP3/IMAP-Daemon, der entweder das traditionelle Unix-Mailbox-Format unterstützt (zum Beispiel *gnu-pop3d*, *qpopper*, *ipop3d*, *popa3d* oder *vm-pop3d*) oder aber das *maildir*-Format (zum Beispiel Courier-Imap, Dovecot)
- Procmail

- ProFTP als Standalone-Version oder *vsftpd* als *inetd*/*xinetd*/Standalone-Version
- *quota*-Paket
- Sendmail oder Postfix

Wichtig für Sie zu wissen ist, dass diese Server und Pakete bereits so, wie in Kapitel 2 beschrieben, auf Ihrem System installiert sein müssen, bevor Sie ISPConfig installieren. ISPConfig bringt diese Dienste nicht mit, erwartet aber, dass sie bereits auf Ihrem System vorhanden sind. Der Vorteil dieses Ansatzes liegt darin, dass Sie die Standardpakete Ihrer Distribution einsetzen und später auch so aktualisieren können, wie Sie Ihr System sonst auch mit Hilfe der Tools Ihrer Distribution aktualisieren würden. Damit diese Dienste mit IPSConfig zusammenarbeiten, müssen Sie sie nicht aus den Quellen heraus kompilieren – die Standardpakete genügen.

ISPConfig richtet zwei Verzeichnisse ein, die wiederum die Dateien und Unterverzeichnisse enthalten, aus denen die Anwendung zusammengestellt wird: */root/ispconfig* und */home/admispconfig*. Sie können ISPConfig deinstallieren und auf einen standardmäßigen, textbasierten Server zurückstellen, wenn Sie */root/ispconfig/uninstall* ausführen; eventuell möchten das einige Leser machen, nachdem sie eine Zeit lang mit diesem Buch gearbeitet haben.

Spezielle ISPConfig-Daemons

Zusätzlich zur Verwaltung der von Ihnen bereits auf Ihrem System installierten Anwendungen pflegt ISPConfig auch seine eigenen Versionen von einigen Anwendungen, die es selbst benötigt. Sie finden die Quellen hierfür im Verzeichnis *install_ispconfig/compile_aps* des Pakets. Diese redundanten Dienste sind deshalb vorhanden, damit Sie weiterhin ISPConfig verwalten können, auch wenn die normalen Dienste (zum Beispiel Ihr öffentlicher Apache-Webserver) ausfallen.

Mit ISPConfig können Sie sowohl die öffentlichen als auch die internen Server mit Hilfe nicht standardisierter Ports für den internen Server laufen lassen. Der interne Apache-Server von ISPConfig lauscht beispielsweise auf Port 81 und nicht auf Port 80, der normalerweise vom Webserver der Distribution verwendet wird, der die öffentlich zugänglichen Websites hostet.

Das Ganze zum Laufen bringen

Wie viele andere Linux- und Unix-Pakete auch, wird ISPConfig als Ansammlung von Dateien bereitgestellt, die mit dem *tar*-Utility zusammengefasst werden. Das Ergebnis daraus wird häufig als *Tarball* bezeichnet. Wenn Sie auf den Download-Link auf *http://sourceforge.net/projects/ispconfig* klicken, werden Sie auf eine der

Mirror-Sites von SourceForge weitergeleitet. Eine typische Site, die ISPConfig enthält, ist *http://superb-west.dl.sourceforge.net/sourceforge/ispconfig/ISPConfig-2.2.13. tar.gz.*

Für das Herunterladen der Datei können Sie auch einfach auf den Download-Link klicken, da die Datei aber ziemlich groß ist, ist es vielleicht hilfreich, wenn Sie die URL in den *wget*-Befehl auf Ihrem Terminalfenster kopieren. Der Vorteil beim Einsatz von *wget* liegt darin, dass Sie Ihren Download auf einfache Weise wieder aufnehmen können, wenn irgendetwas den Vorgang unterbricht. Wenn Sie den Befehl mit der Option *-c* abschicken, können Sie den Download wieder aufnehmen anstatt von vorn beginnen zu müssen: Wird der Download unterbrochen, führen Sie einfach den *wget*-Befehl noch einmal so wie vorher aus, und er wird dort weitermachen, wo er vorher aufgehört hatte.

In diesem Kapitel gehen wir davon aus, dass Sie auf Ihrem System in einem Verzeichnis arbeiten, das */root* heißt. Sie können sich den ISPConfig-Tarball mit folgendem Befehl herunterladen (in einer Zeile, ersetzen Sie dabei die URL mit der aktuellsten Version auf der SourceForge-Website):

```
# wget -c http://superb-west.dl.sourceforge.net/sourceforge/ispconfig/ISPConfig-2.
2.13.tar.gz
```

Ihr Terminal wird in etwa die folgenden Meldungen ausgeben:

```
--16:20:48--  http://superb-west.dl.sourceforge.net/sourceforge/ispconfig/
ISPConfig-2.2.13.tar.gz
           => `ISPConfig-2.2.13.tar.gz'
Auflösen des Hostnamen superb-west.dl.sourceforge.net... 209.160.59.253
Verbindungsaufbau zu superb-west.dl.sourceforge.nct|209.160.59.253|:80...
verbunden.
HTTP Anforderung gesendet, warte auf Antwort... 200 OK
Länge: 35.078.079 (33M) [application/x-gzip]
24% [========>                          ]  8,533,049     252.80K/s    ETA 01:32
```

Entpacken Sie das *ISPConfig*-Archiv mit diesem Befehl:

```
# tar xvfz ISPConfig*.tar.gz
```

wodurch ein Unterverzeichnis mit dem Namen *install_ispconfig* erstellt wird. Wechseln Sie jetzt in das Verzeichnis */root/install_ispconfig*. Überprüfen Sie die Datei *dist.txt* und sehen Sie dort nach, ob die hier angegebenen Werte zu Ihrem Linux-Server passen.

Für Debian 4.0 sehen die Werte in *dist.txt* in etwa so aus:

```
dist_init_scripts=/etc/init.d ##        # debian40
dist_runlevel=/etc ##                   # debian40
```

Die Datei enthält 19 weitere Werte für Debian, die wir hier nicht aufführen werden. Solange Sie nicht besonderen Fertigkeiten in der Linux-Administration besitzen oder mit ISPConfig besonders vertraut sind, sollten Sie es bei den Standardwerten belassen. Diese müssten funktionieren, solange Sie eine der unterstützten Distributionen einsetzen, die weiter vorne in diesem Kapitel aufgeführt wurden. Sachkundige Administratoren können allerdings Werte ändern, sofern das Format der Datei beibehalten wird.

Damit das Installationsprogramm den von ISPConfig benötigten internen Apache-Webserver kompilieren und installieren kann, müssen vor dem Starten der Installation zuerst noch zwei Pakete nachinstalliert werden, die in Kapitel 2 nicht installiert wurden. Installieren Sie diese Pakete mit folgendem Befehl nach:

```
# apt-get install flex g++
```

Nach der Eingabe dieses Befehls werden die Pakete vom System installiert und konfiguriert. Jetzt sind wir für die Installation von ISPConfig gerüstet.

Starten Sie jetzt die Installation. Führen Sie vom root-Prompt den Installationsbefehl *./setup* aus. Das Installationsskript beginnt dann damit, Apache mit PHP 5 zu kompilieren, der auf Port 81 laufen wird. Als Erstes werden Sie allerdings gebeten, Ihre Sprache auszuwählen:

```
server2:~/install_ispconfig # ./setup
Debian 4.0
Neuinstallation eines ISPConfig-Systems. / Installation of a new ISPConfig system.
/ Installation d'ISPConfig sur un nouveau systeme.
Whlen Sie Ihre Sprache (deutsch/englisch/spanisch/franzsisch/italienisch/
niederlndisch/polnisch/
schwedisch): / Please choose your language (German/English/Spanish/French/Italian/
Dutch/Polish/Swedish): / Merci de choisir votre langue (Allemand/Anglais/Espagnol/
Francais/Italien/Nerlandais/Polonais/Sudois):
1) de
2) en
3) es
4) fr
5) it
6) nl
7) pl
8) se
Ihre Wahl: / Your Choice: / Votre Choix:
```

Sie sehen daraufhin eine Warnmeldung:

```
Bei der Installation auf Systemen, auf denen bereits Einstellungen vorgenommen
wurden, werden einige System-Dateien ersetzt. Dies kann zum Verlust von Eintrgen in
httpd.conf, named.conf sowie in der Sendmail-Konfiguration fhren.

Wollen Sie mit der Installation fortfahren? [y/n] y
```

An dieser Stelle zeigt das System Ihnen eine Lizenzvereinbarung, die Sie lesen und akzeptieren sollten:

```
Akzeptieren Sie die Lizenz? [y/n] y
```

Das Installationsprogramm wird Ihnen jetzt weitere Fragen über Ihre Systemkonfiguration stellen (beispielsweise welcher MTA, FTP-Server, Webserver, welche Protokolle usw. verwendet werden sollen). Da Sie diese Pakete bereits auf Ihrem

System installiert haben, sollten Sie auch in der Lage sein, alle Fragen beantworten zu können.

Am Anfang der Installation wird das Skript Sie fragen, in welchem Modus Sie die Installation gern durchführen möchten. Wählen Sie hier den Expertenmodus aus:

```
1) standard
2) expert
Ihre Wahl: 2
```

Im Expertenmodus haben Sie zusätzliche Auswahlmöglichkeiten, für die ISPConfig im Standardmodus Standardwerte vergibt.

Wenn Sie zur Eingabe eines Standardverzeichnisses aufgefordert werden, können Sie sich ein beliebiges Verzeichnis auswählen, stellen Sie dabei aber sicher, dass sich das Verzeichnis auf einer Partition befindet, die genügend Speicherplatz für die Websites zur Verfügung stellt, die Sie hosten möchten. Wenn Sie mit ISPConfig auch Quotas konfigurieren möchten, sollten Sie des Weiteren sicherstellen, dass Quotas für diese Partition so, wie in Kapitel 2 beschrieben, auch aktiviert wurden. Wollen Sie suExec für Websites aktivieren, die Perl/CGI-Skripten ausführen dürfen, sollte sich das Verzeichnis innerhalb des Document-Root von suExec befinden. Bei Debian und Fedora/Red Hat liegt das Standard-Document-Root von suExec unter */var/www*, wohingegen es sich bei SUSE unter */srv/www* befindet. Wenn Sie suExec aktivieren, ist das Document-Root auch eine gute Wahl für das Verzeichnis, in dem ISPConfig abgelegt werden soll:

```
########## WEB SERVER ##########
Checke, ob Programm httpd installiert ist...
/usr/bin/httpd
OK
berprfe die Syntax der httpd.conf...
Syntax OK
Die Syntax ist ok!
Web-Root: /var/www
Ist das korrekt? [y/n] y
```

Bei suExec handelt es sich um eine Sicherheitserweiterung auf einem Webserver, bei dem CGI-Skripten im Besitz von bestimmten Benutzern sein müssen, die diese auch ausführen können müssen.

An dieser Stelle beginnt die Installation mit dem Kompilieren des Apache-Servers, der für die Darstellung der ISPConfig-Webschnittstelle auf Port 81 verwendet wird. Wenn der Build des ISPConfig-Apache fertig ist, sehen Sie, dass ein angepasstes SSL-Zertifikat zusammengestellt wird. Das Installationsprogramm bittet Sie, mehrere Werte anzugeben. Sie können hier die Standardwerte übernehmen oder auch ihre eigenen Werte eingeben. Der Eingabebildschirm wird in etwa folgendermaßen aussehen:

```
SSL Certificate Generation Utility (mkcert.sh)
Copyright (c) 1998-2000 Ralf S. Engelschall, All Rights Reserved.

Generating custom certificate signed by own CA [CUSTOM]
_____
STEP 0: Decide the signature algorithm used for certificates
The generated X.509 certificates can contain either
RSA or DSA based ingredients. Select the one you want to use.
Signature Algorithm ((R)SA or (D)SA) [R]:
_____
STEP 1: Generating RSA private key for CA (1024 bit) [ca.key]
1698765 semi-random bytes loaded
Generating RSA private key, 1024 bit long modulus
............++++++
.........++++++
e is 65537 (0x10001)
_____
STEP 2: Generating X.509 certificate signing request for CA [ca.csr]
You are about to be asked to enter information that will be incorporated
into your certificate request.
What you are about to enter is what is called a Distinguished Name or a DN.
There are quite a few fields but you can leave some blank
For some fields there will be a default value,
If you enter '.', the field will be left blank.
1. Country Name             (2 letter code)  [XY]:
2. State or Province Name   (full name)      [Snake Desert]:
3. Locality Name            (e.g, city)      [Snake Town]:
4. Organization Name        (e.g, company)   [Snake Oil, Ltd]:
5. Organizational Unit Name (e.g, section)   [Certificate Authority]:
6. Common Name              (eg, CA name)    [Snake Oil CA]:
7. Email Address            (e.g, name@FQDN) [ca@snakeoil.dom]:
8. Certificate Validity     (days)           [365]:
_____
STEP 3: Generating X.509 certificate for CA signed by itself [ca.crt]
Certificate Version (1 or 3) [3]:
Signature ok
subject=/C=XY/ST=Snake Desert/L=Snake Town/O=Snake Oil, Ltd/OU=Certificate
Authority/CN=Snake Oil CA/emailAddress=ca@snakeoil.dom
Getting Private key
Verify: matching certificate & key modulus
Verify: matching certificate signature
../conf/ssl.crt/ca.crt: /C=XY/ST=Snake Desert/L=Snake Town/O=Snake Oil, Ltd/
OU=Certificate Authority/CN=Snake Oil CA/emailAddress=ca@snakeoil.dom
error 18 at 0 depth lookup:self signed certificate
OK
_____
STEP 4: Generating RSA private key for SERVER (1024 bit) [server.key]
1698765 semi-random bytes loaded
Generating RSA private key, 1024 bit long modulus
...........................++++++
............++++++
e is 65537 (0x10001)
_____
```

```
STEP 5: Generating X.509 certificate signing request for SERVER [server.csr]
You are about to be asked to enter information that will be incorporated
into your certificate request.
What you are about to enter is what is called a Distinguished Name or a DN.
There are quite a few fields but you can leave some blank
For some fields there will be a default value,
If you enter '.', the field will be left blank.
1. Country Name             (2 letter code) [XY]:
2. State or Province Name   (full name)     [Snake Desert]:
3. Locality Name            (eg, city)      [Snake Town]:
4. Organization Name        (eg, company)   [Snake Oil, Ltd]:
5. Organizational Unit Name (eg, section)   [Webserver Team]:
6. Common Name              (eg, FQDN)      [www.snakeoil.dom]:
7. Email Address            (eg, name@fqdn) [www@snakeoil.dom]:
8. Certificate Validity     (days)          [365]:
```

```
STEP 6: Generating X.509 certificate signed by own CA [server.crt]
Certificate Version (1 or 3) [3]:
Signature ok
subject=/C=XY/ST=Snake Desert/L=Snake Town/O=Snake Oil, Ltd/OU=Webserver Team/
CN=www.snakeoil.dom/emailAddress=www@snakeoil.dom
Getting CA Private Key
Verify: matching certificate signature
../conf/ssl.crt/server.crt: OK
```

Bei der Erstellung des Zertifikats werden Sie in Schritt 7 und 8 gefragt, ob Sie die entsprechenden Schlüssel jetzt verschlüsseln möchten:

```
STEP 7: Enrypting RSA private key of CA with a pass phrase for security [ca.key]
The contents of the ca.key file (the generated private key) has to be
kept secret. So we strongly recommend you to encrypt the server.key file
with a Triple-DES cipher and a Pass Phrase.
Encrypt the private key now? [Y/n]: n
writing RSA key
Enter PEM pass phrase:
Verifying - Enter PEM pass phrase:
Fine, you're using an encrypted private key.
```

```
STEP 8: Enrypting RSA private key of SERVER with a pass phrase for security
[server.key]
The contents of the server.key file (the generated private key) has to be
kept secret. So we strongly recommend you to encrypt the server.key file
with a Triple-DES cipher and a Pass Phrase.
Encrypt the private key now? (Y/n): n
What email address or URL should be used in the suspected-spam report text for
users who want more information on your filter installation?
(In particular, ISPs should change this to a local Postmaster contact)
default text: [the administrator of that system]
```

Beantworten Sie diese Fragen mit n. Ansonsten werden Sie jedes Mal nach einem Passwort gefragt, wenn Sie das ISPConfig-System neu starten möchten, was bedeutet, dass es nicht ohne Interaktion mit einer Person neu gestartet werden kann.

Schlägt die Kompilierung fehl, wird die Konfiguration beendet, und alle kompilierten Dateien werden entfernt. Die Fehlermeldung, die Sie erhalten, sollte eigentlich auf den Grund für den Fehler verweisen. In den meisten Fällen fehlen Header-Dateien für ein Paket.

Was auch immer der Grund sein mag: Sehen Sie sich noch einmal die Konfiguration Ihres Servers an und lösen Sie das Problem. Wenn das Verzeichnis *install_ispconfig* trotz des Fehlers nicht gelöscht wurde, löschen Sie es manuell. Entpacken Sie dann die ISPConfig-Quellen erneut, gehen Sie wieder in das Verzeichnis *install_ispconfig* und führen Sie *./setup* aus. Nachdem irgendwelche Fehler aufgetreten sind, können Sie ISPConfig nicht zweimal aus dem gleichen *install_ispconfig*-Verzeichnis heraus installieren.

Ähnlich verhält es sich, wenn benötigte Pakete nicht vorhanden sind. Die Installationsroutine wird dann beendet. Installieren Sie das fehlende Paket, löschen Sie das Verzeichnis *install_ispconfig*, entpacken Sie ISPConfig erneut und starten Sie noch einmal von vorne.

Das Installationsskript überprüft die Syntax Ihrer vorhandenen Apache-Konfigurationsdateien. Ein Fehler wird dazu führen, dass die Installation von ISPConfig gestoppt wird.

Wenn alle Rahmenbedingungen erfüllt sind, müssen Sie während der Installation noch ein paar Werte angeben. Hierzu gehören:

```
Wie heisst der MySQL-Server? localhost
Wie heisst der MySQL-User? root
Wie heisst das MySQL-Passwort? Ihr MySQL-Passwort
Vergeben Sie einen Namen fr die ISPConfig-Datenbank (z.B. db_ispconfig): db_ispconfig
Geben Sie die IP-Adresse des ISPConfig-Webs an (z.B. 192.168.0.1): 70.253.158.45
Geben Sie den Host-Namen an (z.B. www): www
Geben Sie die Domain an (z.B. xyz.de): centralsoft.org
```

Als Nächstes fragt Sie das Konfigurationsprogramm, welches Protokoll Sie verwenden möchten. Wählen Sie Punkt 2, HTTP:

```
Bitte waehlen Sie aus, ueber welches Protokoll (http oder https (SSL-Verschluessung)) Ihr ISPConfig-System erreichbar sein soll:
1) HTTPS
2) HTTP
Ihre Wahl: 2
```

Sie können jetzt zusehen, wie das System die letzten Skripten ausführt und einige Dienste neu startet:

```
Connected successfully to MySQL server
no crontab for root
Neustart einiger Dienste...
Stopping Postfix Mail Transport Agent: postfix.
Starting Postfix Mail Transport Agent: postfix.
Stopping ftp server: proftpd.
Starting ftp server: proftpd.
```

```
Starting ISPConfig system...
/root/ispconfig/httpd/bin/apachectl startssl: httpd started
ISPConfig system is now up and running!
```

Die Entwickler beenden das Installationsskript mit:

```
Herzlichen Glueckwunsch! Ihr ISPConfig-System ist jetzt installiert. Falls Sie
Quota nachinstalliert haben, fuehren Sie noch die in der Installationsanleitung
beschriebenen Schritte durch. Ansonsten ist Ihr System jetzt ohne Reboot
einsatzbereit.
Bitte gehen Sie mit Ihrem Browser auf

http://www.centralsoft.org:81

und loggen sich ein:
Benutzername: admin
Passwort: admin
```

An dieser Stelle können Sie jetzt die IP-Adresse oder den Domainnamen Ihres Servers gefolgt von *:81* in Ihrem Browser eingeben, um auf das Anmeldefenster von ISPConfig zugreifen zu können.

Verzeichnisstruktur von ISPConfig

Wie bereits erwähnt, hat das von ISPConfig eingerichtete Hauptverzeichnis den Namen *ispconfig*, und es befindet sich unterhalb des Verzeichnisses, in dem Sie den Build durchgeführt haben (in diesem Kapitel ist das */root*). Sie werden auch noch ein weiteres Verzeichnis mit dem Namen *admispconfig* in */home* vorfinden. Jedes Verzeichnis enthält die Dateien, die für die unabhängige Ausführung von ISPConfig benötigt werden.

Lassen Sie uns zuerst einen Blick auf das Verzeichnis */root/ispconfig* werfen:

```
-rwxr-xr-x   1 root root 34866 2007-04-26 12:28 cronolog
-rwxr-xr-x   1 root root  9673 2007-04-26 12:28 cronosplit
drwxr-xr-x  12 root root  4096 2007-04-26 09:55 httpd
drwxr-xr-x  12 root root  4096 2007-04-26 12:28 isp
drwxr-xr-x   6 root root  4096 2007-04-26 09:50 openssl
drwxr-xr-x   6 root root  4096 2007-04-26 10:00 php
drwxr-xr-x   4 root root  4096 2007-04-26 12:28 scripts
drwxr-xr-x   4 root root  4096 2007-04-26 12:28 standard_cgis
drwxr-xr-x   2 root root  4096 2007-04-26 12:28 sv
-rwx------   1 root root  9389 2007-04-26 12:28 uninstall
```

Dieses Verzeichnis von ISPConfig enthält die Konfigurationsdateien von Apache, PHP und OpenSSL sowie die Vorlagen für alle möglichen Konfigurationsdateien (für Apache, Postfix, Sendmail, BIND, *procmail*-Rezepte usw.). ISPConfig schreibt mit diesen Vorlagen die Konfigurationsdateien für die Dienste, die es konfiguriert.

Sie finden hier auch eine ganze Menge PHP-Klassen, die die Funktionen zum Schreiben der Systemkonfigurationsdateien zur Verfügung stellen. Kurz gesagt, in */root/ispconfig* befindet sich das Backend von ISPConfig.

Unter dem Verzeichnis */home/admispconfig* sehen Sie eine Reihe weiterer Verzeichnisse:

```
-rwxr-xr-x   1 admispconfig admispconfig   24 2007-04-26 12:28 .forward
drwxr-xr-x   8 admispconfig admispconfig 4096 2007-04-26 13:53 ispconfig
drwxr-xr-x   2 admispconfig admispconfig 4096 2007-04-26 12:28 mailstats
-rwxr-xr-x   1 admispconfig admispconfig  176 2007-04-26 12:28 .procmailrc
```

Diese Verzeichnisse enthalten das ISPConfig-Frontend – das heißt dessen Webschnittstelle – sowie einige Tools, wie zum Beispiel SpamAssassin (*http://spamassassin.apache.org*) und ClamAV (*http://www.clamav.net*). Sie können diese Tools über ISPConfig konfigurieren, um sich gegen Spam und Viren zu schützen.

Einen Server und Benutzer mit ISPConfig einrichten

Das Einrichten einer Website ist einer der ersten Schritte in Richtung eines vollständig einsatzfähigen Internetservers. Dieser Abschnitt wird Sie durch alle notwendigen Schritte führen.

> Wenn Sie sich jetzt wundern, warum wir Sie nicht einfach bitten, auf die Website von ISPConfig zu gehen und sich dort die Handbücher durchzulesen, sollten Sie Folgendes bedenken: Die Entwickler von ISPConfig haben ihre Benutzerdokumentation für ISPs geschrieben, die Kunden-Websites hosten. Wenn es das ist, was Sie mit dem Einsatz von ISPConfig vorhaben, empfehlen wir Ihnen, sich die Handbücher auf *http://ispconfig.org* durchzulesen. Ansonsten gehen wir davon aus, dass Sie Ihren Server mit einem einzigen Systemadministrator einsetzen möchten, der seine eigenen sicheren Websites, Mail- und FTP-Dienste verwaltet.

Bei ISPConfig ist es erforderlich, dass Sie einen *Kunden* einrichten, der ein oder mehrere Internet-Domains besitzt. In unserem Beispiel werden wir einen einzelnen Kunden anlegen (einen der Autoren dieses Buchs), der vier Domains besitzt:

- *centralsoft.org*
- *linuxnewswire.org*
- *opensourcetoday.org*
- *tadelstein.com*

Wenn Sie einen Blick auf die Verzeichnisinhalte in */var/www* werfen, werden Sie erkennen, wie ISPConfig Domains einrichtet:

```
$ ls -a
apache2-default  sharedip   web2   web4   webalizer    www.opensourcetoday.org
localhost        web1       web3          www.centralsoft.org  www.linuxnewswire.org
www.tadelstein.com
```

Vergleichen Sie diese Verzeichnisauflistung mit der Liste der Websites in Abbildung 4-1. Zu jeder Website gehört ein Verzeichnis. Die *www*-Verzeichnisse, deren Namen die Domains anzeigen (zum Beispiel *www.opensourcetoday.org*), sind symbolische Links auf das, was das System als *web1*, *web2* und so weiter kennt.

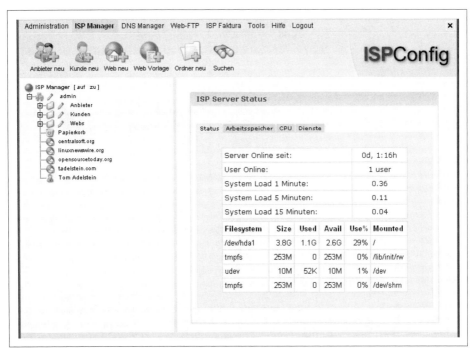

Abbildung 4-1: Die Verwaltungsschnittstelle ISP Manager

In Abbildung 4-2 können Sie die Liste mit den Domains besser erkennen. Beachten Sie in Abbildung 4-2, dass je eine Domain für jedes Verzeichnis in der Auflistung auf der Kommandozeile angezeigt wird.

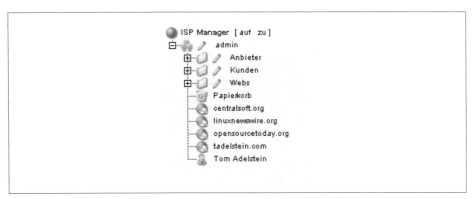

Abbildung 4-2: Domainliste im ISP Manager

Kunden und Websites hinzufügen

Damit Sie den Kunden und die Domains konfigurieren können, müssen Sie sich zuerst an der ISPConfig-Oberfläche anmelden. Geben Sie in Ihrem Browser die IP-Adresse Ihres Servers ein, dem dann der Port für ISPConfig folgt, *:81* – in unserem Fall wäre das *http://70.253.158.45:81* (verwenden Sie *https://*, wenn Sie während der Installation HTTPS als ISPConfig-Protokoll gewählt haben). Am Anmeldefenster (siehe Abbildung 4-3) geben Sie die User-ID *admin* und das Passwort *admin* ein.

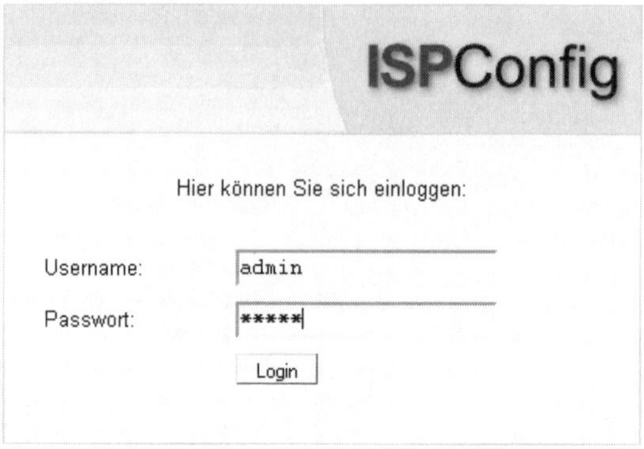

Abbildung 4-3: ISPConfig-Anmeldefenster

Ändern Sie dann sofort das Passwort auf eines ab, das nur Ihnen bekannt ist. Zur Änderung des Passworts wählen Sie aus der Menüleiste »Tools« aus und klicken auf das Symbol für das Passwort (Abbildung 4-4).

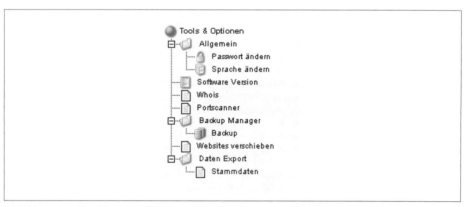

Abbildung 4-4: Das Menü Tools

Das Dialogfenster »Passwort ändern«, das in Abbildung 4-5 gezeigt wird, erscheint, und Sie können das Formular ausfüllen.

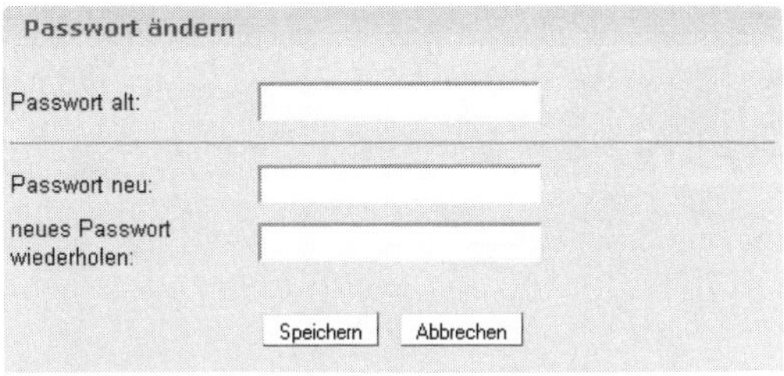

Abbildung 4-5: ISPConfig-Formular für das Ändern des Passworts

Melden Sie sich ab und dann wieder mit dem neuen Passwort an.

Bevor Sie eine Website einrichten können, müssen Sie einen Eigentümer für die Site bestimmen. Wählen Sie aus der Menüleiste »ISP Manager« aus. Sie sehen dann ein Navigationsmenü, das dem in Abbildung 4-6 ähnlich ist.

Abbildung 4-6: Das Menü ISP Manager, bei dem ein Kunde und eine Domain hinzugefügt wurden

Lassen Sie uns jetzt einen Blick darauf werfen, wie wir den Kunden *tadelstein* und die Website *linhelp* angelegt haben. Klicken Sie im »ISP Manager«-Menü auf »Kunde neu«. Sie sehen jetzt ein Eingabefenster, das dem in Abbildung 4-7 ähnelt.

Geben Sie die entsprechenden Informationen für den Kunden ein. Abbildung 4-8 zeigt, wie wir das Formular ausgefüllt haben. Beachten Sie, dass wir *Linhelp.org* als Firmennamen verwendet haben.

Auf der linken Seite des Navigationsmenüs sehen Sie jetzt stellvertretend für eine Person ein neues Icon, neben dem der Name des Kunden steht. Jetzt können Sie auch eine Website einrichten. Wählen Sie einfach aus der Menüleiste »Web neu« aus, und Sie sehen das Eingabefenster aus Abbildung 4-9.

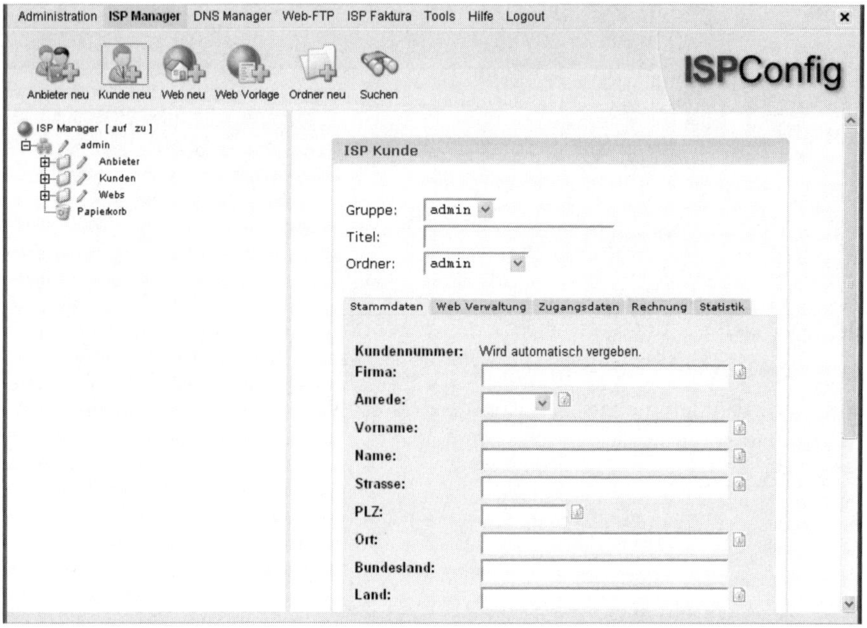

Abbildung 4-7: Das Formular mit den Kundeninformationen

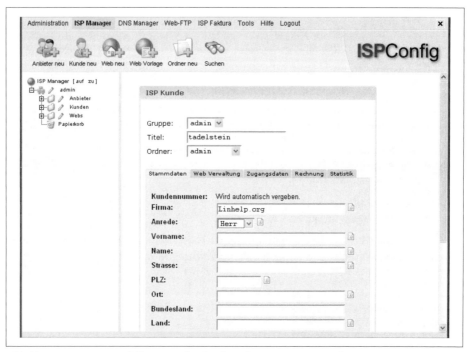

Abbildung 4-8: Das ausgefüllte Formular für den administrativen Kunden

Abbildung 4-9: Das Formular, mit dem die Website linhelp.org eingerichtet wird

Geben Sie der Website einen Namen und eine IP-Adresse und richten Sie einen DNS-Record ein. Beachten Sie auch die Registerkarten im oberen Bereich des Formulars, in dem Sie den Namen der Site eingeben:

- Basis
- User & Email
- Co-Domains
- Statistik
- Optionen
- Invoice

Jede dieser Registerkarten bietet verschiedene Konfigurations- und Verwaltungsfunktionen an.

Abbildung 4-9 zeigt nicht alle Optionen der Registerkarte »Basis« an. Sie finden noch mehrere weitere Optionen, die Sie dem Administrator der Site geben können. Für unsere Site bieten wir Shell-Zugriff, eine Datenbank sowie FTP und Anmeldeoptionen, so wie es in Abbildung 4-10 gezeigt wird.

Beachten Sie in Abbildung 4-10 auch, dass unter »Anon. FTP MB« das System standardmäßig −1 einträgt. Damit wird der Site unbeschränkter FTP-Speicherplatz zur Verfügung gestellt. Wenn Sie eine Download-Site spiegeln, möchten Sie eventuell einen solchen Zugriff zur Verfügung stellen. Wenn nicht, dann richten Sie wahrscheinlich besser eine Beschränkung ein, damit niemand so viele Daten hochladen kann, dass der Festplattenplatz, der auch von anderen Diensten verwendet wird, knapp wird.

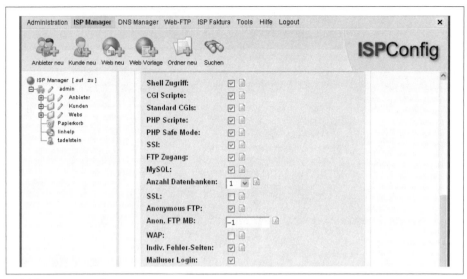

Abbildung 4-10: Website-Optionen

An dieser Stelle besitzen Sie eine einsatzfähige Website. Mit einem FTP-Client können Sie auf einfache Art und Weise Seiten hinzufügen. Sie können beispielsweise mit dem grafischen *gftp* aus einem Verzeichnis auf Ihrem Arbeitsplatzrechner eine Site übertragen, die Sie bereits zusammengestellt haben, so wie in Abbildung 4-11 dargestellt.

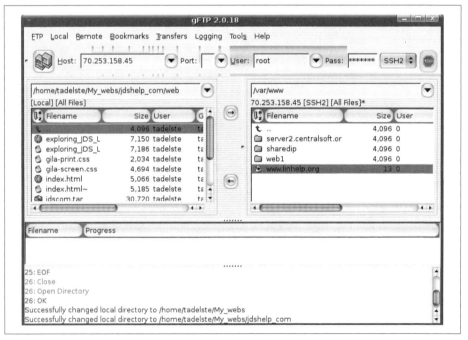

Abbildung 4-11: Mit gftp Dateien in das Wurzelverzeichnis von linhelp.org übertragen

Wenn wir jetzt einen Browser auf die Adresse *http://linhelp.org* richten, wird unsere Seite *index.html* angezeigt. Die Darstellung der Seite können Sie in Abbildung 4-12 sehen.

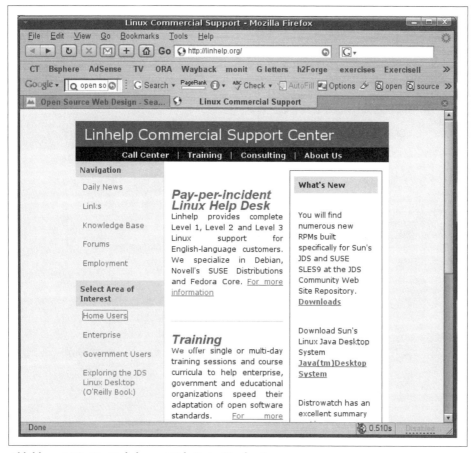

Abbildung 4-12: Die Linhelp.org-Website im Firefox-Browser

Wir haben jetzt eine einfache, aber funktionale Website eingerichtet. Werfen Sie einen Blick auf Abbildung 4-13, damit Sie verstehen, was wir hier tatsächlich eingerichtet haben.

ISPConfig verwendet einen hierarchischen Aufbau mit */var/www/web1/web* als Wurzelverzeichnis für Port 80. In jedem Verzeichnis, das Sie unterhalb dieses Pfads erstellen, richtet Apache einen weiteren Zweig ein, in dem Sie Seiten ablegen können. Fordert ein Browser das Verzeichnis an, sucht Apache standardmäßig nach einer HTML-Datei mit dem Namen *index.html*, die er anzeigen kann. Wenn Sie keine *index.html*-Datei zur Verfügung stellen, werden die Namen der Dateien und Verzeichnisse unterhalb des Wurzelverzeichnisses angezeigt.

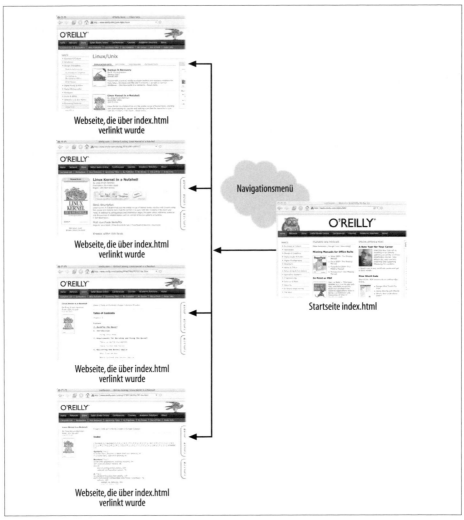

Abbildung 4-13: Struktur einer einfachen Website

Abbildung 4-13 liefert ein Beispiel für das Wurzelverzeichnis einer Website. Die Startseite wird immer dann angezeigt, wenn ein Browser den Verzeichnisnamen angibt, da diese Datei die Standardbezeichnung besitzt. Die Startseite enthält Links auf weitere Seiten in der Site.

Die Beispielgrafik in Abbildung 4-13 könnte auch als Flussdiagramm angesehen werden. Der tatsächliche Code innerhalb der Startseite würde wahrscheinlich in etwa so aussehen:

```
<a href="./about_us.html">About Us </a><br><br>
<a href="./products.html">Products </a><br><br>
```

```
<a href="./services.html">Services </a><br><br>
<a href="./support.html">Support </a><br><br>
```

Normalerweise erstellt das von Ihnen unterstützte Webteam die Verzeichnisstruktur sowie die Webseiten. Wahrscheinlich werden Sie dem Webteam auch eine Datenbank anbieten müssen, das ist allerdings ein Punkt für ein anderes Kapitel. Für den Moment müssen Sie lediglich wissen, wie Sie eine Website und eine Internet-Domain-Präsenz einrichten können.

Benutzer und E-Mail verwalten

Eine der wichtigsten Aufgaben in der Linux-Systemadministration ist die Verwaltung von Benutzern und deren Benutzerkonten. Sie können das mit Hilfe der grafischen Verwaltungskonsole von ISPConfig erledigen.

Sobald Sie Ihre Domains eingerichtet haben, wird bei der Auswahl einer dieser Domains im »ISP Manager«-Abschnitt der Menüleiste die Eingabemaske »ISP Web« geöffnet, die in Abbildung 4-9 bereits gezeigt wurde. Lassen Sie uns noch einmal zurückgehen und einen erneuten Blick darauf werfen.

Das Formular besitzt sechs Registerkarten. Die zweite Registerkarte von links heißt »User & Email«. Über diese Registerkarte können Sie neue Benutzer hinzufügen und bestehende Benutzer verwalten. Wenn Sie »Neu« wählen, sehen Sie das Formular aus Abbildung 4-14.

Abbildung 4-14: Das ISP User-Formular

In dieses Formular können Sie die Details über den neuen Benutzer eingeben und die Speicherplatzbeschränkungen festlegen. Ein Wert von –1 bietet unbeschränkte Speicherplatzkapazität, Sie können die Quotas aber beliebig verwalten.

Über die Registerkarte »Erweiterte Einstellungen« (Abbildung 4-15) können Sie mit der Weiterleitungsfunktion E-Mails, die an den Benutzer geschickt wurden, an eine andere Adresse weiterleiten. Mit anderen Worten, wenn der Benutzer bereits eine primäre E-Mail-Adresse besitzt, die er auch gern verwenden würde, können Sie mit den Optionen zur Weiterleitung die Post, die an diesen Benutzer geschickt wird, an dieses Konto schicken.

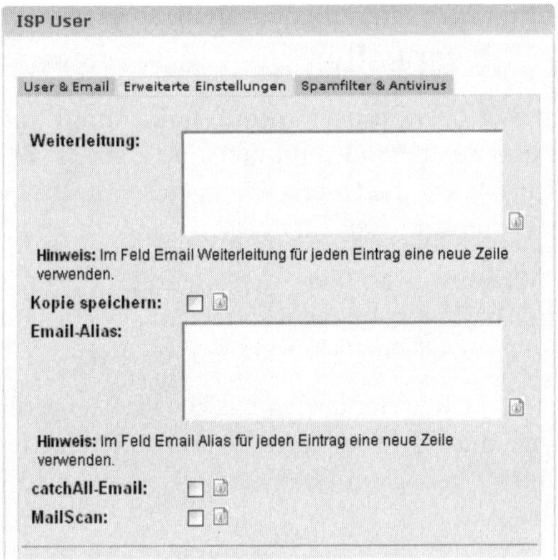

Abbildung 4-15: Erweiterte Mail-Optionen

Zu den anderen Optionen dieser Registerkarte gehören:

Kopie speichern
> Die Auswahl dieser Option führt dazu, dass Kopien aller eingehenden Nachrichten in der lokalen Mailbox des Benutzers aufbewahrt werden, wenn Sie die Weiterleitung von E-Mail eingerichtet haben. Das ist nützlich, wenn die weitergeleiteten Nachrichten ihre Ziel-E-Mail-Adresse nicht erreichen (auf Grund von Spamfiltern oder anderen Problemen).

Email-Alias
> Wenn Sie die Mailbox des Benutzers nicht öffentlich bekannt machen wollen, können die Besucher der Site ihre E-Mails an einen allgemeinen Namen, wie beispielsweise *info@centralsoft.org* oder *webmaster@centralsoft.org*, schicken. Das erreichen Sie, indem Sie ein Alias-Konto zur Verfügung stellen.

catchAll-Email
> Diese Option leitet an die angegebene Mailbox alle E-Mails weiter, die an ein nicht vorhandenes Benutzerkonto geschickt werden. Manchmal wird an häufig verwendete Adressen, wie beispielsweise *redakteur@centralsoft.org* oder *mar-*

keting@centralsoft.org, geschrieben, ohne dabei zu überprüfen, ob diese Adressen überhaupt gültig sind. Sie können alle diese Nachrichten pro Domain-Site in einem Benutzerkonto sammeln.

MailScan

Wenn Sie möchten, dass E-Mails auf dem Server auf Viren oder JavaScript-Code überprüft werden sollen, verwenden Sie diese Option.

Autoresponder

Mit dieser Option können Sie eine automatische Antwort auf eingehende E-Mails, die an einen bestimmten Benutzer adressiert sind, verschicken, wenn der Benutzer für einen bestimmten Zeitraum nicht im Büro ist.

Wenn Sie zur Registerkarte »Spamfilter & Antivirus« gehen, die in Abbildung 4-16 gezeigt wird, können Sie entscheiden, welche Spam-Strategie eingesetzt werden soll. Aktivieren Sie für ein Konto den Spamfilter. Sie können dann das Verhalten des Filters festlegen.

Abbildung 4-16: Die Registerkarte Spamfilter & Antivirus

Wählen Sie die Spam-Strategie *akzeptieren*, lassen Sie zu, dass der Spam in die Inbox des Benutzers gelangt. Dort wird er dann vom Mail User Agent (MUA) des Benutzers sortiert. Viele Administratoren wählen für den Anfang diese Strategie, bis der Benutzer eine Datenbank mit E-Mails besitzt, die als Spam erkannt wurden. Danach kann der Benutzer dann in den *löschen*-Modus umschalten, in dem alle E-Mails, die als Spam erkannt wurden, auf dem Server gelöscht werden.

Lassen Sie uns jetzt noch die anderen Spam-Optionen betrachten:

Spam Hits

Der Spamfilter führt eine Reihe von Tests auf den eingehenden E-Mails durch und vergibt für jeden Test Punkte. Wenn die Summe der Punkte für diese Tests den im Feld »Spam Hits« angegebenen Wert erreichen oder übersteigen, wird die E-Mail als Spam eingestuft und entsprechend der Spam-Strategie des Benutzers behandelt.

Rewrite Subject
: Im *akzeptieren*-Modus wird durch die Wahl dieser Option festgelegt, dass die Betreffzeile jeder E-Mail, die als Spam identifiziert wurde, ein entsprechendes Präfix für die Kennzeichnung erhalten soll (standardmäßig ***SPAM***). Dadurch kann der Benutzer die E-Mails anhand der Betreffzeile aussortieren.

URIBL nutzen
: Spam nervt eine ganze Menge Menschen. Einige davon haben sich zusammengetan und erstellen Listen mit bekannten Spammern, manche stellen diese Listen sogar unentgeltlich öffentlich zur Verfügung. Eine dieser Organisationen ist URIBL (*http://www.uribl.com/*). Wenn Sie die Informationen von URIBL haben möchten, wählen Sie diese Option aus.

Spam-Whitelist
: Hier können Sie E-Mail-Adressen und Domainnamen eintragen, bei denen Sie davon ausgehen, dass Sie von deren gültigen Absendern keinen Spam zu erwarten haben.

Spam-Blacklist
: Hier können Sie E-Mail-Adressen und Domainnamen eintragen, bei denen Sie davon ausgehen, dass Sie von diesen Absendern unerwünschte E-Mails erhalten.

Damit ein Benutzer Änderungen an seinem E-Mail-Konto selbst vornehmen kann (hierzu gehören Passwort, Spamfilter- und Antivirus-Einstellungen), müssen Sie auf der Registerkarte »Basis« im Formular »ISP Web« die Option »Mailuser Login« auswählen (siehe Abbildung 4-10). Der Mailbenutzer kann sich dann einfach an einer Webseite anmelden, die in etwa den Namen *http://centralsoft.org:81/mailuser* besitzt, und die Änderungen dann selbst vornehmen.

User-, E-Mail-, Home- und öffentliche Webverzeichnisse

Unter ISPConfig besitzt jeder Benutzer einer Domain sein eigenes Home-Verzeichnis unterhalb des Verzeichnisses *user*. Wenn für eine Domain der FTP-Zugang erlaubt ist, gelangen die Benutzer bei einer Anmeldung über FTP direkt in ihr Home-Verzeichnis. Jedes Home-Verzeichnis besitzt noch ein Verzeichnis mit dem Namen *web*, auf das ein Benutzer durch den Besuch einer URL wie *http://www.centralsoft.org/~Benutzer* oder *http://www.centralsoft.org/user/Benutzer* zugreifen kann.

Abbildung 4-17 zeigt den Aufbau des Home-Verzeichnisses für den Benutzer, den wir für *centralsoft.org* eingerichtet haben.

E-Mail-Client-Konfiguration

An dieser Stelle sollten Sie jetzt die Grundlagen verstanden haben, wie eine Website eingerichtet, ein Benutzer angelegt und E-Mail bearbeitet wird. Sie werden aber wahrscheinlich auch Ihren Benutzern bei der Konfiguration ihrer E-Mail-Clients

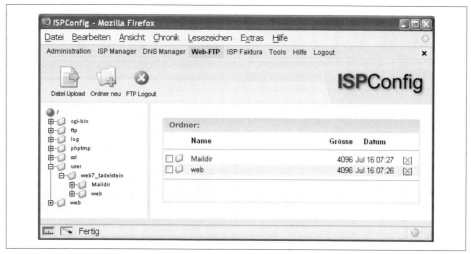

Abbildung 4-17: Explorer-ähnliche Ansicht des Benutzerverzeichnisses

helfen müssen, indem Sie die ausgehenden und eingehenden E-Mail-Server festlegen. Auf unserem System setzt ISPConfig *server1.centralsoft.org* sowohl als ausgehenden SMTP-Server als auch als eingehenden POP3/IMAP-Server ein.

Bei den meisten modernen E-Mail-Clients können Sie die Option »Transport Layer Security« (TLS) auswählen. Wählen Sie bei der Konfiguration des ausgehenden Servers TLS, wenn möglich. Da die meisten E-Mail-Clients für SMTP den ausgehenden Server ihres ISPs verwenden, können Sie auch TLS auswählen, wenn Ihr ISP das unterstützt. In den allermeisten Fällen werden dabei Ihre User-ID und Ihr Passwort im Klartext über die Leitungen Ihres IPS verschickt.

Für das Empfangen von Mail richten Sie den eingehenden Server ein (wir haben hier *server1.centralsoft.org* verwendet) und wählen dann entweder POP3 oder IMAP aus. Verwenden Sie dabei Ihren Systemnamen (beispielsweise *web1_adelstein*) und geben Sie Ihre E-Mail-Adresse als Alias an (zum Beispiel *tom@centralsoft.org*).

 Sollten Sie eine »-ERR Unknown AUTHORIZATION state command«-Fehlermeldung erhalten, wenn Sie Ihre E-Mail über POP3 abrufen möchten, haben Sie wahrscheinlich vergessen, die SSL/TLS-Verschlüsselung zu aktivieren. Konfigurieren Sie Ihren E-Mail-Client neu, aktivieren Sie »POP3-über-SSL« und versuchen Sie es noch einmal.

Absicherung eines Linux-Webservers

Heutzutage treten im geschäftlichen Umfeld häufig unerwartete Ereignisse auf. Individuen mit schlechten Absichten scannen IP-Adressen und suchen nach Exploits. Sie setzen ausgefeilte Passwortwörterbücher ein und versuchen damit root-Zugriff auf Server zu erlangen, um Spam, Viren und Würmer verteilen zu können. Die Situationen, mit denen die Systemadministratoren konfrontiert werden, entstehen aus einer einzigartigen Kombination sich wechselnder Rahmenbedingungen, die weder mit Genauigkeit noch mit Bestimmtheit kontrolliert werden können. Folglich müssen Administratoren lernen, sich schnell auf neue (und oft auch feindselige) Situationen einstellen zu können.

Es gibt zwei Möglichkeiten der Herangehensweise. Zum einen können Sie Sicherheitsvorkehrungen treffen, wenn Sie ausreichend Erfahrung haben, eine Situation schon im Vorfeld erkennen zu können. Wir nennen das *Antizipation*.

Auf der anderen Seite werden Sie aber auch eine Situation ganz spontan in Angriff nehmen müssen, ohne sich groß darauf vorbereiten zu können. Hierzu gehört *Improvisationsvermögen*. Damit Sie sich auf alle Situationen ausreichend einstellen können, müssen Sie sowohl antizipieren als auch improvisieren können.

Die Rolle eines Daemons, der Daemons überwacht

Egal, wie hart Sie an der Absicherung Ihres Internetservers auch arbeiten, aus irgendeiner noch nicht bekannten Kombination von Gründen kann auf Ihrem System auch einmal etwas ausfallen. In einer perfekten Welt könnten Sie jetzt jeden einzelnen Dienst überwachen, und das System würde Sie über alle auftretenden Fehler automatisch benachrichtigen. Aber andererseits leben wir nicht in einer Welt, in der unsere Erwartungen stets erfüllt werden.

Stellen Sie sich einmal vor, Sie hätten Ihren Server bei einem ISP untergestellt, der sich 250 Kilometer von Ihrer Arbeitsstätte befindet. Wenn dieser Server jetzt ausfällt, muss irgendjemand den ISP anrufen und einen Mitarbeiter des Service-Personals dazu bringen, in den Keller zum Server-Rack zu rennen und den Server wieder in einen funktionierenden Zustand zurückzuversetzen. Es könnte jedoch sein, dass der technische Support des ISP nicht gleich zur Verfügung steht, also müssen Sie dann eventuell warten, während eine wichtige Anwendung stillsteht.

In großen Unternehmen könnten Sie sich genauso alleine gelassen fühlen, als wäre Ihr Server 250 Kilometer weit weg. Die Betreiber eines Rechenzentrums lassen nur selten jemanden in den Serverraum hinein, auch keine Systemadministratoren. Daher ist es unabhängig vom Standort des Servers wichtig, dass Administratoren wissen, wie sie ihre Systeme aus der Ferne verwalten können.

Ein *Daemon-Monitoring-Daemon* (DMD) ist ein Utility, das Ihre Dienste für Sie überwacht und bei einem Ausfall der Dienste versucht, die Dienste neu zu starten. Wenn ein Dienst ausfällt, müssen Sie sich normalerweise an Ihrem Server anmelden und eine Konsole öffnen, um beispielsweise einen Befehl wie */etc/init.d/mysql restart* auszuführen. Ein DMD kann jedoch diesen Befehl für Sie ausführen, ohne dass Sie von Ihrer Seite aus eingreifen müssen.

Wenn der Dienst neu gestartet werden kann, hat sich das Problem erledigt. Funktioniert das nicht, unternimmt der DMD noch eine Reihe weiterer Versuche (sagen wir einmal fünf) und nimmt dann über eine Textnachricht, E-Mail oder irgendeinen anderen Kommunikationskanal Kontakt mit Ihnen auf, um Sie über das Problem zu unterrichten. An dieser Stelle müssen Sie dann eingreifen und herausfinden, warum Ihr Dienst ausgefallen ist.

Der DMD läuft auf Ihrem System wie jeder andere Dienst auch. Er besitzt eine Konfigurationsdatei, mit der Sie die Optionen auswählen können, die am besten zu Ihren Anforderungen passen. Sie können den Dienst so einrichten, dass er beim Systemstart automatisch gestartet wird, oder ihn per Hand starten.

Im nächsten Abschnitt werden wir einen DMD mit dem Namen *monit* einrichten, der eine einfache Webschnittstelle besitzt, die in Abbildung 4-18 gezeigt wird.

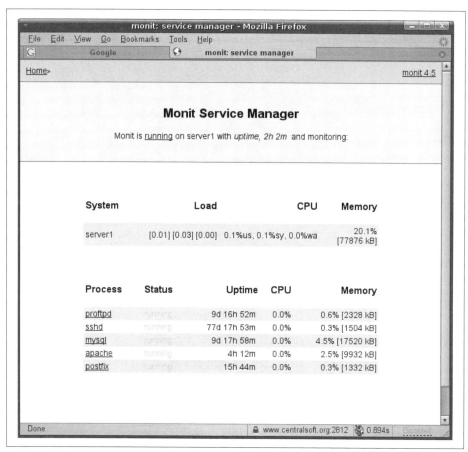

Abbildung 4-18: Webschnittstelle für monit, der auf centralsoft.org läuft

Beachten Sie die fünf Dienste, die sich gerade unter Beobachtung befinden. In Abbildung 4-19 gehen wir eine Ebene tiefer, um zu zeigen, wie das System die einzelnen Prozesse verarbeitet. In diesem Fall stellen wir *sshd* dar.

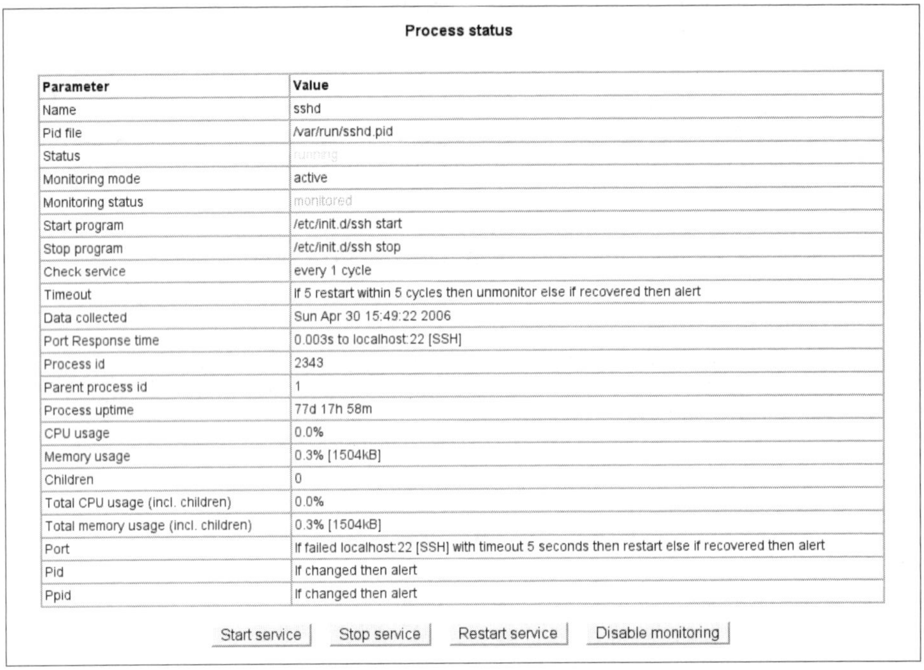

Parameter	Value
	Process status
Name	sshd
Pid file	/var/run/sshd.pid
Status	running
Monitoring mode	active
Monitoring status	monitored
Start program	/etc/init.d/ssh start
Stop program	/etc/init.d/ssh stop
Check service	every 1 cycle
Timeout	If 5 restart within 5 cycles then unmonitor else if recovered then alert
Data collected	Sun Apr 30 15:49:22 2006
Port Response time	0.003s to localhost:22 [SSH]
Process id	2343
Parent process id	1
Process uptime	77d 17h 58m
CPU usage	0.0%
Memory usage	0.3% [1504kB]
Children	0
Total CPU usage (incl. children)	0.0%
Total memory usage (incl. children)	0.3% [1504kB]
Port	If failed localhost:22 [SSH] with timeout 5 seconds then restart else if recovered then alert
Pid	If changed then alert
Ppid	If changed then alert

Start service | Stop service | Restart service | Disable monitoring

Abbildung 4-19: Die Details zu sshd anzeigen

Beachten Sie in Abbildung 4-19, dass der Status von *sshd* anzeigt, dass der Dienst gerade läuft und dass er vom System überwacht wird. In diesem Bildschirmfenster können Sie in der dritten Zeile von unten die Anweisungen sehen, was zu tun ist, wenn *sshd* ausfällt:

```
If failed localhost:22 [SSH] with timeout 5 seconds then restart else if recovered
then alert
```

Diese Richtlinie startet einfach einen ausgefallenen Dienst neu und verschickt eine Nachricht, wenn der Dienst erfolgreich neu gestartet wurde.

Schließlich stellt *monit* noch vier Schaltflächen am unteren Ende der Seite zur Verfügung, mit denen manuell eingegriffen werden kann. Lassen Sie uns jetzt aber einmal ansehen, wie dieses System funktioniert.

Installation und Konfiguration von monit

Zur Installation von *monit* können Sie entweder den Paketmanager des Linux-Systems verwenden oder sich den Tarball von *http://www.tildeslash.com/monit* herunterladen. Wenn Sie die Debian-Konfiguration aus Kapitel 2 verwenden, geben Sie einfach Folgendes ein:

```
# apt-get install monit
```

Nachdem Sie *monit* installiert haben, müssen Sie */etc/monit/monitrc* bearbeiten. Die Datei, die während der Installation erstellt wurde, enthält eine ganze Menge Beispiele, und Sie finden noch weitere Konfigurationsbeispiele auf *http://www.tildeslash.com/monit/doc/examples.php*. In unserem Fall möchten wir:

- die Webschnittstelle von *monit* auf Port 2812 aktivieren,
- die Dienste *proftpd*, *sshd*, *mysql*, *apache* und *postfix* überwachen,
- eine Secure Sockets Layer-(*https-*)Webschnittstelle einrichten, über die wir uns mit dem Benutzernamen *admin* anmelden können, sowie
- *monit* mitteilen, dass es E-Mail-Benachrichtigungen an *root@localhost* schicken soll.

Unsere */etc/monit/monitrc*-Konfigurationsdatei sieht in etwa folgendermaßen aus:

```
set daemon  60
set log file syslog facility log_daemon
set mailserver localhost
set mail-format { from: monit@server1.centralsoft.org }
set alert root@localhost
set httpd port 2812 and
    SSL ENABLE
    PEMFILE  /var/certs/monit.pem
    allow admin: test
check process proftpd with pidfile /var/run/proftpd.pid
    start program = "/etc/init.d/proftpd start"
    stop program  = "/etc/init.d/proftpd stop"
    if failed port 21 protocol ftp then restart
    if 5 restarts within 5 cycles then timeout
check process sshd with pidfile /var/run/sshd.pid
    start program  "/etc/init.d/ssh start"
    stop program  "/etc/init.d/ssh stop"
    if failed port 22 protocol ssh then restart
    if 5 restarts within 5 cycles then timeout
check process mysql with pidfile /var/run/mysqld/mysqld.pid
    group database
    start program = "/etc/init.d/mysql start"
    stop program  = "/etc/init.d/mysql stop"
    if failed host 127.0.0.1 port 3306 then restart
    if 5 restarts within 5 cycles then timeout
check process apache with pidfile /var/run/apache2.pid
    group www
    start program = "/etc/init.d/apache2 start"
    stop program  = "/etc/init.d/apache2 stop"
    if failed host www.centralsoft.org port 80 protocol http
        and request "/monit/token" then restart
    if cpu is greater than 60% for 2 cycles then alert
```

```
     if cpu > 80% for 5 cycles then restart
     if totalmem > 500 MB for 5 cycles then restart
     if children > 250 then restart
     if loadavg(5min) greater than 10 for 8 cycles then stop
     if 3 restarts within 5 cycles then timeout
  check process postfix with pidfile /var/spool/postfix/pid/master.pid
     group mail
     start program = "/etc/init.d/postfix start"
     stop  program = "/etc/init.d/postfix stop"
     if failed port 25 protocol smtp then restart
     if 5 restarts within 5 cycles then timeout
```

Die Anweisungen und Optionen werden in der *monit*-Dokumentation auf *http://www.tildeslash.com/monit/doc/manual.php* beschrieben.

Im *apache*-Abschnitt der *monit*-Konfiguration sehen Sie diese Anweisung:

```
if failed host www.centralsoft.org port 80 protocol http
    and request "/monit/token" then restart
```

Das bedeutet, dass *monit* eine Verbindung zu *www.centralsoft.org* auf Port 80 aufzubauen und auf die Datei */monit/token* zuzugreifen versucht. Da sich das Document-Root unserer Website auf */var/www/www.centralsoft.org/web* befindet, wird der Dateiname auf */var/www/www.centralsoft.org/web/monit/token* erweitert. Wenn *monit* bei dem Zugriff keinen Erfolg hat, bedeutet dies, dass Apache nicht läuft, daher wird *monit* versuchen, den Dienst neu zu starten.

Jetzt müssen wir die Datei */var/www/www.centralsoft.org/web/monit/token* erstellen und eine beliebige Zeichenkette in die Datei schreiben:

```
# mkdir /var/www/www.centralsoft.org/web/monit
# echo "hallo" > /var/www/www.centralsoft.org/web/monit/token
```

Auf Ihrem System können Sie das in etwa ebenso machen.

Erstellen Sie als Nächstes ein Verzeichnis, in dem die PEM-Zertifikatsdatei abgelegt wird (*/var/certs/monit.pem*), die für die SSL-verschlüsselte Webschnittstelle von *monit* benötigt wird:

```
# mkdir /var/certs
# cd /var/certs
```

Sie brauchen noch eine OpenSSL-Konfigurationsdatei, um das Zertifikat erstellen zu können. Diese */var/certs/monit.cnf*-Datei könnte in etwa so aussehen:

```
# create RSA certs - Server
RANDFILE = ./openssl.rnd
[ req ]
default_bits = 1024
encrypt_key = yes
distinguished_name = req_dn
x509_extensions = cert_type
[ req_dn ]
countryName = Country Name (2 letter code)
```

```
countryName_default           = MO
stateOrProvinceName           = State or Province Name (full name)
stateOrProvinceName_default   = Monitoria
localityName                  = Locality Name (eg, city)
localityName_default          = Monittown
organizationName              = Organization Name (eg, company)
organizationName_default      = Monit Inc.
organizationalUnitName        = Organizational Unit Name (eg, section)
organizationalUnitName_default = Dept. of Monitoring Technologies
commonName                    = Common Name (FQDN of your server)
commonName_default            = server.monit.mo
emailAddress                  = Email Address
emailAddress_default          = root@monit.mo
[ cert_type ]
nsCertType = server
```

Erstellen Sie jetzt das Zertifikat:

```
# openssl req -new -x509 -days 365 -nodes -config ./monit.cnf -out \
/var/certs/monit.pem -keyout /var/certs/monit.pem
# openssl gendh 512 >> /var/certs/monit.pem
# openssl x509 -subject -dates -fingerprint -noout -in /var/certs/monit.pem
# chmod 700 /var/certs/monit.pem
```

Nun bearbeiten Sie */etc/default/monit*, um den *monit*-Daemon zu aktivieren. Ändern Sie startup auf 1 und setzen Sie CHECK_INTERVALS auf das Intervall in Sekunden, in dem Sie Ihr System überprüfen möchten. Wir wählen 60. Die Datei sollte jetzt in etwa so aussehen:

```
# Defaults for monit initscript
# sourced by /etc/init.d/monit
# installed at /etc/default/monit by maintainer scripts
# Fredrik Steen <stone@debian.org>
# You must set this variable to for monit to start
startup=1
# To change the intervals which monit should run uncomment
# and change this variable.
CHECK_INTERVALS=60
```

Starten Sie jetzt *monit*:

```
# /etc/init.d/monit start
```

Gehen Sie mit Ihrem Browser auf *https://Ihre-Domain:2812/* (stellen Sie dabei sicher, dass Port 2812 nicht von Ihrer Firewall blockiert wird) und melden Sie sich mit dem Benutzernamen und dem Passwort *test* an. Sie sollten die Weboberfläche von *monit* so sehen, wie sie in Abbildung 4-18 dargestellt wird.

Was kommt als Nächstes?

Für den Anfang haben wir Ihren Server eingerichtet und ihn zum Laufen gebracht, dadurch können Sie ihn jetzt als Internetplattform einsetzen. Wir haben einen textbasierten Server ohne X Window System (aus Gründen der Sicherheit und der Performance) und dann webbasierte Oberflächen eingerichtet, mit denen Sie Ihre Webdienste sicher verwalten und überwachen können.

In den restlichen Kapiteln werden wir unsere Untersuchungen bezüglich der Linux-Systemadministration vertiefen. Ausgehend von Kapitel 5 werden Sie Ihre Abhängigkeit von sich selbst installierender administrativer Software verlieren. Wir werden die wichtigsten Linux-Anwendungen konfigurieren, die heutzutage in Konzernen und in kleinen bis mittelständischen Unternehmen täglich eingesetzt werden.

KAPITEL 5
Mail

Dieses Kapitel zeigt Ihnen, wie Sie für eine kleine bis mittelgroße Site einen E-Mail-Dienst einrichten. Zu den Bestandteilen des Dienstes gehören:

- Der Postfix-Server als SMTP-Mail Transfer Agent (MTA), der Mail von Ihren Benutzern entgegennimmt und für die Auslieferung von Mail mit anderen Sites im Internet zusammenarbeitet.
- Post Office Protocol-(POP-) und Interactive Mail Access Protocol-(IMAP-)Server, um die Mail für Ihre Site an Ihre Benutzer ausliefern zu können.
- Simple Authentication and Security Layer (SASL) für die Authentifizierung von Mail, um Betrügereien zu verhindern.

Wir werden Postfix so konfigurieren, dass die traditionelle dateibasierte Authentifizierung eingesetzt wird, die bis zu Tausenden von Benutzern skaliert. Größere E-Mail-Installationen speichern ihre E-Mail-Kontennamen und -Passwörter unter Umständen in einer relationalen Datenbank oder in einem LDAP-Verzeichnis ab. Wenn Sie nach einem Beispiel für einen extrem skalierbaren E-Mail-Server suchen, der auf Postfix und LDAP-Authentifizierung basiert, dann sehen Sie sich einmal Zimbra an (*http://www.zimbra.com*).

Die Lösungen in diesem Kapitel führen mehrere Komponenten zusammen, um daraus ein robustes, sicheres und effizientes Mail-Auslieferungssystem zusammenzustellen. Heute haben Menschen, wie beispielsweise Wietse Venema (der Erfinder von Postfix), die Komplexität und Unsicherheit verringert, die der Konfiguration eines E-Mail-Systems innewohnten. Anstatt über der komplexen MTA-Konfiguration eines E-Mail-Servers zu schwitzen, müssen Linux-Systemadministratoren jetzt andere interessante Probleme lösen:

- Wie kann man E-Mail, ein Medium, das nicht im Hinblick auf Sicherheit entwickelt wurde, gegen Betrugsversuche und andere Angriffe bösartiger Angreifer absichern?

- Wie können sensible Firmendaten geschützt werden?
- Wie kann man Remote-Benutzern, die sich außerhalb des Firmennetzwerks befinden, einen Zugriff auf ihre E-Mails ermöglichen?

Schlüsselbegriffe bei E-Mail-Diensten

Mail Transfer Agents tragen die Hauptlast der Internetkommunikation, indem sie die Post von einer Site über das Internet zu einer anderen Site verschieben. Wenn eine E-Mail verschickt wird, verbindet der E-Mail-Absender sein System mit einem MTA, der dann mit Hilfe von SMTP die E-Mail an den MTA überträgt, der für die Auslieferung der E-Mail an den Empfänger verantwortlich ist.

Der Empfänger hat mehrere Möglichkeiten, sich die E-Mail vom MTA zu holen, keine davon setzt SMTP ein: Er kann sich als Benutzer an dem System anmelden, auf dem der MTA läuft, sich über eine direkte Verbindung mit dem MTA verbinden (beispielsweise über eine Einwählleitung über einen ISP) oder über das Internet einen Tunnel zu einem entfernten MTA aufbauen. (Wir vernachlässigen hierbei entfernte Verfahren, wie beispielsweise das Lesen von E-Mail über eine Webschnittstelle wie Gmail oder mit Hilfe eines Mobiltelefons.)

Egal welche dieser Verfahren der Empfänger auch einsetzt, er holt sich seine E-Mails über einen *Mail Delivery Agent* (MDA) wie zum Beispiel Courier IMAP. Der MDA spricht mit dem MTA und holt sich von ihm die Post, die er dann in einer Inbox zur Verfügung stellt, damit der Anwender dort seine Post sammeln kann. Die Post kann anschließend auf dem System des Benutzers mit Hilfe eines *Mail User Agent* (MUA), wie beispielsweise Outlook, Evolution oder Thunderbird, angezeigt werden.

Die Anwender holen sich ihre E-Mails normalerweise entweder mit POP3 oder auch IMAP4 über TCP/IP. Beinahe alle modernen MUAs unterstützen sowohl POP3 als auch IMAP4. MUAs verschicken eine E-Mail, indem sie sich mit einem MTA verbinden und die E-Mail über SMTP übertragen.

Die meisten Leute pflegen Adressbücher, in denen ihre Kontakte aufgeführt werden, damit dort ihre MUAs nach den E-Mail-Adressen der Kontakte suchen können. In großen Firmenumgebungen werden diese Kontakte häufig in LDAP-Verzeichnisservern abgespeichert. Viele Anwender wissen nicht einmal, dass ihre Kontaktlisten LDAP-Backends besitzen.

Postfix, Sendmail und andere MTAs

Sie wundern sich vielleicht, warum wir uns entschlossen haben, Postfix als unseren MTA einzusetzen und nicht Sendmail, den Original-Internet-Mailserver, der in den frühen 1980ern von Eric Allman an der UC Berkeley entwickelt wurde. Sendmail war lange Zeit der am häufigsten installierte MTA im Internet, obwohl wir uns nicht ganz sicher sind, ob das heute immer noch so ist. Einige Studien besagen, dass die Verbreitung von Sendmail stark nachlässt und es inzwischen einen Anteil von weniger als 40 Prozent bei den Servern im Internet besitzt. Während einige hartnäckige Unterstützer von Sendmail anführen, dass Sendmail flexibel und skalierbar wäre, betrachten viele Systemadministratoren Sendmail als extrem kompliziert sowie schwer einzurichten und zu verwalten.

Sendmail wurde entwickelt, bevor Spam und Malware entstand, und besitzt folglich auch einige Sicherheitsmängel. Eines der schwerwiegendsten Probleme bei Sendmail ist, dass es standardmäßig *offenes Relaying* ermöglicht – das bedeutet, das System leitet alle E-Mails weiter, die von irgendwo außerhalb des lokalen Netzwerks des Servers stammen. Dieses Sicherheitsproblem wird in Abbildung 5-1 dargestellt.

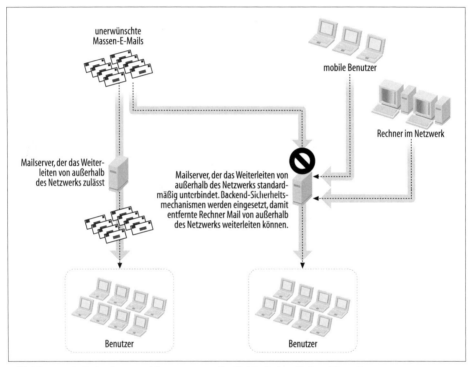

Abbildung 5-1: Sicherheitsprobleme in einer für E-Mails feindlichen Umgebung

Unsolicited Bulk Emailers (UBEs), auch als *Spammer* oder Unsolicited Commercial Emailers (UCEs) bekannt, sind derzeit für mehr als 50 Prozent des gesamten E-Mail-Datenverkehrs im Internet verantwortlich. Dadurch werden Mail-Warteschlangen, DNS-Server, CPU- und Speicherkapazitäten sowie Infrastrukturressourcen ernsthaft gebunden. UBEs setzen eine Vielzahl an Techniken ein, um ihre tatsächlichen Identitäten zu verbergen. Hierzu gehört das Fälschen von IP-Adressen, das Fälschen von Absenderinformationen sowie das Weiterleiten von E-Mail über offene SMTP-Server.

Sauber konfigurierte MTAs nehmen ausgehende Post nur von Netzwerkadressen an (leiten sie weiter), die zu berechtigten Benutzern gehören, die normalerweise auf ein bestimmtes Subnetz eingeschränkt sind. Sendmail leitet aber standardmäßig die E-Mails an jedermann weiter. Wenn Sie Sendmail einsetzen und nicht darauf achten, den offenen Relay abzuschalten, können UBEs ihre Herkunft mit Hilfe Ihres MTA verschleiern. Ihr Mailserver könnte dann als offener Relay in eine schwarze Liste aufgenommen werden, was dazu führen würde, dass alle gültigen E-Mails, die durch Ihren Server gehen, als Spam behandelt werden. Theoretisch können Sie sogar rechtliche Probleme bekommen, wenn rechtswidriges Material über Ihren Relay verschickt wird.

Die große und fest verwurzelte Anwendergemeinschaft von Sendmail, die häufig nicht gepatchte, undokumentierte und alte Versionen der Anwendung einsetzen, unterstützen damit die UBEs. Die Entwickler von Sendmail sind sich dieses Problems[1] bewusst und arbeiten hart daran, Sendmail sicherer zu machen. Die besten Sicherheitsfortschritte wurden allerdings bei der kostenpflichtigen Version des Produkts gemacht. Aaron Weiss hilft in seinem Artikel »The Fee vs. Free Divide« (*http://www.serverwatch.com/tutorials/article.php/3580006*), die Verwirrung über die freien und die kostenpflichtigen Sendmail-Versionen zu beseitigen:

> Sendmail Inc. wurde gegründet, um Sendmail zu kommerzialisieren und Produkte mit Mehrwert anbieten zu können, die die Verbreitung von Sendmail bedeutend fördern sollen. Das führende Produkt, Sendmail Switch, baut auf dem freien Sendmail auf. Es setzt auf dem Kern von Sendmail auf und ergänzt Sendmail um eine zentrale, grafische Verwaltungskonsole, fortlaufende Sicherheitspflege, Rund-um-die-Uhr-Support, Filter zur Verwaltung von Inhalten (inklusive Antispam- und Antivirus-Abwehrmechanismen), Unterstützung für SSL, SASL und LDAP-Verzeichnisse sowie um Funktionen für Überwachung, Cluster-Bildung und Remote-Verwaltung. All das wird mit einem grafischen Installationsprogramm und mit aufgabenbasierten Assistenten zusammengepackt.

Zusammenfassend lässt sich sagen, dass das Sendmail Consortium (verantwortlich für den freien Open Source-Sendmail-MTA) von der Sendmail Inc. gefördert wird, die für diesen MTA Add-Ons für Antispam-, Antivirus- und Richtlinienverwaltung anbietet. Im Folgenden eine Beschreibung des Geschäftsmodells von Sendmail Inc. (von *http://www.sendmail.com/company*):

> Sendmail bietet Unternehmenslösungen für sicheres, zuverlässiges und standardkonformes Übertragen von Nachrichten über E-Mail, Sprache und Instant Messaging. Sendmail-Lösungen kontrollieren die eingehende, ausgehende und interne E-Mail-Sicherheit und das Einhalten von Richtlinien. Sendmail ist unabhängig von beste-

---

[1] Lesen Sie hierzu auch *BusinessWire*, 25. Mai 2006, »One in Three Companies Operate Without Email Usage Policies, Risking Damage to Their Systems and Reputations, Sendmail Finds« (*http://goliath.ecnext.com/coms2/summary_0199-5568576_ITM*).

henden Systemumgebungen und kann in Software oder in Appliances eingesetzt werden. Sendmail-Produkte funktionieren in heterogenen E-Mail-Infrastrukturen, in denen Exchange, Notes, Groupwise und andere E-Mail-Lösungen unterstützt werden.

Postfix wurde von Grund auf als sicherer und zuverlässiger Ersatz für Sendmail entwickelt. Debians Standard-MTA ist zwar Exim 4, wir bevorzugen allerdings Postfix, da Exim einige Probleme bei der Skalierbarkeit besitzt. Ihm fehlen ein zentraler Queue-Manager und ein einheitliches Load Balancing. Außerdem gibt es einige Hinweise dafür, dass die Entwickler der Debian-Distributionen in nächster Zeit Postfix zu ihrem Standard-MTA machen werden. In der Zwischenzeit können Sie selbst Exim mit Postfix austauschen, wie Sie noch im nächsten Abschnitt sehen werden.

Der Postfix-SMTP-Mailserver auf Debian

Wir werden unseren Server mit einer frischen Debian-Installation zusammenbauen. Wenn Sie eine andere Distribution wählen, können Sie mit Schritten, die den hier dargestellten Verfahren ähnlich sind, die gleichen Ergebnisse erzielen.

Debian-Pakete, die für Postfix benötigt werden

Nehmen Sie die neueste Version von Debian und konfigurieren Sie sie mit der minimalen Anzahl an Paketen. Wenn Sie noch keine CD für eine Netzwerkinstallation besitzen, laden Sie sich eine von *http://www.de.debian.org/CD/netinst/index.de.html* herunter. Führen Sie dann eine Netzwerkinstallation durch und vergessen Sie nicht, einen vollständig qualifizierten Domainnamen zu vergeben. Konfigurieren Sie Debian so, wie wir es hier vorschlagen.

Das Debian-Installationsprogramm führt Sie vor der Konfiguration durch ein Standardskript. Folgen Sie der Standard-Installationsroutine, bis Sie eine grafische Eingabemaske sehen, die Sie nach der von Ihnen gewünschten Installationsart fragt. Die Eingabemaske sieht in etwa so aus:

```
( ) Desktop-Umgebung
( ) Web-Server
( ) Druck-Server
( ) DNS-Server
( ) Datei-Server
( ) Mail-Server
( ) SQL-Datenbank
( ) Laptop
(*) Standard-System
```

Wählen Sie nun lediglich die Option »Standard-System« aus. Sie werden hier auch nicht den Standard-Debian-Mailserver (Exim) wählen, da Sie stattdessen Postfix installieren werden. Drücken Sie dann die Tabulatortaste und klicken Sie auf die

Schaltfläche »Weiter«. Das Installationsprogramm von Debian fährt darauf mit dem Herunterladen und Installieren der Pakete fort. Wenn Debian mit seiner Arbeit fertig ist, werden Sie dazu aufgefordert, das System neu zu starten.

Installation von Postfix auf Debian

Der folgende Befehl installiert die Pakete, die für die Ausführung von Postfix nötig sind, sowie die Pakete für die TLS- und SASL-Sicherheit, mit denen Sie Benutzer authentifizieren können:

```
# apt-get install postfix postfix-doc postfix-tls libsasl2 \
sasl2-bin libsasl2-modules
```

Wenn Sie diese Pakete installieren, kann es sein, dass Debian auch das Paket *libldap2* dazu auswählt. *libsasl2* ist eventuell bereits auf Ihrem System installiert.

An dieser Stelle beginnt das Installationsprogramm von Debian mit dem Herunterladen und der Konfiguration mehrerer Dateien.

Als Nächstes sehen Sie einen Bildschirm, dessen umfangreicher Text folgendermaßen beginnt:

```
Sie haben an dieser Stelle verschiedene Wahlmöglichkeiten der grundsätzlichen
Konfiguration...
```

Nachdem Sie den Text durchgelesen und auf <Ok> geklickt haben, finden Sie die für uns interessanten Fragen:

```
Allgemeine Art der Konfiguration?

    Keine Konfiguration
    Internet-Server
    Internet mit Smarthost
    Satelliten-System
    Nur lokale Zustellung

      <Ok>       <Abbrechen>
```

Wählen Sie »Internet-Server«, selbst wenn Sie Postfix nur für die lokale Zustellung einsetzen möchten.

Die nächste Frage während der Installation dreht sich jetzt um Ihren FQDN (vollständig qualifizierter Domainname). Bei Postfix ist es notwendig, dass der Befehl *hostname* einen FQDN wie beispielsweise *mail.centralsoft.org* zurückliefert. Standardmäßig gibt der Befehl *hostname* auf Debian allerdings nur *mail* aus. Damit Sie den FQDN konfigurieren können, bietet das Installationsskript den folgenden Dialog an:

```
Ihr 'E-Mail-Name' ist der Hostname aller ausgehenden News-Artikel und
E-Mails, der dem Nutzernamen und '@'-Zeichen folgende Teil der Adresse.
```

Dieser Name wird auch von anderen Programmen als nur Postfix genutzt, es
sollte dies der eindeutige voll-qualifizierte Domainname (FQDN) dieses
Rechners sein, er ist i.d.R. Teil der Absender-Adresse lokal generierter
E-Mails.

Wie lautet der E-Mail-Name Ihres Systems?

*mail.centralsoft.org*_____

                      \<Ok\>   \<Abbrechen\>

Antworten Sie mit \<Ok\>, wenn Sie den Standardwert übernehmen möchten, der in dem blauen Textfeld angegeben wird.

Danach werden die Pakete vom System installiert, rudimentär konfiguriert, und Postfix wird gestartet. Da wir hier nur eine rudimentäre Grundkonfiguration durchgeführt haben, führen Sie jetzt den folgenden Befehl aus, um die Konfiguration vorerst fertigzustellen:

dpkg-reconfigure postfix

Sie erhalten jetzt wieder den bereits vorhin beschriebenen Informationsbildschirm, den Sie mit \<Ok\> bestätigen. Im darauffolgenden Dialogfenster wählen Sie wieder die Option »Internet-Server« aus.

Als Nächstes erhalten Sie jetzt einen Informationsbildschirm, der Ihnen mitteilt, dass die Installation die Konfigurationsdatei von Postfix schreibt. Wenn Sie bereits mit einem Server arbeiten, der Sendmail einsetzt, haben Sie auch eine vorhandene *aliases*-Datei. In diesem Kapitel gehen wir allerdings davon aus, dass Sie ganz von vorn anfangen, geben Sie also im folgenden Eingabefenster NONE ein:

E-Mails an den Benutzer 'root', sowie an jeden anderen Benutzer mit der
Nutzer-ID 0, müssen mittels eines Aliases weitergeleitet werden,
ansonsten werden Sie nach /var/spool/mail/nobody ausgeliefert. Dies ist
durch das Design vorgegeben: E-Mails werden niemals an externe
Versand-Agenturen als Benutzer root ausgeliefert.

Falls Sie bereits eine /etc/aliases-Datei haben, müssen Sie
möglicherweise diesen Eintrag hinzufügen. Deer Eintrag wird nur
hinzugefügt, falls /etc/aliases neu erzeugt wird.

Welche Adresse soll zu /etc/aliases hinzugefügt werden, falls diese Datei
erzeugt wird? (Lassen Sie dies leer, um keine hinzuzufügen)

An wen sollen an root adressierte E-Mails weitergeleitet werden?

_____

                      \<Ok\>   \<Abbrechen\>

Lassen Sie hier das Eingabefeld leer und klicken Sie auf \<Ok\>, um zum nächsten Konfigruationsbildschirm zu gelangen. Darin wird Ihnen der bereits bekannte Dialog zum vollständig qualifizierten Domainnamen angezeigt. Geben Sie hier einfach noch einmal das Gleiche ein und gehen Sie mit einem Klick auf <Ok> einen Bildschirm weiter.

Im nächsten Eingabefenster werden Standardwerte für Domains aufgeführt, auf die Ihr Server antworten sollte:

```
Spezifizieren Sie bitte eine durch Kommata getrennte Liste der Rechner
für die dieser Rechner das Zielsystem darstellt. Ist dieser Rechner für
eine gesamte E-Mail-Domain zuständig, sollten Sie möglicherweise die
Top-Level Domain (TLD) hinzufügen.

Für welche weiteren Rechner möchten Sie E-Mails akzeptieren (leere
Eingabe: keine)?

server2.centralsoft.org, localhost.centralsoft.org, , localhost
           <Ok>                           <Abbrechen>
```

Die aufgeführten Domains werden in Ihrer *main.cf*-Konfigurationsdatei auftauchen.

Die nächste Frage ist für Systeme ohne Journaling-Filesysteme von Bedeutung:

```
Falls synchrone Aktualisierungen erzwungen werden (wahr), dann wird die
E-Mail langsamer verarbeitet. Falls diese nicht erzwungen werden
(falsch), dann gibt es eine entfernte Möglichkeit, dass bei einem
System-Absturz zu einem unglücklichen Zeitpunkt E-Mails verloren gehen,
falls Sie kein Dateisystem mit Journal verwenden (wie ext3).

Der Standardwert ist 'falsch'.

Synchrone Aktualisierungen der E-Mail-Warteschlange erzwingen?

           <Ja>                              <Nein>
```

Da beinahe alle aktuellen Distributionen standardmäßig das Journaling-Dateisystem *ext3* einsetzen, können Sie hier mit <Nein> antworten.

Bei den nun folgenden Konfigurationsbildschirmen können Sie vorerst alle vorgegebenen Standardwerte übernehmen.

Nachdem Sie die Standardwerte des letzten Konfigurationsbildschirms bestätigt haben, wird die Installation beendet und die Postfix-Konfigurationsdatei geschrieben. Momentan ergeben die hier ausgegebenen Parameter und Werte für Sie eventuell keinen Sinn. Sie finden diese Werte allerdings auch in der Konfigurationsdatei wieder und können sie dort, wenn nötig, ändern.

Grundlegende Postfix-Konfiguration

Nachfolgend sehen Sie die minimale Postfix-Konfigurationsdatei */etc/postfix/main.cf*:

```
smtpd_banner = $myhostname ESMTP $mail_name (Debian/GNU)
biff = no
append_dot_mydomain = no
myhostname =
```

```
mydomain =
myorigin = $mydomain
inet_interfaces =
mydestination = $mydomain, localhost.$mydomain, localhost
mynetworks = 127.0.0.0/8
```

Wenn Sie Postfix manuell zusammengestellt haben, müssen Sie eventuell einige dieser Werte noch selbst eintragen. Das Einrichten dieser Datei verdanken wir dem Installationsvorgang von Debian.

Postfix verwendet eine einfache Syntax, in der jede Zeile aus einem Konfigurationsparameter besteht, dem ein Gleichheitszeichen und ein Wert folgen. Sobald ein Parameter festgelegt wurde, können sich spätere Zeilen auf den Parameter beziehen, indem diesem Parameter ein Dollarzeichen vorangestellt wird. Folglich führt:

```
mydomain = centralsoft.org
myorigin = $mydomain
```

dazu, dass der Wert centralsoft.org sowohl dem Parameter mydomain als auch dem Parameter myorigin zugewiesen wird.

Eine einfache Konfigurationsdatei führt lediglich eine lokale Zustellung aus. Es wird dabei davon ausgegangen, dass die Mailempfänger Shell-Zugang und Home-Verzeichnisse auf dem Mailserver selbst besitzen. Es ist dabei auch für das System nicht notwendig, dass das Suffix @ angehängt wird (wie es über den Parameter append_dot_mydomain festgelegt werden würde). Das ist mit ein Grund, warum der Installationsablauf von Debian Sie nach Domains, Hostnamen und Zieladressen fragt.

Der Paketmanager von Debian konfiguriert für Sie viele der Parameter in */etc/postfix/main.cf*. Tabelle 5-1 zeigt die wichtigsten Zeilen auf. Eine vollständigere Auflistung der Parameter finden Sie auf dem Debian-System in der Beispieldatei */usr/share/postfix/main.cf.dist*.

Tabelle 5-1: Wichtige Postfix-Konfigurationsparameter

Parameter	Erklärung
.smtpd_banner = $myhostname ESMTP $mail_name (Debian/GNU)	Gibt den Text in einem Banner an, über das dieser Server identifiziert werden kann, wenn er mit anderen Servern über SMTP kommuniziert. Die Verwendung eines Banners ist entsprechend der SMTP-Spezifikation vorgeschrieben.
biff = no	*biff* ist ein kleiner Postfix-Prozess, der lokale Benutzer darüber informieren kann, dass für sie Post angekommen ist. Wenn Sie keine lokalen Benutzer haben, sollten Sie diesen Parameter abschalten. Bei der Debian-Installation ist dieser Parameter standardmäßig abgeschaltet.
append_dot_mydomain = no	In einer Umgebung wie der unsrigen gehört das Anhängen des Domainnamens an eine E-Mail-Adresse zu den Aufgaben des MUA. Dieser Wert bedeutet, dass Postfix kein Suffix, wie beispielsweise *@centralsoft.org*, anhängen wird.

Tabelle 5-1: Wichtige Postfix-Konfigurationsparameter (Fortsetzung)

Parameter	Erklärung
`#delay_warning_time = 4h`	Entfernen Sie das Kommentarzeichen aus dieser Zeile, wenn Sie Warnmeldungen über eine verzögerte Postzustellung generieren möchten. Wir werden diese Option nicht aktivieren, da wir mit nur wenigen Benutzern beginnen werden und nicht mit einer verzögerten Zustellung rechnen.
`myhostname = server2.centralsoft.org`	Gibt den Internet-Hostnamen dieses Mailsystems an. Standardmäßig sollte hier der vollständig qualifizierte Domainname verwendet werden. `$myhostname` wird als Standardwert für viele andere Konfigurationsparameter eingesetzt.
`alias_maps = hash:/etc/aliases` `alias_database = hash:/etc/aliases`	Gibt die Alias-Datenbanken an, die vom lokalen Delivery Agent verwendet werden. Ein Alias ist einfach nur ein alternativer Name, den jemand an Stelle des Originals verwendet. Sie könnten beispielsweise *admin* als einen Alias für *root* angeben. Die Aufgaben dieser beiden Parameter müssen an dieser Stelle nicht unbedingt verstanden werden; merken Sie sich einfach nur, dass Postfix eine Liste all dieser Aliase in einer einzigen Datei aufbewahrt und dass diese Parameter dem System mitteilen, wo sich diese Datei befindet und welches Format die Datenbankdatei verwendet.
`myorigin = mydomain`	Gibt die Domain an, von der lokal verschickte Post ankommt.
`mydestination = server2.centralsoft.org, localhost.centralsoft.org, , localhost`	Gibt eine Liste mit Host- oder Domainnamen an, von denen dieser Server Post entgegennimmt. Die Liste kann durch Kommata und/oder Whitespace getrennt sein.
`relayhost =`	Gibt einen Standard-Host an, an den dieser Server die Post weiterleiten wird, wenn er selbst nicht weiß, wie er den Empfänger erreichen kann. Wir lassen diesen Parameter leer und vertrauen nur auf den folgenden `mynetworks`-Parameter.
`mynetworks = 127.0.0.0/8`	Gibt die Hosts an, die dieser Server nicht als Spammer einstufen soll. Hier haben wir nur unseren lokalen Host angegeben. Sie können stattdessen auch den Parameter `mynetworks_style = class` angeben, wenn Postfix den SMTP-Clients vertrauen soll, die sich in der gleichen Netzwerkklasse (A/B/C) der lokalen Maschine befinden. Vertrauen Sie bei einer Einwählsite nicht der ganzen Klasse, da dadurch Postfix zu einem offenen Relay für das gesamte Netzwerk Ihres Providers werden würde.
`mailbox_command = procmail -a "$EXTENSION"`	Gibt den optionalen externen Befehl an, mit dem die Auslieferung in die Mailbox eines lokalen Benutzers erfolgen soll. Der Befehl wird als Empfänger mit den entsprechenden Einstellungen für die Umgebungsvariablen `HOME`, `SHELL` und `LOGNAME` ausgeführt.

Tabelle 5-1: Wichtige Postfix-Konfigurationsparameter (Fortsetzung)

Parameter	Erklärung
mailbox_size_limit = 0	Setzt einen Quota für die Post, die für jeden einzelnen Benutzer abgespeichert wird. Mit 0 wird die Quota-Beschränkung vollständig deaktiviert.
recipient_delimiter = +	Gibt das Trennzeichen ein, dass in einer Lookup-Tabelle zwischen Benutzernamen und Adresserweiterungen verwendet werden soll.
inet_interfaces = all	Gibt die Adressen der Netzwerkschnittstellen (Netzwerkkarten) an, auf denen dieses Mailsystem E-Mail entgegennimmt. Dieser Parameter ist nur dann hilfreich, wenn Sie mehr als eine Netzwerkkarte haben.

Einige einfache und nützliche Anpassungen, die Sie eventuell noch vornehmen sollten, wären beispielsweise diese hier:

- Normalerweise werden in mydestination die Domains aufgeführt, die auch in den E-Mail-Adressen der lokalen Benutzer vorkommen, also die Domains, für die Postfix E-Mails entgegennimmt und ausliefert. Standardmäßig nimmt Postfix die Post entgegen, die für $myhostname und localhost.$mydomain bestimmt ist, das ist der Host, auf dem Postfix läuft. Sie können auch angeben, dass das System die Post für Ihre gesamte Domain annehmen soll, indem Sie $mydomain an die Liste anfügen:

    mydestination = $myhostname, localhost.$mydomain, $mydomain

- Sie können Postfix ebenfalls mitteilen, welchen Hosts Sie das Weiterleiten von E-Mail ermöglichen möchten, indem Sie den Parameter mynetworks setzen. (Wenn Sie mynetworks setzen, ignoriert Postfix den Parameter mynetworks_style.) Sie können dem Parameter ein oder mehrere IP-Adressen übergeben und/oder die Netzwerk-/Netzmaske-Notation verwenden (zum Beispiel 151.164.28.0/28). Dieser Parameter ist nützlich, wenn Sie das Weiterleiten von Hosts außerhalb Ihres Netzwerks anbieten möchten – zum Beispiel für leitende Angestellte, die von zu Hause arbeiten, Vertriebsbeauftragte, die unterwegs sind usw.

Später werden wir in diesem Kapitel noch einige andere Änderungen an der Datei */etc/postfix/main.cf* vornehmen, mit denen wir eine Authentifizierung und die Verschlüsselung von Passwörtern ermöglichen.

E-Mail testen

Mit der hier dargestellten Debian-Konfiguration können Sie E-Mails von Ihrem Shell-Account aus empfangen und verschicken. Im Folgenden sehen Sie zwei Test-E-Mails, die von einem der Autoren dieses Buchs verschickt wurden. Als Erstes habe ich mit einem Gmail-Konto eine Nachricht an ein Benutzerkonto auf dem *server2.centralsoft.org*-System geschickt. Gelesen habe ich die Nachricht mit Hilfe des Standard-Unix-Befehls *mail*:

```
~$ mail
Message 1:
Date: Tue, 11 Jul 2006 17:38:32 -0500
From: "Tom Adelstein" <tadelstein@gmail.com>
To: tadelste@server2.centralsoft.org
Subject: Testing simple STMP services
We're sending this email to test our mail server's capability to send
and receive simple SMTP mail.
```

Dann habe ich auf die ursprüngliche E-Mail geantwortet und die Antwort in meinem Gmail-Konto empfangen:

```
Delivered-To: tadelstein@gmail.com
Received: from server2.centralsoft.org
        Tue, 11 Jul 2006 16:10:44 -0700 (PDT)
To:tadelstein@gmail.com
Subject: Re: testing simple SMTP mail
In-Reply-To
tadelste@server2.centralsoft.org (Tom Adelstein)

We're sending this email to test our mail server's capability to send
and receive simple SMTP mail
```

Der Einsatz des Befehls *mail* ist ein primitives Verfahren zur Verwaltung von großen Mailmengen, vor allem in einer Shell-Umgebung. Eine Alternative hierzu ist *mutt*, ein Befehl, der eine robuste Oberfläche und bedeutend mehr Funktionen besitzt. Als Administrator möchten Sie vielleicht einen dieser Mail User Agents der Kommandozeile einsetzen, wenn Sie von Ihren Linux-Systemdienstkonten E-Mails empfangen.

Authentifizierung und Verschlüsselung hinzufügen

Wir haben jetzt einen Standard-SMTP-Server konfiguriert. Was können wir mit Postfix noch machen? In diesem Abschnitt werden wir unserer Konfigurationsdatei */etc/postfix/main.cf* Authentifizierung (mit Hilfe von SASL) und Verschlüsselung (mit Hilfe von TLS) hinzufügen. Mit der Authentifizierung stellen wir sicher, dass nur Benutzer mit gültigen Berechtigungen unseren SMTP-Server einsetzen können. Mit der Verschlüsselung sorgen wir dafür, dass wir die IDs und Passwörter der Benutzer nicht im Klartext über das Netzwerk verschicken.

SASL-Authentifizierung

In Abbildung 5-1 wird eine Gruppe mobiler Anwender dargestellt, die sich außerhalb des lokalen Netzwerks des Servers befinden und von dort Mail über einen Mailserver weiterleiten müssen. Das ist ein häufig vorkommendes Szenario. Damit Sie diese berechtigten Benutzer von willkürlichen Spammern unterscheiden können, benötigen Sie in Ihrem Backend einen Sicherheitsmechanismus. Der Simple Authentication and Security Layer, der als Teil des Cyrus-Projekts der Carnegie Mellon University entwickelt wurde, bietet Postfix ein Verfahren, mit dem die Quellen der Mail, die an den Server geschickt werden, ermittelt werden können und das Weiterleiten von Mail kontrolliert werden kann.

Systemadministratoren können mit SASL vielen Client-/Server-Interaktionen eine Authentifizierung hinzufügen, allerdings benötigt jeder Dienst, der SASL auf einem Linux-Betriebssystem einsetzt, eine andere Konfigurationsdatei. Sie können SASL nicht einfach installieren und es dann systemweit konfigurieren.

Wie wurde SASL ein Teil der Postfix-Lösung? Wenn wir die Antwort herausfinden möchten, müssen wir zurück in das Jahr 1999 gehen, als die IETF einen Standard mit dem Namen SMTP Service Extension for Authentication schrieb. Das Ergebnis dieser Arbeit sehen Sie, wenn Sie irgendwo das Akronym *ESMTP* entdecken – es befindet sich zum Beispiel in einer der ersten Zeilen der Datei */etc/postfix/main.cf* (siehe Tabelle 5-1). ESMTP hindert Massenmailer und/oder Angreifer daran, unwissende MTAs als Relays einzusetzen. Durch die Authentifizierung von Benutzern und das Protokollieren ihrer Aktivitäten bietet ESMTP auch Sicherheit.

Die IETF baute ihre ESMTP-Diensterweiterung auf SASL auf. Als Bestandteil des SMTP-Protokolls erweitert ESMTP einfach nur die Befehle, mit denen Server Verbindungen aufbauen und ihre Daten austauschen, und zwar um einen Befehl mit dem Namen *AUTH*.

Das Authentifizierungs-Framework von SASL ermöglicht eine Vielzahl von Verfahren, mit denen Benutzerberechtigungen abgespeichert und ausgetauscht werden können. Es kann Linux-Systempasswörter (*/etc/passwd*, */etc/shadow* oder Pluggable Authentication Modules) einsetzen, separate Dateien oder auch externe Dienste, wie beispielsweise LDAP, Kerberos oder *sasldb* (ein Verzeichnis, das vom Cyrus-Projekt entwickelt wurde und in SASL enthalten ist).

In diesem Kapitel werden wir Ihnen zwei Möglichkeiten zeigen, wie Postfix mit SASL eingesetzt werden kann. Als Erstes werden wir ein einfaches Verfahren konfigurieren, das sehr gut in kleinen Sites funktioniert, in denen Sie jedem Mailbenutzer ein Benutzerkonto auf dem Linux-Server einrichten können. Dieses Verfahren setzt PAM ein, die Standardauthentifizierung, die für die Systemanmeldungen verwendet wird. Als Zweites werden wir dann ein komplexeres System konfigurieren, mit dem Sie Benutzer authentifizieren können, die keine Konten auf dem Server besitzen.

Das Anmelden an einem System kann als zweistufiges Verfahren angesehen werden. Als Erstes wird ermittelt, ob der anfragende Benutzer auch tatsächlich derjenige ist, für den er sich ausgibt. Im zweiten Schritt wird ihm dann der angeforderte Dienst bereitgestellt, bei dem es sich um eine Kommando-Shell (*bash*, *tcsh*, *zsh* usw.) oder um eine X Window-Sitzung handeln kann, die unter seiner Identität läuft.

Postfix mit SASL konfigurieren, um Benutzer mit Benutzerkonten zu authentifizieren

Glücklicherweise wird unter Debian SASL mit Postfix zusammengepackt. Sie können mit den SASL-Bibliotheken von Debian mobilen Benutzern die Möglichkeit bieten, sich von außerhalb des Netzwerks zu authentifizieren. Im folgenden Beispiel werden wir mit SASL überprüfen, ob Personen, die eine Verbindung aufbauen möchten, auch gültige Benutzerkonten auf dem Linux-Server besitzen. Das bedeutet, dass unser System nur denjenigen einen Verbindungsaufbau und das Verschicken von E-Mails gestattet, die auch Benutzerkonten besitzen. Für die Umsetzung werden wir PAM einsetzen, das Standardanmeldeverfahren unter Linux.

Als Sie am Anfang dieses Kapitels Ihre Pakete installiert haben, haben Sie auch die notwendigen SASL-Erweiterungen und SASL-Bibliotheken angegeben (*postfix-tls*, *libsasl2*, *sasl2-bin* und *libsasl2-modules*). Jetzt müssen Sie */etc/postfix/main.cf* konfigurieren. Als Erstes werden wir Ihnen zeigen, wie Sie mit Hilfe des Befehls *postconf* Parameter an diese Datei anfügen können. Anschließend lernen Sie ein alternatives Verfahren kennen, bei dem die Datei */etc/postfix/main.cf* einfach direkt bearbeitet wird.

Sie schalten die Authentifizierung im Postfix-SMTP-Server an, indem Sie mit diesem *postconf*-Befehl die smtpd-(Server-)Parameter an Ihre *main.cf*-Datei anfügen:

```
# postconf -e 'smtpd_sasl_auth_enable = yes'
```

Fügen Sie als Nächstes einen Parameter an, mit dem Sie einigen Clients helfen, die sich nicht standardkonform verhalten und die SMTP-Authentifizierung nicht korrekt befolgen:

```
# postconf -e 'broken_sasl_auth_clients = yes'
```

Mit dem Parameter smtpd_sasl_security_options können Sie Passwortmechanismen steuern, während sich Clients mit Ihrem SMTP-Server verbinden. Durch die folgende Konfiguration wird eine anonyme Authentifizierung verhindert:

```
# postconf -e 'smtpd_sasl_security_options = noanonymous'
```

Standardmäßig erlaubt Postfix kein unautorisiertes Weiterleiten von E-Mails. Damit Ihre E-Mail-Benutzer Ihren Server jetzt aber trotzdem aus dem Internet erreichen können, müssen Sie einen weiteren Parameter hinzufügen (beachten Sie, dass der folgende Befehl in einer Zeile stehen sollte):

```
# postconf -e 'smtpd_recipient_restrictions =
permit_mynetworks,permit_sasl_authenticated,reject_unauth_destination'
```

Schließlich legt der Parameter smtpd_sasl_local_domain noch den Namen der lokalen Authentifizierungs-Domain fest. Standardmäßig geht Postfix davon aus, dass der Name der Maschine der lokalen Authentifizierungs-Domain entspricht. Wenn Sie das Standardverhalten anwenden möchten, geben Sie nichts an:

```
# postconf -e 'smtpd_sasl_local_domain ='
```

Damit ist die SASL-Konfiguration für Postfix vollständig. Anstatt die vorangegangenen *postconf*-Befehle auszuführen, können Sie alternativ auch die Datei */etc/postfix/main.cf* bearbeiten, indem Sie die folgenden Einträge hinzufügen und dann Postfix neu laden:

```
smtpd_sasl_local_domain = $myhostname
smtpd_sasl_auth_enable = yes
broken_sasl_auth_clients = yes
smtpd_sasl_security_options = noanonymous
smtpd_recipient_restrictions =
    permit_sasl_authenticated,permit_mynetworks,reject_unauth_destination
smtpd_sasl_local_domain =
```

Sie haben die Konfiguration von SASL fast abgeschlossen und können es auch gleich einsetzen. Bevor wir aber die letzten Schritte behandeln, müssen Sie noch die folgenden Befehle ausführen, damit die SASL-Konfigurationsdatei auch in dem Verzeichnis abgelegt wird, in dem Postfix danach sucht (mit *-p* wird eine Fehlermeldung vermieden, für den Fall, dass das Verzeichnis bereits vorhanden ist):

```
# mkdir -p /etc/postfix/sasl
# cd /etc/postfix/sasl
```

Erstellen Sie jetzt die Datei *smtpd.conf* mit diesen beiden Zeilen:

```
pwcheck_method: saslauthd
mech_list: plain login
```

Nun können Sie Postfix neu starten:

```
# postfix reload
```

Der saslauthd-Daemon

In der Datei *smtpd.conf* haben wir *saslauthd* als Verfahren angegeben, mit dem wir die Benutzerberechtigungen überprüfen möchten. Warum?

Unser Passwort-Backend setzt PAM ein, und unprivilegierte Prozesse haben keinen Zugriff auf Passwortdateien. Da das Postfix-Dienstkonto mit eingeschränkten Rechten läuft, kann es die Benutzer auch nicht direkt authentifizieren.

Die SASL-Bibliotheken, die mit Debian paketiert werden, kommen mit dieser Situation klar, da sie einen Authentifizierungs-Daemon mit dem Namen *saslauthd* mitbringen, der die Anfragen für Postfix verarbeitet. Der Daemon läuft mit Superuser-Rechten in einem separaten Prozess von Postfix, deshalb kann ein kompromittierter Mailserver keinen Vorteil aus den Privilegien von *saslauthd* ziehen.

saslauthd kommuniziert nicht außerhalb Ihres Netzwerks. Daher können die Sicherheitsauswirkungen beim Ausführen des Daemons als minimal betrachtet werden, auch wenn *saslauthd* Klartextpasswörter verwendet. *saslauthd* benötigt die tatsächlichen Passwörter, da er den gleichen Anmeldedienst benutzt, den auch Sie verwenden, wenn Sie Ihre Linux-Konsolensitzung öffnen.

Lassen Sie uns jetzt *saslauthd* so konfigurieren, dass er mit dem Mailserver zusammenarbeitet. Die folgenden Anweisungen sind zwar auf Debian zugeschnitten, Sie können die gleichen Dinge allerdings auch mit geringfügigen Änderungen an den Verzeichnissen und Befehlen auf anderen Linux-Systemen durchführen.

Die Debian-Portierung von Postfix läuft in einer chroot-Umgebung in */var/spool/postfix*. Folglich müssen Sie Ihren *saslauthd*-Daemon auch im gleichen Namensraum ablegen. Führen Sie diese Schritte durch:

1. Richten Sie das benötigte Verzeichnis für den Daemon ein:

   ```
   # mkdir -p /var/spool/postfix/var/run/saslauthd
   ```

2. Bearbeiten Sie */etc/default/saslauthd* und aktivieren Sie *saslauthd*. Entfernen Sie das Kommentarzeichen (#) aus der Zeile START=yes und fügen Sie dann folgende Zeile hinzu:

   ```
   PARAMS="-m /var/spool/postfix/var/run/saslauthd -r"
   ```

3. Ihre Datei sollte jetzt in etwa so aussehen:

   ```
   # This needs to be uncommented before saslauthd will be run automatically
   START=yes
   PARAMS="-m /var/spool/postfix/var/run/saslauthd -r"
   # You must specify the authentication mechanisms you wish to use.
   # This defaults to "pam" for PAM support, but may also include
   # "shadow" or "sasldb", like this:
   # MECHANISMS="pam shadow"
   MECHANISMS="pam"
   ```

4. Als Nächstes bearbeiten Sie */etc/init.d/saslauthd* und ändern den Speicherort der Datei, in der die Prozess-ID von *saslauthd* abgelegt wird. Ändern Sie den Wert von PIDFILE folgendermaßen ab:

   ```
   PIDFILE="/var/spool/postfix/var/run/${NAME}/saslauthd.pid"
   ```

5. Starten Sie *saslauthd*:

   ```
   # /etc/init.d/saslauthd start
   ```

Wenn Sie eine andere Linux-Distribution als Debian einsetzen, müssen Sie wahrscheinlich mit anderen Dateien, Verzeichnissen und Befehlen arbeiten. Auf vielen Systemen wird *saslauthd* beispielsweise das erste Mal mit diesem Befehl gestartet:

```
# saslauthd -a pam
```

Debian gibt stattdessen die Verwendung von PAM über die Konfigurationsdatei an.

Postfix mit SASL konfigurieren, um Benutzer ohne Benutzerkonten zu authentifizieren

Will man die Passwortdatei für die Postfix-Authentifizierung auf einem Linux-System verwenden, muss jede Person, die E-Mails über den Server weiterleitet, ein Benutzerkonto besitzen. Es ist offensichtlich, dass diese Lösung schlecht skaliert und mehr administrativen Aufwand erfordert. Damit auch Benutzer unterstützt werden, die auf dem SMTP-Server keine Benutzerkonten besitzen, können Sie mit SASL auch andere Speichermöglichkeiten einsetzen. Zu den häufig eingesetzten Möglichkeiten gehören hierbei *sasldb*, LDAP, Kerberos und MySQL. Der *saslauthd*-Daemon wird nicht ausgeführt, wenn Postfix eine dieser Verfahren einsetzt. Das separate Programm mit den Superuser-Rechten wird hier nicht benötigt, da SASL jetzt keinen Zugriff auf die Passwortdatei des Betriebssystems benötigt.

Wenn Sie *saslauthd* einsetzen, sind Sie auf die Übertragung von Klartextpasswörtern und auf die Anmeldeauthentifizierung beschränkt. Deshalb bietet Postfix auch ein alternatives *auxprop*-Verfahren an, das Authentifizierungsmethoden auf Basis von Klartext, Anmeldeverfahren, CramMD5, DigestMD5, OPT und NTLM unterstützt.

Von allen Authentifizierungsverfahren, die in diesem Kapitel behandelt werden, ist LDAP das stabilste und am besten skalierbare Verfahren, besitzt allerdings auch die Einschränkung, in erster Linie Klartextpasswörter zu verwenden. Um mit diesem Problem umgehen zu können, setzen die Systemadministratoren normalerweise Transport Layer Security ein, um die Passwörter zu verschlüsseln, die vom Client zum Server übertragen werden (das wird im nächsten Abschnitt behandelt). Die Kombination aus LDAP mit TLS bietet momentan die beste Sicherheit.

In einem kleinen Netzwerk kann man mit *sasldb* relativ einfach ein paar wenige Remote-Benutzer verwalten. Für wirklich große Sites mit mehr Benutzern werden Sie vielleicht feststellen, dass MySQL besser skaliert und einfacher einzusetzen und zu verwalten ist.

Die *sasldb*- und MySQL-Verzeichnismethoden erfordern es, dass Sie eine zusätzliche Software mit dem Namen *Auxiliary Property Plug-Ins* installieren. Wenn Sie *sasldb* oder MySQL konfigurieren, müssen Sie die Datei *smtpd.conf* bearbeiten und die Zeile:

```
pwcheck_method: saslauthd
```

in die folgende Zeile abändern, die ein Framework für die Auxiliary Property Plug-Ins zur Verfügung stellt:

```
pwcheck_method: auxprop
```

TLS-Verschlüsselung

Der Nachteil beim Einsatz des *auxprop*-Verfahrens für die Überprüfung der Benutzer besteht darin, dass die Überprüfung im Klartext stattfindet. Wenn Sie sich an Ihrer eigenen Arbeitsstation anmelden, stellt das kein Problem dar. Möchten Sie aber für das Versenden einer E-Mail Ihre Benutzer-ID und Ihr Passwort im Klartext über ein Netzwerk verschicken, egal ob innerhalb eines lokalen Netzwerks oder über das Internet, könnte jemand auf einfache Art und Weise Ihre Zugangsdaten abfangen.

In Kapitel 2 haben wir den Einsatz von TLS, einer aktualisierten Version der SSL-Verschlüsselung, behandelt, um damit Passwörter sicher von Ihrer Arbeitsstation auf Ihren Mailserver zu übertragen. Hier werden wir diese Lösung noch weiter ausbauen und Identifizierungsinformationen verschlüsseln, indem wir mit Hilfe von OpenSSL ein Zertifikat erstellen.

> Der vorangegangene sowie der aktuelle Abschnitt beschäftigen sich beide mit Sicherheit, allerdings mit unterschiedlichen Zielen. Der SASL-Abschnitt behandelt die *Authentifizierung*, die ermittelt, ob jemand das Recht besitzt, E-Mail über Ihren Server zu verschicken. Dieser Abschnitt behandelt den *Passwortschutz*, der sicherstellt, dass potenzielle Eindringlinge nicht die geheimen Zugangsdaten des Benutzers auslesen können. Für sicheren E-Mail-Verkehr benötigen Sie beide Dienste.

Beginnen Sie damit, dass Sie ein Verzeichnis für die SSL-Zertifikate anlegen. Legen Sie dieses Verzeichnis als Unterverzeichnis unterhalb des Postfix-Verzeichnisses von Debian ab:

```
# mkdir /etc/postfix/ssl
# cd /etc/postfix/ssl/
```

Generieren Sie als Nächstes zwei Zertifikate und zwei Verschlüsselungs-Keys. Sie benötigen einen privaten Schlüssel, den niemand kennt, und einen öffentlichen Schlüssel, mit dem andere sichere Zugangsdaten zu Ihnen schicken können. Beginnen Sie mit dem Serverschlüssel:

```
# openssl genrsa -des3 -rand /etc/hosts -out smtpd.key 1024
293 semi-random bytes loaded
Generating RSA private key, 1024 bit long modulus
.........................................++++++
....................................++++++
e is 65537 (0x10001)
Enter pass phrase for smtpd.key:
Verifying - Enter pass phrase for smtpd.key:
```

Ändern Sie für die dadurch generierte Datei, die den OpenSSL-Schlüssel des Servers enthält, die Zugriffsberechtigungen:

```
# chmod 600 smtpd.key
```

Generieren Sie als Nächstes einen weiteren Schlüssel und ein Zertifikat:

```
# openssl req -new -key smtpd.key -out smtpd.csr
You are about to be asked to enter information that will be incorporated
into your certificate request.
What you are about to enter is what is called a Distinguished Name or a DN.
There are quite a few fields but you can leave some blank
For some fields there will be a default value,
If you enter '.', the field will be left blank.
Country Name (2 letter code) [AU]:
State or Province Name (full name) [Some-State]:
```

```
Locality Name (eg, city) []:
Organization Name (eg, company) [Internet Widgits Pty Ltd]: centralsoft.org
Organizational Unit Name (eg, section) []: web
Common Name (eg, YOUR name) []:
Email Address []:
Please enter the following 'extra' attributes
to be sent with your certificate request
A challenge password []:
An optional company name []: cso
```

 Es gibt einige Diskussionen darüber, ob selbst generierte Zertifikate die an den Eingabeaufforderungen angeforderten Informationen benötigen oder nicht. Wir empfehlen Ihnen, hier die entsprechenden Informationen Ihrer Produktionssite einzugeben.

Die nächsten Befehle generieren einen Signaturschlüssel und ändern die bestehenden Schlüssel auf die neuen ab:

```
# openssl x509 -req -days 3650 -in smtpd.csr -signkey smtpd.key -out \
smtpd.crt
Signature ok
subject=/C=US/ST=Texas/L=Dallas/O=centralsoft.org/OU=web/CN=Tom_Adelstein/
emailAddress=tom.adelstein@gmail.com
Getting Private key
Enter pass phrase for smtpd.key:
# openssl rsa -in smtpd.key -out smtpd.key.unencrypted
Enter pass phrase for smtpd.key:
writing RSA key
# mv -f smtpd.key.unencrypted smtpd.key
# chmod 600 smtpd.key
# openssl req -new -x509 -extensions v3_ca -keyout cakey.pem -out \
cacert.pem -days 3650
Generating a 1024 bit RSA private key
....................++++++
.......................++++++
writing new private key to 'cakey.pem'
Enter PEM pass phrase:
Verifying - Enter PEM pass phrase:
-----
You are about to be asked to enter information that will be incorporated
into your certificate request.
What you are about to enter is what is called a Distinguished Name or a DN.
There are quite a few fields but you can leave some blank
For some fields there will be a default value,
If you enter '.', the field will be left blank
Country Name (2 letter code) [AU]:
State or Province Name (full name) [Some-State]:
Locality Name (eg, city) []:
Organization Name (eg, company) [Internet Widgits Pty Ltd]:
Organizational Unit Name (eg, section) []:
Common Name (eg, YOUR name) []:
Email Address []:
```

Jetzt müssen Sie Postfix mit Hilfe der folgenden *postconf*-Befehle Ihre Schlüssel und Zertifikate mitteilen:

```
# postconf -e 'smtpd_tls_auth_only = no'
# postconf -e 'smtp_use_tls = yes'
# postconf -e 'smtpd_use_tls = yes'
# postconf -e 'smtp_tls_note_starttls_offer = yes'
# postconf -e 'smtpd_tls_key_file = /etc/postfix/ssl/smtpd.key'
# postconf -e 'smtpd_tls_cert_file = /etc/postfix/ssl/smtpd.crt'
# postconf -e 'smtpd_tls_CAfile = /etc/postfix/ssl/cacert.pem'
# postconf -e 'smtpd_tls_loglevel = 1'
# postconf -e 'smtpd_tls_received_header = yes'
# postconf -e 'smtpd_tls_session_cache_timeout = 3600s'
# postconf -e 'tls_random_source = dev:/dev/urandom'
```

Die Datei */etc/postfix/main.cf* sollte jetzt in etwa so aussehen:

```
# See /usr/share/postfix/main.cf.dist for a commented, more complete version
smtpd_banner = $myhostname ESMTP $mail_name (Debian/GNU)
biff = no
# appending .domain is the MUA's job.
append_dot_mydomain = no
# Uncomment the next line to generate "delayed mail" warnings
#delay_warning_time = 4h
myhostname = server1.example.com
alias_maps = hash:/etc/aliases
alias_database = hash:/etc/aliases
myorigin = /etc/mailname
mydestination = server1.example.com, localhost.example.com, localhost
relayhost =
mynetworks = 127.0.0.0/8
mailbox_command = procmail -a "$EXTENSION"
mailbox_size_limit = 0
recipient_delimiter = +
inet_interfaces = all
smtpd_sasl_local_domain =
smtpd_sasl_auth_enable = yes
smtpd_sasl_security_options = noanonymous
broken_sasl_auth_clients = yes
smtpd_recipient_restrictions = permit_sasl_authenticated,permit_mynetworks,reject_
unauth_destination
smtpd_tls_auth_only = no
smtp_use_tls = yes
smtpd_use_tls = yes
smtp_tls_note_starttls_offer = yes
smtpd_tls_key_file = /etc/postfix/ssl/smtpd.key
smtpd_tls_cert_file = /etc/postfix/ssl/smtpd.crt
smtpd_tls_CAfile = /etc/postfix/ssl/cacert.pem
smtpd_tls_loglevel = 1
smtpd_tls_received_header = yes
smtpd_tls_session_cache_timeout = 3600s
tls_random_source = dev:/dev/urandom
```

Jetzt können Sie den Postfix-Daemon neu starten:

```
# /etc/init.d/postfix restart
Stopping mail transport agent: Postfix.
Starting mail transport agent: Postfix.
```

POP3- und IMAP-Mail Delivery Agents konfigurieren

In diesem Abschnitt werden wir noch E-Mail-Delivery Agents hinzufügen, um Postfix zu komplettieren. Fügen Sie mit den folgenden Befehlen auf Debian einen IMAP- und einen POP3-Server hinzu:

```
# apt-get install ipopd-ssl uw-imapd-ssl
```

Wir haben hier *ipopd-ssl* ausgewählt, um POP2- und POP3-Mail Delivery Agents zur Verfügung zu stellen, und *uw-imapd-ssl* für IMAP. Lassen Sie sich von den *ssl*-Suffixen nicht täuschen – beide Pakete bieten sowohl unverschlüsselte als auch verschlüsselte Dienste an. Standard-IMAP verwendet Port 143 und POP3 verwendet Port 110. Die verschlüsselten Protokolle und Ports sind POP3S (Port 995) sowie IMAPS (Port 993).

Ursprünglich stammt das Paket *ipopd-ssl* von der University of Washington, wird jetzt aber von Debian gepflegt. Sie müssen es einfach nur installieren, da es sich im Wesentlichen selbst konfiguriert und dabei das Home-Mailverzeichnis verwendet, das auf einem Mailserver vorhanden ist, der wie der von uns in Kapitel 4 eingerichtete Mailserver konfiguriert wurde. ISPs setzen nach wie vor POP3 ein, das Protokoll wird in Unternehmen allerdings selten verwendet.

uw-imapd-ssl stellt einen IMAP-Server zur Verfügung. Obwohl dieser Server mehr Festplattenplatz benötigt, ist er POP überlegen, da er die Mail auf dem Server belässt und es dadurch den Benutzern ermöglicht, dass sie sich ihre Nachrichten von jedem Ort aus ansehen können, der einen Internetzugang und einen E-Mail-Client besitzt. Wir kennen keinen aktuellen E-Mail-Client, der IMAP nicht versteht, daher möchten die meisten E-Mail-Benutzer dieses Protokoll auch einsetzen.

Sie können auf Ihrem Mailserver mit Hilfe von SSL (*https*) auch einen Webmail-Zugang zur Verfügung stellen, mit dem die Benutzer bequem über einen Webbrowser auf Ihre E-Mails zugreifen können.

 Bei unserer Konfiguration benötigen die Benutzer auf Ihrem Server Standard-Linux-Konten, selbst wenn sie ihre E-Mails mit einem E-Mail-Client von einem anderen System aus lesen. Postfix ermöglicht normalerweise eine lokale Zustellung innerhalb einer Domain, es wird allerdings eine Backend-Weiterleitung benötigt (wie sie vorhin im Abschnitt »Postfix mit SASL konfigurieren, um Benutzer ohne Benutzerkonten zu authentifizieren« behandelt wurde), wenn sich die Benutzer außerhalb der Domain befinden.

uw-imapd besitzt Vor- und Nachteile. Auf der Plusseite steht, dass es eine E-Mail-Speicherung im Unix-*mbox*-Format einsetzt, bei dem alle E-Mails eines Benutzers in einer einzigen Datei in dessen Home-Verzeichnis gepflegt werden. Sie werden auch feststellen, dass dieser Dienst einfach zu administrieren ist.

Dagegen ist es unter *uw-imapd* nicht möglich, dass virtuelle Benutzer oder Benutzer ohne Shell-Zugriff und Home-Verzeichnis auf E-Mail zugreifen können. Des Weiteren mögen viele Administratoren das einfache *mbox*-Speicherformat nicht, da sie das hierarchischere *maildir*-Format bevorzugen. Da es sich bei *mbox* um eine Format mit einer einzigen Datei handelt, kann zur gleichen Zeit nur eine Anwendung auf die Datei zugreifen, wodurch ein File-Locking benötigt wird, das das System unter starker Last verlangsamen kann.

File-Locking ist ein Verfahren, bei dem zu einem Zeitpunkt nur ein Benutzer oder ein Prozess auf eine Computerdatei zugreifen kann. Locking wird eingesetzt, um Konflikte beim Aktualisieren der Datei zu verhindern.

Manche halten File-Locking im Hinblick auf E-Mail für ein Problem. Vielen verteilten Dateisystemen fehlen zuverlässige Locking-Mechanismen. Einige glauben auch, dass File-Locking nicht ausreicht, um eine gelegentliche Beschädigung von *mbox* zu verhindern. Bei Linux wäre eine Beschädigung möglich, wenn ein Mailprozess mitten in der Aktualisierung einer *mbox* beendet werden würde.

Im Gegensatz dazu ermöglicht das *maildir*-Format den gleichzeitigen Zugriff mehrerer Anwendungen und benötigt kein File-Locking.

Andere IMAP-Server, wie beispielsweise Cyrus, Courier oder Dovecot, verwenden das *maildir*-Format und ermöglichen damit, dass virtuelle Benutzer und Benutzer ohne Shell-Zugriff und Home-Verzeichnis auf Ihre E-Mail zugreifen können. Findet die Konfiguration in Verbindung mit Postfix statt, besitzen die Accounts lediglich Postfächer. Dadurch kann der Administrator den MTA und MDA verwalten, ohne Standard-Benutzerkonten auf dem Server selbst pflegen zu müssen.

Andere IMAP-Server als *uw-imapd* sind kompliziert und erfordern bei der Konfiguration ein erhebliches Wissen. Sie müssen also selbst entscheiden, ob die Größe Ihrer Organisation deren Einsatz rechtfertigt. Wenn dem so ist, müssen Sie nach anderen Informationsquellen Ausschau halten, zum Beispiel nach *The Book of Postfix* von Ralf Hildebrandt und Patrick Katter (No Starch Press).

E-Mail-Client-Konfiguration

In unserer Einführung zur Postfix-Konfigurationsdatei */etc/postfix/main.cf* weiter oben in diesem Kapitel haben wir es dem E-Mail-Client des Anwenders überlassen, den Domainnamen hinzuzufügen, wenn ein Benutzer einen Kontonamen eingegeben hat:

```
append_dot_mydomain = no
```

Dies entspricht dem Verhalten der meisten Clients, die eine Domain wie beispielsweise *@centralsoft.org* anhängen können, wenn der Benutzer cinen Kontonamen in das »An«-Feld einer E-Mail-Nachricht eigibt.

Wenn Sie Postfix so konfigurieren, dass es so, wie wir es weiter oben in diesem Kapitel gezeigt haben, Verschlüsselung einsetzt, muss der E-Mail-Benutzer seinen MUA ebenfalls so konfigurieren, dass er für das Verschicken von E-Mails die TLS-Verschlüsselung einsetzt. Die meisten modernen Clients unterstützen das und bieten auch eine grafische Oberfläche an, mit der TLS im Zusammenspiel mit dem ausgehenden Server aktiviert werden kann.

Wenn Sie sich nicht in dem von Postfix festgelegten Netzwerk befinden und sich an diesem Ort ständig aufhalten (im Gegensatz zu einem mobilen Benutzer), sollten Sie für SMTP den ausgehenden Server Ihres ISP einsetzen. In diesem Fall sollten Sie TLS wählen, wenn Ihr Serveranbieter das auch einsetzt. In den meisten Fällen wandern Ihre ID und Ihr Passwort im Klartext über die Leitungen Ihres ISP.

Damit Ihr Mailserver auch E-Mails empfangen kann, müssen Sie den eingehenden Server über DNS konfigurieren, so wie wir das in Kapitel 3 gezeigt haben. Nur als kurze Erinnerung: Sie verwenden hierfür `MX`-Records. Ein typischer `MX`-Record sieht in etwa so aus:

```
MX 10 server1.centralsoft.org.
```

Dieser Eintrag besagt, dass E-Mails, die an die Domain *centralsoft.org* adressiert sind, an *server1.centralsoft.org* ausgeliefert werden sollen (dieser Server ist der Mailserver für diese Domain).

Was kommt als Nächstes?

An dieser Stelle haben Sie Postfix sowie einen IMAP- und einen POP3-Dienst installiert und konfiguriert. Sie besitzen jetzt die wesentlichen Komponenten eines Mailsystems, die Sie in einer Firmenumgebung einsetzen können.

Wenn das Ihr erster Kontakt mit E-Mail ist, können Sie jetzt vielleicht nachvollziehen, warum Firmen viel Geld ausgeben, um sich abgepackte Systeme zu kaufen, die pro Arbeitsplatz lizenziert werden. Und möglicherweise verstehen Sie auch, warum sie ein Dutzend oder mehr Systemadministratoren anheuern, die ihre E-Mail-Kommunikationsinfrastrukturen verwalten sollen. Nachdem Sie die Informationen in diesem Buch beherrschen, möchten Sie sich vielleicht eingehender mit weiteren Komponenten umfangreicherer E-Mail-Systeme beschäftigen. Sie sollten verstehen, wie ein sicherer Mailserver installiert und konfiguriert wird und wie viel Aufwand es kostet, Spezialwissen in diesem Bereich aufzubauen. Sie werden auch ein Verständnis für Verzeichnisdienste, wie beispielsweise OpenLDAP oder Fedora Directory Server, benötigen, um große Benutzerzahlen überprüfen und eine Auflistung der Mailbenutzer in Ihrem Unternehmen zur Verfügung stellen zu können.

Das nächste Kapitel behandelt den Dienst, den die meisten Menschen als wichtigstes Angebot einer Organisation ansehen: einen Webserver. Nachdem wir das Einrichten von Apache, den am häufigsten eingesetzten Server im Web, vorgestellt haben, machen wir mit dem Hinzufügen einer Reihe wichtiger Funktionen weiter. Hierzu gehören die Unterstützung dynamischer Websites und das Generieren von Statistiken. Danach geben wir Ihnen dann einige Tipps für die Fehlersuche.

KAPITEL 6
Apache administrieren

In diesem Kapitel werden wir einen Linux-Webserver von Grund auf neu aufbauen. Sie werden lernen, wie:

- Apache, PHP und MySQL installiert und konfiguriert werden,
- mehrere Websites mit virtuellen Hosts verwaltet werden,
- sensible Seiten mit SSL verschlüsselt werden,
- Server-Side Includes und CGI-Skripten aktiviert werden,
- Leistung und Sicherheitsprobleme überprüft werden,
- *vlogger* und Webalizer zur Ansicht von Site-Statistiken installiert werden und
- Drupal, ein Content Management System, installiert wird, das Sie eventuell in vielen Umgebungen für nützlich erachten werden und das viele dieser Elemente verwendet.

Dieses Kapitel beschreibt eine Umgebung mit einem einzigen Webserver. In Kapitel 7 werden wir Ihnen zeigen, wie zwei Webserver für das Load-Balancing eingerichtet werden.

Webserver sind umfangreich und komplex, und wenn wir sie konfigurieren, ist es nicht immer gleich klar, wie oder warum bestimmte Dinge gemacht werden. Nebenbei werden wir Sie darauf hinweisen, warum wir uns für einige Alternativen entschieden und andere wiederum weggelassen haben. Um die Erklärungen kurz und einfach zu halten, werden wir die Standardeinstellungen und -verfahren von Debian verwenden. Wir werden die Installationen gleich absichern und möchten damit betonen, dass Sie immer sofort über Sicherheit nachdenken und sie von Anfang an einbauen müssen. Gegen Ende des Kapitels finden Sie den Abschnitt »Troubleshooting«.

Statische und dynamische Dateien

Eine einfache Website besteht aus Dateien: HTML, Grafiken, JavaScript, Stylesheets und anderen Dateitypen. Die Inhalte dieser Dateien sind *statisch* – sie ändern sich auf dem Server nicht, und die einzige Aufgabe des Webservers besteht darin, diese Seiten auf Anfrage dem Browser zurückzuliefern. An einem Webserver muss nur wenig konfiguriert werden, damit er statische Dateien ausliefert.

Viele Sites haben allerdings auch *dynamische* Elemente, zu denen die Generierung von Inhalten, Zugriffskontrolle und Speicherung in und Abfrage von Datenbanken gehören. Am einfachsten können statische HTML-Dateien mit *Server-Side Includes* (SSI) dynamisiert werden. Hierbei handelt es sich um speziell formatierte HTML-Kommentare, die Apache so interpretiert, dass er die Werte von Variablen ausgibt oder Inhalte von anderen HTML-Dateien einbindet. Beispielsweise kann eine Site, wenn sie Dateien mit SSI einbindet, auf einfache Weise eine gemeinsame Kopf- und Fußzeile für ihre Seiten festlegen.

SSI hat jedoch auch seine Grenzen, und die meisten dynamischen Sites setzen die weit leistungsfähigeren *Common Gateway Interface*-(CGI-)Programme ein. Diese ausführbaren Programme können in einer beliebigen von Linux unterstützten Sprache geschrieben werden. Am häufigsten werden jedoch die dynamischen (»Skript«-) Sprachen, wie beispielsweise Perl, PHP, Python und Ruby, eingesetzt, gefolgt von Java. CGI ist ein Protokoll, über das festgelegt wird, wie Webclients und Webserver Anfragen und Antworten austauschen sollten.

In den Anfangszeiten des CGI im Web wurden die CGI-Programme vollkommen vom Webserver getrennt. Jede Anfrage führte dazu, dass der Webserver einen neuen CGI-Prozess startete. Die Startvorgänge kosteten allerdings eine erhöhte Systemlast, als die Sites zunehmend häufiger besucht wurden, daher mussten Alternativen entwickelt werden.

Viele verwechseln das CGI-Protokoll mit diesem frühen Implementierungsverfahren und denken, dass CGI von Natur aus langsam sei. Der CGI-Standard legt allerdings keine Implementierung fest. Es gibt schnellere Verfahren, die dem gleichen CGI-Protokoll folgen.

Eines dieser schnelleren Verfahren ist FastCGI, das das CGI-Programm als separaten, lange laufenden Prozess startet und eine Zwei-Wege-Kommunikation zwischen diesem Prozess und dem Webserver verwaltet. Dadurch werden die Leistungseinbußen durch das permanente Neustarten vermieden, und die Trennung der Prozesse stellt sicher, dass, sollte das CGI-Programm einmal abstürzen, der Webserver dadurch nicht beeinträchtigt wird. FastCGI hat jedoch auch einen Nachteil: FastCGI-Programme können, wie alleinstehende CGI-Programme auch, nicht auf die Interna eines Webservers zugreifen, was allerdings unter Umständen bei komplexen Anwendungen nötig sein könnte.

Einige CGI-Programme haben sich zu Apache-Modulen weiterentwickelt, die als Teil des Webservers selbst geladen werden: Der Perl-Interpreter wurde *mod_perl*, PHP wurde *mod_php* und *mod_squad* zu einem schrecklichen Wortspiel aus den 70ern.[1] Die Geschwindigkeit von FastCGI-Programmen und Apache-Modulen ist annähernd gleich, und auch Module haben Vor- und Nachteile. Sie haben Zugriff auf sämtliche internen Datenstrukturen und Funktionen des Servers, daher können sie auch in verschiedenen Stufen der Webtransaktionen eingesetzt werden und nicht nur zum Generieren von HTML-Inhalten. Module können jedoch auch die Größe und den Speicherverbrauch des Webservers erhöhen, und Fehler in den Modulen können den Server zum Absturz bringen.

Eine einfache LAMP-Installation

Die Standard-*LAMP*-Installation (Linux, Apache, MySQL, PHP/Perl/Python) setzt Apache-Module für die Ausführung von CGI-Funktionen ein. Dieser Ansatz ist schnell und skaliert gut, allerdings gibt es für alles seine Grenzen. Wir werden in diesem Kapitel einige dieser Grenzen hervorheben, Sie können diese Abschnitte aber auch überspringen, wenn Sie lieber aus einer schlechten Erfahrung heraus dazulernen möchten. Wir haben bereits das L, lassen Sie uns also das A untersuchen. M und P werden dann nicht lange auf sich warten lassen.

Apache ist nicht der schnellste Webserver, auch nicht der am einfachsten zu konfigurierende Webserver oder gar der sicherste, er ist aber gut genug, um alle anderen zu dominieren. Netcraft zufolge betreibt Apache mehr als 50 Prozent aller öffentlichen Websites (*http://news.netcraft.com/archives/web_server_survey.html*). Apache läuft auf Linux, Mac OS X und allen anderen Unix-artigen Systemen sowie auf vielen Versionen von Microsoft Windows.

Wie andere Unix-Programme auch, kann Apache so zusammengebaut werden, dass alle seine Module in einem großen Programm vereint sind (*statisches Linken*), oder mit Modulen, die bei Bedarf in den Speicher geladen werden (*Dynamic Shared Objects* oder DSO). Das DSO-Verfahren ist einfacher und flexibler, da Sie nach dem Zusammenbau von Apache noch weitere Module hinzufügen können. Die Debian-Installation für PHP und andere Apache-Module setzen dieses DSO-Verfahren ein.

Installation

In diesem Abschnitt werden wir Apache, PHP und MySQL installieren. Wir werden jede einzelne Komponente mit ihrer Standardinstallation testen, um sicherzustellen, dass alles richtig funktioniert. Im folgenden Abschnitt werden wir dann tiefer in die

---

1 »The Mod Squad« war eine Fernsehkrimiserie, die von 1968 bis 1973 im US-Fernsehen lief.

Apache-Konfigurationsdateien eintauchen und untersuchen, wie wir unsere Installation anpassen können.

Apache

Für die Installation von Paketen müssen Sie *root*-Benutzer sein. Holen Sie sich als Erstes den Apache-Server:

```
# apt-get install apache2
```

Mit diesem Befehl sollte Apache installiert und gestartet werden. Hat es funktioniert? Um das herauszufinden, geben Sie die URL Ihrer Site in einem Webbrowser ein. Für die Beispiele in diesem Kapitel werden wir den Namen unseres Testservers (*http://server1.centralsoft.org*) verwenden. Wenn Sie diese URL in den Beispielen vorfinden, tauschen Sie sie gegen die Ihres eigenen Servers aus. Wenn Sie Ihren Browser auf der gleichen Maschine starten, auf der auch Ihr Webserver läuft, und Sie eventuell Probleme mit der DNS-Auflösung Ihres Servernamens haben, können Sie auch *http://localhost* oder *http://127.0.0.1* nehmen. Führen Sie den Test von einer anderen Maschine aus, dann können Sie auch die IP-Adresse des Servers verwenden, wie beispielsweise *http://70.253.158.41*.

Geben Sie die URL Ihres Servers in einem Webbrowser ein, und Sie sollten eine Seite sehen, die stolz von sich gibt:

```
It works!
```

Ihr Browser müsste auch anzeigen, dass Apache die von Ihnen eingegebene Adresse folgendermaßen umgeleitet hat: *http://server1.centralsoft.org/apache2-default/*.

Wir werden das etwas später erklären, wenn wir in die Apache-Konfigurationsdateien einsteigen. Lassen Sie uns jetzt erst einmal unsere erste Webdatei erstellen. Gehen Sie in das Verzeichnis, das Apache für das Home-Verzeichnis Ihrer Website hält, und erstellen Sie dort eine kleine Textdatei:

```
# cd /var/www
# echo testen > test.html
```

Geben Sie jetzt die URL der Datei (beispielsweise *http://server1.centralsoft.org/test.html*) in Ihrem Browser ein.

Sie nun jetzt auf dem Bildschirm das Wort testen sehen. Ihr Apache-Server läuft ohne Zugriffsbeschränkungen und liefert alle Dateien und Verzeichnisse aus, die sich unterhalb von */var/www* befinden.

PHP

PHP ist das am häufigsten eingesetzte Apache-CGI-Modul. In diesem Kapitel werden wir PHP 4 einsetzen, das nach wie vor noch verbreiteter als sein Nachfolger PHP 5 ist. Beide Versionen eignen sich gut für das Erstellen dynamischer Websites, und mit der großen Bibliothek an PHP-Modulen können viele hilfreiche Funktionen hinzugefügt werden. Beginnen Sie damit, sich das PHP-Programm und die Bibliotheken zu holen:

```
# apt-get install php4
```

Mit diesem Befehl wird auch gleich das PHP-Apache-Modul *mod_php* installiert und so konfiguriert, dass Apache Dateien mit dem Suffix *.php* ausführt.

Erstellen Sie jetzt dieses Test-PHP-Skript und speichern Sie es unter */var/www/info.php* ab:

```
<?php
phpinfo();
?>
```

Geben Sie die URL des Skripts (*http://server1.centralsoft.org/info.php*) in Ihrem Browser ein.

Sie sollten jetzt eine Seite mit Tabellen voller Informationen über die PHP-Konfiguration sehen. Diese Informationen sagen viel über Ihre Maschine aus, und Sie möchten diese Informationen wahrscheinlich nicht der ganzen Welt zur Verfügung stellen. Sie sollten dieses Skript folglich nach dem Test wieder löschen. Wenn Sie nichts sehen, werfen Sie am besten einen Blick in den Abschnitt »Troubleshooting« am Ende dieses Kapitels.

Nur so nebenbei: Sollten Sie ein Newbie sein, so haben Sie gerade Ihr erstes CGI-Skript geschrieben! (In dem nachfolgenden Abschnitt über CGI werden wir weitere Details dazu darlegen, wie Webserver externe Programme und Skripten ausführen.)

MySQL

Wenn Sie keine Datenbank benötigen, haben Sie jetzt eine *LAP*-Plattform und können diesen Abschnitt überspringen. Möchten Sie die vollständige *LAMP*-Installation haben, holen Sie sich jetzt den MySQL-Datenbankserver und die PHP-MySQL-Module:

```
# apt-get install mysql-server
# apt-get install php4-mysql
```

Mit diesen Befehlen wird alles installiert, was Sie zum Erstellen von PHP-CGI-Skripten benötigen, die auch auf den MySQL-Datenbankserver zugreifen können. Mit dem MySQL-Client für die Kommandozeile (*mysql*), der bei dieser Installation gleich mitinstalliert wurde, können wir die Datenbank auch ohne PHP und Apache testen.

Wenn Sie den *mysql*-Client ausführen, aber keinen MySQL-Kontennamen mit der Option *-u* angeben, versucht der Client, Ihren Linux-Kontennamen zu nehmen. In unseren Beispielen haben wir uns als *root* angemeldet, also wäre der Name ebenfalls *root*. Das MySQL-

Administratorkonto heißt zufälligerweise auch *root* und besitzt die vollständige Kontrolle über die Datenbank. Jedoch haben die MySQL- und Linux-*root*-Konten nichts miteinander zu tun. MySQL speichert seine Kontennamen und Passwörter in der Datenbank selbst ab.

Überprüfen Sie mit diesem Befehl, ob die Datenbank eingerichtet ist und läuft:

```
# mysql -u root
Welcome to the MySQL monitor.  Commands end with ; or \g.
Your MySQL connection id is 5
Server version: 5.0.32-Debian_7etch1-log Debian etch distribution

Type 'help;' or '\h' for help. Type '\c' to clear the buffer.

mysql> show databases;
+--------------------+
| Database           |
+--------------------+
| information_schema |
| mysql              |
+--------------------+
2 rows in set (0.00 sec)

mysql> quit;
Bye
#
```

Wenn das funktioniert, läuft Ihr MySQL-Server. Die schlechte Nachricht ist, dass der MySQL-*root*-Benutzer am Anfang kein Passwort besitzt. Lassen Sie uns also eines zuweisen (nehmen Sie dort, wo wir *neuesmysqlpasswort* verwendet haben, ein nichtssagendes Passwort Ihrer Wahl):

```
# mysqladmin -u root password neuesmysqlpasswort
```

Versuchen Sie sich jetzt noch einmal ohne Passwort anzumelden:

```
# mysql -u root
ERROR 1045: Access denied for user: 'root'@'localhost' (Using password: NO)
```

Auf einmal sind wir froh, dass etwas nicht funktioniert, da wir das auch so erwartet haben. Versuchen Sie es noch mal:

```
# mysql -u root -p
Enter password: neuesmysqlpasswort
Welcome to the MySQL monitor.  Commands end with ; or \g.
Your MySQL connection id is 8
Server version: 5.0.32-Debian_7etch1-log Debian etch distribution

Type 'help;' or '\h' for help. Type '\c' to clear the buffer.

mysql> quit;
```

Schreiben Sie sich dieses MySQL-Root-Passwort auf, da Sie es später in diesem Kapitel noch einmal angeben müssen, wenn wir die Anwendung Drupal installieren. Sie werden dieses Passwort auch immer dann benötigen, wenn Sie auf MySQL als Hauptadministrator zugreifen möchten.

Aus Sicherheitsgründen beschränkt die von uns durchgeführte Standardinstallation von MySQL den MySQL-Server auf lokale Clients, wie beispielsweise auf PHP-Webskripten oder auf den *mysql*-Client der Kommandozeile. Ansonsten könnte man über das Internet eine Verbindung zu Ihrer Datenbank aufbauen, was für eine unschuldige Datenbank eine grausame Geschichte wäre. Sie können mit diesem Befehl überprüfen, ob die Adresse des MySQL-Servers 127.0.0.1 ist:

```
# netstat -tlnp
Proto Recv-Q Send-Q Local Address     Foreign Address  StatePID/Program name
tcp       0      0 127.0.0.1:3306    0.0.0.0:*        LISTEN25948/mysqld
```

Apache-Konfigurationsdateien

Apache setzt einfache ASCII-Konfigurationsdateien ein, die auf den verschiedenen Linux-Distributionen an unterschiedlichen Orten abgespeichert werden. Tabelle 6-1 zeigt, wo Debian diese Dateien ablegt.

Tabelle 6-1: Apache-Konfigurationsdateien

Datei/Verzeichnis unterhalb von /etc/apache2	Verwendung

apache2.conf	Wichtigste Konfigurationsdatei. Bindet mit den folgenden Direktiven weitere Dateien ein:
	
	`# Include module configuration:`
	`Include /etc/apache2/mods-enabled/*.load`
	`Include /etc/apache2/mods-enabled/*.conf`
	
	`# Include all user configurations:`
	`Include /etc/apache2/httpd.conf`
	
	`# Include ports listing`
	`Include /etc/apache2/ports.conf`
	
	`# Include generic snippets of statements`
	`Include /etc/apache2/conf.d/[^.#]*`

conf.d/*	Alles, was Sie möchten, kann hier abgelegt werden. Standardmäßig ist dieses Verzeichnis leer.
mods-enabled/*.conf	Festlegungen für jedes einzelne aktivierte Modul. Debian enthält die Programme *a2enmod*, mit dem ein Modul aktiviert wird, und *a2dismod*, mit dem ein Modul deaktiviert wird. Mit diesen Programmen werden für ein Modul mit dem Namen *xyz* die Dateien *xyz.conf* und *xyz.load* zwischen */etc/apache/mods-available* und */etc/apache2/mods-enabled* verschoben. Die Datei *apache2.conf* verwendet die Dateien, die sich unterhalb von *mods-enabled* befinden.

Tabelle 6-1: Apache-Konfigurationsdateien (Fortsetzung)

Datei/Verzeichnis unterhalb von /etc/apache2	Verwendung
sites-enabled/*	Festlegungen für jede einzelne Website. Der Standardeintrag lautet zwar *000-default*, es gibt allerdings keine Besonderheiten, was den Namen anbetrifft. Sie können hier so viele Dateien haben, wie Sie möchten.
.htaccess	Festlegungen für ein Verzeichnis, das in diesem Verzeichnis enthalten ist. Diese Datei überschreibt alle anderen Konfigurationsdateien, da sie als letzte Datei ausgelesen wird. Wird nur dann zugelassen, wenn `AllowOverride` nicht auf `none` gesetzt ist. Kann ohne ein erneutes Laden der Apache-Konfiguration geändert werden. Über dieses Verfahren lassen viele Webmaster ihre Kunden ihre Sites anpassen, ohne dass diese die Hauptkonfigurationsdateien von Apache anfassen müssen.

Wenn für irgendein Verzeichnis `AllowOverride` aktiviert ist, muss Apache bei jeder Clientanfrage alle Verzeichnisse vom Document-Root aus auf irgendwelche *.htaccess*-Dateien überprüfen und diese dann auslesen. Das verlangsamt Apache. Noch wichtiger ist, dass dadurch die Apache-Konfiguration über das Dateisystem verteilt wird und man nur schwer wissen kann, welche Optionen zu einem bestimmten Zeitpunkt für ein Verzeichnis wirksam sind. Wenn Sie keine *.htaccess*-Dateien benötigen, sollten Sie auch keine einsetzen. Standardmäßig sind sie deaktiviert.

Konfigurationsdatei-Direktiven

Jede Apache-Konfigurationsdatei ist in Abschnitte unterteilt, die Apache-*Direktiven* (Befehle oder Einstellungen) sowie deren Werte enthalten. Einige Direktiven sind Teil des Apache-Kerns, während andere nur von bestimmten Modulen eingesetzt werden. Wenn sich eine Direktive auf ein Modul bezieht, das Sie noch nicht für den Einsatz mit Apache konfiguriert haben, wird Apache nicht starten, und es wird eine Meldung mit den fehlerhaften Zeilen in das Fehlerprotokoll geschrieben.

Nachdem Sie Apache erfolgreich zum Laufen gebracht haben, können Sie durch Eingabe dieses Befehls feststellen, welche Apache-Direktiven derzeit verwendet werden können:

```
# /usr/sbin/apache2 -L
```

Der Abschnitt »Troubleshooting«, der sich am Ende dieses Kapitels befindet, enthält Schritt-für-Schritt-Anleitungen, die Ihnen bei der Untersuchung von Webserver-Problemen helfen können.

Davon ausgehend, dass die Testdatei funktioniert hat, können Sie jetzt mit der Konfiguration von Apache weitermachen. Nachfolgend sehen Sie die Inhalte der Standard-Apache-Konfigurationsdatei */etc/apache2/sites-enabled/000-default*. Die Abschnitte beginnen und enden mit HTML-ähnlichen Tags, wie beispielsweise:

```
<VirtualHost *>
...
</VirtualHost>
```

Hier eine Kopie dieser Datei, bei der wir mit Kommentarzeilen Anmerkungen hinzugefügt haben:

```
# Antwortet auf alle Namen oder IP-Adressen:
NameVirtualHost *

# Für alle virtuellen Hosts an allen Adressen und allen Ports:
<VirtualHost *>
    # Wer soll kontaktiert werden, wenn Apache Probleme hat?
    ServerAdmin webmaster@localhost

    # Die Dateien unserer Website befinden sich unter diesem Verzeichnis:
    DocumentRoot /var/www/

    # Übergreifende Direktiven für den Fall, dass wir DocumentRoot
    # verschieben oder vergessen, später etwas anzugeben:
    <Directory />
        # Apache folgt symbolischen Links:
        Options FollowSymLinks
        # Deaktiviert .htaccess-Dateien in Unterverzeichnissen:
        AllowOverride None
    </Directory>

    # DocumentRoot selbst:
    <Directory /var/www/>
        Options Indexes FollowSymLinks MultiViews
        # Verbietet .htaccess-Dateien:
        AllowOverride None
        Order allow,deny
        allow from all
        # Bildet / auf /apache2-default ab, die anfängliche
        # Willkommensseite, die "It works!" ausgibt:
        RedirectMatch ^/$ /apache2-default/
    </Directory>

    # Erlaubt CGI-Skripten:
    ScriptAlias /cgi-bin/ /usr/lib/cgi-bin/
    <Directory "/usr/lib/cgi-bin">
        AllowOverride None
        Options ExecCGI -MultiViews +SymLinksIfOwnerMatch
        Order allow,deny
        Allow from all
    </Directory>

    # Fehlerprotokoll für eine einzelne Site:
    ErrorLog /var/log/apache2/error.log

    # Mögliche Werte sind: debug, info, notice,
    # warn, error, crit, alert und emerg:
    LogLevel warn
```

```
# Zugriffsprotokoll einer einzelnen Site:
CustomLog /var/log/apache2/access.log combined

# Schickt Apache- und PHP-Versionsinformationen an Browser;
# setzen Sie diesen Wert auf Off, wenn Sie paranoid sind oder
# Gründe hierfür haben:
ServerSignature On

# Zeigt die Apache-Dokumentation an (nur lokalen Benutzern),
# wenn Sie apache2-docs installiert haben;
# wenn Sie die Anzeige der Dokumente unterbinden möchten,
# können Sie diese Zeilen auskommentieren oder löschen:
Alias /doc/ "/usr/share/doc/"
<Directory "/usr/share/doc/">
    Options Indexes MultiViews FollowSymLinks
    AllowOverride None
    Order deny,allow
    Deny from all
    Allow from 127.0.0.0/255.0.0.0 ::1/128
</Directory>
</VirtualHost>
```

Die meisten Änderungen, die wir in diesem Abschnitt an den Apache-Konfigurationsdateien vornehmen, werden in dieser Datei stattfinden. Die übergeordnete Serverkonfigurationsdatei */etc/apache2/apache2.conf* enthält viele Einstellungen, die für den gesamten Server gültig sind und die normalerweise nicht geändert werden müssen; ein paar zu beachtende Ausnahmen folgen noch.

Die Direktiven User und Group

Diese wichtigen Einstellungen teilen Apache mit, dass er mit einer bestimmten User-ID und einer bestimmten Group-ID laufen soll. Die Standardeinstellung unter Debian in der */etc/apache2/apache2.conf* lautet:

```
User www-data
Group www-data
```

Dieser Benutzer und diese Gruppe müssen auf alle Dateien und Verzeichnisse, die von Apache ausgeliefert werden sollen, lesenden Zugriff haben. Falsche Datei- und Verzeichnisberechtigungen sind sehr häufig der Grund für Apache-Fehler, wenn zum Beispiel eine Seite nicht angezeigt werden kann (oder etwas angezeigt wird, das Sie gar nicht sehen sollten).

Die Listen-Direktive

Apache antwortet normalerweise auf Anfragen über TCP-Port 80. Sie können Apache aber auch anweisen, stattdessen oder zusätzlich auf anderen Ports als Port 80 zu lauschen. Häufig wird ein anderer Port zu Testzwecken verwenden. Viele verwenden hierfür den Port 81, da man sich das leicht merken kann und dieser Port von keinem anderen Dienst verwendet wird. Wenn Sie einen oder mehrere Ports angeben möchten, verwenden Sie eine oder mehrere `Listen`-Direktiven:

```
Listen 81
```

Wollen Sie für einige Webseiten SSL-Verschlüsselung einsetzen, müssen Sie diese Direktive so einbinden, dass hierfür der Standard-Sicherheitsport für das Web eingesetzt wird:

```
Listen 443
```

DocumentRoot-Direktive

Jede Website besitzt ein Document-Root. Hierbei handelt es sich um das Verzeichnis, das die Inhaltsdateien und Skripten der Site enthält. Dieses Verzeichnis wird mit der Direktive `DocumentRoot` festgelegt. Bei der Standardinstallation von Apache unter Debian wird diese Direktive in */etc/apache2/sites-enabled/000-default* angegeben:

```
DocumentRoot /var/www/
```

Authentifizierung und Autorisierung

Einige Bereiche Ihrer Website stehen eventuell der gesamten Welt zur Verfügung, es gibt aber vielleicht auch andere Bereiche Ihrer Website, auf die nur bestimmte Besucher zugreifen dürfen. *Authentifizierung* stellt fest, *wer* ein Besucher ist. *Autorisierung* legt fest, *was* dieser Besucher machen darf, zum Beispiel:

- eine Datei lesen
- Server-Side Includes verwenden
- ein CGI-Programm ausführen
- eine Indexseite für ein Verzeichnis generieren, das noch keine besitzt

Unter Apache werden Authentifizierungsinformationen normalerweise in einer Klartext-*Benutzerdatei* abgelegt (die häufig *htpasswd*-Datei genannt wird, entsprechend dem Programm, das diese Datei bearbeitet). Die Benutzerdatei enthält User-IDs und verschlüsselte Passwörter, die optionale *Gruppendatei* beinhaltet Group-IDs und User-IDs im Klartext. Diese Datei ist insbesondere bei größeren Sites hilfreich, da Sie damit Zugriffsberechtigungen für eine Gruppe als Ganzes festlegen können, anstatt die Zugriffsberechtigungen für jeden einzelnen Benutzer festlegen zu müssen.

Benutzerdateien

Richten Sie als Beispiel ein passwortgeschütztes Verzeichnis ein und legen Sie dort eine kleine Textdatei ab:

```
# cd /var/www
# mkdir secret
# cd secret
# echo "jetzt sehen Sie es" > datei.html
```

Da Sie die Datei noch nicht abgesichert haben, sollte sie in Ihrem Browser sichtbar sein (*http://server1.centralsoft.org/secret/datei.html*):

```
jetzt sehen Sie es
```

Erstellen Sie jetzt eine Benutzerdatei:

```
# cd /tmp
# htpasswd -c /tmp/users jack
New password: black_pearl
Re-type new password: black_pearl
Adding password for user jack
```

Ihr Passwort wird nicht angezeigt, während Sie es eingeben. Wenn Sie das Programm *htpasswd* das erste Mal ausführen, müssen Sie noch das Argument *-c* angeben, damit die Datei von dem Programm angelegt wird.

Geben Sie das Argument *-c* nicht an, wenn Sie später weitere Benutzer hinzufügen, da hierdurch die Datei überschrieben werden würde.

Möchten Sie das Passwort von *jack* später ändern, geben Sie ein:

```
# htpasswd /tmp/users jack
New password: kraken
Re-type new password: kraken
Updating password for user jack
```

Die Benutzerdatei besteht aus Zeilen, die je einen Benutzernamen und ein verschlüsseltes Passwort enthalten, die wiederum durch einen Doppelpunkt voneinander getrennt sind, so wie hier:

```
jack:OSRBcYQOd/qsI
```

Bearbeiten Sie jetzt die Apache-Konfigurationsdatei */etc/apache2/sites-enabled/000-default* der Site und fügen Sie dort (vor der letzten </VirtualHost>-Zeile) Folgendes hinzu:

```
<Location /secret>
    AuthName "test"
    AuthType Basic
    AuthUserFile /tmp/users
    Order deny,allow
    require valid-user
</Location>
```

AuthName ist zwingend erforderlich und muss sich vor einer in Anführungszeichen stehenden Zeichenkette befinden. Wir haben hier "test" genommen, Sie können aber auch "" verwenden, wenn Sie das möchten, jedoch können Sie aus irgendeinem Grund diese Direktive nicht weglassen. `AuthType Basic` bedeutet, dass wir eine Benutzerdatei im *htpasswd*-Stil verwenden. `AuthUserFile` gibt den Ablageort der Benutzerdatei an. Die Direktive `Order` teilt Apache mit, dass er den Zugriff standardmäßig verweigern und nur den in der Benutzerdatei angegebenen Benutzern den Zugriff ermöglichen soll. Schließlich gibt die Direktive `require` noch an, dass jeder Benutzer, der in der Benutzerdatei steht, für den Zugriff zugelassen ist. Damit nur unser Benutzer *jack* das Geheimnis sehen darf, würden Sie diese Direktive folgendermaßen abändern:

```
require jack
```

Und wenn es mehr als einen gültigen Benutzer gäbe, würden Sie diese Benutzer folgendermaßen hinzufügen:

```
require jack will elizabeth
```

Damit diese Änderungen wirksam werden, muss Apache noch mitgeteilt werden, dass er seine Konfigurationsdatei neu einlesen soll:

```
# /etc/init.d/apache2 reload
```

Versuchen Sie jetzt, auf diese geheime Datei (*http://www.example.com/secret/datei.html*) über einen der in der Benutzerdatei aufgeführten Benutzer zuzugreifen. Sie sollten ein Eingabefenster erhalten, das in etwa Folgendes ausgibt:

```
Geben Sie Benutzernamen und Passwort für "test" auf server1.centralsoft.org ein
Benutzername:
Passwort:
```

Geben Sie den Benutzernamen und das Passwort ein (Sie sehen bei der Eingabe des Passworts nur Sternchen) und klicken Sie dann auf »OK«. Sie sollten jetzt Folgendes sehen:

```
jetzt sehen Sie es
```

Gruppendateien

Eine weitere Möglichkeit, mit mehreren Benutzern umzugehen, ist der Einsatz einer Gruppendatei. Erstellen Sie eine Datei */tmp/groups*, die einen Gruppennamen enthält sowie einen Doppelpunkt und ein oder mehrere durch Leerzeichen getrennte Benutzernamen:

```
pirates: jack will elizabeth
```

Sie können die Gruppe und die Benutzer auch einzeln auflisten:

```
pirates: jack
pirates: will
pirates: elizabeth
```

Fügen Sie dann eine `AuthGroupFile`-Direktive der Datei *000-default* hinzu:

```
<Location /secret>
    AuthName "test"
```

```
        AuthType Basic
        AuthUserFile /tmp/users
        Order deny,allow
        AuthGroupFile /tmp/groups
        require group pirates
</Location>
```

Lesen Sie nun die Konfigurationsdatei von Apache wie gewohnt neu ein, damit Ihre Änderungen auch wirksam werden:

```
# /etc/init.d/apache2 reload
```

Container und Aliase

Apache wendet die Autorisierungsbeschränkungen auf *Container* oder Dateien und Verzeichnisse an. Ein solcher Container ist beispielsweise der Abschnitt Location, den wir schon behandelt haben. Wir werden uns hier die verschiedenen Container-Direktiven ansehen.

Absolute Pfadnamen: Directory

Diese Direktive gibt ein Verzeichnis auf dem Server an. Hier ist ein Beispiel mit den Originalinhalten aus unserer Apache-Konfigurationsdatei:

```
<Directory />
    Options FollowSymLinks
    AllowOverride None
</Directory>
```

Relative Pfadnamen: Location

Diese Direktive gibt Dateien und Verzeichnisse relativ zum Document-Root an. Das folgende Beispiel:

```
<Location /cgi>
    Options ExecCGI
</Location>
```

erlaubt beispielsweise CGI-Programme innerhalb von */var/www/cgi*. Wir werden das noch einmal im Abschnitt über CGI sehen.

Mustererkennung: Files und FilesMatch

Eventuell müssen Sie eine Datei oder ein Verzeichnis auf Basis eines Textmusters angeben. Hier folgt ein Beispiel, das verhindert, dass man sich ohne Autorisierung Dateien von Ihrer Site herunterladen kann. Dabei wird auch überprüft, von wo die Anfragen stammen. Bei diesem Beispiel wird die Direktive FilesMatch verwendet, mit der Sie in Anführungszeichen reguläre Ausdrücke (Muster) angeben können:

```
# Einige Anmerkungen zu regulären Ausdrücken:
#    \. bedeutet ein literales Punktzeichen.
#    (gif|jpg|jpeg|png) bedeutet eine beliebige dieser vier Zeicheneketten.
```

```
#     $ bedeutet das Ende des Dateinamens.
# Der reguläre Ausdruck passt auf Dateien mit dem Suffix
#     .gif, .jpg, .jpeg oder .png.
<FilesMatch "\.(gif|jpg|jpeg|png)$">
    # Setzt die Umgebungsvariable local auf 1,
    # wenn die Referer-Seite (die URL, von der dieses Bild
    # aufgerufen wurde) sich auf dieser Site befindet.
    # Setzt local auf 0, wenn die URL von einer anderen Site stammt,
    # die Ihnen Ihre herrlichen Bilder klauen möchte.
    SetEnvIfNoCase Referer "^http://server1.centralsoft.org/" local=1
    Order Allow, Deny
    # Hier wird die Variable local überprüft und
    # der Zugriff nur dann gewährt, wenn der Referer lokal ist.
    Allow from env=local
</FilesMatch>
```

Aliase

Die Direktive Alias weist einem Verzeichnis einen Namen zu:

```
Alias /test /tmp/test
```

Der Alias (der neue Name) wird in der Direktive zuerst angegeben, danach folgt der tatsächliche Speicherort des Verzeichnisses. Das Verzeichnis kann sich auch außerhalb des Document-Root befinden. In diesem Fall könnte man auf die Datei */tmp/test/button.gif* über die URL *http://www.example.com/test/button.gif* zugreifen, auch wenn sie sich nicht in */var/www/test* befindet.

Beschränkungen

Auf einem viel beschäftigten Server kann Apache viele gleichzeitige Kindprozesse erzeugen und eine Menge Arbeitsspeicher verbrauchen. Das kann die durchschnittliche Last erhöhen und dazu führen, dass das System träge wird oder sogar gar nicht mehr antwortet. Tabelle 6-2 zeigt Ihnen, wie Sie einige Laufzeitwerte von Apache in der Site-Konfigurationsdatei einschränken können.

Tabelle 6-2: Ressourcen-Direktiven von Apache

Direktive	Standardwert	Verwendung
MaxClients	256	Maximale Anzahl gleichzeitiger Anfragen. Wenn weitere Anfragen eintreffen, werden sie zurückgewiesen.
MaxRequestsPerChild	0 (unendlich)	Maximale Anzahl an Anfragen, bevor ein Kindprozess von Apache neu gestartet wird. Dadurch werden Speicherlecks vermieden.
KeepAlive	on	Verwendet die TCP-Verbindung zwischen dem Webclient und Apache mehrmals. Erhöht den Durchsatz, indem alle Inhalte einer Seite über die gleiche Verbindung geholt werden.
KeepAliveTimeout	15	Maximale Anzahl an Sekunden, die auf eine weitere Anfrage auf der gleichen Verbindung gewartet wird.

Server-Side Includes

Mit SSI können Dateiinhalte, die Ausgaben von Programmen oder auch die Inhalte von Umgebungsvariablen als Teil einer HTML-Datei eingebunden werden. Die Syntax, mit der SSI in Apache-Konfigurationsdateien angegeben wird, kann irreführend sein. Damit beispielsweise *nur* Server-Side Includes in */var/www/ssi* erlaubt werden, aber keine anderen Optionen, erstellen Sie das Verzeichnis:

```
# mkdir /var/www/ssi
```

und teilen Apache dann mit, dass in diesem Verzeichnis nur SSI erlaubt sein sollen:

```
<Location /ssi>
    Options Includes
</Location>
```

Um SSI an bestehende Optionen anzufügen, verwenden Sie:

```
<Location /ssi>
    Options +Includes
</Location>
```

Mit SSI können Sie Dateiinhalte einbinden, es kann aber auch ein beliebiges Programm ausgeführt werden, dessen Ausgabe dann eingebunden wird. Das kann sehr unsicher sein. Wenn Sie also das Einbinden über SSI lediglich auf Dateiinhalte beschränken wollen, verwenden Sie:

```
<Location /ssi>
    Options IncludesNoExec
</Location>
```

Hätten Sie die SSI-Dateien gern an verschiedenen Orten, anstatt sich auf dieses Verzeichnis zu beschränken, können Sie Apache mitteilen, dass er eine bestimmte Dateierweiterung SSI zuordnen soll:

```
AddHandler server-parsed .shtml
```

Damit SSI funktioniert, muss das Apache-Modul *include* geladen werden. Da das Modul bei den Standardinstallationen von Apache oder PHP nicht geladen wird, werden wir das jetzt nachholen:

```
# a2enmod include
Module include installed; run /etc/init.d/apache2 force-reload to enable.
# /etc/init.d/apache2 force-reload
```

SSI-Befehle sehen wie HTML-Kommentare aus. Sie besitzen die Form:

```
<!--#Befehl Argument="Wert"-->
```

Mögliche Werte für *Befehl* sind include (Einbinden einer Datei), echo (Anzeige von Umgebungsvariablen), exec (Einbinden von Befehlsausgaben) und config (Formatierung einiger echo-Variablen). Lassen Sie uns zuerst das Einbinden von Dateien testen. Erstellen Sie hierfür zwei Dateien:

```
# cd /var/www/ssi
# echo "Kopfzeile" > top.html
# echo "Fusszeile" > bottom.html
```

Erstellen Sie jetzt die Datei *middle.shtml* mit diesen Inhalten:

```
<!--#include virtual="top.html"-->
Mitte!
<!--#include virtual="bottom.html"-->
```

Beachten Sie, dass die Datei, in der das Einbinden der Inhalte vorgenommen wird (*middle.shtml*), das Suffix *.shtml* benötigt, die Dateien, die von dieser Datei eingebunden werden, dieses Suffix aber nicht benötigen. Wenn Sie jetzt mit Ihrem schwer arbeitenden Browser auf *http://server1.centralsoft.org/middle.shtml* gehen, sollten Sie Folgendes sehen:

```
Kopfzeile Mitte! Fusszeile
```

Wurde die Option Includes für einen Container eingerichtet, kann SSI auch Befehle ausführen. Der Benutzer (der normalerweise mit einem Webbrowser arbeitet) kann allerdings keine Direktiven übergeben. Die SSI-Befehlsausführung wird für ziemlich einfache Dinge verwendet, wie beispielsweise für Verzeichnisauflistungen:

```
<!--#exec cmd="ls -l /tmp"-->
```

Schließlich können mit SSI auch CGI-Umgebungsvariablen und andere praktische Variablen angezeigt werden. Eine schnelle Möglichkeit, sich alle Variablen ausgeben zu lassen, ist:

```
<!--#printenv-->
```

Bei einer bestimmten Variablen würde dieser Eintrag:

```
<!--#echo var="DATE_GMT"-->
```

in etwa Folgendes ausgeben:

```
Tuesday, 01-Aug-2006 02:42:24 GMT
```

Wenn Sie nur statische Dateien oder einen Mix aus statischen Dateien und CGI-Skripten haben, ist es am sichersten, wenn Sie die SSI-Befehlsausführung deaktivieren:

```
<Location />
    Options IncludesNoExec
</Location>
```

CGI

Das Ausführen von Programmen auf Webservern über CGI ist wesentlich flexibler (und gefährlicher), da die Anwender den Programmen Informationen übergeben können. Bei Apache kann auf zwei unterschiedliche Arten angegeben werden, welche Programme als CGI-Programme ausgeführt werden sollen.

Speicherort

Beide folgenden Direktiven ordnen CGI-Programme im Verzeichnis */var/cgi* den URLs zu, die mit *http://server1.centralsoft.org/cgi/* beginnen:

```
ScriptAlias /cgi /var/cgi
```

oder:

```
<Location /cgi>
    Options ExecCGI
</Location>
```

Datei-Suffix

Mit der *Suffix*-Methode wird einem Suffix ein *MIME-Type* (eine Namenskonvention für Dateitypen) zugewiesen. Das PHP-Modul verwendet diese Methode, damit Apache *.php*-Dateien an den *mod_php*-Interpreter übergibt:

```
AddType application/x-httpd-php .php
```

Hier folgt der vollständige Inhalt der Apache-Konfigurationsdatei für *mod_php* (*/etc/apache2/mods-enabled/php4.conf*), in der auch Dateien mit der Endung *.phtml* oder *.php3* als PHP behandelt werden:

```
<IfModule mod_php4.c>
    AddType application/x-httpd-php .php .phtml .php3
    AddType application/x-httpd-php-source .phps
</IfModule>
```

Die erste AddType-Zeile führt dazu, dass alle Dateien, die auf *.php*, *.php3* oder *.phtml* enden, als PHP-CGI-Programme ausgeführt werden. Die zweite AddType-Zeile bewirkt, dass die Inhalte von Dateien mit der Endung *.phps* zwar ausgegeben werden, diese Dateien jedoch nicht ausgeführt und deren Ausgaben damit auch nicht angezeigt werden. Webautoren setzen diese Möglichkeit ein, um damit ein Skript (*.php*) auszuführen und den Anwendern eine ausdruckbare Version anzeigen zu können (*.phps*). Wenn Sie versehentlich die Endung *.phps* verwenden, aber *.php* meinen, wird Ihr Skript nicht ausgeführt; stattdessen werden die Inhalte der Datei angezeigt.

 Legen Sie niemals einen Skript-Interpreter wie beispielsweise Perl, PHP oder eine Linux-Shell in einem CGI-Verzeichnis ab. Jedermann könnte diese Interpreter mit den vollständigen Berechtigungen des Apache-Benutzers und der Apache-Gruppe ausführen.

Als Sie weiter oben in diesem Kapitel Ihre PHP-Installation testeten, haben Sie dieses kleine PHP-CGI-Programm erstellt:

```
<?php
phpinfo( );
?>
```

Lassen Sie uns jetzt etwas Interessanteres ausprobieren. Wir werden eine Verbindung zum MySQL-Server aufbauen, eine SQL-(Datenbank-)Abfrage ausführen und die Ergebnisse als HTML ausgeben. Wir brauchen jetzt wieder das Passwort des MySQL-*root*-Benutzers. Speichern Sie diese Datei als */var/www/db.php* ab:

```
<?php
$link = mysql_connect("localhost", "root", "neuesmysqlpasswort");
if (!$link) {
        echo "Kann keine Verbindung zur Datenbank herstellen. Mist.\n";
        exit();
}
$result = mysql_query("show databases");
if (!$result) {
        echo "Aaah, ein Datenbankfehler: ", mysql_error();
        exit();
}
# print_r gibt alle Inhalte einer Variablen aus
while ($row = mysql_fetch_assoc($result))
        print_r($row);
?>
```

Geben Sie in Ihrem Browser die URL *http://server1.centralsoft.org/db.php* ein, und er wird Ihnen Folgendes anzeigen:

```
Array ( [Database] => information_schema ) Array ( [Database] => mysql )
```

Würden Sie den gleichen SQL-Befehl mit dem Kommandozeilenclient *mysql* eingeben, würden Sie das gleiche Ergebnis erhalten (zwei Datenbanken mit den Namen *information_schema* und *mysql*), allerdings in einem anderen Format:

```
$ mysql -u root -p
Enter password:
Welcome to the MySQL monitor.  Commands end with ; or \g.
Your MySQL connection id is 5
Server version: 5.0.32-Debian_7etch1-log Debian etch distribution

Type 'help;' or '\h' for help. Type '\c' to clear the buffer.

mysql> show databases;
+--------------------+
| Database           |
+--------------------+
| information_schema |
| mysql              |
+--------------------+
2 rows in set (0.00 sec)
```

Spezielle Direktiven des PHP-Moduls

PHP-Direktiven können in der PHP-eigenen Konfigurationsdatei (*/etc/php4/apache2/php.ini*) abgelegt werden oder in den Apache-Konfigurationsdateien. Normalerweise müssen Sie sich nicht um diese Direktiven kümmern, es sei denn, Sie installieren ein PHP-Erweiterungsmodul, möchten gern die Stelle ändern, an der PHP nach Bibliotheken sucht, oder aber die Sicherheitseinstellungen ändern (zum Beispiel den Safe Mode). Die regulären Apache-Module besitzen Konfigurationsdateien mit der Endung *.conf*, die sich unterhalb von */etc/apache2/mods-enabled* befinden.

Virtuelle Hosts

Obwohl Sie einen Apache-Server auch nur für eine einzige Site einsetzen könnten, werden Sie wahrscheinlich mehr als eine betreiben wollen. Apache nennt das *virtuelle Hosts*, und unter Apache kann man diese virtuellen Hosts auf unterschiedliche Arten festlegen. Wenn ein Webclient einen Webserver über HTTP kontaktiert, schickt er die Ziel-IP-Adresse und (in HTTP 1.1, dem aktuellen Webprotokollstandard) den Namen eines Servers unter dieser Adresse mit.

Bei der Standardinstallation von Apache gibt es keine unabhängigen virtuellen Hosts. Apache liefert fröhlich Webseiten aus, egal wie viele Namen der Server auch hat, und alle Domainnamen teilen sich die gleiche Konfiguration.

In den folgenden Beispielen gehen wir davon aus, dass wir jede Site in ihrem eigenen Verzeichnis unterhalb von */var/www/vhosts* beherbergen möchten.

IP-basierte virtuelle Hosts

Wenn Sie auf Ihrem Server mehr als nur eine IP-Adresse haben und bestimmte Adressen speziellen Sites zuweisen wollen, möchten Sie vielleicht IP-basierte (oder adressenbasierte) virtuelle Hosts verwenden:

```
<VirtualHost 192.168.6.1>
    ServerName "www1"
    DocumentRoot "/var/www/vhosts/www1.example.com"
</VirtualHost>
<VirtualHost 192.168.6.2>
    ServerName "www2"
    DocumentRoot "/var/www/vhosts/www2.example.com"
</VirtualHost>
```

In den frühen Tagen des Web war dieses Verfahren üblich, da HTTP 1.0 keine Möglichkeit kannte anzugeben, welchen Server Sie auf dieser Adresse erreichen möchten. Mit HTTP 1.1 wurde das namensbasierte Hosting populärer.

Namensbasierte virtuelle Hosts

Mit diesem Verfahren legt die Direktive `NameVirtualHost` fest, welche Adressen virtuelle Hosts sein können. Dabei bedeutet ein *, dass das alle Namen oder Adressen sein können, die dieser Server besitzt, hierzu gehören beispielsweise *localhost*, *127.0.0.1*, *www.centralsoft.org*, *www2.centralsoft.org* und andere. Einzelne `ServerName`-

Direktiven ordnen den Servernamen aus der Browseranfrage dem richtigen Verzeichnis zu, in dem die auszuliefernden Seiten abgelegt sind:

```
# Alle Namen auf allen Ports akzeptieren:
NameVirtualHost *
<VirtualHost *>
    ServerName www1.example.com
    DocumentRoot "/var/www/vhosts/www1.example.com"
</VirtualHost>
<VirtualHost *>
    ServerName www2.example.com
    # Ein virtueller Host kann mehrere Namen haben:
    ServerAlias backup.example.com
    DocumentRoot "/var/www/vhosts/www2.example.com"
</VirtualHost>
```

mod_vhost_alias

Wenn Sie mehrere Hosts administrieren möchten, ohne dabei die einzelnen Namen in Konfigurationsdateien angeben zu müssen, können Sie stattdessen auch das Apache-Modul *mod_vhost_alias* aktivieren:

```
# a2enmod vhost_alias
```

und die auszuliefernden Namen im vorgesehenen Verzeichnis konfigurieren. Im vorangegangenen Befehl wird *vhost_alias* zu */etc/apache2/mods-enabled/vhost_alias.load* erweitert. Beispielinhalte in der Datei */etc/apache2/apache2.conf* könnten sein:

```
UseCanonicalName    Off
VirtualDocumentRoot /var/www/vhosts/%0
```

Die Direktive VirtualDocumentRoot ist sehr flexibel. Das hier von uns angegebene %0 wird auf den vollständigen Namen der Site erweitert (*server1.centralsoft.org*). Wir hätten auch %2 nehmen können und würden dann den zweiten Teil von links aus gesehen erhalten (*centralsoft*), %-2 steht für den zweiten Teil von rechts aus gesehen (ebenso *centralsoft*), %2+ für den zweiten bis zum letzten Teil (*centralsoft.org*) und so weiter. Diese Alternativen sind hilfreich, wenn Sie viele virtuelle Hosts haben. Haben Sie immer den gleichen Basis-Domainnamen, wie beispielsweise *centralsoft.org*, und die Sites Namen wie *www1.centralsoft.org*, *www2.centralsoft.org* und so weiter, könnten Sie auch %1 einsetzen und dadurch die Verzeichnisse */var/www/vhosts/www1*, */var/www/vhosts/www2* und so weiter erhalten.

An dieser Stelle nehmen wir einfach %0 für den vollständigen Namen und richten ein Verzeichnis für jeden virtuellen Host ein:

```
# cd /var/www/vhosts
# mkdir www1.centralsoft.org
# echo "test www1.centralsoft.org" > www1.centralsoft.org/index.html
# mkdir www2.centralsoft.org
# echo "test www2.centralsoft.org" > www2.centralsoft.org/index.html
```

Bitten Sie dann Apache um seine Aufmerksamkeit:

```
# /etc/init.d/apache2 reload
```

Wenn Sie DNS-Einträge haben, mit denen *www1.centralsoft.org* und *www2.centralsoft.org* auf Ihren Server zeigen, können Sie Ihren Browser auf *http://www1.centralsoft.org/index.html* und *http://www2.centralsoft.org/index.html* richten und sich die Inhalte der *index.html*-Testdateien anzeigen lassen, die Sie soeben erstellt haben.

Protokolldateien

Apache schreibt zwei Arten von ASCII-Protokolldateien: *access* (Anfragen, die an den Server gestellt werden) und *error* (Fehler, die während der Anfragen auftreten). Abhängig davon, wie viel Sie über die Besucher Ihrer Site wissen möchten, wie viel Speicherplatz Sie zur Verfügung haben (Protokolldateien können groß werden) und welche Analysewerkzeuge Sie für die Protokolle einsetzen möchten, können Sie steuern, wie viel in diese Dateien geschrieben wird.

Eine typische Zugriffsnachricht (aufgeteilt in mehrere Zeilen, damit sie auf diese Seite passt) sieht so aus:

```
192.168.0.1 - - [22/Sep/2006:15:04:05 -0400] "GET / HTTP/1.1"
200 580 "-" "Mozilla/5.0 (Windows; U; Windows NT 5.0; en-US;
rv:1.8.0.7) Gecko/20060909 Firefox/1.5.0.7"
```

Eine typische Fehlernachricht wäre:

```
[Fri Sep 29 10:13:11 2006] [error]
[client www.centralsoft.org]
File does not exist: /var/www/index.html
```

Die Standardprotokolle sind */var/log/apache2/access.log* und */var/log/apache2/error.log*.

Aufteilung und Auswechseln der Protokolle

Zur Standardinstallation von Apache gehört auch ein täglicher *cron*-Job, der die Zugriffs- und Fehlerprotokolle auswechselt. Das Auswechseln der Protokolle findet folgendermaßen statt:

1. Es werden *access.log* in *access.log.1* und *error.log* in *error.log.1* umbenannt.
2. Die Zahlenendungen der älteren, bereits ausgewechselten Protokolle werden hochgezählt (beispielsweise wird *access.log.1* zu *access.log.2* hochgezählt).
3. Die Dateien *access.log.7* und *error.log.7* werden gelöscht.
4. Es werden eine neue *access.log* und eine neue *error.log* erstellt.

Standardmäßig teilen sich alle Ihre virtuellen Hosts die gleichen Zugriffs- und Fehlerprotokolle. Wenn Sie jedoch mehr als einen Host haben, möchten Sie wahrscheinlich die Protokolle aufteilen und getrennte Auswertungen für jeden einzelnen Host zur Verfügung stellen.

Apache hat zwei Standardformate für die Zugriffsprotokolldatei: *common* und *combined*. Sie finden die Festlegung für diese Formate in */etc/apache2/apache.conf*, der Hauptkonfigurationsdatei von Apache:

```
# Die folgenden Direktiven legen einige Format-Spitznamen fest,
# die mit einer CustomLog-Direktive eingesetzt werden können (siehe unten).
LogFormat "%h %l %u %t \"%r\" %>s %b \"%{Referer}i\" \"%{User-Agent}i\"" combined
LogFormat "%h %l %u %t \"%r\" %>s %b" common
LogFormat "%{Referer}i -> %U" referer
LogFormat "%{User-agent}i" agent
```

Die %-Zeichen stehen hierbei für Apache-Konfigurationsvariablen; so bedeutet %h beispielsweise Hostname. Das Format combined entspricht dem Format common, allerdings kommen zusätzlich der *Referer* und der *User Agent* (Browser) hinzu. Leider enthält keines dieser beiden Formate den Namen des virtuellen Hosts (eine %v-Variable), die Sie allerdings für das Aufteilen des Protokolls anhand des Hosts benötigen. Deshalb müssen Sie, wenn Sie die Protokolle auf die Hosts aufteilen möchten, einen neuen Typ von Protokolldatei festlegen.

Anstatt Ihre Fingerabdrücke überall in der Hauptkonfigurationsdatei von Apache zu hinterlassen, sollten Sie Ihre Änderungen weiterhin an der Site-Datei vornehmen, die wir bisher auch verwendet haben (*/etc/apache2/sites-enabled/000-default*). Legen Sie diese Zeilen oberhalb Ihrer `VirtualHost`-Direktiven ab:

```
# Legt ein neues common-Protokollformat für virtuelle Hosts fest:
LogFormat "%v %h %l %u %t \"%r\" %s %b" vcommon
```

Protokolle mit vlogger aufteilen

Sie fragen sich jetzt vielleicht, ob die Zeilen der Protokollinformationen schon beim Zugriff auf Apache in separate Dateien aufgeteilt werden sollen oder ob die Zugriffsdatei einmal täglich mit Hilfe eines Utility wie beispielsweise Apaches *splitlogfile* aufgeteilt werden soll. Wir bevorzugen die erste Möglichkeit, da bei dieser Variante die Zeilen sofort in die passenden Zugriffsprotokolle aufgeteilt werden und wir keine *cron*-Jobs schreiben müssen. Ein gutes Programm für das Aufteilen der Protokolle ist *vlogger*. Bei Apache können Sie das Protokoll über eine Pipe durch ein externes Programm schicken, und das ist genau das, was wir brauchen. Fügen Sie die folgenden Zeilen einfach direkt unterhalb der `LogFormat`-Zeile ein, die Sie gerade eingegeben haben:

```
# Teilt das Protokoll sofort in virtuelle Host-Verzeichnisse
# unterhalb von /var/log/apache2 auf:
CustomLog "| /usr/sbin/vlogger -s access.log /var/log/apache2" vcommon
```

Da *vlogger* kein Bestandteil der Standardpakete von Debian ist, müssen Sie das Paket jetzt installieren:

```
# apt-get install vlogger
```

und dann Apache kitzeln:

```
# /etc/init.d/apache2 restart
```

vlogger wird für jeden von Ihnen festgelegten virtuellen Host unterhalb von */var/log/apache2* ein Verzeichnis anlegen. Außerdem werden Zugriffsprotokolle mit einem Tageszeitstempel erstellt, bei denen ein symbolischer Link von *access.log* auf die jeweils aktuellste Protokolldatei gesetzt wird:

```
# cd /var/log/apache2/www1.example.com
# ls -l
total 4
-rw-r--r--  1 root root  984 Aug  3 23:19 08032006-access.log
lrwxrwxrwx  1 root root   19 Aug  3 23:19 access.log -> 08032006-access.log
```

Protokolle mit Webalizer auswerten

Für Apache stehen viele Werkzeuge für die Auswertung der Protokolle zur Verfügung, sowohl Open Source-Lösungen als auch kommerzielle. Wir denken, dass Webalizer eine gute Wahl darstellt, da er einfach zu installieren ist und nützliche Ausgaben generiert.

Lassen Sie es uns ausprobieren:

```
# apt-get install webalizer
...
```

Mit diesem Befehl wird Webalizer installiert und für Ihr System vorkonfiguriert. Weitere Einstellungen müssen für eine Grundkonfiguration normalerweise nicht vorgenommen werden. Sollten Sie die Grundkonfiguration ändern wollen, können Sie das mit folgendem Befehl machen:

```
# dpkg-reconfigure webalizer
```

Auf Webalizer können Sie über die URL *http://server1.centralsoft.org/webalizer* zugreifen.

Am nächsten Tag (nachdem der tägliche *cron*-Job von Webalizer */etc/cron.daily/webalizer* das erste Mal ausgeführt wurde) sollten Sie dort Seiten vorfinden, die anhand von Tabellen die Zugriffe auf Ihren Webserver beschreiben. Sie müssen die Konfigurationsdatei (*/etc/webalizer/webalizer.conf*) normalerweise nicht bearbeiten, es sei denn, Sie möchten die von Ihnen eventuell nach der Installation angegebenen Einstellungen der Grundkonfiguration ändern.

 Spammer besitzen Verfahren, mit denen sie Webprotokolle, wie beispielsweise die von Webalizer, manipulieren können, daher ist es besser, den Zugriff auf die Ausgabeseiten von Webalizer zu beschränken.

SSL/TLS-Verschlüsselung

Willie Sutton sagte einmal, dass er Banken deshalb ausgeraubt hat, weil »dort das Geld ist«. Internetangriffe, die auf die Anwendungsschicht gerichtet sind, steigen aus dem gleichen Grund an. Es ist sehr wichtig geworden, sensible Daten, wie beispielsweise Kreditkartennummern und Passwörter, zu verschlüsseln.

Wenn Sie mit dem Präfix *http://* eine Seite von einem Webserver anfragen, werden alle Daten zwischen dem Server und Ihrem Webbrowser unverschlüsselt übertragen. Jeder, der Zugriff auf die dazwischenliegenden Netzwerke besitzt, kann die Inhalte ausspionieren. Denken Sie bei einem einfachen Webzugriff (so wie bei Standard-E-Mail auch) eher an eine Postkarte als an einen Brief.

Der Secure Sockets Layer-Standard wurde entwickelt, um damit den Datenverkehr im Web zu verschlüsseln, und war bei der explosionsartigen Verbreitung von kommerziellen Sites und E-Commerce-Anwendungen im Web von entscheidender Bedeutung. Apache kann den Datenverkehr im Web mit SSL verschlüsseln, ein Verfahren, das mit leichten Abänderungen auch als Transport Layer Security bekannt ist. Sie erhalten diese Verschlüsselung, wenn Sie auf eine Site mit dem Präfix *https://* zugreifen. Sie können sich den verschlüsselten Datenverkehr im Web als einen versiegelten Umschlag vorstellen.

Lassen Sie uns jetzt SSL für Apache einrichten. Bearbeiten Sie die Datei */etc/apache2/ports.conf* und fügen Sie dort diese Zeile hinzu:

```
Listen 443
```

Aktivieren Sie dann das Apache-SSL-Modul und teilen Sie Apache mit, dass er es auch verwenden soll:

```
# a2enmod ssl
Module ssl installed; run /etc/init.d/apache2 force-reload to enable.
# /etc/init.d/apache2 force-reload
```

Versuchen Sie jetzt, auf Ihre Homepage mit einer *https://*-URL zuzugreifen (beispielsweise mit *https://server1.centralsoft.org*).

Damit SSL auch funktioniert, benötigt Ihr Server noch ein *Zertifikat*. Hierbei handelt es sich um eine verschlüsselte Datei, die dem Browser des Benutzers versichert, dass Sie auch tatsächlich derjenige sind, für den Sie sich ausgeben. Woher weiß der Browser aber, wem er vertrauen kann? Webbrowser besitzen eingebaute Listen mit vertrauenswürdigen *Zertifizierungsstellen* (Certificate Authorities, kurz CAs). Sie können sich diese Listen folgendermaßen anzeigen lassen (eine Kombination aus Menüpunkten und Registerkarten):

Firefox 2.0
   EXTRAS → EINSTELLUNGEN → ERWEITERT → VERSCHLÜSSELUNG → ZERTIFIKATE ANZEIGEN → ZERTIFIZIERUNGSSTELLEN

Internet Explorer 6.0
>EXTRAS → INTERNETOPTIONEN → INHALTE → ZERTIFIKATE → VERTRAUENS-
>WÜRDIGE STAMMZERTIFIZIERUNGSSTELLEN

CAs sind Firmen, die Ihrer Organisation ein Zertifikat verkaufen und Geld dafür verlangen, dass sie für Sie die Arbeit bei der Überprüfung Ihrer Identität übernehmen. Kommerzielle Websites setzen beinahe immer kommerzielle CAs ein, da der Browser stillschweigend die Zertifikate akzeptiert, die von diesen vertrauenswürdigen CAs herausgegeben wurden.

Alternativ können Sie aber auch ihre eigene CA sein und sich ein *selbst signiertes Zertifikat* ausstellen. Das funktioniert bei SSL genauso gut wie bei einem kommerziellen Zertifikat, allerdings fragt der Webbrowser den Anwender, ob er Ihr Zertifikat annehmen soll oder nicht. Selbst signierte Zertifikate sind in kleinen Open Source-Projekten und während der Testphase größerer Projekte häufig üblich.

suEXEC-Unterstützung

Apache kann mehrere Sites zur gleichen Zeit zur Verfügung stellen, die einzelnen Sites können dabei aber unterschiedliche Seiten, CGI-Skripten, Benutzer und so weiter haben. Da Apache als ein bestimmter Benutzer und unter einer bestimmten Gruppe läuft (unsere Standardwerte sind hier jeweils *www-data*), kann dieser Benutzer die Inhalte aller dieser Seiten lesen und schreiben. Wir möchten aber sicherstellen, dass nur die Mitglieder einer bestimmten Site die Programme dieser Site ausführen und auf deren Daten zugreifen können. Wie so oft, kann das auf verschiedene Arten erreicht werden, die dabei verschiedene Kombinationen aus Apache, PHP und anderen Tools einsetzen.

Ein häufig eingesetztes Verfahren ist der Einsatz von *suEXEC*, einem Programm, das mit *root*-Rechten läuft und dafür sorgt, dass CGI-Programme mit den User-IDs und Group-IDs eines bestimmten Benutzers laufen und nicht unter dem Benutzer und der Gruppe, unter denen der Apache-Server läuft. Wenn wir beispielsweise unseren unglaublich fantasielos benannten zweiten virtuellen Host *www2.example.com*, das Benutzerkonto *www-user2* und die Gruppe *www-group2* nehmen, können wir die Berechtigungen für diesen virtuellen Host mit dieser Angabe ändern:

```
<VirtualHost www2.example.com>
    SuExecUserGroup www-user2 www-group2
</VirtualHost>
```

Benchmarking

Unser wichtigstes Ziel war eine richtige und sichere Installation und Konfiguration unseres Webservers. Abgesehen davon möchten wir aber auch sicherstellen, dass unser Server die erwartete Last für unsere Websites auch bewältigen kann. Um festzustellen, wie leistungsfähig unser System ist, werden wir mit Benchmarking-Tools Hunderte schnell tippender Benutzer simulieren (was natürlich viel günstiger ist, als wenn wir tatsächlich Hunderte schnell tippende Benutzer kurzfristig anstellen würden).

Apache kann in unterschiedlichen Versionen ausgeführt werden, die *Models* genannt werden. Zur Standardinstallation unter Debian gehört das *prefork*-Modell, bei dem für die Verarbeitung der Anfragen mehrere Apache-Prozesse gestartet werden. Dabei scheint es sich um das Modell zu handeln, das unter Linux am besten funktioniert.

Für das Benchmarking wird mindestens eine statische HTML-Datei benötigt. Erstellen Sie also eine Datei mit dem Namen */var/www/bench.html*. Die Datei sollte in etwa die gleiche Größe haben, die Sie auch von einer typischen Webseite auf Ihrer Site erwarten. Sie könnten Ihre Freunde beispielsweise damit beeindrucken, dass Sie auf *http://www.lipsum.com* lateinischen Text generieren und den Text dann ausschneiden und nach *bench.html* kopieren. Das Benchmark-Programm *ab* befindet sich in dem Paket *apache2-utils* und sollte zusammen mit Apache installiert worden sein. Lassen Sie uns für die gleiche Datei 1.000 separate Anfragen mit einer Nebenläufigkeit (gleichzeitige Anfragen) von 5 durchführen:

```
# ab -n 1000 -c 5 http://server1.centralsoft.org/bench.html
This is ApacheBench, Version 2.0.40-dev <$Revision: 1.146 $> apache-2.0
Copyright 1996 Adam Twiss, Zeus Technology Ltd, http://www.zeustech.net/
Copyright 2006 The Apache Software Foundation, http://www.apache.org/

Benchmarking server1.centralsoft.org (be patient)
Completed 100 requests
Completed 200 requests
Completed 300 requests
Completed 400 requests
Completed 500 requests
Completed 600 requests
Completed 700 requests
Completed 800 requests
Completed 900 requests
Finished 1000 requests


Server Software:        Apache/2.2.3
Server Hostname:        server1.centralsoft.org
Server Port:            80

Document Path:          /bench.html
Document Length:        1090 bytes

Concurrency Level:      5
Time taken for tests:   2.799386 seconds
Complete requests:      1000
```

```
Failed requests:        0
Write errors:           0
Non-2xx responses:      1000
Total transferred:      1425000 bytes
HTML transferred:       1090000 bytes
Requests per second:    357.22 [#/sec] (mean)
Time per request:       13.997 [ms] (mean)
Time per request:       2.799 [ms] (mean, across all concurrent requests)
Transfer rate:          496.89 [Kbytes/sec] received

Connection Times (ms)
              min  mean[+/-sd] median   max
Connect:        0    0   0.1      0       3
Processing:     6   11   2.2     11      22
Waiting:        5   10   2.3     11      18
Total:          6   11   2.2     11      22

Percentage of the requests served within a certain time (ms)
  50%     11
  66%     12
  75%     13
  80%     13
  90%     14
  95%     14
  98%     15
  99%     16
 100%     22 (longest request)
```

Normalerweise möchte man die Anfragen pro Sekunde oder die Umkehrung davon, Zeit pro Anfrage, sehen. Diese Zahlen sagen Ihnen, was Sie mit Ihrer Serverhardware und Apache-Konfiguration erreichen können.

Installation und Administration von Drupal

Jetzt, da Apache, PHP und MySQL laufen, können wir auch ein Paket installieren, das diese Komponenten verwendet. Leider werden wir hier nicht dafür bezahlt, für ein bestimmtes Produkt Werbung zu machen, deshalb haben wir uns dazu entschlossen, hierfür etwas zu nehmen, das Open Source ist, groß genug, um eine typische Anwendung aus der Praxis zu repräsentieren, und für sich genommen schon nützlich ist. Entsprechend seiner Website (*http://www.drupal.org*) ...

> ... ist Drupal eine Software, mit der ein Einzelner oder eine Benutzergemeinschaft auf einer Website eine Vielzahl an Inhalten auf einfache Art und Weise veröffentlichen, verwalten und organisieren kann.

Hierzu gehören Weblogs, Foren, Dokumentmanagement, Galerien, Newsletter und andere Formen webbasierter Zusammenarbeit.

Die folgenden beiden Abschnitte beschreiben zwei Installationsmöglichkeiten für Drupal:

apt-get
>Einfacher, probieren Sie das also zuerst aus. Wir hatten allerdings einige Probleme mit den Debian-Drupal-Paketen.

Quellen
>Mehr Arbeit, Sie sehen aber, was gerade passiert; probieren Sie das aus, wenn die *apt-get*-Methode bei Ihnen nicht funktioniert.

Drupal mit apt-get installieren

Am einfachsten installieren Sie Drupal mit *apt-get*. Leider ist Drupal nicht mehr Bestandteil der offiziellen Debian 4.0-Pakete, deshalb beschreiben wir hier die allgemeine Installation von Drupal mit *apt-get*, wie sie beispielsweise bei älteren Debian-Versionen funktioniert hat. Alternativ können Sie sich aber das Drupal-Paket für Debian 4.0 wahrscheinlich auch von einem Server mit inoffiziellen Debian-Paketen holen, wie beispielsweise *http://www.backports.org*, oder eben auf die Drupal-Website gehen und dort nach einem Paket suchen, das Sie sich herunterladen können. Eventuell müssen Sie das Repository, das das Drupal-Paket für Ihr Debian bereitstellt, noch in die Datei */etc/apt/sources.list* aufnehmen. Fragen Sie *apt-cache*, ob sich Drupal in einem Debian-Repository befindet:

```
# apt-cache search drupal
drupal - fully-featured content management/discussion engine
drupal-theme-marvinclassic - "Marvin Classic" theme for Drupal
drupal-theme-unconed - "UnConeD" theme for Drupal
```

Bei dem ersten Ergebnis handelt es sich um das, was wir haben möchten, lassen Sie uns das Paket also installieren:

```
# apt-get install drupal
```

Der Installationsprozess teilt Ihnen mit, dass er einige Pakete benötigt, die Sie noch nicht haben, holt sich diese Pakete und plappert noch etwas weiter, während er die Pakete installiert. Dann bittet er Sie, Drupal anhand einer Abfolge von Textmenüs zu konfigurieren. Wechseln Sie mit der Tabulatortaste zwischen verschiedenen Auswahlmöglichkeiten hin und her, treffen Sie Ihre Auswahl mit der Leertaste und drücken Sie die Eingabetaste, um zur nächsten Seite zu wechseln. Wir werden Ihnen hier nur die letzten Zeilen der einzelnen Eingabemasken sowie die empfohlenen Antworten zeigen:

```
Automatically create Drupal database?
Yes

Run database update script?
Yes

Database engine to be used with Drupal
MySQL
```

```
Database server for Drupal's database
localhost

Database server administrator user name on host localhost
root

Password for database server administrator root on localhost
newmysqlpassword

Drupal database name
drupal

Remove Drupal database when the package is renoved?
No

Remove former database backups when the package is removed?
Yes

Web server(s) that should be configured automatically
[ ] apache
[ ] apache-ssl
[ ] apache-perl
[*] apache2
```

Bei der Installation werden die Programmdateien kopiert und eine MySQL-Datenbank sowie eine Apache-Konfigurationsdatei erstellt (*/etc/apache2/conf.d/drupal.conf*):

```
Alias /drupal /usr/share/drupal
<Directory /usr/share/drupal/>
    Options +FollowSymLinks
    AllowOverride All
    order allow,deny
    allow from all
</Directory>
```

Wenn Sie eine merkwürdige Anzeige wie diese hier erhalten:

```
An override for "/var/lib/drupal/files" already exists, but -force
specified so lets ignore it.
```

können Sie sich mehrfach an Ihren Kopf schlagen, so wie wir das auch gemacht haben, oder die Installationen aus den Quellen durchführen. Wenn alles gut aussieht, können Sie den nächsten Schritt weglassen.

Drupal aus den Quellen installieren

Laden Sie sich die neueste Quelldistribution herunter und verschieben Sie dessen Verzeichnis in das Document-Root-Verzeichnis Ihres Webservers:

```
# wget http://ftp.osuosl.org/pub/drupal/files/projects/drupal-4.7.6.tar.gz
# tar xvzf drupal-4.7.6.tar.gz
# mv drupal-4.7.6 /var/www/drupal
# cd /var/www/drupal
```

Wir fassen die Installationsschritte aus *INSTALL.txt* und *INSTALL.mysql.txt* zusammen. Richten Sie die Drupal-Datenbank ein (wir nennen sie *drupal*), legen Sie einen administrativen Benutzer an (ebenfalls *drupal*, da wir keine Fantasie haben) und vergeben Sie ein administratives Passwort (bitte nehmen Sie hier etwas anderes als *drupalpw*):

```
# mysql -u root -p
Enter password:
Welcome to the MySQL monitor.  Commands end with ; or \g.
Your MySQL connection id is 37
Server version: 5.0.32-Debian_7etch1-log Debian etch distribution

Type 'help;' or '\h' for help. Type '\c' to clear the buffer.

mysql> create database drupal;
Query OK, 1 row affected (0.00 sec)

mysql> GRANT SELECT, INSERT, UPDATE, DELETE, CREATE, DROP,
    -> INDEX, ALTER, CREATE TEMPORARY TABLES, LOCK TABLES
    -> on drupal.* to
    -> "drupal"@"localhost" identified by "drupalpw";
Query OK, 0 rows affected (0.01 sec)

mysql> FLUSH PRIVILEGES;
Query OK, 0 rows affected (0.00 sec)

mysql> quit;
Bye
```

Laden Sie sich als Nächstes die Drupal-Datenbankdefinitionen in MySQL:

```
# mysql -u root -p drupal < database/database.4.1.mysql
Enter password:
#
```

Bearbeiten Sie jetzt die Datei *sites/default/settings.php* und ändern Sie die Zeile:

```
$db_url = 'mysql://username:password@localhost/databasename';
```

nach:

```
$db_url = 'mysql://drupal:drupalpw@localhost/drupal';
```

Konfiguration von Drupal

Gehen Sie mit Ihrem Webbrowser auf die Seite *http://server1.centralsoft.org/drupal*. Die erste Seite (der von uns getesteten Version) sagt uns:

```
Welcome to your new Drupal website!
Please follow these steps to set up and start using your website:
Create your administrator account
To begin, create the first account. This account will have full administration rights
and will allow you to configure your website.
```

Klicken Sie auf den Link »create the first account«. Geben Sie auf dieser zweiten Seite im Textfeld »Username« Ihren gewünschten Benutzernamen ein (oder Ihren vollständigen Namen) und im Feld »E-mail address« Ihre E-Mail-Adresse. Sie werden dann auf eine Seite geführt, die mit folgendem Text beginnt:

```
Welcome to Drupal. You are user #1, which gives you full and immediate access. All
future registrants will receive their passwords via e-mail, so please make sure
your website e-mail address is set properly under the general settings on the
settings page.
```

Überprüfen Sie hier Ihre E-Mail-Adresse und ändern Sie gegebenenfalls Ihr Passwort, wenn Sie das vom System generierte Passwort nicht verwenden möchten. Danach können Sie sich wieder abmelden und gelangen zurück auf die Homepage Ihrer Drupal-Installation, auf der Sie diese Auswahlmöglichkeiten anzeigt bekommen:

1. **Richten Sie Ihr Administratorkonto ein**

   Richten Sie zunächst Ihr erstes Konto ein. Dieses Konto wird volle administrative Rechte besitzen, und Sie können mit diesem Konto Ihre Website konfigurieren.

2. **Konfigurieren Sie Ihre Website**

   Gehen Sie, sobald Sie sich angemeldet haben, in den Administrationsbereich, in dem Sie alle Bereiche Ihrer Website anpassen und konfigurieren können.

3. **Aktivieren Sie zusätzliche Funktionen**

   Gehen Sie als Nächstes in den Bereich der Module und aktivieren Sie die Funktionen, die zu Ihren speziellen Anforderungen passen. Zusätzliche Module finden Sie im Download-Bereich der Drupal-Module.

4. **Passen Sie das Aussehen Ihrer Website an**

   Wenn Sie das Look-and-Feel Ihrer Website ändern möchten, gehen Sie in den Bereich »Themes«. Sie können entweder aus einem der hier enthaltenen Themes auswählen oder sich zusätzliche Themes im Download-Bereich der Drupal-Themes herunterladen.

5. **Fangen Sie an, Inhalte einzustellen**

   Schließlich können Sie auch Inhalte für Ihre Website erstellen. Diese Nachricht erscheint, sobald Sie Ihren ersten Text veröffentlicht haben.

   Weitere Informationen finden Sie im Abschnitt »Help« oder in den Drupal-Online-Handbüchern. Sie können auch eine Frage im Drupal-Forum stellen oder sich die Vielzahl der weiteren zur Verfügung stehenden Supportmöglichkeiten ansehen.

Da Sie bereits Ihr erstes (Administrator-)Konto eingerichtet haben, liegt es jetzt an Ihnen, alle weiteren Funktionen auszuprobieren. Drupal ist bereit.

Troubleshooting

Wenn Sie gern Probleme lösen, werden Sie das Web lieben. Es gibt im Web so viele Dinge, die schiefgehen können, an so vielen Stellen und auf so viele unterschiedliche Arten, dass Sie für alle Zeit zu tun hätten.

Lassen Sie uns einen Blick auf einige klassische Webprobleme werfen. (Die hier verwendeten Browserfehlermeldungen stammen zwar vom Firefox-Browser, die Meldungen beim Internet Explorer sind allerdings ähnlich.)

Webseite wird nicht im Browser angezeigt

Angenommen, Ihr Document-Root wäre */var/www*, Ihre Datei wäre *test.html*, und Ihr Server wäre *server1.centralsoft.org*. Wenn Sie einen externen Webbrowser verwenden, um auf *http://server1.centralsoft.org/test.html* zuzugreifen, erhalten Sie in Ihrem Browserfenster eine Fehlerseite.

Eine Browserfehlermeldung wie »Server nicht gefunden« lässt ein DNS-Problem vermuten. Überprüfen Sie zuerst, ob *server1.centralsoft.org* DNS-Einträge in einem öffentlichen Nameserver besitzt:

```
# dig server1.centralsoft.org
...
;; ANSWER SECTION:
server1.centralsoft.org.      106489    IN      A       192.0.34.166
...
```

Überprüfen Sie dann, ob der Server aus dem Internet erreicht werden kann. Wenn Ihre Firewall Pings zulässt, sollten Sie den Server einmal von außerhalb anpieksen, um nachzusehen, ob er noch läuft:

```
# ping server1.centralsoft.org
PING server1.centralsoft.org (192.0.34.166) 56(84) bytes of data.
64 bytes from server1.centralsoft.org (192.0.34.166): icmp_seq=1 ttl=49
time=81.6 ms
```

Schauen Sie nach, ob Port 80 offen und nicht geblockt ist. Probieren Sie von einer externen Maschine *nmap* aus:

```
# nmap -P0 -p 80 server1.centralsoft.org

Starting nmap 3.81 ( http://www.insecure.org/nmap/ ) at 2006-07-25 23:50 CDT
Interesting ports on server1.centralsoft.org (192.0.34.166):
PORT    STATE SERVICE
80/tcp  open  http

Nmap finished: 1 IP address (1 host up) scanned in 0.186 seconds
```

Wenn Sie keinen *nmap* haben, tun Sie doch einfach so, als wären Sie ein Webbrowser. Verbinden Sie sich mit *telnet* auf den Standard-Webport (80) und führen Sie die einfachste nur denkbare HTTP-Anfrage aus:

```
# telnet server1.centralsoft.org 80
Trying 192.0.34.166...
Connected to server1.centralsoft.org.
Escape character is '^]'.
HEAD / HTTP/1.0

HTTP/1.1 200 OK
Date: Wed, 26 Jul 2006 04:52:13 GMT
Server: Apache/2.0.54 (Fedora)
Last-Modified: Tue, 15 Nov 2005 13:24:10 GMT
ETag: "63ffd-1b6-80bfd280"
Accept-Ranges: bytes
Content-Length: 438
Connection: close
Content-Type: text/html; charset=UTF-8

Connection closed by foreign host.
```

Wenn das nicht funktioniert, sollten Sie überprüfen, ob sich diese Zeile in */etc/apache2/ports.conf* befindet:

```
Listen 80
```

und nachschauen, ob irgendetwas anderes auf Port 80 hockt:

```
# lsof -i :80
COMMAND   PID     USER    FD  TYPE DEVICE SIZE NODE NAME
apache2 10678 www-data    3u  IPv6 300791      TCP *:www (LISTEN)
apache2 10679 www-data    3u  IPv6 300791      TCP *:www (LISTEN)
apache2 10680 www-data    3u  IPv6 300791      TCP *:www (LISTEN)
apache2 20188     root    3u  IPv6 300791      TCP *:www (LISTEN)
apache2 20190 www-data    3u  IPv6 300791      TCP *:www (LISTEN)
apache2 20191 www-data    3u  IPv6 300791      TCP *:www (LISTEN)
apache2 20192 www-data    3u  IPv6 300791      TCP *:www (LISTEN)
apache2 20194 www-data    3u  IPv6 300791      TCP *:www (LISTEN)
apache2 20197 www-data    3u  IPv6 300791      TCP *:www (LISTEN)
apache2 20198 www-data    3u  IPv6 300791      TCP *:www (LISTEN)
apache2 20199 www-data    3u  IPv6 300791      TCP *:www (LISTEN)
```

Wenn Sie in dieser Ausgabe *apache2* nicht finden, sollten Sie herausfinden, ob Apache auch tatsächlich läuft:

```
# ps -efl | grep apache2
```

Wenn die Ausgabe Zeilen wie diese hier enthält:

```
5 S root      7692     1  0  76   0 - 2991 415244 Jul16 ?        00:00:00
/usr/sbin/apache2 -k start -DSSL
```

läuft Apache. Wenn nicht, sollten Sie ihm Beine machen:

```
# /etc/init.d/apache2 start
```

Führen Sie jetzt noch einmal den Befehl *ps* aus. Taucht Apache immer noch nicht auf, sollten Sie sich das Fehlerprotokoll ansehen:

```
# tail -f /var/log/apache2/error.log
```

Wenn Sie kein Recht haben, sich diese Datei anzusehen, haben Sie heute eindeutig einen schweren Tag. Ist das Fehlerprotokoll leer, könnte es ebenfalls die falschen Berechtigungen haben. Überprüfen Sie, ob das Verzeichnis */var/log/apache2* und die Datei */var/log/apache2/error.logfile* vorhanden sind:

```
# ls -l /var/log/apache2
total 84
-rw-r-----  1 root adm 31923 Jul 25 23:09 access.log
-rw-r-----  1 root adm 32974 Jul 22 20:50 access.log.1
-rw-r-----  1 root adm   379 Jul 23 06:25 access.log.2.gz
-rw-r-----  1 root adm  1969 Jul 25 23:09 error.log
-rw-r-----  1 root adm  1492 Jul 23 06:25 error.log.1
-rw-r-----  1 root adm   306 Jul 23 06:25 error.log.2.gz
```

Hat das Ende (*tail*) des Fehlerprotokolls alte Informationen angezeigt, dann haben Sie eventuell keinen Speicherplatz mehr. Es ist schon überraschend, wie oft wir vergessen, diesen Sachverhalt zu überprüfen, bevor wir viel geheimnisvollere Bereiche untersuchen, wie zum Beispiel unsere Firewalls. Geben Sie Folgendes ein:

```
# df
Filesystem      1K-blocks      Used Available Use% Mounted on
/dev/hda1       193406200    455292 183126360   1% /
tmpfs              453368         0    453368   0% /dev/shm
```

Wenn Sie in Ihrer Apache-Konfiguration eine andere User- oder Group-Direktive verwendet haben, sollten Sie überprüfen, ob Benutzer und Gruppe überhaupt vorhanden sind:

```
# id www-data
uid=33(www-data) gid=33(www-data) groups=33(www-data)
```

Erhalten Sie vom Browser eine Apache-Fehlermeldung, müssen Sie noch etwas weiter graben. Wenn in der Anzeige Folgendes steht:

```
Not Found
The requested URL /wrong.html was not found on this server.
```

wurde die URL wahrscheinlich falsch eingegeben. Sehen Sie dieses:

```
Forbidden
You don't have permission to access /permissions.html on this server.
```

ist die Datei zwar vorhanden, der Apache-Benutzer kann sie aber nicht lesen:

```
# cd /var/www
# ls -l permissions.html
-rw-------  1 root root 0 Jul 26 00:01 permissions.html
```

Probleme mit Zugriffsberechtigungen können behoben werden, indem Sie den Eigentümer der Datei auf den Prozess abändern, unter dem Apache läuft.

Virtuelle Hosts funktionieren nicht

Mit

```
# apache2ctl -S
```

führen Sie einen Schnelltest Ihrer Direktiven für die virtuellen Hosts durch.

SSI funktioniert nicht

Wenn Sie in etwa folgende Zeilen in Ihrem Fehlerprotokoll (*/var/log/apache2/error.log*) sehen:

```
[error] an unknown filter was not added: INCLUDES
```

haben Sie *mod_include* nicht aktiviert. Führen Sie diesen Befehl aus:

```
# a2enmod include
```

CGI-Programme laufen nicht

Bekommen Sie die CGI-Programme nicht ans Laufen, sollten Sie folgende Checkliste durchgehen:

- Wurde CGI durch eine der weiter oben beschriebenen Verfahren aktiviert?
- Befindet sich das CGI-Programm in einem CGI-Verzeichnis wie beispielsweise */var/cgi-bin*, oder besitzt es eine Dateinamenserweiterung wie beispielsweise *.php*?
- Besitzt die Datei Leserechte? Wenn nicht, verwenden Sie *chmod*.
- Was sagt das Apache-Fehlerprotokoll?
- Was ist mit */var/log/messages*, dem Fehlerprotokoll des Systems?

SSL funktioniert nicht

Überprüfen Sie, ob Sie das Apache-SSL-Modul aktiviert haben (*a2enmod ssl*), und teilen Sie Apache in */etc/apache2/ports.conf* mit, dass er auf Port 443 lauschen soll:

```
Listen 443
```

Wenn diese Direktive hier nicht steht, fügen Sie sie hinzu und starten Apache neu. Probieren Sie in Ihrem Browser dann diese URL aus: *https://server1.centralsoft.org*. Wenn es jetzt immer noch nicht funktioniert, könnte Port 443 von einer Firewall blockiert sein. Das können Sie mit *nmap* überprüfen:

```
# nmap -P0 -p 443 server1.centralsoft.org

Starting nmap 3.70 ( http://www.insecure.org/nmap/ ) at 2006-08-01 22:38 CDT
Interesting ports on ... (...):
PORT    STATE SERVICE
```

```
443/tcp open   https

Nmap run completed -- 1 IP address (1 host up) scanned in 0.254 seconds
```

Weiterer Lesestoff

Sie können die dunklen Nischen des Web in Büchern wie *Apache Cookbook* von Ken Coar und Rich Bowen (O'Reilly), *Pro Apache* von Peter Wainwright (Apress) und *Run Your Own Web Server Using Linux & Apache* von Stuart Langridge und Tony Steidler-Dennison (SitePoint) ausleuchten.

KAPITEL 7
Lastverteilte Cluster

Vor mehr als zehn Jahren hat man festgestellt, dass man mehrere billige Maschinen miteinander verbinden könnte, um damit Rechenaufgaben durchzuführen, für die normalerweise ein Mainframe oder Supercomputer nötig wäre. Der *Beowulf*-Cluster der NASA war ein frühes Beispiel hierfür, das heute immer noch im Einsatz ist (*http://www.beowulf.org*). Ein Wikipedia-Eintrag (*http://en.wikipedia.org/wiki/Computer_cluster*) legt die Haupteigenschaften eines Clusters kurz und bündig dar:

> Ein *Computercluster* ist eine Gruppe lose miteinander gekoppelter Computer, die so eng zusammenarbeiten, dass sie in vielerlei Hinsicht als ein einziger Computer angesehen werden könnten. Cluster werden normalerweise, aber nicht immer, über schnelle lokale Netzwerke miteinander verbunden. Cluster werden in der Regel dazu eingesetzt, die Geschwindigkeit und/oder Zuverlässigkeit, die von einem einzigen Rechner bereitgestellt werden könnte, zu verbessern. Dabei sind Cluster viel kosteneffizienter als einzelne Computer mit vergleichbarer Geschwindigkeit oder Zuverlässigkeit.

Cluster sind eine gute Lösung, wenn Sie etwas suchen, mit dem Sie zu einem vernünftigen Preis Geschwindigkeit, Zuverlässigkeit und Skalierbarkeit verbessern können. Amazon, Yahoo! und Google haben ihre Geschäfte auf Tausenden günstiger Standardserver in redundanten Cluster-Konfigurationen aufgebaut. Es ist günstiger und einfacher, weiter *auszurüsten* (horizontal, indem einfach weitere Server hinzugefügt werden) als *aufzurüsten* (vertikal, auf teurere Maschinen). Es gibt viele Linux-Clusterlösungen, sowohl auf Open Source-Basis als auch kommerzielle. In diesem Kapitel werden wir Cluster behandeln, die auf dem freien Linux Virtual Server (*http://www.linuxvirtualserver.org*) basieren. Wir werden Ihnen zeigen, wie man Cornflakes-Schachteln, Gummibänder und drei Computer zu einem lastverteilten Apache-Webserver-Cluster kombiniert. Wir werden auch über Hochverfügbarkeit und letztlich über Alternativen zu Clusterlösungen sprechen. Was wir hier nicht behandeln werden, sind Hochleistungsrechner-Cluster, Grid-Computing, Parallelisierung und verteiltes Rechnen. In diesen Bereichen wird häufig für das jeweilige Thema spezielle Hard- und Software eingesetzt (beispielsweise bei Wettervorhersagen oder beim Rendern von Grafiken).

Lastverteilung und Hochverfügbarkeit

Load-Balancing (LB) (Lastverteilung) bietet *Skalierbarkeit*: die Verteilung von Anfragen auf mehrere Server. LB besteht aus Paketweiterleitung plus einiges Wissen über den Dienst, der verteilt wird (in diesem Kapitel ist das HTTP). Die Lastverteilung beruht dabei auf einem externen Monitor, der über die Auslastung auf den physikalischen Servern Bericht erstattet, damit entschieden werden kann, wo die Pakete hingeschickt werden sollen.

High Availability (HA) (Hochverfügbarkeit) liefert *Zuverlässigkeit*: Die Dienste laufen. Hochverfügbarkeit beruht auf redundanten Servern, einem *Heartbeat*-Austausch, um zu sagen: »Ich bin noch am Leben!«, und einem *Failover*-Verfahren, bei dem ein maroder Server rasch durch einen gesunden Server ersetzt werden kann.

In diesem Kapitel beschäftigen wir uns hauptsächlich mit LB, auf das Administratoren im Allgemeinen zuerst stoßen und das sie öfter benötigen. Wenn die Sites für eine Organisation immer wichtiger werden, wird auch HA notwendig werden. Gegen Ende dieses Kapitels liefern wir einige hilfreiche Links zu Informationen darüber, wie man kombinierte LB-HA-Systeme einrichtet.

Die Beispiel-LB-Konfiguration, die wir in diesem Kapitel verwenden werden, ist sehr einfach aufgebaut und besteht aus drei öffentlichen Adressen und einer virtuellen Adresse, die alle in Tabelle 7-1 aufgeführt werden.

Tabelle 7-1: Adressen und Rollen der Server in unserem Cluster

Name	IP-Adresse	Beschreibung
lb	70.253.158.44	Load-Balancer – öffentliche Adresse des Webservice
web1	70.253.158.41	Erster Webserver – eine der echten IPs (RIPs)
web2	70.253.158.45	Zweiter Webserver – eine weitere RIP
(VIP)	70.253.158.42	Virtual IP (VIP), die sich *lb*, *web1* und *web2* zusätzlich zu ihren echten IP-Adressen teilen

Die VIP ist die Adresse, die den externen Clients vom Load-Balancer angezeigt wird, der die Anfragen an die Webserver weiterleitet.

Software zur Lastverteilung

Die einfachste Form der Lastverteilung ist *Round-Robin-DNS*, bei dem für den gleichen Namen mehrere A-Records festgelegt werden. Das führt dazu, dass die Server abwechselnd auf die eingehenden Anfragen antworten. Dies funktioniert aber nicht besonders gut, wenn einer der Server ausfällt, und berücksichtigt nicht die eventuellen speziellen Anforderungen des Diensts. Beispielsweise müssen wir bei HTTP unter Umständen Sitzungsdaten, wie Authentifizierung oder Cookies, pflegen und sicherstellen, dass sich der gleiche Client auch immer mit dem gleichen Server verbindet. Um diese Anforderungen erfüllen zu können, sind wir technisch etwas fortgeschrittener und setzen zwei Tools ein:

- IP Virtual Server (IPVS), ein Load-Balancer-Modul der Transportschicht (TCP), das inzwischen fester Bestandteil von Linux ist
- *ldirectord*, ein Utility, das den Zustand der lastverteilten physikalischen Server überwacht

Die Installationsanweisungen basieren auf der Linux-Distribution Debian 4.0 (Etch).

IPVS auf dem Load-Balancer

Da sich IPVS bereits im Linux-Kernel befindet, müssen wir zwar keine weitere Software installieren, müssen das System aber noch konfigurieren.

Fügen Sie auf *lb* diese Zeilen an */etc/modules* an.

```
ip_vs_dh
ip_vs_ftp
ip_vs
ip_vs_lblc
ip_vs_lblcr
ip_vs_lc
ip_vs_nq
ip_vs_rr
ip_vs_sed
ip_vs_sh
ip_vs_wlc
ip_vs_wrr
```

Laden Sie jetzt die Module in den Kernel:

```
# modprobe ip_vs_dh
# modprobe ip_vs_ftp
# modprobe ip_vs
# modprobe ip_vs_lblc
# modprobe ip_vs_lblcr
# modprobe ip_vs_lc
# modprobe ip_vs_nq
# modprobe ip_vs_rr
# modprobe ip_vs_sed
# modprobe ip_vs_sh
# modprobe ip_vs_wlc
# modprobe ip_vs_wrr
```

Um auf *lb* im Linux-Kernel die Paketweiterleitung zu aktivieren, bearbeiten Sie die Datei */etc/sysctl.conf* und fügen dort diese Zeile hinzu:

```
net.ipv4.ip_forward = 1
```

Laden Sie jetzt noch folgende Einstellung in den Kernel:

```
# sysctl -p
net.ipv4.ip_forward = 1
```

ldirectord

Obwohl wir uns *ldirectord* auch als eigenständiges Paket holen könnten, werden wir es uns trotzdem als Teil des *Ultra Monkey*-Pakets besorgen, das auch die Heartbeat-Software für HA enthält. Da Ultra Monkey kein Teil der Standard-Debian-Installation ist, müssen Sie diese beiden Zeilen an Ihre Debian-Repository-Datei (*/etc/apt/sources.list*) auf der *lb*-Maschine anhängen:

```
deb http://www.ultramonkey.org/download/3/ sarge main
deb-src http://www.ultramonkey.org/download/3 sarge main
```

Aktualisieren Sie jetzt das Repository und holen Sie sich das Paket:

```
# apt-get update
# apt-get install ultramonkey
```

Unsere Konfiguration wird einen virtuellen Server haben (die Adresse, die die Clients sehen und auf der *ldirectord* läuft), den wir *Director* nennen werden, sowie zwei *Realserver* (auf denen Apache läuft). Die Realserver können mit dem Director auf drei Arten verbunden werden:

LVS-NAT
: Die Realserver befinden sich in einem NAT-Subnetz hinter dem Director und routen ihre Antworten wieder zurück durch den Director.

LVS-DR
: Die Realserver routen ihre Antworten direkt an den Client zurück. Alle Maschinen befinden sich im gleichen Subnetz und können gegenseitig ihre Level-2-(Ethernet-)Adressen finden. Sie müssen von außerhalb Ihres Subnetzes nicht über einen Ping erreichbar sein.

LVS-TUN
: Die Realserver können sich in einem anderen Netzwerk befinden als der Director. Sie kommunizieren über einen Tunnel mit IP-over-IP-(IPIP-)Kapselung.

Wir werden DR einsetzen, da es einfach umzusetzen ist, dazu ist es schnell und skaliert gut. Bei diesem Verfahren weisen wir eine VIP zu, die vom Load-Balancer und den Realservern verwendet wird. Das führt sofort zu einem Problem: Wenn sich alle Maschinen die gleiche VIP teilen, wie können wir dann die VIP auf eine einzige physikalische MAC-Adresse auflösen? Das wird auch das *ARP-Problem* genannt, da Systeme, die sich im gleichen LAN befinden, sich gegenseitig mit Hilfe des Address Resolution Protocol (ARP) finden und ARP davon ausgeht, dass jedes System eine eindeutige IP-Adresse besitzt.

Viele Lösungen hierfür erfordern Kernel-Patches oder Module und ändern sich dann wieder mit Entwicklungen am Linux-Kernel selbst. Ab Kernel-Version 2.6 und höher besteht ein häufig eingesetzter Lösungsansatz darin, den Load-Balancer das ARP für die VIP übernehmen zu lassen und auf den Realservern die VIP als Aliase der Loopback-Geräte zu konfigurieren. Der Grund liegt darin, dass die Loopback-Geräte nicht auf ARP-Anfragen antworten.

Das ist der Lösungsansatz, den auch wir hier verwenden werden. Wir werden zuerst die Webserver konfigurieren.

Konfiguration der Realserver (Apache-Knoten)

Führen Sie Folgendes auf beiden Realservern (*web1* und *web2*) aus:

1. Sollte auf dem Server noch kein Apache installiert sein, holen Sie das jetzt nach:

    ```
    # apt-get install apache2
    ```

    Wenn Sie die Inhaltsdateien Ihrer Website noch nicht installiert haben, können Sie das jetzt oder nach der Konfiguration der Lastverteilung vornehmen.

2. Installieren Sie *iproute* (ein Linux-Netzwerkpaket, das mehr Funktionen besitzt als ältere Utilities wie beispielsweise *ifconfig* und *route*):

    ```
    # apt-get install iproute
    ```

3. Fügen Sie diese Zeilen an */etc/sysctl.conf* an:

    ```
    net.ipv4.conf.all.arp_ignore = 1
    net.ipv4.conf.eth0.arp_ignore = 1
    net.ipv4.conf.all.arp_announce = 2
    net.ipv4.conf.eth0.arp_announce = 2
    ```

4. Nehmen Sie die Änderungen jetzt in den Kernel auf:

    ```
    # sysctl -p
    net.ipv4.conf.all.arp_ignore = 1
    net.ipv4.conf.eth0.arp_ignore = 1
    net.ipv4.conf.all.arp_announce = 2
    net.ipv4.conf.eth0.arp_announce = 2
    ```

5. Davon ausgehend, dass es sich bei Ihrem Realserver um ein Debian-System handelt, sollten Sie nun die Datei */etc/network/interfaces* bearbeiten und dabei die VIP (70.253.15.42) dem Loopback-Alias `lo:0` zuordnen:

    ```
    auto lo:0
    iface lo:0 inet static
        address 70.253.15.42
        netmask 255.255.255.255
        pre-up sysctl -p > /dev/null
    ```

6. Aktivieren Sie jetzt den Loopback-Alias:

    ```
    # ifup lo:0
    ```

7. Erstellen Sie die Datei */var/www/ldirector.html* mit folgendem Inhalt:

    ```
    Ich lebe!
    ```

8. Auf *web1*:

    ```
    # echo "Ich bin web1" > /var/www/which.html
    ```

9. Auf *web2*:

    ```
    # echo "Ich bin web2" > /var/www/which.html
    ```

10. Starten Sie Apache oder starten Sie ihn neu, wenn er bereits läuft:

    ```
    # /etc/init.d/apache2 restart
    ```

Die Apache-Zugriffsprotokolle sollten momentan noch keine Aktivitäten anzeigen, da *lb* noch nicht mit den Realservern spricht.

Konfiguration des Load-Balancer

Richten Sie auf *lb* die Konfigurationsdatei des Load-Balancer */etc/ha.d/ldirectord.cf* ein:

```
checktimeout=10
checkinterval=2
autoreload=no
logfile="local0"
quiescent=no
virtual=70.253.158.42:80
        real=70.253.158.41:80 gate
        real=70.253.158.45:80 gate
        service=http
        request="director.html"
        receive="Ich lebe!"
        scheduler=rr
        protocol=tcp
        checktype=negotiate
```

Wäre quiescent auf yes gesetzt, würde ein fehlerhafter Realserver eine Gewichtung von 0 erhalten, aber in der LVS-Routing-Tabelle bleiben. Wir haben diesen Wert auf no gesetzt, wodurch tote Server aus dem Pool herausgenommen werden. Die *Gewichtung* spiegelt seine Belastbarkeit relativ zu den anderen Servern wider. Bei einem einfachen LB-System wie dem unsrigen besitzen alle funktionierenden Server eine Gewichtung von 1, und tote Server haben eine Gewichtung von 0.

Wenn checktype auf negotiate gesetzt ist, stellt der Director an jeden der Realserver eine HTTP-Anfrage auf die URL request und überprüft, ob die Inhalte der URL den Zeichenkettenwert aus receive enthalten. Wäre der Wert check, würde nur eine kurze TCP-Prüfung durchgeführt werden, und request und receive würden ignoriert werden.

Während der Installation sollten eigentlich die Systemstartdateien in */etc* für *ldirectord* bereits eingerichtet worden sein. Ultra Monkey hat auch Heartbeat installiert, was wir jetzt noch nicht verwenden werden. Lassen Sie uns also Heartbeat vorerst deaktivieren:

```
# update-rc.d heartbeat remove
update-rc.d: /etc/init.d/heartbeat exists during rc.d purge (use -f to force)
```

Der Load-Balancer überwacht den Zustand der Webserver, indem er regelmäßig die Datei anfordert, die wir in *ldirectord.cf* angegeben haben (request="director.html").

Da dieser Server die Webanfragen auf der VIP-Adresse (70.253.158.42) beantwortet, sollten wir das dem Server auch mitteilen. Bearbeiten Sie */etc/network/interfaces* und richten Sie dort durch Anfügen der folgenden Zeilen das Alias-Gerät eth0:0 ein:

```
auto eth0:0
iface eth0:0 inet static
        address 70.253.158.42
        netmask 255.255.255.248
     # Hier sollten die gleichen Werte stehen wie bei eth0:
        network ...
        broadcast ...
        gateway ...
```

Lassen Sie uns nun diese neue IP-Adresse starten:

```
# ifup eth0:0
```

Starten Sie jetzt schließlich Ihre Motoren auf *lb*:

```
# /etc/init.d/ldirectord start
Starting ldirectord... success
```

Testen des Systems

Lassen Sie uns überprüfen, ob der Load-Balancer auf *lb* läuft:

```
# ldirectord ldirectord.cf status
```

Sie sollten in etwa Folgendes sehen:

```
ldirectord for /etc/ha.d/ldirectord.cf is running with pid:
1455
```

Wenn Sie aber stattdessen so etwas antreffen:

```
ldirectord is stopped for /etc/ha.d/ldirectord.cf
```

gibt es ein Problem. Sie können den Director anhalten, mit dem Debug-Flag *-d* neu starten und nachsehen, ob in der Ausgabe irgendwelche Fehlermeldungen auftauchen:

```
# /usr/sbin/ldirectord /etc/ha.d/ldirectord.cf stop
# /usr/sbin/ldirectord -d /etc/ha.d/ldirectord.cf start
DEBUG2: Running exec(/usr/sbin/ldirectord -d /etc/ha.d/ldirectord.cf start)
Running exec(/usr/sbin/ldirectord -d /etc/ha.d/ldirectord.cf start)
DEBUG2: Starting Linux Director v1.77.2.32 with pid: 12984
Starting Linux Director v1.77.2.32 with pid: 12984
DEBUG2: Running system(/sbin/ipvsadm -A -t 70.253.158.42:80 -s rr )
Running system(/sbin/ipvsadm -A -t 70.253.158.42:80 -s rr )
DEBUG2: Added virtual server: 70.253.158.42:80
Added virtual server: 70.253.158.42:80
DEBUG2: Disabled server=70.253.158.45
DEBUG2: Disabled server=70.253.158.41
DEBUG2: Checking negotiate: real
server=negotiate:http:tcp:70.253.158.41:80:::\/director\.html:I\'m\ alive\!
(virtual=tcp:70.253.158.42:80)
DEBUG2: check_http: url="http://70.253.158.41:80/director.html"
virtualhost="70.253.158.41"
LWP::UserAgent::new: ( )
LWP::UserAgent::request: ( )
```

```
LWP::UserAgent::send_request: GET http://70.253.158.41:80/director.html
LWP::UserAgent::_need_proxy: Not proxied
LWP::Protocol::http::request: ()
LWP::Protocol::collect: read 11 bytes
LWP::UserAgent::request: Simple response: OK
45:80/director.html is up
```

Die Ausgabe ist kürzer, wenn checktype auf check gesetzt ist.

Nur weil wir neugierig sind, sehen wir nach, was der IP Virtual Server so sagt:

```
# ipvsadm -L -n
IP Virtual Server version 1.2.1 (size=4096)
Prot LocalAddress:Port Scheduler Flags
  -> RemoteAddress:Port           Forward Weight ActiveConn InActConn
TCP  70.253.158.42:80 rr
  -> 70.253.158.45:80             Route   1      1          2
  -> 70.253.158.41:80             Route   1      0          3
```

Das zeigt uns an, dass unser erster Realserver aktiv ist, der zweite aber nicht.

Wir überprüfen auch die Systemprotokolle auf *lb*:

```
# tail /var/log/syslog
Sep 11 22:59:45 mail ldirectord[8543]: Added virtual server:
70.253.158.44:80
Sep 11 22:59:45 mail ldirectord[8543]: Added fallback server: 127.0.0.1:80
( x 70.253.158.44:80) (Weight set to 1)
Sep 11 22:59:45 mail ldirectord[8543]: Added real server: 70.253.158.41:80
( x 70.253.158.44:80) (Weight set to 1)
Sep 11 22:59:45 mail ldirectord[8543]: Deleted fallback server: 127.0.0.1:80
( x 70.253.158.44:80)
Sep 11 22:59:46 mail ldirectord[8543]: Added real server: 70.253.158.45:80
( x 70.253.158.44:80) (Weight set to 1)
```

Wieder zurück auf *web1* und *web2*, sollten Sie die Apache-Zugriffsprotokolle überprüfen. Der Director sollte *director.html* alle checkinterval Sekunden anfordern:

```
70.253.158.44 - - [11/Sep/2006:22:49:37 -0500] "GET /director.html HTTP/1.1"
200 11 "-" "libwww-perl/5.803"
70.253.158.44 - - [11/Sep/2006:22:49:39 -0500] "GET /director.html HTTP/1.1"
200 11 "-" "libwww-perl/5.803"
```

Wenn Sie jetzt mit Ihrem Browser auf die URL der virtuellen Site gehen, *http://70.253.158.42/which.html*, sollten Sie entweder:

    Ich bin web1

oder:

    Ich bin web2

sehen. Sollte der Load-Balancer nicht funktionieren oder einer der Webserver ausgefallen sein, erhalten Sie wahrscheinlich immer vom gleichen Webserver eine Antwort.

Stoppen Sie jetzt Apache auf *web1*:

```
# /etc/init.d/apache2 stop
```

Aktualisieren Sie erneut Ihre Browserseite, um wieder auf *http://70.253.158.42/ which.html* zuzugreifen. Sie sollten jetzt immer folgende Antwort erhalten:

```
Ich bin web2
```

HA dem LB hinzufügen

Beim Load-Balancer handelt es sich um einen sogenannten Single Point of Failure. Wenn dieser nicht mehr ansprechbar ist, sind auch die Webserver dahinter nicht mehr zu erreichen. Möchten Sie das System zuverlässiger machen, können Sie einen zweiten Load-Balancer in einer HA-Konfiguration mit dem ersten Load-Balancer installieren. Detaillierte Anweisungen hierfür, bei denen das Ultra Monkey-Paket eingesetzt wird, das Sie bereits installiert haben, finden Sie unter »How To Set Up A Load-Balanced High-Availability Apache Cluster« auf *http://www.howtoforge.com/ high_availability_loadbalanced_apache_cluster*.

Für die Apache-Server selbst benötigen Sie keine HA, da der *ldirectord* sie bereits alle checkinterval Sekunden anstupst und den Zustand abfragt, um die Gewichtung anpassen zu können, was in etwa das Gleiche bewirkt wie der Heartbeat von HA.

Weitere LB-Dienste hinzufügen

Wir haben für die Beispiele dieses Kapitels Apache-Webserver genommen, da es sehr wahrscheinlich ist, dass diese Server Teil einer Serverfarm sind. Zu den anderen Diensten, die von LB/HA profitieren könnten, gehören beispielsweise MySQL, E-Mail- oder LDAP-Server. Sehen Sie sich »How To Set Up A Load-Balanced MySQL Cluster« (*http://www.howtoforge.com/loadbalanced_mysql_cluster_debian*) für ein MySQL-Beispiel an.

Ohne LB und HA skalieren

Wenn Sie einen herrlichen Dienst angeboten haben, würde Ihr Server auch einen Eintrag bei Slashdot (das bedeutet eine sehr große Aktivitätsspitze) überleben? Wenn nicht, könnte Ihr Ansehen darunter leiden, und viele Besucher kommen eventuell nicht wieder. Da die Implementierung von LB und HA einen erheblichen Aufwand und Investitionen in Hardware erfordert, lohnt es sich, über andere Lösungsansätze nachzudenken. Es gibt Möglichkeiten, mit denen man mehr aus Ihrem bestehenden Server herausholen kann. Sie können beispielsweise die *.htaccess*-Dateien in Ihrer Apache-Konfiguration (AllowOverride None) deaktivieren und mit *mod_expires* die *stat*-Aufrufe für selten veränderte Dateien, wie beispielsweise Bilder, verhindern. Apache-Bücher und diverse Websites enthalten viele dieser Optimierungstipps.

Wenn Sie die Grenzen Ihrer Webserver-Software erreichen, sollten Sie über Alternativen nachdenken. In vielen Fällen sind Webserver, wie beispielsweise *lighttpd* (*http://www.lighttpd.net*), *Zeus* (*http://www.zeus.com*) und *litespeed* (*http://litespeedtech.com*), schneller als Apache und verbrauchen auch weniger Speicher.

Auch mit Caching erzielen Sie einen enormen Leistungsschub. *Code-Caches*, die PHP-Beschleuniger wie beispielsweise e-accelerator (*http://eaccelerator.net*) oder APC (*http://pecl.php.net/package/APC*) enthalten, speichern PHP-Bytecode und verhindern den Overhead beim Parsen einzelner Seiten. *Daten-Caches*, wie beispielsweise der Abfragespeicher von MySQL, speichern die Ergebnisse identischer Abfragen. *Replikation* ist eine Form von LB. *memcached* (*http://danga.com/memcached*) ist ein schnelles Verfahren, mit dem Daten, wie beispielsweise Ergebnisse von Datenbankabfragen, zwischengespeichert werden können. Squid (*http://www.squid-cache.org*) kann, wenn er als Caching Reverse Proxy eingesetzt wird, den Webserver komplett umgehen.

Wenn Server aus mehreren Schichten bestehen (zum Beispiel MySQL → PHP → Apache), vervielfachen sich die Verbesserungen. Beispielsweise kombiniert die Präsentation »Getting Rich with PHP 5« (*http://talks.php.net/show/oscon06*) viele kleine Verbesserungen so, dass eine PHP-Anwendung von anfänglich 17 möglichen Abrufen pro Sekunde auf 1.100 Aufrufe pro Sekunde auf einer einzigen Maschine skaliert werden kann.

Wenn Sie diese Techniken bereits einsetzen und immer noch nicht zufrieden sind, sollten Sie unbedingt LB ausprobieren und noch HA zur Verfügung stellen, die Stabilität ein wesentlicher Faktor sein.

Weiterer Lesestoff

Weitere Details zu der Software, die in diesem Kapitel eingesetzt wurde, finden Sie auf den Webseiten der Produkte:

- das Linux Virtual Server-Projekt (*http://www.linuxvirtualserver.org*)
- Ultra Monkey (*http://www.ultramonkey.org*)
- Heartbeat/The High-Availability Linux Project (*http://linux-ha.org*)

Vielleicht möchten Sie sich auch die Red Hat Cluster Suite (*http://www.redhat.com/software/rha/cluster*) ansehen, ein kommerzielles LB/HA-Produkt, das auf LVS aufbaut. Die gleiche Software steht unter CentOS frei (aber ohne Support) zur Verfügung.

KAPITEL 8
Lokale Netzwerkdienste

In diesem Kapitel werden wir uns einige Fähigkeiten ansehen, die ein Systemadministrator haben muss, um einen Host hinter der Firewall oder dem Gateway einer Firma, einer Organisation und auch eines Heimnetzwerks verwalten zu können.

Einige von uns lesen lieber von den Entwicklungen in der Internettechnologie als von lokalen Netzwerken, da wir diese als Routine ohne Herausforderungen betrachten. Wenn wir aber einen zentralen Dienst unserer Arbeitsumgebung konfigurieren oder reparieren müssen, wandert das Netzwerk in unserer Wertschöpfungskette rasch nach oben. Funktionieren beispielsweise die E-Mails des Vorstandsvorsitzenden nicht mehr, scheint alles andere nicht mehr von Belang zu sein.

Das lokale Netzwerk kann einen Großteil der Zeit eines Systemadministrators in Anspruch nehmen, wenn er es nicht geschickt angeht. Wenn Sie also ein Anfänger in der Systemadministration sind, möchten Sie vielleicht einen Ratgeber über LANs haben und erfahren, wie Sie eine Reihe unterschiedlicher Server, die Sie in einem solchen LAN vorfinden, installieren, konfigurieren und warten können. Möchten Sie sich die Grundlagen dazu aneignen, sollten Sie sich die neueste Ausgabe des *Linux Netzwerk-Handbuchs* von Terry Dawson und anderen (O'Reilly) ansehen. Wenn Sie aber grundlegende Linux-Benutzerkenntnisse besitzen, müssten Sie die Themen in diesem Kapitel allerdings auch ohne dieses Hintergrundwissen verstehen können – und wir halten diese Themen für hochinteressant.

In diesem Kapitel werden wir verteilte Dateisysteme aus einem besonderen Blickwinkel heraus untersuchen, werden erforschen, wie man DHCP- und Gateway-Dienste einrichtet, uns den Wahnsinn unternehmensweiten Druckens ansehen und wie man Benutzer verwaltet. Lokale E-Mail-Dienste passen zwar auch zum Thema LAN, diese haben wir allerdings schon in Kapitel 5 behandelt.

Für dieses Kapitel werden wir die Linux-Distribution Fedora Core verwenden. Red Hat unterstützt das Fedora-Projekt und testet damit normalerweise auch seine nächste stabile Enterprise-Version. Fedora ist nicht die absolut stabilste Version von Red Hat Enterprise Linux, ist aber ausreichend stabil und zuverlässig. Red Hat stellt von vielen Tools native Pakete für Fedora zur Verfügung und setzt damit Fedora an die Spitze der freien Linux-Distributionen, die für den kommerziellen Einsatz zur Verfügung stehen.

Egal, ob Ihnen das Red Hat-Modell gefällt oder nicht, Sie können den Stoff dieses Kapitels auch für andere Linux-Distributionen verwenden. Wir empfehlen Ihnen einen tiefen Einstieg in diesen Stoff: Er macht Spaß, Sie benötigen ihn praktisch in jeder Arbeitsumgebung, und Sie werden einen Großteil dieses Stoffs nirgendwo anders finden.

Verteilte Dateisysteme

Sie können sich vielleicht nur schwer eine Zeit vorstellen, in der ein PC einfach für sich allein herumstand, ohne ein Netzwerk oder eine Verbindung zum Internet nutzen zu können. PCs wurden aber ursprünglich nicht im Hinblick auf Netzwerke entwickelt. Vielleicht erinnern Sie sich an die Zeit, als man noch Dateien mit Hilfe von Disketten von PC zu PC übertragen hat oder einen Schalter umlegte, damit zwei bis vier Benutzer einen Drucker gemeinsam nutzen konnten. Das waren mühsame Zeiten.

Nach der Einführung des PCs hat es noch eine Reihe von Jahren sowie verschiedene Innovationen gedauert, bis solch grundlegende Netzwerkerrungenschaften wie verteilte Dateisysteme entwickelt wurden. Als diese Dateisysteme auch auf PCs funktionierten, hat das die Arbeitswelt verändert, da wir jetzt an jeden Schreibtisch einen Computer stellen konnten.

Die Vernetzung wurde noch verfügbarer und erschwinglicher, als ein IBM-Forscher, Barry Feigenbaum, ein lokales DOS-Dateisystem in ein verteiltes Dateisystem abänderte. Seine Bemühungen halfen dabei, das Server Message Block-(SMB-)Anwendungsprotokoll zu entwickeln, und das Zeitalter der Systemadministratoren und der Netzwerkspezialisten begann.

Mit verteilten Dateisystemen können Anwender Dateien öffnen, lesen und schreiben, die auf Computern abgespeichert sind, die nicht ihre eigenen sind. In einigen Umgebungen speichert ein einziger großer Computer Dateien, auf die alle Benutzer im LAN zugreifen können. Der zentrale Computer kann sogar die Home-Verzeichnisse der Benutzer abspeichern, wodurch im Wesentlichen ihre gesamte Arbeit dort abgespeichert wird. In anderen Umgebungen speichern die Benutzer Dateien auf ihren PCs ab, lassen aber andere Benutzer auf diese Dateien zugreifen. Die zwei Umgebungen können auch gemischt werden. Bei allen Konfigurationen wird dieses Verfahren *File Sharing* (Dateifreigabe) genannt, und die Verzeichnisse (in PC-Sprache Ordner), auf die die Anwender an den entfernten Maschinen zugreifen können, werden *Shares* (Freigaben) genannt.

PCs haben sich bis Ende der 1980er immer weiter verbreitet, und die lokalen Netzwerke tauchten auf, als immer mehr Menschen PCs einsetzten und merkten, dass sie Ressourcen gemeinsam nutzen mussten.

Versuchen Sie sich einmal vorzustellen, was die Einführung eines LAN für eine eng zusammenarbeitende Gruppe von PC-Benutzern bedeutet haben muss, die niemals vorher Netzwerkdienste zur Verfügung hatten. Auf einmal konnten Kollegen bequem Dokumente gemeinsam nutzen, auf Geräten ausdrucken, die nicht direkt an ihrem Schreibtisch standen und auf E-Mails von Abteilungsleitern antworten, die sich nicht im Büro, auf dem Firmengelände oder gar im Land befanden. Das öffnete vielen Menschen die Augen.

Heutzutage speichern viele Sites die wichtigen Daten ihrer Benutzer auf zentralen Servern ab, die die Zugriffsrechte der Benutzer auf diese Dateien steuern. Wir werden die Benutzerverwaltung später in diesem Kapitel behandeln.

Einführung in Samba

Die SMB-Datei- und Druckerfreigabe wurde unter der Führung von Microsoft zum Common Internet File System-(CIFS-)Protokoll weiterentwickelt. CIFS wurde zwar als Standard veröffentlicht, ist aber schlecht dokumentiert und enthält eine Reihe geheimnisvoller Verhalten, die Microsoft weiterentwickelt. Ein unerschrockenes Team untersucht das Protokoll dennoch weiterhin mit Hilfe von Reverse Engineering und hat eines der bekanntesten freien Softwareprojekte erschaffen, mit dem die Microsoft-Dateifreigabe auch auf Nicht-Microsoft-Systemen umgesetzt werden kann: *Samba*. Samba wird immer populärer; es bietet eine beachtliche Unterstützung für Windows- und Linux-Desktops und wird sogar auf Mac OS X eingesetzt.

Als Linux-Systemadministrator benötigen Sie zumindest ein umfassendes Verständnis für Samba. Wenn Sie in Samba tiefer einsteigen möchten (und das sollten Sie), gibt es zu diesem Thema viele ausgezeichnete Bücher, zu denen auch die Onlinedokumentation auf *http://samba.org* gehört. Um eine häufig verwendete Formulierung zu bemühen: »Eine tiefer gehende Diskussion dieses Themas ist in diesem Buch nicht möglich.« Eigentlich sehen wir auch keinen Grund, warum wir das bereits vorhandene, ausgezeichnete Material hier noch einmal duplizieren sollten. Wir möchten Samba jedoch so ausführlich behandeln, dass Sie es in Ihrer Umgebung produktiv zum Einsatz bringen können. Glücklicherweise bieten die meisten Distributionen einfache grafische Frontends für Samba an, und wir werden einige davon hier behandeln.

Bestimmte zentrale Funktionen in CIFS-Netzwerken (meistens sind das Verfahren, mit denen sich die Systeme untereinander finden können) finden auf *Domänen-Controllern* statt: Server, die Dateien, Drucker und verschiedene Kontrollverfahren zur Verfügung stellen. Samba kann Linux-Maschinen als Datei- und Druckserver,

Domänen-Controller oder Arbeitsgruppenmitglieder in Microsoft-Netzwerke einbinden.

Der letzte Versionsschritt von Samba arbeitet jetzt auch mit dem Active Directory von Microsoft zusammen. Samba kann kombiniert mit LDAP auch als stabiler Authentifizierungsserver eingesetzt werden und damit sowohl Microsoft NT-Domänen-Controller als auch Active Directory-Server ersetzen.

Samba kann in einfacheren Umgebungen, in denen Mitglieder kleinerer Büros und/oder Abteilungen größerer Organisationen ein Peer-to-Peer-Netzwerk einsetzen, ebenfalls die Dateifreigaberolle übernehmen. Desktop-Anwender können ihre Drucker und Dateien gemeinsam mit anderen Anwendern nutzen, ohne dass sich diese authentifizieren müssen. Wenn sensible Aufgabenbereiche, beispielsweise die Buchhaltung oder andere sensible Aufzeichnungen, auf einer einzigen Maschine bearbeitet werden, können strengere Sicherheitsrichtlinien auf Maschinenebene umgesetzt werden, die diese Maschine dann vor anderen Anwendern schützt, ohne dass dabei die Möglichkeit, auf die Ressourcen des Peer-to-Peer-Netzwerks zugreifen zu können, beeinträchtigt wird.

Lassen Sie uns jetzt einen Blick auf ein Linux/Windows-Netzwerk werfen und ansehen, wie Sie Samba für Ihre Desktop-Anwender einrichten können.

Konfiguration des Netzwerks

Abbildung 8-1 stellt ein Netzwerk dar, wie man es von einem Linux-System aus sehen könnte (es handelt sich um die Xandros-Distribution, bei der es sich um einen praktischen Linux-Desktop handelt, der gut für Firmenumgebungen geeignet ist). Die Baumansicht auf der linken Seite des Bildschirms zeigt vier Computer mit den Namen *Berger*, *Casablanca*, *Gamay* und *Vm-xandros*. Zwei der vier Computer laufen unter Windows XP, ein anderer läuft mit Windows 98 und der vierte mit der Xandros-Distribution. Linux führt diese Rechner zusammen. Das Linux-System sieht genau so aus wie ein Windows-System, wenn man es sich über die Netzwerkumgebung auf einem der Windows-Systeme ansieht.

Wie schwierig war es, dieses Netzwerk einzurichten? Abgesehen von der Standardverkabelung, den Ethernet-Verbindungen und der Installation der Firewall und des Internetzugangs, hat sich das System im Grunde selbst installiert. Wir folgten auf der Windows 98-Maschine dem Standardverfahren für die Installation. Das System bezieht seine IP-Adresse, seine DNS-Server und die Routen auf ein Gateway über DHCP. Der Router stellt DHCP-Dienste und eine private Internetadressierung mit Hilfe eines Class C-Netzwerks zur Verfügung (192.168.0.0 bis 192.168.0.255). (Wir werden DHCP im nächsten Abschnitt behandeln.)

Sobald die Windows-Systeme ihre Netzwerkverbindung hatten und ins Internet gehen konnten, haben wir mit der rechten Maustaste auf »Netzwerkumgebung«

Abbildung 8-1: Netzwerksicht auf einem Linux-System, wie man sie auch auf einem Windows-PC sehen könnte

geklickt, »Eigenschaften« ausgewählt und in den Netzwerkeinstellungen die dynamischen Adressen auf statische Adressen abgeändert. Damit können die Arbeitsstationen als Druckerserver dienen und einen gemeinsamen Zugriff auf Daten zur Verfügung stellen.

Das Einrichten der Windows XP-Systeme war etwas komplizierter, da sich zuerst die XP-Rechner und die (jetzt nicht mehr unterstützte) Windows 98-Maschine nicht sehen konnten. Damit die Maschinen voneinander wissen, mussten wir über die Systemsteuerung von XP die Datei- und Druckerfreigabe aktivieren und den Netzwerkinstallations-Assistenten ausführen. Der Assistent fragte uns, ob wir die Freigabe auf anderen Computern aktivieren möchten, und bezog sich dabei auf Windows 98-Maschinen. Weil wir das bejahten, konnten wir eine Diskette erstellen, mit der wir die XP-Protokolle dann auf dem Windows 98-Computer installieren konnten. Hierdurch wurde das ältere System mit den neuen Protokollen aktualisiert, wodurch der XP- und der Windows 98-Rechner jetzt miteinander kommunizieren konnten. (Das mitgelieferte Programm von Microsoft heißt *netsetup.exe*.)

Wir haben dann den Xandros Linux-Desktop installiert und darauf das Windows Networking aktiviert, so wie in Abbildung 8-2 gezeigt.

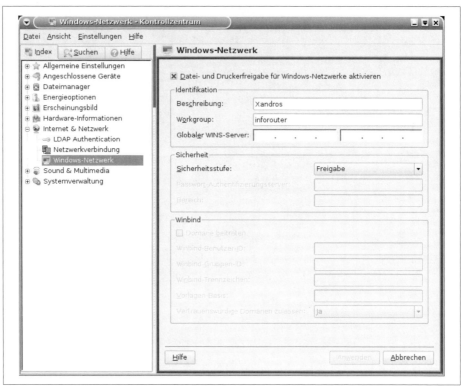

Abbildung 8-2: Konfiguration des Windows-Netzwerks

Beachten Sie, dass wir das Windows Networking über ein Eingabefenster konfigurieren konnten. Mit dem Linux-Desktop konnten wir die Datei- und Druckerfreigabe aktivieren, dem Computer einen Namen geben, die Arbeitsgruppe festlegen und die Sicherheit auf Freigabeebene aktivieren, wodurch die Windows-Knoten die CIFS-Funktionen verwenden konnten.

Andere Linux-Distributionen, wie beispielsweise Fedora und Ubuntu, bieten ebenfalls einfache Tools für das Einrichten der Windows-Dateifreigabe. Abbildung 8-3 zeigt die beiden Konfigurationsfenster für den Ubuntu-Desktop.

Bei Ubuntu haben Sie auch die Möglichkeit, das Network File System (NFS) einzurichten, ein häufig verwendetes Unix-to-Unix-Dateifreigabesystem, das mit CIFS nicht kompatibel ist. Im Auswahlfenster in Abbildung 8-4 können Sie entweder eines oder beide Systeme auswählen; Sie können dabei Samba einsetzen, um mit Windows und Mac OS X zusammenzuarbeiten, und NFS, um mit anderen Unix/Linux-Systemen zusammenzuarbeiten. Freigabedienste werden unter Ubuntu standardmäßig nicht mitinstalliert, wenn Sie aber »Gemeinsame Ordner« auswählen (im Administrationsmenü von Ubuntu 7.04), lädt Ubuntu die notwendigen Dateien herunter. Sie können dann ein Mitglied der Domäne oder der Arbeitsgruppe werden.

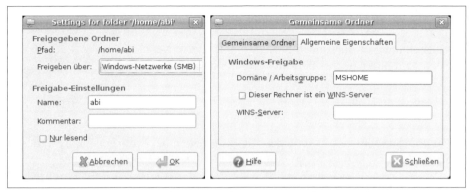

Abbildung 8-3: Einrichtung von Ubuntu-Freigaben in einer Windows-Umgebung

Abbildung 8-4: Ubuntu-Installationsfenster für die Dateifreigabedienste

Wir werden später in diesem Kapitel im Abschnitt »Druckdienste« tiefer in die Samba-Thematik einsteigen.

DHCP

Dynamic Host Configuration Protocol-(DHCP-)Dienste können Ihnen bei einer Reihe von Problemen im Zusammenhang mit lokalen Netzwerkumgebungen helfen, unter anderem bei der Zuweisung von IP-Adressen und bei allgemeinen Administrationsproblemen. Man kann sich ein Netzwerk nur schwer ohne DHCP vorstellen.

Lassen Sie uns einen Blick auf einige Probleme werfen, denen Sie sich vielleicht stellen müssen, und uns überlegen, wie DHCP Ihnen hier helfen kann:

- PCs und Workstations benötigen eindeutige IP-Adressen, DNS-Informationen und Informationen darüber, wo sich die Gateways befinden.
- Das manuelle Überwachen von IP-Adressen verursacht unnötig viel Arbeit.
- Unbeabsichtigtes mehrfaches Auftreten von IP-Adressen führt zu Konflikten im Netzwerk.

- Die Fehlersuche bei Adressproblemen (beispielsweise bei doppelten IP-Adressen) und Änderungen an einzelnen Stellen führen zu unnötiger Mehrarbeit.
- Eigenhändige Änderungen bedeuten normalerweise, dass jemand jeden einzelnen Computer überprüfen muss, um eine neue Datenbank mit IP-Zuweisungen konfigurieren zu können.
- Wenn mobile Benutzer häufig den Standort wechseln, müssen die Netzwerkeinstellungen auf den Laptops neu konfiguriert werden.

DHCP löst diese Probleme, indem es die IP-Adressen bei Bedarf den einzelnen Systemen im LAN beim Bootvorgang übergibt. Der DHCP-Server stellt sicher, dass alle IP-Adressen nur einmal vorkommen. Bei der Zuweisung und der Pflege der IP-Adressen muss dem Dienst nur wenig manuell geholfen werden. Die Administratoren können die Konfigurationsdateien schreiben und den Rest dem DHCP-Server (*dhcpd*) überlassen. Dieser Server verwaltet dann den IP-Adresspool und befreit den Netzwerkadministrator von dieser Aufgabe.

DHCP installieren

Damit Sie mit DHCP anfangen können, müssen Sie zuerst den DHCP-Server installieren. Da sich dieses Kapitel auf Fedora konzentriert, können Sie das RPM-Paket mit yum oder mit dem Paketmanager */usr/bin/pirut* installieren. Die aktuelle Version des Pakets ist *dhcp-3.0.5-36.i386*. (Debian-Anwender können das Paket *dhcp3-server* installieren und die Konfigurationsdatei */etc/dhcp3/dhcpd.conf* bearbeiten). Die Software stammt vom Internet Systems Consortium.

Sobald Sie das Paket installiert haben, konfigurieren Sie DHCP in der Datei */etc/dhcpd.conf*. Als Erstes kopieren Sie die Datei */usr/share/doc/dhcp-3.0.5/dhcpd.conf.sample* nach */etc/dhcpd.conf*. Danach bearbeiten Sie die Datei so, dass sie zu Ihrem Netzwerk passt. Im Folgenden zeigen wir Ihnen ein typisches Beispiel. Die Syntax verwendet für Kommentare Rauten (#):

```
ddns-update-style interim;
ignore client-updates;

subnet 192.168.1.0 netmask 255.255.255.0 {

    # --- default gateway
        option routers              192.168.1.1;
        option subnet-mask          255.255.255.0;

    # ---     option nis-domain       "domain.org";
    # ---     option domain-name      "domain.org";
        option domain-name-servers  192.168.1.1;

    # ---     option time-offset      -18000;    # Eastern Standard Time
    #     option ntp-servers          192.168.1.1;
    #     option netbios-name-servers 192.168.1.1;
```

```
#  ---   Selects point-to-point node (default is hybrid). Don't change this
#  --  unless you understand Netbios very well
#     option netbios-node-type 2;

#  ---      range dynamic-bootp 192.168.0.128 192.168.0.254;
       default-lease-time 21600;
       max-lease-time 43200;

       # we want the nameserver to appear at a fixed address
       host ns {
           next-server server1.centralsoft.org;
           hardware ethernet 00:16:3E:63:C7:76;
           fixed-address 70.253.158.42;
       }
}
```

Wir haben ein paar Einträge in unserer Konfigurationsdatei konfiguriert, nachdem wir die Datei in das Verzeichnis *etc* kopiert haben:

```
subnet 192.168.1.0 netmask 255.255.255.0 {
    option routers 192.168.1.1;
    option domain-name-servers 192.168.1.1;
    option subnet-mask 255.255.255.0;
    default-lease-time 21600;
    max-lease-time 43200;
```

Die erste Zeile legt den Bereich oder den Pool der IP-Adressen fest, die für die Benutzer im Subnetz des LAN zur Verfügung stehen. In diesem Fall haben wir das reservierte private Class C-Netzwerk 192.168.1.0 verwendet, das 254 Knoten (192.168.1.1 bis 192.168.1.254) bereitstellt. Die Netzwerkmaske muss mit der Netzwerkmaske übereinstimmen, mit der Ihr LAN festgelegt wird.

Wir haben die Gateway-Adresse mit option routers in der zweiten Zeile und einen Caching Nameserver in der dritten Zeile mit option domain-name-servers angegeben. Die IP-Adresse ist in beiden Zeilen die gleiche, was auch in der Praxis häufig so vorkommt.

Oft arbeitet ein einzelner Server mit zwei Netzwerkkarten in einem lokalen Netzwerk als Gateway. Eine Netzwerkkarte, die durch einen Gerätenamen wie beispielsweise *eth0* dargestellt wird, hat eine Adresse im Internet, während die andere Karte (beispielsweise *eth1*) eine Adresse im privaten Netzwerk besitzt.

Wenn Paketweiterleitung und eine *iptables*-Firewall aktiviert wurden, kann jeder Linux-Server als Gateway/Firewall arbeiten. In diesem Fall haben wir auch BIND im Caching-Modus aktiviert, damit er als DNS-Server des Netzwerks arbeiten kann.

Die letzten beiden Zeilen geben die Zeitspanne an, die ein Client die Adresse behalten kann. Diese Zeitspanne wird in Sekunden gemessen.

In unserer DHCP-Konfigurationsdatei haben wir noch eine Festlegung hinzugefügt, mit der wir eine statische Adresse für einen firmenweiten DNS-Server angeben möchten:

```
# wir moechten, dass der Nameserver eine feste Adresse erhaelt
host ns {
    next-server server1.centralsoft.org;
    hardware ethernet 00:16:3E:63:C7:76;
    fixed-address 70.253.158.42;}
```

Eine einfachere Version von */etc/dhcpd.conf* könnte so aussehen:

```
ddns-update-style interim;

default-lease-time              600;
max-lease-time                  7200;

subnet 192.168.1.0 netmask 255.255.255.0 {
    option routers 192.168.1.1;
    option subnet-mask 255.255.255.0;
    option domain-name-servers server.centralsoft.org,
        server2.centralsoft.org;
    range 192.168.1.2 192.168.1.254;
}
```

Bei einfachen DHCP-Servern ist die Wartung eventuell tatsächlich einfacher, wenn Sie die Kommentare weglassen und die Konfigurationsdatei knapp halten.

Starten Ihres DHCP-Diensts

Einige DHCP-Dienste benötigen noch eine *dhcpd.leases*-Datei. Erstellen Sie in diesem Fall mit dem Befehl *touch* eine leere Datei:

```
# touch /var/lib/dhcp/dhcpd.leases
```

Sie werden jetzt Ihren DHCP-Server starten wollen, um zu überprüfen, ob die Konfiguration in Ordnung ist. Natürlich wollen Sie auch den Server so konfigurieren, dass er beim Systemstart ebenfalls startet. Die erste Aufgabe erledigen Sie mit der Eingabe von:

```
[root@host2 ~]# service dhcpd start
Starting dhcpd:                                            [  OK  ]
[root@host2 ~]#
```

Mit dem folgenden Befehl können Sie auch überprüfen, ob der DHCP-Prozess läuft (wenn der Dienst läuft, wird eine Zeile mit einigen statistischen Daten zu dem Prozess angezeigt):

```
# ps aux | grep dhcpd
root      9028  0.0  0.0   2552   636 Ss   09:40   0:00 /usr/sbin/dhcpd
```

Mit dem Befehl *chkconfig* bringen Sie DHCP dazu, beim Systemstart ebenfalls zu starten:

```
# chkconfig dhcpd on
# chkconfig --list
....from the list:
dhcpd           0:off   1:off   2:on    3:on    4:on    5:on    6:off
```

Wie bei anderen Diensten unter Linux auch, müssen Sie den DHCP-Daemon immer neu starten, wenn Sie Änderungen an Ihrer Konfigurationsdatei vornehmen. In der Datei *dhcpd.conf* können Sie weitere Optionen global oder für eine Clientmaschine oder ein Subnetz setzen. Das bedeutet, dass Sie für Ihr Netzwerk hilfreiche Standardwerte einführen und diese dann für eine bestimmte Maschinengruppe oder sogar für einzelne Maschinen wieder überschreiben können. Hier ist ein Beispiel für einen globalen Konfigurationsabschnitt am Anfang einer *dhcpd.conf*-Datei:

```
option domain name "host2.centralsoft.org";
```

Statische IP-Adressen zur Verfügung stellen

Workstations funktionieren normalerweise ausgezeichnet mit dynamischen Adressen (das sind Adressen, die sich regelmäßig oder bei einem Neustart ändern können), Server nutzen jedoch normalerweise statische Adressen, damit sich ihre Adressen nicht ändern, während sie sich gerade mitten in einer Sitzung mit einem Client befinden. Folglich können Sie mit DHCP in der *dhcpd.conf* auch statische IP-Adressen für bestimmte Systeme angeben. Lassen Sie uns das in kleinen Schritten machen.

Richten Sie als Erstes das Subnetz, die Broadcast-Adresse und Router ein:

```
subnet 192.168.1.0 netmask 255.255.255.0
option broadcast-address 192.168.1.255;
option routers 192.168.1.1;
```

Fügen Sie als Nächstes für jede Maschine in Ihrem Netzwerk einen Abschnitt host an. Hierfür müssen Sie die Hardwareadresse (häufig auch *MAC-Adresse* genannt) jeder einzelnen Netzwerkkarte wissen, die Sie mit Hilfe des Befehls *ifconfig* auf dem Host ermitteln können. Hier ein beispielhafter host-Abschnitt:

```
# Ethernet-MAC-Adresse wie folgt (Name des Hosts ist "laser-printer"):

host laser-printer {
    hardware ethernet 08:00:2b:4c:59:23;
    fixed-address 192.168.1.10;
}

host1.centralsoft.com {
    hardware ethernet 01:0:c0:2d:8c:33;
    fixed-address 192.168.1.5;
}
```

Erstellen Sie für jeden Server, der eine statische IP-Adresse benötigt, eine solche Konfigurationsregel und fügen Sie diese der Konfigurationsdatei hinzu.

Zuweisen von IPv6-Adressen mit radvd

Im Jahr 1995 erkannten Steve Deering und Robert Hinden, dass ein neues Internet Protocol-Adressierungssystem benötigt würde. Ihre erste Spezifikation zu IPv6 erschien im Jahr 1995 im IETF Request for Comments (RFC) 1883; die zweite Spezifikation erschien im Jahr 1998 im RFC 2460. Deering und Hinden hielten damit fest, was viele Menschen bereits wussten: Der 32-Bit-Adressierungsraum von IPv4 würde das explosionsartige Wachstum des Internets einschränken.

Nur wenige Systemadministratoren realisieren, dass IPv6 und seine neuen Verfahren für das Zuweisen von IP-Adressen momentan mehr und mehr Verbreitung finden. Es machen sich zwar viele über IPv6 lustig und sagen, dass es entweder unnötig sei oder dass die große Bedeutung der vorhandenen Verfahren IPv6 daran hindern wird, sich zu etablieren. Es gibt jedoch so viele Anwendungen und Umgebungen, die IPv6 benötigen, dass sich der Trend zu Gunsten von IPv6 ändert.

Eine intensive Auseinandersetzung mit IPv6 ist im Rahmen dieses Buchs wieder einmal nicht möglich. Wenn Sie weitere Informationen über das IPv4-Protokoll und die Daemons benötigen oder gar öffentliche IPv6-Adressen, müssen Sie sich leider an einer anderen Stelle umsehen.

IPv6-Adressen enthalten häufig die Hardwareadressen der Netzwerkkarten. Auf Grund dieser Eigenschaft können IPv6-Benutzer statische IP-Adressen erhalten, ohne dass dabei irgendeine Konfiguration auf Seiten des Servers benötigt werden würde, um diese Adressen zu unterstützen. Die automatische Zuweisung von IPv6-Adressen kann mit Hilfe des Router-Advertising-Daemons *radvd* erfolgen.

Fedora-Benutzer können das Paket *radvd-1.0.3* aus Ihren Yum-Repositories installieren. Debian-Benutzer installieren das Paket *radvd* lesen und die Datei */usr/share/doc/radvd/README.Debian*.

radvd lauscht auf Router-Anfragen und verschickt Router-Anzeigen, wie in RFC 2461 »Neighbor Discovery for IP Version 6 (IPv6)« beschrieben. Die Hosts können ihre Adressen automatisch konfigurieren und basierend auf diesen Anzeigen ihre Standard-Router auswählen.

radvd unterstützt ein sehr einfaches Protokoll. Sie werden auch feststellen, dass dessen Konfiguration einfach ist. Ein Beispiel einer vollständig konfigurierten Datei */etc/radvd.conf* sieht in etwa so aus:

```
interface eth0
{
    AdvSendAdvert on;
    prefix 0:70:1f00:96::/64
    {
    };
};
```

Wenn Sie *radvd* gern einsetzen möchten, müssen Sie prefix auf eine Ihrer Netzwerkkarten setzen und den Dienst einrichten. Sie werden auch auf Ihren Client-Arbeitsstationen DNS separat konfigurieren müssen.

Sie finden die Projekt-Homepage von *radvd* auf *http://www.litech.org/radvd*.

Gateway-Dienste

Linux besitzt Funktionen, mit denen LAN-Benutzer das Internet durchstöbern können, ohne dabei ihre individuellen IP-Adressen der Öffentlichkeit zugänglich machen zu müssen. In einer Standardinstallation bleiben die Aktivitäten innerhalb einer Organisation der Öffentlichkeit verborgen, wenn Linux als Router eingesetzt wird. Auf der lokalen Seite des Routers bleiben die lokalen Aktivitäten gegenüber allen Anwendern auf der öffentlichen Seite verborgen.

Manchmal wird ein Gateway auch *Bastion Host* genannt. Sie können sich das wie eine Netzwerkeinheit vorstellen, die einen einzigen Eintritts- und Austrittspunkt in das Internet bereitstellt. Bastion Hosts helfen dabei zu verhindern, dass in ein Netzwerk eingebrochen wird, indem sie eine Barriere zwischen privaten und öffentlichen Bereichen aufstellen. Wir nennen die Dienste, die von diesen Hosts zur Verfügung gestellt werden, *Gateway-Dienste*.

Linux-Systemadministratoren setzen Gateway-Dienste aus einer Kombination aus Paketweiterleitung und Firewall-Regeln um, die auch als *iptables* bekannt sind. Sie stoßen für Gateway-Dienste eventuell noch auf andere Namen, wie beispielsweise *Masquerading* oder Network Address Translation (NAT).

In kleinen Organisationen und Heimnetzwerken kann ein Gateway aus einem einzigen Server bestehen und einfache Sicherheit, eine Firewall, DHCP, Caching DNS und Maildienste umfassen. In größeren Organisationen werden solche Dienste normalerweise mit einer sogenannten demilitarisierten Zone (DMZ), die das Gateway separiert, auf mehrere Server verteilt.

Für unsere Zwecke beschränken wir die Gateway-Konfiguration lediglich auf die Paketweiterleitung; wir werden keine Zeit auf eine DMZ verschwenden, die mehr Ausrüstung und Aufwand erforderlich macht. Um ein Gateway einrichten zu können, benötigen Sie:

- einen dedizierten Computer, der als Gateway fungiert,
- eine Verbindung zum Internet und zwei Netzwerkkarten,
- einen kleinen Switch für die Clientmaschinen, um eine Verbindung zum Gateway aufbauen zu können sowie
- ein installiertes *iptables*.

> ### Rolle einer DMZ
>
> Im Bereich der Computersicherheit bezieht sich der Begriff *Demilitarisierte Zone* auf ein Perimeter-Netzwerk, das ein Subnetz oder Netzwerk ist, das sich zwischen einem internen Netzwerk und dem Internet befindet. Ihr privates Netzwerk könnte beispielsweise ein internes Netzwerk der Form 192.168.1.0 verwenden, die DMZ 10.0.0.0 und der Block im öffentlichen Internet 70.253.158.0.
>
> In DMZs stehen normalerweise Server, die von außerhalb erreichbar sein müssen. Hierzu gehören beispielsweise E-Mail-, Web- und DNS-Server. Verbindungen aus dem Internet in die DMZ werden normalerweise mit Hilfe von *Port Address Translation* (PAT) gesteuert.
>
> Die Quelle und das Ziel jedes IP-Pakets enthalten eine IP-Adresse sowie einen Port. Port-Translation führt an den Datenpaketen sowohl an den Absender- als auch an den Empfängeradressen Änderungen durch. Mit Portnummern, nicht mit IP-Adressen, werden unterschiedliche Computer aus dem internen Netzwerk zugewiesen.
>
> Eine DMZ befindet sich in der Regel zwischen zwei Gateways oder Firewalls und verbindet beide miteinander, wobei eine Netzwerkschnittstelle mit dem internen Netzwerk und eine mit dem Internet verbunden ist. Eine DMZ kann eine versehentliche Fehlkonfiguration verhindern, mit der aus dem Internet auf das interne Netzwerk zugegriffen werden könnte. Wir nennen das eine *Screened-Subnetz-Firewall*.

Wir gehen davon aus, dass in dieser Konfiguration *eth0* Ihre Verbindung zum Internet darstellt und *eth1* Ihr interner Gateway ist. Bearbeiten Sie die Konfigurationsdatei für *eth0*, die sich in */etc/sysconfig/networking/devices/ifcfg-eth0* befindet, so, dass sie folgende Zeilen enthält:

```
ONBOOT=yes
USERCTL=no
IPV6INIT=no
PEERDNS=yes
GATEWAY=70.253.158.46
TYPE=Ethernet
DEVICE=eth0
HWADDR=00:04:61:43:75:ee
BOOTPROTO=none
NETMASK=255.255.255.248
IPADDR=70.253.158.43
```

Entsprechend sollte die Konfiguration für *eth1* so aussehen:

```
ONBOOT=yes
USERCTL=no
IPV6INIT=no
PEERDNS=yes
TYPE=Ethernet
DEVICE=eth1
```

```
HWADDR=00:13:46:e6:e5:83
BOOTPROTO=none
NETMASK=255.255.255.0
IPADDR=192.168.1.1
```

Informationen über die Konfigurationsparameter finden Sie in der Datei *sysconfig.txt*, die sich in einem Verzeichnis befindet, dessen Namen in etwa */usr/share/doc/initscripts-7.93.7* lautet.

Da jetzt Ihre Netzwerkkarten konfiguriert sind, müssen Sie noch sicherstellen, dass *iptables* installiert ist. Sie sollten das folgende Ergebnis erhalten:

```
[root@host2 devices]# rpm -q iptables
iptables-1.3.7-2
[root@host2 devices]#
```

Wenn bei Ihnen *iptables* noch nicht installiert ist, müssten Sie es jetzt installieren und die dazugehörigen Module laden.

> Bei Fedora 7 kann *iptables* mit Hilfe der Anwendung »Software hinzufügen/entfernen« installiert werden, die sich direkt unterhalb des Menüs »Anwendungen« im GNOME-Panel befindet. Diese Anwendung lädt im Rahmen des Installationsverfahrens auch die Kernel-Module.

Führen Sie jetzt Folgendes aus:

```
# iptables -t nat -A POSTROUTING -o eth0 -j MASQUERADE
# service iptables save
# echo 1 > /proc/sys/net/ipv4/ip_forward
```

Bearbeiten Sie nun */etc/sysctl.conf* und ändern Sie dort `net.ipv4.ip_forward = 0` auf 1 ab, damit diese Einstellung nach einem Reboot erhalten bleibt. Sie lassen Ihr System */etc/sysctl.conf* noch einmal einlesen, indem Sie Folgendes eingeben:

```
# sysctl -p
```

Wenn Sie sich in einer kleinen Organisation befinden, können Sie den Server noch um DHCP mit einer einfachen Version von *dhcpd.conf* erweitern:

```
ddns-update-style interim;

default-lease-time          600;
max-lease-time              7200;

subnet 192.168.1.0 netmask 255.255.255.0 {
    option routers 192.168.1.1;
    option subnet-mask 255.255.255.0;
    option domain-name-servers server1.centralsoft.org,
        server2.centralsoft.org;
    range 192.168.1.2 192.168.1.254;
}
```

Ein weiterer Ansatz für Gateway-Dienste

Dieser Abschnitt behandelt den Einsatz vorpaketierter Produkte, die eine Kombination aus Gateway und Firewall sind und verschiedene Funktionalitäten anbieten. Es gibt mehrere freie Pakete, wie beispielsweise Firestarter, IPCop, Netfilter und Shorewall. In der Linux-Literatur wird auch Smoothwall und ClarkConnect erwähnt, hierbei handelt es sich allerdings um kommerzielle Produkte, die eine ganze Linux-Distribution installieren, und nicht um alleinstehende Anwendungen.

Für den Einsatz in diesem Kapitel haben wir Firestarter ausgewählt. Vielleicht wollen Sie sich aber auch Shorewall ansehen, ein Konfigurations-Utility für Netfilter (ein Kommandozeilentool).

Sie können sich Firestarter aus den Fedora-Repositories herunterladen. Unsere Installation verwendete das folgende Paket:

```
[root@host2 ~]# rpm -q firestarter
firestarter-1.0.3-16.fc7
[root@host2 ~]#
```

Der Firestarter Firewall Wizard (Abbildung 8-5) wird geöffnet, wenn ein Administrator das Programm das erste Mal startet. Sie können den Assistenten aus dem Firewall-Menü im Hauptfenster erneut starten sowie die Auswahl über die Option »Preferences« ändern.

Abbildung 8-5: Der Firestarter Firewall Wizard

Nach dem Startbildschirm folgt eine Reihe von Konfigurationsbildschirmen, die mit dem Fenster »Network device setup« (Abbildung 8-6) beginnen, in dem Sie zwei Netzwerkkarten einrichten können.

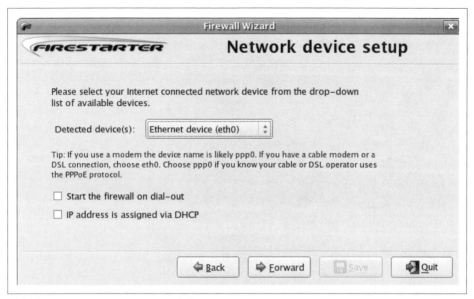

Abbildung 8-6: Das Fenster Network device setup

Firestarter bezieht sich auf seine primäre Funktion des *Connection Sharing* (gemeinsame Nutzung einer Verbindung). Da er jedoch NAT einsetzt, arbeitet er auch als Gateway, deshalb erscheinen die Clients in einem internen LAN dem Internet wie eine einzige Maschine mit einer einzigen IP-Adresse. Das wird beispielsweise im Fenster »Preferences« wichtig, das in Abbildung 8-7 gezeigt wird. Beachten Sie, dass sich die erste Gerätebeschreibung auf das »Internet connected network device« (das Gerät, das mit dem Internet verbunden ist) bezieht und die zweite Beschreibung zum »Local network connected device« (dem Gerät, das mit dem lokalen Netzwerk verbunden ist) gehört.

Wenn Sie sich Abbildung 8-7 nochmals ansehen, können Sie erkennen, dass der Administrator mit Firestarter auch eine bestehende DHCP-Konfiguration verwenden oder eine neue einrichten kann. Hier die *dhcpd.conf*-Datei von Firestarter:

```
# DHCP configuration generated by Firestarter
ddns-update-style interim;
ignore client-updates;

subnet 192.168.1.0 netmask 255.255.255.0 {
    option routers 192.168.1.1;
    option subnet-mask 255.255.255.0;
    option domain-name-servers 70.253.158.42, 70.253.158.45, 151.164.1.8;
    option ip-forwarding off;
    range dynamic-bootp 192.168.1.10 192.168.1.254;
    default-lease-time 21600;
    max-lease-time 43200;
}
```

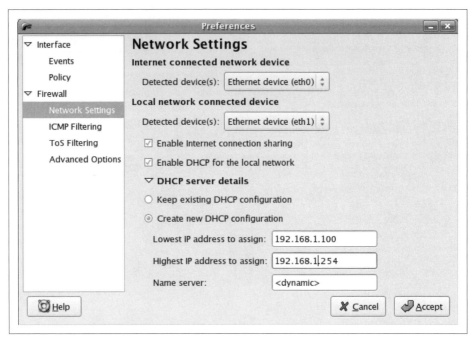

Abbildung 8-7: Firestarter Preferences-Bildschirm

Die Datei *resolv.conf*, die sich auf dem Gateway befindet, taucht auch in den Konfigurationseinstellungen der DHCP-Clientmaschinen auf, da Firestarter diese Datei ausliest und die DNS-Serveradressen in *dhcpd.conf* ablegt.

Das Hauptfenster von Firestarter bietet eine Übersicht über den Status des Gateway und die Verbindungen zu DHCP-Hosts. Es zeigt auch eine Zusammenfassung der Ereignisaktivität, wie in Abbildung 8-8 gezeigt wird.

In Abbildung 8-9 können Sie eine Sicht auf die Ereignisse aus der zweiten Registerkarte im Hauptfenster sehen. In dieser Übersicht sehen Sie die geblockten Verbindungen.

Die Registerkarte »Events« bietet Ihnen ein Protokoll der Versuche, Ihre Firewall auszunutzen. Vielleicht finden Sie diese Protokolle hilfreich, wenn Eindringlinge versuchen, in Ihre Systeme einzubrechen. Wenn die Eindringlinge anscheinend noch da sind, fügen Sie ihre IP-Adressen einfach an die Datei */etc/hosts.deny* an. Versucht nun jemand, über Ihren *ssh*-Port 22 mit Hilfe eines Wörterbuchangriffs hereinzukommen, können Sie diesen Port einfach mit Firestarter schließen.

Das Firestarter-Icon wird rot, wenn es einen möglichen Angriffsversuch entdeckt. Beachten Sie die Nachricht dazu in Abbildung 8-10: »Hit from 221.237.38.68 detected«. Dem sollte man nachgehen.

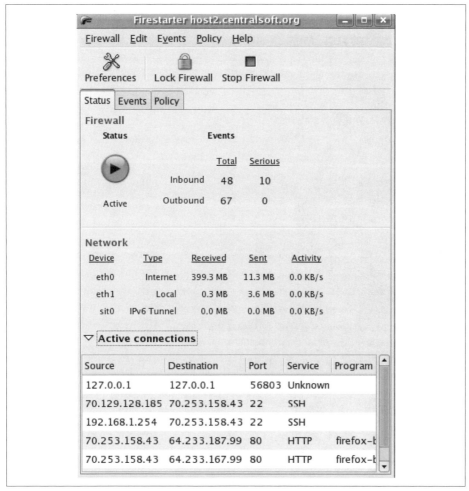

Abbildung 8-8: Das Hauptfenster von Firestarter

Mit der dritten Registerkarte im Hauptfenster können Sie Richtlinien für die Dienste einrichten, die Sie zulassen möchten oder auch nicht. Wir lassen beispielsweise SSH-Verbindungen auf die Firewall von außen zu. Zu dem Zweck richten wir eine Richtlinie (Policy) ein, mit der SSH auf Port 22 zugelassen wird.

Firestarter setzt für die Konfiguration von Gateway-Richtlinien einen Assistenten ein. Sie erhalten in Abbildung 8-11 einen ersten Eindruck darüber, wie er funktioniert.

Abbildung 8-11 zeigt ein Fenster mit dem Namen »Add new inbound rule«. Dieses Fenster erscheint, nachdem Sie auf der Registerkarte »Policy« die Option »Add Rule« ausgewählt haben. In diesem Fenster sehen Sie eine Auswahl der Möglichkei-

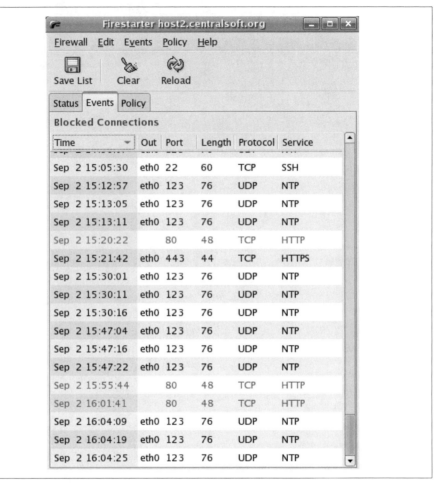

Abbildung 8-9: Die Registerkarte Events von Firestarter

Abbildung 8-10: Panel-Icons zeigen einen versuchten Einbruch an

ten, mit denen Sie den Zugriff auf die Dienste im Netzwerk erlauben können. Ein ähnliches Fenster gibt es für die ausgehenden Dienste, die Sie Ihren Benutzern zur Verfügung stellen möchten.

Sie werden feststellen, dass Firestarter eine einfach zu konfigurierende Anwendung ist. Die Projekt-Community hat hervorragende Arbeit geleistet und das Vorgehen bei der Konfiguration in einem gut geschriebenen und prägnanten Anwenderhandbuch dokumentiert, das Sie auf *http://fs-security.com/docs.php* finden.

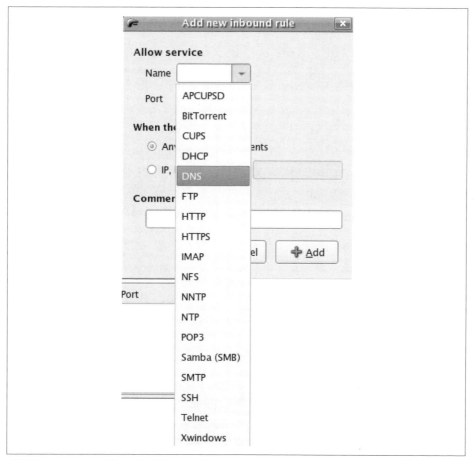

Abbildung 8-11: Richtlinienkonfiguration bei Firestarter

 An dieser Stelle wundern Sie sich vielleicht, warum wir eine Anwendung genommen haben, die vom GNOME-Desktop abhängig ist. Erinnern Sie sich daran, dass wir, als wir Fedora als Distribution für das lokale Netzwerk ausgewählt haben, dies gemacht haben, weil Fedora eine so umfangreiche Werkzeugsammlung besitzt. Firestarter zu nehmen passt also in unsere Philosophie, ohne uns die Möglichkeit zu nehmen, auch die Kommandozeile einsetzen zu können.

Druckdienste

Als Linux-Systemadministrator können Ihnen Drucker ernsthafte Kopfschmerzen bereiten. Sie sind dabei gezwungen, Inkompatibilitäten zwischen Hardware, Software und Betriebssystemen herauszufinden. Da es eine große Vielzahl an Systemen und Verfahren für die Konfiguration von Druckern gibt, besitzt dieser Administrationsbereich das Potenzial, Sie für Monate in schlechte Laune zu versetzen – oder zumindest so lange, bis Sie die Situation in den Griff bekommen.

Lassen Sie uns mit der Hardware beginnen. Die meisten Systemadministratoren werden bei Netzwerkdruckern auf vier Arten von Hardware stoßen. In bestehenden Netzwerken finden Sie eventuell eine Kombination dieser Konfigurationen vor:

- Drucker, die an Benutzer-PCs angeschlossen sind
- dedizierte PCs, die als Druckerserver eingesetzt werden
- netzwerkfähige Drucker mit eingebauten Ethernet-Karten
- Druckserver-Geräte, die Drucker direkt mit einem LAN verbinden

In den meisten Bürogebäuden mittlerer Größe sehen Sie wahrscheinlich in jeder Ecke, an der Sie vorbeikommen, mehrerer dieser Lösungen. Die Flexibilität, die uns moderne Desktop-Systeme bieten, führt häufig zu Problemen.

Stellen wir uns einmal vor, Lisa Marie, eine Ihrer Anwenderinnen, kauft sich einen Inkjet-Drucker, geht zur Buchhaltung, lässt sich den Drucker über die Handkasse erstatten und schließt den Drucker dann direkt an ihrem PC an. Peter Paul, der am Schreibtisch neben ihr sitzt, fragt sie dann, ob er nicht auch ihren Drucker verwenden könne. Sie klickt also mit der rechten Maustaste auf den Drucker auf ihrem Desktop und wählt »Drucker freigeben« aus. Peter Paul versucht jetzt, eine Verbindung zum Drucker von Sally aufzubauen, aber es funktioniert nicht. Warum? Er hat den Treiber nicht installiert.

Diese beiden Anwender rufen also den Systemadministrator an (das sind Sie), damit er das Problem löse. Sie installieren nun den Treiber auf dem PC von Peter Paul, und plötzlich, gerade so, als wäre es Zauberei, funktioniert er. Später ruft Lisa Marie wieder an und beschwert sich darüber, dass ihr PC mehr Speicher und einen schnelleren Prozessor benötige. Warum? Jetzt verwenden zehn Kollegen ihren Drucker, da sie eine öffentliche Freigabe eingerichtet hat, wodurch ihr Rechner ausgebremst wird.

Als Sie dann die Lage überprüfen, stellen Sie fest, dass gleich um die Ecke ein großer Laserdrucker mit eingebauter Netzwerkkarte steht, der nichts zu tun hat. Warum druckt keiner dieser Anwender auf diesem Drucker aus? Es stellt sich heraus, dass dieser Drucker überhaupt nicht im Netzwerk auftaucht, da sich keiner darum gekümmert hat, den Drucker am Domänen-Controller einzurichten.

Diese hypothetische Anekdote soll Ihnen aufzeigen, dass ein Systemadministrator sich eine Strategie für die Verwaltung seiner Drucker-Infrastruktur überlegen muss. Dieser Abschnitt des Kapitels bietet Ihnen einen umfassenden Überblick und ausreichend praktische Erfahrung, damit Sie loslegen können. Sie können sich zuerst einmal ein Hardwareverzeichnis anlegen und einige Entscheidungen bezüglich Software und Betriebssysteme treffen.

Da es so viele Druckerarten und Gerätekombinationen, Betriebssysteme und Software gibt, müssen Sie sich Ihr Wissen über das Drucken bei Ihrer täglichen Arbeit aneignen. Am meisten lernen Sie über das Drucken, wenn Sie sich eine Strategie für Ihre eigene Infrastruktur überlegen. Das grenzt die Menge der Informationen ein, die Sie verdauen müssen.

Entscheidungen über die Drucksoftware

Linux und Windows hatten mit völlig unterschiedlichen Druckmodellen angefangen. Glücklicherweise konnten inzwischen Fortschritte erzielt werden, und alle können nett miteinander arbeiten. Solange Sie die Drucker aber nicht in Ihrem Netzwerk konfigurieren, werden sie wahrscheinlich nicht zusammenarbeiten können.

Ursprünglich hat Linux den Unix-Standard für das Drucken eingesetzt, der auch als Line Printer Daemon (LPD) bekannt ist. Später kam dann ein aktualisierter Daemon mit dem Namen LPRng hinzu. Die Linux-Distributionen haben aber auch die LPD-Tools für das Drucken und die Zusammenarbeit mit verschiedenen Unix-Varianten eingesetzt. Die Linux-Distributoren liefern weiterhin LPDs und ihre Werkzeuge mit, haben allerdings die Unterstützung für ein neues System dazugepackt, das als Common Unix Printing System (CUPS) bekannt ist. Anders als LPD, ist CUPS auch zu den Windows- und Mac OS-Betriebssystemen kompatibel. CUPS und LPD setzen unterschiedliche Protokolle für das Drucken im Netzwerk ein. Während LDP keinen Druckjob nach bestimmten Eigenschaften abfragen kann, ist das bei CUPS möglich. CUPS funktioniert auch direkt in heterogenen Netzwerken und kann, wenn nötig, mit Samba gekoppelt werden. Nicht alle Linux-Distributionen ermöglichen diese Schnittstelle, Red Hat liefert CUPS allerdings standardmäßig mit Fedora aus.

Als Systemadministrator sollten Sie sich mit den Administrationswerkzeugen von CUPS vertraut machen. Geben Sie bei Fedora einfach in einem Browser *http://localhost:631* ein, und Sie sehen die Verwaltungsoberfläche, die in Abbildung 8-12 dargestellt wird.

Die Oberfläche ist selbsterklärend, daher überlassen wir es Ihnen, sich damit auseinanderzusetzen. Wenn Sie mit CUPS nicht vertraut sind, sollten Sie sich die Verwaltungsoberfläche ansehen oder auf die Website des Projektes auf *http://www.cups.org/book/index.php* gehen und sich dort das rote Buch durchlesen.

Plattformübergreifendes Drucken

Lassen Sie uns jetzt einmal einen Blick auf einige der Druckprobleme werfen, auf die Sie wahrscheinlich in den heutigen Firmenumgebungen stoßen werden. Es ist ziemlich wahrscheinlich, dass Sie in eine Situation kommen, in der Sie Linux-Drucker von Windows-Maschinen aus nutzen möchten. (Es kann tatsächlich sein, dass

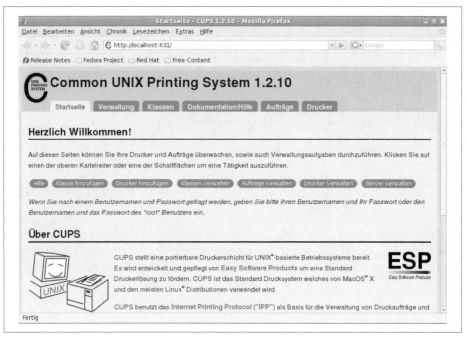

Abbildung 8-12: Die Konfigurationsoberfläche von CUPS

Sie in einem Windows-Netzwerk Linux als Druckserver einsetzen möchten, um Lizenzgebühren zu sparen.) Vielleicht möchten Sie auch Windows-Drucker den Linux-Maschinen zur Verfügung stellen. Wie machen Sie das also?

Als Erstes werden wir uns ansehen, wie man Windows-Benutzern den Zugriff auf Drucker ermöglicht, die an Linux angebunden sind. Normalerweise müssen Sie hierfür eine Samba-Arbeitsgruppe oder -Domäne einrichten und CUPS auf Ihren Linux-PCs installieren. Außerdem muss CUPS für die Zusammenarbeit mit Samba konfiguriert werden, was Sie mit dem folgenden Befehl machen können:

```
# ln -s `which smbspool` /usr/lib/cups/backend/smb
```

Bearbeiten Sie */etc/samba/smb.conf*, um dort eine Druckerfreigabe auf einem Samba-Server einzurichten. In der Praxis würden Sie wahrscheinlich den Zugriff auf die einzelnen Drucker auf bestimmte Systeme oder Benutzer einschränken wollen. Im folgenden Beispiel gibt der Linux-PC jedoch in Ihrem Netzwerk alle seine Drucker für alle Systeme, die Samba bedienen soll, frei:

```
[printers]
    comment = All Printers
    printing = cups
    printcap name = cups
```

Ihre Windows-PCs können jetzt über das Netzwerk auf die Drucker zugreifen. Wahrscheinlich benötigen Sie noch die Windows-Druckertreiber, die Sie entweder auf dem Installationsmedium Ihrer Windows-Version finden oder auf dem Installationsmedium, das mit Ihrem Drucker mitgeliefert wurde.

Im nächsten Szenario müssen Sie Ihren Linux-Benutzern die Verbindung zu Druckern ermöglichen, die an Windows-Servern angeschlossen sind. Wieder einmal benötigen Sie hierfür CUPS und Samba. Auf den Windows-PCs geben Sie die Drucker wie gewohnt frei: Unter Windows NT, 2000 und/oder XP aktivieren Sie das *Gast*-Konto und setzen die Berechtigungen so, dass jeder auf die freigegebenen Drucker zugreifen kann. Installieren Sie jetzt CUPS auf dem Samba-Server und konfigurieren Sie CUPS für Samba so, wie wir das bereits beschrieben haben.

Installieren Sie jetzt mit CUPS die Windows-Drucker, die Sie auf dem Samba-Server zur Verfügung stellen möchten, und verwenden Sie hierfür die Weboberfläche von CUPS.

Sie müssen sich zu diesem Zweck als *root* anmelden. Auf einigen Linux-Systemen müssen Sie zuerst noch *root* als CUPS-Systemadministrator einrichten. Das können Sie mit dem Befehl *adduser* machen:

```
~$ su
Password:
# adduser cupsys shadow
Adding user `cupsys' to group `shadow'...
Done.
# /etc/init.d/cupsys restart
Restarting Common Unix Printing System: cupsd                [ ok ]
#
```

Melden Sie sich jetzt als *root* an.

Klicken Sie auf »Drucker hinzufügen« und geben Sie den Druckernamen auf dem Windows-System ein. Wir werden »BrotherHL1440« nehmen (siehe Abbildung 8-13). Geben Sie dann den Ort und eine Beschreibung ein. Klicken Sie im Gerätefenster auf das Drop-down-Menü und wählen Sie dort »Windows Printer via SAMBA« aus.

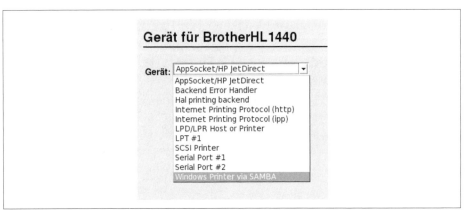

Abbildung 8-13: Windows-Drucker hinzufügen

Geben Sie im nächsten Fenster »Geräte URI« für den URI des Geräts an. »BrotherHL1440-2« ist an Philadelphia auf Windows 2003 angeschlossen, also müssen Sie den Benutzernamen »Gast« und den Hostnamen angeben:

    smb://gast@philadelphia/brotherhl1440-2

An dieser Stelle müssen Sie den Druckertreiber auswählen. Sie sollten auch eine Testseite ausdrucken. Wenn Sie jetzt auf Ihrem Linux-Client die CUPS-Oberfläche öffnen, müssten Sie dort den Drucker sehen. Die Linux-Clients im LAN können jetzt diesen Drucker verwenden.

Druckerwarteschlangen von der Kommandozeile aus steuern

Sie können mit *ssh* auf einen entfernten Linux-Druckserver zugreifen und mit CUPS-Befehlen die Druckerwarteschlangen steuern. CUPS CLI-Befehle benötigen normalerweise *root*-Rechte.

Lassen Sie uns einen kurzen Blick auf folgende Befehle werfen:

lpc
> Hiermit können Sie Drucker auf unterschiedliche Arten steuern. Mit *lpc status* können Sie sich eine Liste der verfügbaren Warteschlangen sowie deren Status anzeigen lassen.

lpstat
> Zeigt eine Liste der Aufträge an, die für den Ausdruck in den Warteschlangen der Drucker des Systems stehen. Sie können mit verschiedenen Optionen die Ausgabe dieses Befehls verändern.

lpq
> Zeigt den Status der aktuellen Warteschlange an oder den Status der Warteschlange, die mit der Option *-P Warteschlange* angegeben wurde.

lppasswd
> Ändert das CUPS-Passwort, das vom System verwendet wird. Setzen Sie in der Konfigurationsdatei *cupsd.conf* den Eintrag AuthType auf Digest.

enable und disable
> Startet oder beendet die angegebene Warteschlange. Der am häufigsten verwendete Befehl ist *disable* mit der Option *-c*, um eine Warteschlange zu beenden und alle Aufträge, die sich gerade in der Warteschlange befinden, abzubrechen.

accept und reject
> Führt dazu, dass die Warteschlange damit beginnt, neue Aufträge zuzulassen oder abzuweisen.

lprm
> Entfernt einen Auftrag aus der Warteschlange. Sie können die Warteschlange (*-P Warteschlange*) und die Auftrags-ID (die Sie mit *lpstat* erhalten) angeben.

lpmove
> Verschiebt einen Druckauftrag mit einer Auftrags-ID und einem Warteschlangennamen von einer Warteschlange in eine andere (beispielsweise *lpmove Warteschlange1-46 Warteschlange2*).

Sie können diese Befehle auch selbst ausprobieren. Hier ein Beispiel zum ersten Befehl mit dem Drucker, den wir gerade mit Hilfe der CUPS-Oberfläche eingerichtet haben:

```
# lpc status
BrotherHL1440:
        printer is on device 'smb' speed -1
        queuing is enabled
        printing is enabled
        no entries
        daemon present
```

Benutzerverwaltung

Unter Linux können Sie Benutzer auf verschiedene Arten verwalten (hinzufügen, ändern, löschen). Am Anfang dieses Abschnitts gehen wir davon aus, dass jeder von Ihnen verwaltete Server seine eigene Benutzerdatenbank besitzt, die Sie in der Datei */etc/passwd* finden. Auch setzen wir voraus, dass Sie über die Grundlagen beim Hinzufügen und Löschen von Benutzerkonten mit den Befehlen *adduser* und *useradd* bei der von Ihnen verwendeten Distribution Bescheid wissen, da sich diese Befehle von Distribution zu Distribution unterscheiden.

Verschiedene Linux-Distributionen haben das Standardverhalten der *adduser/ useradd*-Befehle abgeändert. Sie können zwar auf die Beschreibungen der Befehle im Handbuch zurückgreifen, sie werden aber möglicherweise nicht so funktionieren, wie es dort beschrieben ist. Sie werden ein paar Dinge ausprobieren müssen, um festzustellen, wie sich hier Ihre Distribution verhält. Unter Fedora scheinen sich die beiden Befehle gleich zu verhalten: Sie fügen beide ein Konto und ein Benutzerverzeichnis hinzu. Sowohl bei der Eingabe von *adduser tadelste* als auch bei *useradd tadelste* fügen die Befehle einen Benutzer hinzu und richten ein Home-Verzeichnis ein, fragen aber nicht nach einem temporären Passwort oder stellen Ihnen die Standard-Linux-Fragen, die Sie vielleicht erwarten würden.

Bei anderen Distributionen sehen Sie vielleicht die folgende Ausgabe:

```
... # adduser tadelste
Lege Benutzer `tadelste' an ...
Lege neue Gruppe `tadelste' (1001) an ...
Lege neuen Benutzer `tadelste' (1001) mit Gruppe `tadelste' an ...
Erstelle Home-Verzeichnis `/home/tadelste' ...
Kopiere Dateien aus `/etc/skel' ...
Enter new UNIX password: passwd1
Retype new UNIX password: passwd1
```

```
passwd: Kennwort erfolgreich geändert
Ändere Benutzerinformationen für tadelste
Geben Sie einen neuen Wert an oder ENTER für den Standardwert
        Name []: Neuer Benutzer
        Raumnummer []:
        Telefon geschäftlich []: 999-555-1212
        Telefon privat []:
        Sonstiges []:
Sind die Informationen korrekt? [j/N] j
```

Bei Fedora endet der Vorgang jedoch bei der Zeile Kopiere Dateien.... Es wird dann erwartet, dass der Administrator das erste Passwort für den Benutzer einrichtet. Aber was passiert, wenn der Administrator dem neuen Benutzer nicht sofort ein Passwort zuweist? Kann der hinzugefügte Benutzer beispielsweise auf den Server per *ssh* zugreifen? Probieren wir es doch einfach aus:

```
$ ssh tadelste@host2.centralsoft.org
tadelste@host2.centralsoft.org's password:
Permission denied, please try again.
tadelste@host2.centralsoft.org's password:
Permission denied, please try again.
tadelste@host2.centralsoft.org's password:
Permission denied (publickey,gssapi-with-mic,password).
$
```

Wie Sie selbst sehen können, lautet die Antwort nein. Der Benutzer besitzt nicht etwa nur ein leeres Passwort, er hat überhaupt kein Passwort. Die Datei *sshd_config* ist so konfiguriert, dass ein Passwort erforderlich ist, deshalb kann sich der Benutzer auch nicht mit SSH anmelden.

Aus diesem Grund muss der *root*-Benutzer für den Anwender ein Passwort vergeben, was der Administrator folgendermaßen vornehmen kann:

```
[root@host2 ~]# passwd tadelste
Changing password for user tadelste.
New UNIX password: passwd1
Retype new UNIX password: passwd1
passwd: all authentication tokens updated successfully.
[root@host2 ~]#
```

Die Ausgabe bestätigt, dass der Befehl *passwd* das Passwort für den Benutzer ändert, was allerdings nicht ganz stimmt, denn es wird nicht nach dem (nicht vorhandenen) ursprünglichen Passwort gefragt.

Als Benutzer können Sie, sobald Ihnen ein Passwort zugewiesen wurde, dieses Passwort auch selbst ändern:

```
$ passwd
Changing password for user tadelste.
Changing password for tadelste
(aktuelles) UNIX password: passwd1
Geben Sie ein neues UNIX Passwort ein: passwd1
Passwort nicht geändert
```

```
Geben Sie ein neues UNIX Passwort ein: passwd2
Geben Sie das neue UNIX Passwort erneut ein: passwd2
passwd: all authentication tokens updated successfully.
$
```

Fedora überprüft zuerst, ob Sie ein Passwort haben (wenn nicht, wären Sie nicht in der Lage, sich am Server anzumelden). Es überprüft dann auch, ob sich das von Ihnen neu eingegebene Passwort von Ihrem bisherigen Passwort unterscheidet. Wenn Sie das gleiche Passwort eingeben, nimmt es Fedora nicht an und fordert Sie noch einmal zur Eingabe auf.

Da Fedora das Verfahren von Red Hat einsetzt, müssen Sie davon ausgehen, dass es beim Anlegen von Benutzern und Setzen von Passwörtern einige Sicherheitsvorgaben gibt.

Als Sie Fedora installiert haben, wurden Sie durch das Installationsskript aufgefordert, ein Passwort für das *root*-Konto festzulegen und neben *root* noch ein optionales primäres Benutzerkonto anzulegen. Ansonsten haben Sie vielleicht kaum Erfahrung mit dem Hinzufügen von Benutzern und, wenn überhaupt, nur wenig mit der Verwaltung von Gruppen.

Systemadministratoren müssen wissen:

- wie Benutzerkonten erstellt und eingerichtet werden,
- wie Benutzerkonten gelöscht oder deaktiviert werden,
- und müssen die Gefahren durch mögliche Sicherheits-Exploits kennen, die im Zusammenhang mit der Benutzerverwaltung stehen, und wie man diese beseitigt

Sie sollten sich auch darüber bewusst sein, dass die Benutzerkonten auf Linux-Systemen mehreren Zwecken dienen und dass einige »Benutzer« keine Menschen sind. Ihnen werden im Wesentlichen zwei Arten von Konten begegnen:

Konten für echte Personen
Jeder Benutzer erhält ein Konto, dem ein paar Konfigurationsmöglichkeiten zugewiesen werden, beispielsweise ein Passwort, ein Home-Verzeichnis und eine Shell, die gestartet wird, wenn sich der Benutzer anmeldet. Wenn Sie für jeden Benutzer unterschiedliche Konten zur Verfügung stellen, können Sie auf deren Dateien auch Zugriffsberechtigungen setzen, damit die Benutzer damit steuern können, wer auf die Dateien zugreifen kann.

Konten für Systemdienste, wie beispielsweise Mail- oder Datenbankserver
Diese Konten stellen sicher, dass Dienste mit sehr eingeschränkten Privilegien laufen und nur auf ein paar notwendige Dateien Zugriff haben, für den Fall, dass ein Programmierfehler oder ein bösartiger Eindringling dazu führt, dass die Dienste versuchen, auf andere Teile des Systems zuzugreifen. Wenn ein Dienst installiert wird, erstellt normalerweise der Installationsprozess oder der Systemadministrator einen Benutzer und eine Gruppe mit dem gleichen Namen

(*postfix*, *mysql* usw.) und weist diesen alle Dateien und Verzeichnisse zu, die von diesem Dienst kontrolliert werden. Dienste erhalten dabei keine Passwörter, Home-Verzeichnisse oder Shells, da diese voraussichtlich nur von Eindringlingen verwendet werden würden.

Wie bereits angemerkt, sollten Sie, wenn Sie dieses Buch lesen, bereits wissen, wie man Benutzer hinzufügt, Passwörter einrichtet und so weiter. Jetzt möchten wir uns aber unter Sicherheitsaspekten auf die Probleme konzentrieren, die ein Administrator im Zusammenhang mit Benutzern kennen muss.

Entfernen eines Benutzers

Die Mitarbeiterfluktuation steigt in vielen Organisationen an. Wenn Sie nicht gerade einen kleinen Shop mit einer stabilen Benutzerzahl betreiben, müssen Sie deshalb lernen, wie Sie hinter einem Mitarbeiter aufräumen, der das Unternehmen verlassen hat. Zu viele sogenannter Systemadministratoren erkennen gar nicht ihren Einfluss, den sie bei der Verwaltung von Benutzern nehmen. Verärgerte ehemalige Mitarbeiter können einer Firma häufig erhebliche Probleme verursachen, wenn sie Zugriff auf das Netzwerk erhalten.

Das Entfernen eines Benutzers ist kein Vorgang, der in einem Schritt erledigt werden kann – Sie müssen alle Dateien des Benutzers verwalten, alle Mailboxen, Mail-Aliase, Druckaufträge, wiederkehrende (automatische) personenbezogene Prozesse (wie beispielsweise die Sicherung von Daten oder das Synchronisieren von Verzeichnissen) sowie weitere Verweise auf den Benutzer. Es ist eine gute Idee, zuerst das Benutzerkonto in */etc/passwd* zu deaktivieren. Danach können Sie sich auf die Suche nach den Dateien des Benutzers und weitere Hinweise auf ihn machen. Sobald alle Spuren des Benutzers beseitigt sind, können Sie den Benutzer komplett entfernen (wenn Sie den Eintrag aus der Datei */etc/passwd* entfernen, solange die Verweise noch vorhanden sind, finden Sie diese Verweise nur sehr viel schwerer).

Wenn Sie einen Benutzer entfernen, ist es gut, wenn Sie dabei einem vorher festgelegten Aktionsplan folgen, damit Sie keine wichtigen Schritte vergessen. Vielleicht überlegen Sie sich ja auch, eine Checkliste zu erstellen, damit Sie das routinemäßig erledigen können.

Die erste Aufgabe besteht darin, das Passwort des Benutzers zu deaktivieren, wodurch er wirksam ausgesperrt wird. Das können Sie mit dem folgenden Befehl machen:

```
# passwd -l tadelste
```

Manchmal ist es auch notwendig, ein Konto temporär zu deaktivieren, ohne ihn entfernen zu wollen. Ein Benutzer könnte beispielsweise in Mutterschutz gehen oder sich für eine bestimmte Zeit eine Auszeit nehmen. Sie haben vielleicht auch über Ihre Systemprotokolle festgestellt, dass jemand unautorisierten Zugriff auf ein

Konto erhalten hat, indem er das Passwort erraten hat. Der Befehl *passwd -l* ist auch für diese Situationen sehr hilfreich.

Als Nächstes müssen Sie beschließen, was mit den Dateien des Benutzers passieren soll. Denken Sie daran, dass Benutzer auch außerhalb Ihrer Home-Verzeichnisse Dateien haben können. Der *find*-Befehl kann sie finden:

```
[root@host2 ~]# find / -user tadelste
/home/tadelste
/home/tadelste/.zshrc
/home/tadelste/.bashrc
/home/tadelste/.bash_profile
/home/tadelste/.gtkrc
/home/tadelste/.bash_logout.......
```

Sie können dann entscheiden, ob Sie die Dateien löschen oder aufheben möchten. Wenn Sie sich für das Löschen entscheiden, sollten Sie die Dateien sichern, für den Fall, dass Sie die Daten später noch einmal benötigen.

Als zusätzliche Sicherheitsmaßnahme können Sie die Login-Shell eines Benutzers auch auf einen Dummy-Wert ändern. Ändern Sie hierfür einfach das letzte Feld in der *passwd*-Datei auf /bin/false.

Wenn Ihre Organisation Secure Shell (SSH wird unter Linux normalerweise vom *OpenSSH-Server* zur Verfügung gestellt) einsetzt und eine entfernte RSA- oder DSA-Schlüssel-Authentifizierung möglich ist, kann ein Benutzer auch dann Zugriff auf Ihr System erhalten, wenn das Passwort deaktiviert ist. Das ist der Grund, warum SSH separate Schlüssel verwendet.

Selbst nachdem Sie das Passwort von Tom Adelstein deaktiviert haben, könnte er sich beispielsweise an irgendeinen anderen Computer setzen und einen solchen Befehl ausführen:

```
$ ssh -f -N -L8000:intranet.yourcompany.com:80 my.domain.com
```

Dadurch wird der Datenverkehr auf Port 80 (der Port, auf dem ein Webserver normalerweise lauscht) auf Ihrem internen Server weitergeleitet.

Es ist offensichtlich, dass Sie, wenn Ihr System SSH anbietet, Autorisierungsschlüssel aus den entsprechenden Verzeichnissen entfernen sollten (zum Beispiel aus *~tadelste/.ssh* oder *.~tadelste/.ssh2*), damit der Benutzer auf diesem Weg keinen Zugriff mehr auf sein Konto erhalten kann:

```
$ cd .ssh
:~/.ssh$ ls
authorized_keys known_hosts
:~/.ssh$ rm authorized_keys
:~/.ssh$ ls
known_hosts
:~/.ssh$
```

Suchen Sie auch gleich im Home-Verzeichnis des Benutzers nach *.shosts-* und *.rhosts-*Dateien (beispielsweise *~tadelste/.shosts* und *~tadelste/.rhosts*).

Prüfen Sie nach, ob der Benutzer noch irgendwelche Prozesse auf dem System am Laufen hat. Solche Prozesse können natürlich als Hintertür dienen, über die der Benutzer in Ihr Netzwerk gelangen kann. Der folgende Befehl wird Ihnen mitteilen, ob ein Benutzer derzeit irgendwelche laufenden Prozesse besitzt:

```
# ps aux |grep -i ^tadelste
```

Einige weitere Fragen, die sich ein Systemadministrator über einen Benutzer, der das Unternehmen verlassen hat, stellen könnte, wären beispielsweise:

- Könnte der Benutzer CGI-Skripten aus seinem Home-Verzeichnis oder auf einem der Firmen-Webserver ausführen lassen?
- Gibt es irgendwelche E-Mail-Weiterleitungsdateien, wie beispielsweise *~tadelste/.forward*? Benutzer könnten mit Hilfe von Weiterleitungen E-Mail an ihre Konten schicken und dadurch veranlassen, dass auf dem System, von dem man ausging, dass sie dort keinen Zugriff mehr hätten, Programme ausgeführt werden.

Das Home-Verzeichnis versiegeln

Sie werden häufig feststellen, dass die Geschäftsführung die Informationen im Home-Verzeichnis eines Mitarbeiters, der das Unternehmen verlassen hat, aufbewahren möchte. Alle E-Mails und alle anderen Dokumente, die sich in einem persönlichen Benutzerkonto befinden, gehören der Firma. Für den Fall, dass ein verärgerter ehemaliger Mitarbeiter streitsüchtig wird, könnte die Rechtsabteilung auf diese Dateien zugreifen wollen. Viele Analysten halten das Aufbewahren solcher Verzeichnisse für nützlich.

Sie können die Inhalte des Home-Verzeichnisses eines Benutzers sichern, indem Sie das Verzeichnis umbenennen. Führen Sie hierfür einfach einen *move*-Befehl aus:

```
# mv /home/tadelste /home/tadelste.locked
```

Dadurch kann sich der ehemalige Mitarbeiter nicht mehr anmelden, und er kann Konfigurationsdateien, wie beispielsweise die im vorangegangenen Abschnitt erwähnte *.forward*-Datei, nicht mehr nutzen. Die Inhalte bleiben unberührt, für den Fall, dass sie später noch einmal benötigt werden.

Grafische Benutzer-Manager

Als die Marktdurchdringung von Linux am Anfang dieses Jahrzehnts stieg, haben auch Firmen wie beispielsweise Sun Microsystems, Novell, Computer Associates, HP und IBM damit begonnen, ihre administrativen Werkzeugsammlungen auf Red Hat, SUSE und andere Linux-Plattformen zu portieren. Zusätzlich entwickelten sich die administrativen Werkzeuge, die mit den Linux-Distributionen ausgeliefert wurden, weiter, was sowohl die Funktionalität als auch die Bedienbarkeit erhöhte.

Da Sie jetzt die Befehle und Prozesse kennen, die benötigt werden, um ein Benutzerkonto einzurichten und wieder zu bereinigen, sollten Sie eigentlich feststellen können, dass diese Utilities einfach zu verwenden sind. Sie werden im Allgemeinen jedoch auch feststellen, dass diese Utilities nicht so flexibel sind wie die Verwendung der Kommandozeile.

Lassen Sie uns einen Blick auf ein Beispiel für ein solches Tool werfen, das ursprünglich auf einem SUSE-Utility mit dem Namen YaST2 aufsetzte. Der Java Desktop Configurator von Sun wird in Abbildung 8-14 dargestellt. Die Beschreibungen für die Funktionen, die Sie mit diesem Tool durchführen können, finden Sie im linken Fensterausschnitt.

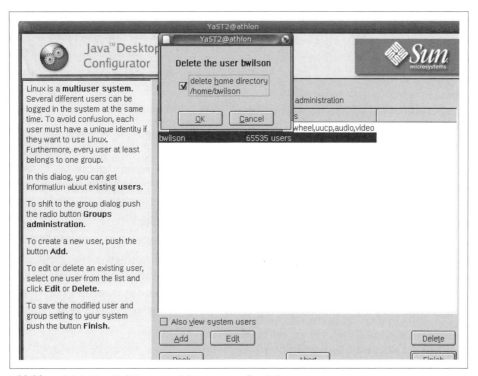

Abbildung 8-14: Der JDS-Benutzer-Manager von Sun Microsystems

Beachten Sie, dass das im Vordergrund geöffnete Dialogfenster fragt, ob Sie das Verzeichnis */home/tadelste* löschen möchten. Wie wir bereits besprochen haben, möchte Ihre Firma vielleicht die Home-Verzeichnisse ehemaliger Mitarbeiter aufbewahren. In diesem Fall bietet Ihnen das grafische Tool nur zwei Auswahlmöglichkeiten an: Entweder wird das Verzeichnis gelöscht oder eben nicht. Sie haben hier nicht die Möglichkeit, das Verzeichnis umzubenennen, was, wie wir bereits behandelt haben, eventuell das sicherste und praktischste Vorgehen wäre.

In Abbildung 8-15 sehen Sie ein weiteres Beispiel, das diesmal von unserem Fedora-System stammt.

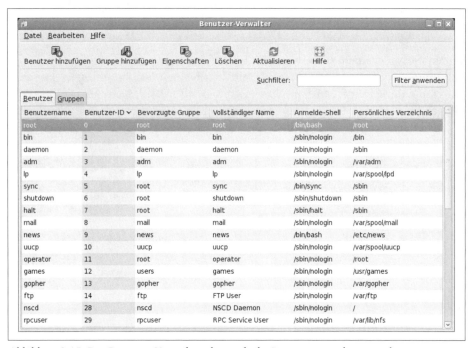

Abbildung 8-15: Der Benutzer-Verwalter, das grafische Benutzerverwaltungswerkzeug von Fedora

Mit dem grafischen Verwaltungswerkzeug von Fedora können Sie die gleichen grundlegenden Funktionen durchführen, die auch in Abbildung 8-14 dargestellt werden. Wiederum werden Ihnen nicht alle Optionen zur Verfügung gestellt, die Sie benötigen, um die Konten von ausscheidenden Benutzern richtig verwalten zu können.

Obwohl es technisch gesehen kein Benutzer-Manager ist, bietet Fedora noch ein weiteres Tool, mit dem Sie eine Reihe von Diensten konfigurieren können, die zu den Benutzern gehören. Sehen Sie sich Abbildung 8-16 an, das grafische Tool, das Ihnen Fedora zur Verfügung stellt, wenn Sie den Textbefehl *setup* eingeben.

Hierbei handelt es sich um ein weiteres Beispiel für die vielen Möglichkeiten, die Ihnen Linux zur Verwaltung von Benutzerkonten zur Verfügung stellt. Hierfür müssen Sie kein X Window System am Laufen haben.

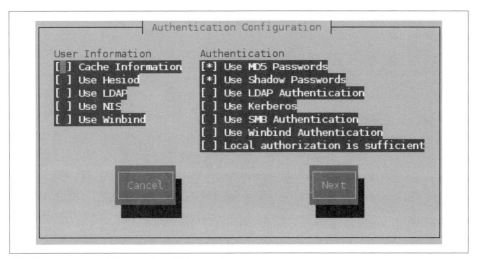

Abbildung 8-16: Red Hat-Authentifizierungskonfigurator

KAPITEL 9
Virtualisierung im modernen Unternehmen

In diesem Kapitel befassen wir uns mit einem Thema, das momentan in stark zunehmendem Maße von Linux-Systemadministratoren nachgefragt wird. Linux-Virtualisierung liegt bei Rechenzentrumskonsolidierung, Hochgeschwindigkeitsrechnen, Rapid Provisioning (schneller Bereitstellung), Business Continuity (Aufrechterhaltung des Geschäftsbetriebs) und Workload Management (Lastenverwaltung) voll im Trend. Unternehmen sehen bei der Linux-Virtualisierung echte Kosteneinsparungen, und Analysten sprechen davon, dass die Technologie die Geschäftswelt verändern wird.

Virtualisierung ist ein Konzept, das dank der erfolgreichen Firma VMware (*http://www.vmware.com/de*) und dem Open Source-Projekt Xen (*http://www.cl.cam.ac.uk/research/srg/netos/xen*) große Popularität erlangt hat. Das Konzept steht für eine Hardware, auf der gleichzeitig mehrere Kernel laufen (die alle vom gleichen Betriebssystem, manchmal aber auch von vollständig verschiedenen Betriebssystemen stammen können), die sich wiederum über einer tiefer liegenden Softwareschicht befinden, die deren Zugriff auf die Hardware verwaltet. Jeder Kernel, der *Gast* (engl. Guest) genannt wird, arbeitet so, als würde ihm der gesamte Prozessor allein zur Verfügung stehen.

Die unterschiedlichen Gäste sind voneinander isoliert – und zwar isolierter als Prozesse, die innerhalb eines einzigen Betriebssystems voneinander getrennt werden. Diese Isolierung führt zu Sicherheit und Stabilität, da ein Fehler oder eine Kompromittierung in einem Gast keine Auswirkungen auf die anderen Gäste hat. Die Virtualisierungsschicht führt dabei viele Funktionen eines Betriebssystems aus, indem sie den Zugriff auf die Prozessorzeit, die Geräte und den Speicher für jeden einzelnen Gast verwaltet.

Als dieses Buch geschrieben wurde, haben die Linux-Entwickler gerade an einem neuen System mit dem Namen Kernel-based Virtual Machine (KVM) gearbeitet, das Teil des Kernels werden wird.

Warum Virtualisierung so beliebt ist

Damit Sie verstehen, wer Virtualisierung einsetzt und in welchen Umgebungen die Virtualisierung nützlich ist, sollten Sie ein bisschen über die aktuellen Geschäftsanforderungen Bescheid wissen. Dieser Abschnitt soll Ihnen diesen Hintergrund liefern, bevor wir Ihnen erklären, wie die Linux-Virtualisierung funktioniert.

Seit es die inzwischen weit verbreiteten verteilten Dateisysteme gibt, ist der gesamte Bereich der Informationstechnologie exponentiell angewachsen. Organisationen haben zugesehen, wie ihre Infrastrukturen von Jahr zu Jahr größer wurden. Viele schreiben dieses Wachstum den fortwährenden Verbesserungen bei den Computerkomponenten und der Software zu. Das ist aber nicht die ganze Wahrheit.

Die Computertechnologie hat sich weiterentwickelt. Sie konzentriert sich jetzt nicht mehr nur auf das Verwalten von Geschäftsvorfällen, sondern nutzt auch die Geschäftsprozesse. Einige Firmen haben sich dabei auf das Personalwesen spezialisiert, andere auf Finanz- und Rechnungswesen und wieder andere auf die Produktion und das Management von Lieferantenketten (Supply Chain Management). Diese Spezialisierung brachte richtige Vormachtstellungen in den Rechenzentren und unter den IT-Mitarbeitern mit sich.

Herkömmliche Netzwerke können heute mehr und unterschiedlichere Arten von Geschäftsvorfällen erfassen und verwalten als jemals zuvor. Und das führt dazu, dass mehr Rechenleistung und folglich auch mehr Speicherkapazität benötigt werden. Das Wachstum spiegelt sich auch in der Anzahl der Orte und der Verfahren wider, mit denen wir Daten abspeichern. Schon das allein führte zu einer ausufernden Verbreitung von Servern (siehe Abbildung 9-1).

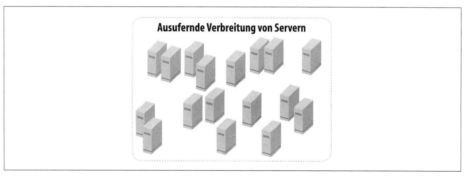

Abbildung 9-1: Ausufernde Serverfarmen mit einem Betriebssystem pro Gehäuse

Fügen Sie jetzt noch ein weiteres Puzzleteil hinzu: Spezialisierte Anwendungen, beispielsweise für die Bereiche Finanz- und Rechnungswesen, laufen beinahe immer auf separaten, hochverfügbaren Servern mit redundanter Hardware, damit ein kontinuierlicher Geschäftsbetrieb gewährleistet werden kann. Diese Kombination verschiedener Faktoren hat die IT-Landschaft in eine Flut isolierter, mit Einzelfunktionen betrauter, überdimensionierter und nicht ausgelasteter physikalischer Server verwandelt.

Und nicht zu vergessen die noch weiter ansteigende Last der Verwaltungsvorschriften, die erneut dazu führt, dass die Kosten ansteigen: Sie müssen Ihre Kapazitäten erhöhen, mit denen Sie Dokumente abspeichern und abrufbar halten können, und in vielen Fällen wird von Ihnen erwartet, dass Sie diese Dokumente bis zu 25 Jahre lang aufheben.

Überlegen Sie sich, was das bedeutet. Ihr Nachfolger hat nicht notwendigerweise die Technologien zur Verfügung, die er braucht, um die Dokumente ausgeben zu können, die ein Buchprüfer oder Staatsanwalt in zehn Jahren eventuell benötigt, geschweige denn in einem Vierteljahrhundert.

Lassen Sie uns noch einen weiteren Blick auf die Ergebnisse des Computerwachstums werfen:

- Wir haben Server und Anwendungen, die nur eine Funktion ausführen und nicht ausgelastet sind (sind häufig auch als »Silos« bekannt).
- Es gibt zusätzliche Kostensteigerungen auf Grund der Komplexität von Software und weil ständig ansteigende Datenmengen verwaltet werden müssen.
- Personal muss sich in Funktionsbereichen spezialisieren, in denen Dokumentationen fehlen und das Personal häufig wechselt.
- Benutzer und Administratoren müssen geschult und Software aktuell gehalten werden.

Jetzt verstehen Sie vielleicht, warum die Virtualisierung in Unternehmen so beliebt ist und warum sie einer der wenigen Bereiche ist, die die Geschäftswelt verändern kann. Mit virtuellen Images können Sie auf einfache Art und Weise Ihre Daten zusammen mit allen Programmen, Konfigurationseinstellungen, Betriebssystembibliotheken und anderen Metadaten zusammenpacken, die miteinander das gesamte System ergeben. Stellt man ein Image wieder her, wird das System genau so wiederhergestellt, wie es zu dem damaligen Zeitpunkt lief. Dadurch können auch Dokumente einfacher wiederhergestellt werden. Virtualisierung hat die folgenden Vorteile:

- Sie ersetzt verschwenderische Reihen mit Systemen durch wenigere, besser ausgelastete Systeme.
- Sie vereinfacht die Administration, da es viel sicherer und einfacher zu verwalten ist, wenn separate Kernel mit je einer Anwendung laufen, als wenn auf einem Kernel viele Anwendungen laufen. Mit Virtualisierung kann auch die Umgebung gewartet werden, in der Dokumente erstellt wurden, um den Verwaltungsvorschriften gerecht zu werden.

- Weniger Hardware und geringere Komplexität kann mit weniger Personal betrieben werden.
- Virtualisierung kann dabei helfen, den Trend ausufernder Serververbreitung umzukehren.

Hochleistungsrechner

Linux wurde zum bevorzugten Host-Betriebssystem für virtuelle Maschinen, da unter Linux gewaltige PC-Cluster und Grids betrieben und verwaltet werden können. Es hat eine Weile gedauert, bis die großen Hardwarehersteller das kapiert hatten, als der Groschen aber gefallen war, hatten sie die Dollarzeichen in den Augen. Seit mehreren Jahren erfreut sich Linux jetzt schon an den Wohltätern, die bereit sind, mit Personal und fortgeschrittenen Technologien zu dessen Weiterentwicklung beizutragen. Zu diesen Wohltätern gehören IBM, Intel, AMD, HP, Novell, Red Hat, Unisys, Fujitsu und Dutzende andere.

IBM benötigte beispielsweise ein Betriebssystem für seine OpenPower-Initiative. Auf einmal lief Linux auf der Virtualization Engine von Big Blue in Form eines Open Source-Hypervisors und weiterer beigefügter Technologien. Mit der Engine von IBM kann Linux dort Partitionen einrichten und verwalten und I/O-Ressourcen dynamisch zuweisen.

Danach kündigten die Linux-Kernel-Entwickler ihre neue Simultaneous Multi-Threading- (SMT) und Hyper-Threading-Technologie an. Unter Linux können jetzt zwei Threads gleichzeitig auf dem gleichen Prozessor ausgeführt werden – das ist eine wichtige Technologie, wenn man als Host für Gast-Betriebssysteme fungieren möchte. Folglich läuft auch VMWare gut unter Linux und stellt eine Virtualisierungsschicht für andere Linux-Instanzen oder andere Betriebssysteme zur Verfügung. User-Mode Linux (UML) ist ein weiteres Beispiel dafür, wie Linux eine Grundlage für die Virtualisierung bildet.

Der 2.6er-Linux-Kernel passt gut zur SMT-Technologie von IBM. Vor dieser Kernel-Version besaß Linux nur unzureichende Thread-Scheduling- und Arbitration-Response-Eigenschaften. Der 2.6er-Kernel löste dieses Problem und erweiterte die Anzahl der Prozessoren enorm, auf denen der Kernel nun laufen konnte.

Dies ist aus zwei Gründen wichtig. Zum einen muss Linux als Host für virtuelle Maschinen gute Leistungsdaten vorweisen und sich bei der Verwaltung seiner Hardware besonders auszeichnen. Zum anderen muss Linux als Host, da ein Gast von seiner physikalischen Hardware getrennt ist, seine Leistungsfähigkeit gut verwalten können, um mehrere Prozesse verarbeiten zu können. Heutzutage ist Linux ein ausgezeichnetes Betriebssystem sowohl für den Host als auch als Gast-Betriebssystem. Dank HP und IBM verwaltet Linux die Hardware und die virtuelle Partitionierung und läuft auch in den Gast-Partitionen prima.

Sollten Sie sich je gefragt haben, warum Firmen wie beispielsweise XenSource und Virtual Iron plötzlich wie aus heiterem Himmel auftauchten, dann wissen Sie es jetzt: Es liegt an ihren Beiträgen zu einem Open Source-Hypervisor. Ähnlich wie die Hardwarehersteller, die erkannten, dass Linux ihre Verkaufszahlen bei PC- und Rechenzentrumskomponenten steigern könnte, sind auch die Softwarehersteller auf den fahrenden Zug aufgesprungen. Sogar Microsoft hat irgendwann einmal erkannt, dass sie beim Linux-Spiel mitmachen müssen, und haben sowohl bei Xen-Source als auch bei Virtual Iron etwas beigesteuert.

Business Continuity und Workload Management

Auch im kleinen Umfang profitiert Ihre Organisation davon, wenn E-Mail-, DNS- und Webserver sowie Verzeichnisse, Gateways und Datenbanken voneinander getrennt werden. Wenn jeder dieser Dienste auf einem einzelnen Server eingerichtet wird, sorgen Sie dafür, dass nicht Ihre gesamte Infrastruktur zusammenbricht, wenn einer dieser Server ausfällt. Das Trennen Ihrer Dienste auf Basis physikalischer Hardware erfordert allerdings eine Menge Zeit, Platz, Geld und Overhead. Außerdem müssen Sie Ihre Daten sichern und wiederherstellen, um für Katastrophenfälle vorbereitet zu sein, und die beste Hardware für diesen Job zur Verfügung stellen.

Mit Linux-Virtualisierung können Sie einen einzigen physikalischen Server in eine Gruppe virtueller Server aufteilen. Jeder virtuelle Server tritt dem Systemadministrator gegenüber wie ein physikalischer Server auf. Sie können für jeden Dienst, den Sie zur Verfügung stellen möchten, eine separate Serverinstanz einrichten: E-Mail, DNS, Webdienst und so weiter. Wenn ein Dienst ausfällt, beeinträchtigt das damit nicht die anderen Dienste.

Mit der Partitionierung des physikalischen Hosts können Sie auf der gleichen physikalischen Hardware auch für jeden virtuellen Server unterschiedliche Konfigurationen einrichten. In einer Umgebung haben wir beispielsweise für unsere DNS-Server kleinere virtuelle Maschinen (VMs) eingerichtet und für E-Mail und die Webdienste größere VMs. Damit konnten wir die Last verteilen und mussten nur einen physikalischen Server warten. Abbildung 9-2 gibt Ihnen ein Gefühl dafür, was Sie mit einem einzigen physikalischen Server erreichen können.

Rapid Provisioning

Unsere erste Virtualisierung in unserem Netzwerk erreichten wir, indem wir eine minimale Installation von Debian in einer VM einrichteten. Wir richteten dann unsere zusätzlichen virtuellen Maschinen mit Hilfe von VMware mit unterschiedlichen Konfigurationen ein und kopierten die komprimierten Images in die einzelnen Verzeichnisse, die wir für die VMs vorgesehen hatten.

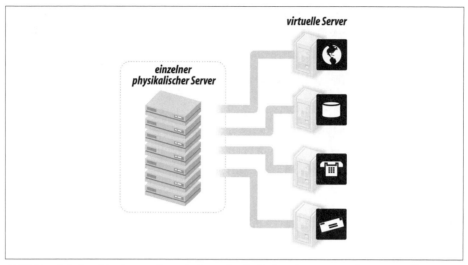

Abbildung 9-2: Partitionierung eines einzigen physikalischen Servers in mehrere virtuelle Maschinen

 Jede VM befindet sich in einem Verzeichnis. Unser Hauptverzeichnis */var/lib/vmware/Virtual Machines* enthält mehrere Unterverzeichnisse, wie beispielsweise *debian-31r0a-i386-netinst-kernel2.6*. Wir haben dieses Unterverzeichnis einfach komprimiert und für die Verteilung in andere Unterverzeichnisse mit leicht unterschiedlichen Namen verwendet.

Mit Hilfe von Minimalinstallationen von Fedora haben wir auch virtuelle Maschinen unter Xen eingerichtet. Wir haben dann die benötigten Komponenten für die einzelnen Dienste, die wir zur Verfügung stellen wollten, hinzugefügt. Beispielsweise läuft unser primärer DNS-Server in einer virtuellen Maschine unter Xen, während unsere Web- und Mailserver in separaten Instanzen von VMware laufen.

Nachdem wir einen Server hatten (sagen wir einmal für E-Mail), haben wir eine komprimierte Kopie davon erstellt und diese auf eine CD-R gebrannt. Wir sichern jeden virtuellen Server regelmäßig und systematisch auf optische Medien wie beispielsweise CDs und DVDs. Wir haben ebenfalls ausprobiert, ob wir die Images auf andere Linux-Distributionen verschieben können, und sie liefen genau so wie vorher auch.

Wie Virtualisierung helfen kann

Was haben wir mit Virtualisierung erreicht? Als Erstes haben wir mehrere physikalische Server beseitigt. Wir verteilten unser bevorzugtes Betriebssystem als Image, dadurch mussten wir die Installation nur einmal durchführen. Wir haben dann virtuelle Maschinen auf gemeinsam genutzter Hardware eingerichtet und unsere virtuellen Images systematisch kopiert, damit wir im Fall eines Systemausfalls diese Images sofort wiederherstellen können.

Die Virtualisierung ist für kleine Firmen gut geeignet, da sie eine Infrastruktur mit freier Software aufbauen können. Stellen Sie sich einmal die Kostenersparnis nur bei den Lizenzgebühren vor! Und überlegen Sie mal, welche Strategien große Firmen mit Hilfe von Linux umsetzen können.

Jetzt möchten Sie aber vielleicht auch sehen, wie all das funktioniert. Lassen Sie uns also durch den Installationsvorgang und die Konfiguration von Xen und VMware gehen und Ihnen zeigen, wie ein Servernetzwerk virtualisiert wird.

Installation von Xen auf Fedora 7

In diesem Abschnitt des Kapitels zeigen wir Ihnen, wie Sie auf einer einzelnen Maschine Xen installieren, um damit zwei Betriebssysteme zu verwalten. Bei fortschreitender Integration von Xen in die Standard-Linux-Distributionen wird die Installation bestimmt einfacher. Jetzt ist aber noch ein bisschen Handarbeit gefragt.

Wir verwenden Fedora 7 als Xen-Host-Betriebssystem, da in dieser Version Xen 3.1 von Haus aus unterstützt wird. Lassen Sie uns *yum* (ein Paketmanager, ähnlich wie *apt-get* von Debian oder *up2date* von Red Hat) nach Xen fragen:

```
# yum info xen
Loading "installonlyn" plugin
Available Packages
Name    : xen
Arch    : i386
Version : 3.1.0
Release : 2.fc7
Size    : 2.2 M
Repo    : updates
Summary : Xen is a virtual machine monitor
Description:
 This package contains the Xen hypervisor and Xen tools, needed to
 run virtual machines on x86 systems, together with the kernel-xen*
 packages.  Information on how to use Xen can be found at the Xen
 project pages.

 Virtualisation can be used to run multiple versions or multiple
 Linux distributions on one system, or to test untrusted applications
 in a sandboxed environment.
```

Das klingt doch viel versprechend. Lassen Sie uns aber zuerst ein paar Systemanforderungen überprüfen:

- Das System muss mindestens 256 MByte RAM haben.
- *grub* muss Ihr Bootloader sein.
- SELINUX muss disabled oder permissive sein, aber nicht enforcing.

Führen Sie das Programm *system-config-securitylevel* aus oder bearbeiten Sie */etc/selinux/config* so, dass sie folgendermaßen aussieht:

```
# This file controls the state of SELinux on the system.
# SELINUX= can take one of these three values:
#       enforcing - SELinux security policy is enforced.
#       permissive - SELinux prints warnings instead of enforcing.
#       disabled - SELinux is fully disabled.
SELINUX=Disabled
# SELINUXTYPE= type of policy in use. Possible values are:
#       targeted - Only targeted network daemons are protected.
#       strict - Full SELinux protection.
SELINUXTYPE=targeted
```

Wenn Sie den SELINUX-Wert von enforcing abgeändert haben, müssen Sie zuerst Fedora neu starten, bevor Sie fortfahren.

Dieser Befehl wird den Xen-Hypervisor installieren, ein Xen-modifizierter Fedora-Kernel mit dem Namen *Domain-0*, sowie verschiedene Utilities:

```
# yum install kernel-xen xen virt-manager
```

Eventuell werden zukünftig keine speziellen Xen-modifizierten Linux-Kernel mehr benötigt, wenn Intel und AMD die Unterstützung von Virtualisierung in ihren Chips einführen. Es wird erwartet, dass Windows Vista auch eine Unterstützung auf Prozessorebene unterstützt.

Hierdurch wird *xen* als erste Kernel-Auswahlmöglichkeit in der Datei */boot/grub/grub.conf* hinzugefügt, aber nicht als Standard-Kernel:

```
# grub.conf generated by anaconda
#
# Note that you do not have to rerun grub after making changes to this file
# NOTICE:  You have a /boot partition.   This means that
#          all kernel and initrd paths are relative to /boot/, eg.
#          root (hd0,0)
#          kernel /vmlinuz-version ro root=/dev/VolGroup00/LogVol00
#          initrd /initrd-version.img
#boot=/dev/sda
default=1
timeout=5
splashimage=(hd0,0)/grub/splash.xpm.gz
hiddenmenu
title Fedora (2.6.20-2925.11.fc7xen)
        root (hd0,0)
        kernel /xen.gz-2.6.20-2925.11.fc7
        module /vmlinuz-2.6.20-2925.11.fc7xen ro root=LABEL=/ rhgb quiet
        module /initrd-2.6.20-2925.11.fc7xen.img
title Fedora (2.6.21-1.3228.fc7)
        root (hd0,0)
        kernel /vmlinuz-2.6.21-1.3228.fc7 ro root=LABEL=/ rhgb quiet
        initrd /initrd-2.6.21-1.3228.fc7.img
```

```
title Fedora (2.6.21-1.3194.fc7)
        root (hd0,0)
        kernel /vmlinuz-2.6.21-1.3194.fc7 ro root=LABEL=/ rhgb quiet
        initrd /initrd-2.6.21-1.3194.fc7.img
```

Damit der Xen-Kernel zum Standard-Kernel wird, ändern Sie diese Zeile:

```
default=1
```

folgendermaßen ab:

```
default=0
```

Jetzt können Sie einen Neustart durchführen. Xen müsste zwar jetzt automatisch starten, lassen Sie uns das aber überprüfen:

```
# /usr/sbin/xm list
Name                              ID  Mem VCPUs State   Time(s)
Domain-0                          0   880   1   r-----   20.5
```

Die Ausgabe sollte Ihnen anzeigen, dass Domain-0 läuft. Domain-0 steuert alle Gast-Betriebssysteme, die auf dem Prozessor ausgeführt werden, ähnlich wie auch der Kernel die Prozesse in einem Betriebssystem steuert.

Installation eines Xen-Gast-OS

Xen hat zwar jetzt die Kontrolle über den Prozessor, Sie müssen aber zumindest ein Gast-Betriebssystem hinzufügen. Wir werden mit der Installation eines Fedora 7-Gasts beginnen, da uns das die Arbeit erleichtert, und werden dann einige Tipps für weitere Linux-Varianten liefern.

Fedora 7

Fedora 7 hat ein Xen-Gast-Installationsskript, das den Vorgang vereinfacht, wenngleich es lediglich Fedora 7-Gäste installiert. Das Skript erwartet, dass es auf den Fedora 7-Installationspfad über FTP, das Web oder über NFS zugreifen kann. Aus irgendeinem Grund können Sie weder ein Verzeichnis noch eine Datei angeben. Wir werden unsere Fedora 7-Installations-DVD nehmen und sie mit Apache ausliefern:

```
# mkdir /var/www/html/dvd
# mount -t iso9660 /dev/dvd /var/www/html/dvd
# apachectl start
```

Jetzt werden wir das Installationsskript ausführen und seine Fragen beantworten:

```
# virt-install
What is the name of your virtual machine? guest1
How much RAM should be allocated (in megabytes)? 256
What would you like to use as the disk (path)? /xenguest
How large would you like the (/xenguest) to be (in gigabytes)? 8
Would you like to enable graphics support? (yes or no) no
What is the install location? http://127.0.0.1/dvd
```

An dieser Stelle beginnt die Fedora 7-Installation. Wenn Sie vorhin bei der Frage nach der grafischen Unterstützung yes gewählt haben, startet eine grafische Installation über *vnc*. Haben Sie den Textmodus gewählt, werden Sie mit einer Konsole verbunden. Fahren Sie jetzt so fort, wie Sie das sonst auch bei einer Fedora- oder Red Hat-Installation machen würden. Am Bildschirm für die Eingabe der IP-Adresse geben Sie dem Gast eine andere Adresse als dem Host, oder verwenden Sie DHCP (wenn Sie in der Xen-Konfigurationsdatei dhcp="dhcp" angegeben haben, was noch im nächsten Abschnitt erklärt wird). Im letzten Bildschirm werden Sie zu einem Neustart aufgefordert. Sie starten hier nur Ihr neues Gast-System neu, nicht Xen oder den Host.

Xen startet das Gast-Betriebssystem nicht automatisch. Sie müssen diesen Befehl auf dem Host eingeben:

```
# xm create guest1
```

Jetzt sollten Sie zwei Betriebssysteme haben (*host1* und *guest1*), die unabhängig voneinander laufen und harmonisch nebeneinander leben. Jedes Betriebssystem besitzt seine eigenen Dateisysteme, Netzwerkverbindungen und seinen eigenen Speicher. Mit diesen Befehlen können Sie überprüfen, ob beide Server laufen:

```
# xm list
Name                                    ID Mem(MiB) VCPUs State   Time(s)
Domain-0                                 0      128     1 r-----    686.0
guest1                                   3      256     1 -b----     14.5
# xentop
xentop - 21:04:38   Xen 3.0-unstable
2 domains: 1 running, 1 blocked, 0 paused, 0 crashed, 0 dying, 0 shutdown
Mem: 982332k total, 414900k used, 567432k free    CPUs: 1 @ 2532MHz
      NAME  STATE   CPU(sec) CPU(%)     MEM(k) MEM(%)  MAXMEM(k) MAXMEM(%) VCPUS
 NETS NETTX(k) NETRX(k) SSID
   Domain-0 -----r        686    0.3     131144   13.4   no limit       n/a     1
    8  1488528    80298     0
     guest1 --b---         14    0.1     261996   26.7     262144      26.7     1
    1      129      131     0
```

Damit Xen-Domains automatisch gestartet werden, geben Sie diese Befehle ein:

```
# /sbin/chkconfig --level 345 xendomains on
# /sbin/service xendomains start
```

Weitere Gäste

Wenn Sie ein anderes OS als Fedora 7 haben möchten, müssen Sie eine Xen-Gast-Konfigurationsdatei bearbeiten. Hierbei handelt es sich um eine Textdatei (tatsächlich ist es ein Python-Skript), die sich im Verzeichnis */etc/xen* befindet. *xmexample1* und *xmexample2* sind kommentierte Beispieldateien. Die vollständige Syntax erfahren Sie mit:

```
# man xmdomain.cfg
```

Als wir im vorangegangenen Abschnitt *virt-install* ausgeführt haben, hat das Installationsskript die Xen-Gast-Konfiguration */etc/xen/guest1* mit ein paar zusätzlichen Zeilen generiert:

```
# Automatically generated Xen config file
name = "guest1"
memory = "256"
disk = [ 'file:/xenguest,xvda,w' ]
vif = [ 'mac=00:16:3e:63:c7:76' ]
uuid = "bc2c1684-c057-99ea-962b-de44a038bbda"
bootloader="/usr/bin/pygrub"

on_reboot   = 'restart'
on_crash    = 'restart'
```

Hier stehen einige, aber nicht alle Direktiven, die ein Gast benötigt. Eine minimale Gast-Konfigurationsdatei sieht in etwa so aus:

1. Ein eindeutiger Gast-Domain-Name:

    ```
    name="vm01"
    ```

2. Der Pfadname zu einem Xen-fähigen Kernel-Image für die Gast-Domain:

    ```
    kernel="/boot/vmlinuz-2.6.12.6-xenU"
    ```

3. Ein Root-Gerät für die Gast-Domain:

    ```
    root="/dev/hda1"
    ```

4. Anfängliche Speicherzuweisung für den Gast in MByte:

    ```
    memory=128
    ```

Die Summe des Speichers für alle Xen-Gäste darf den physikalischen Speicher minus 64 MByte für Xen selbst nicht übersteigen.

5. Den Festplattenplatz für die Gast-Domain. Dieser wird in einem oder mehreren Festplatten-Blockgeräte-Abschnitten angegeben, die je in einfache oder doppelte Anführungszeichen eingeschlossen sind:

    ```
    disk = [ 'stanza1', 'stanza2' ]
    ```

    Ein solcher Abschnitt besteht aus einer Zeichenkette mit drei Parametern (*'host_dev, guest_dev, mode'*). *host_dev* ist der Speicherbereich der Domain, wie er vom Host gesehen wird. Das könnte sein:

    file:*Pfadname*
        Ein *Loopback*-Datei-Image (eine einzelne lokale Datei, die Xen als Dateisystem behandelt); diese Datei wird erstellt, wenn Sie *xm create* oder das Programm *xen-create-image* ausführen.

    phy:*Gerät*
        Ein physikalisches Gerät.

guest_dev ist das physikalische Gerät, wie es von der Gast-Domain aus gesehen wird, und *mode* ist r für read-only (nur lesen) oder w für read-write (lesen und schreiben). Folglich wäre eine einfache disk-Direktive für zwei Gäste:

```
disk=['file:/vserver/images/vm01.img, hda1, w', 'file:/vserver/images/vm01-swap.img, hda2, w']
```

6. Netzwerkschnittstelleninformationen in einer vif-Direktive. Diese Direktive kann einen Abschnitt für jedes einzelne Netzwerkgerät enthalten. Das Standardnetzwerk wird angegeben mit:

```
vif=[ '' ]
```

Eine dhcp-Direktive steuert, ob DHCP verwendet werden soll oder ob die Schnittstelleninformationen fest angegeben wurden. Die folgende Angabe gibt die Verwendung von DHCP an:

```
dhcp="dhcp"
```

Wenn die dhcp-Direktive fehlt oder auf "off" gesetzt ist, müssen Sie die Netzwerkinformationen statisch angeben, so als würden Sie Ihr System konfigurieren:

```
ip="192.168.0.101"
netmask="255.255.255.0"
gateway="192.168.0.1"
hostname="vm01.example.com"
```

Die Manpage zu *xm* liefert das folgende Beispiel für einen minimal konfigurierten Gast mit einem Loopback-Datei-Image auf dem Host, das auf dem Gast als Root-Device erscheint:

```
kernel = "/boot/vmlinuz-2.6-xenU"
memory = 128
name = "MyLinux"
root = "/dev/hda1 ro"
disk = [ "file:/var/xen/mylinux.img,hda1,w" ]
```

Sobald Sie eine Gast-Konfigurationsdatei erstellt haben, können Sie den Xen-Gast mit diesem Befehl einrichten:

```
# xm create -c Gastname
```

wobei *Gastname* ein vollständiger Pfadname oder ein relativer Pfadname sein kann (in diesem Fall legt Xen ihn unter */etc/xen/Gastname* ab). Xen wird dann die Gast-Domain einrichten und versuchen, sie aus der angegebenen Datei oder dem Gerät zu booten. Die Option *-c* verbindet eine Konsole mit der Domain, wenn sie startet, damit Sie die Installationsfragen beantworten können, die gestellt werden.

VMware installieren

VMware stellt seinen Server inzwischen kostenfrei zur Verfügung, und der Code ist sogar Open Source. Sie finden den Server unter *http://www.vmware.com/de/*

products/server. Wir halten ihn für stabil und benutzerfreundlich. Sie können auf der Website von VMware über deren Open Source- und Community Source-Initiativen nachlesen.

Wie wir bereits erwähnt haben, haben sich Startup-Unternehmen wie XenSource und Virtual Iron die Unterstützung der Hypervisor-Technologie von IBM im Linux-Kernel zu Nutze gemacht. Unter dem Wettbewerbsdruck von Xen hat auch VMware seine eigenen Open Source-Beiträge den Kernel-Entwicklern zur Verfügung gestellt, da sie erkannt haben, dass VMware auf Linux besser laufen wird, wenn sie dem Linux-Kernel etwas Unterstützung geben.

Als wir Xen mit Hilfe von Fedora 7 betreiben, haben wir auch beschlossen, VMware auf einem Ubuntu-Server zu installieren, der als Host diente, und Debian wurde unser Gast-Betriebssystem. Auch verwalteten wir entfernte VMware-Instanzen mit Hilfe der VMware-Konsole von einem Ubuntu-Desktop aus. Später installierten wir dann Fedora Core 7 unter einer virtuellen VMware-Maschine.

Wir haben *Vmware-server-1.0.3-44356.tar.gz* heruntergeladen und dieses Archiv in ein Installationsverzeichnis mit dem Namen *vmware-server-distrib* entpackt. In diesem Verzeichnis fanden wir eine Datei *vmware-install.pl*, die wir mit dem Befehl *./vmware-install.pl* ausführten haben. Gleich darauf startete das Installationsprogramm und zeigte die folgenden Meldungen:

```
Creating a new installer database using the tar3 format.

Installing the content of the package.

In which directory do you want to install the binary files?
[/usr/bin]
```

Die Installation von VMware Server beginnt mit mehreren Fragen wie diesen hier, was darauf beruht, dass das Installationsskript nach Ihrem Betriebssystem und Ihrer Verzeichnisstruktur sucht.

Während des Installationsvorgangs fragt Sie das Skript, ob Sie die VMware-Produktlizenz annehmen. Sie sollten sich diese Lizenz durchlesen, bevor Sie sie annehmen. Nachdem Sie sich mit den Lizenzvereinbarungen einverstanden erklärt haben, überprüft VMware, ob der Compiler und die Header-Dateien auf Ihrem System miteinander kompatibel sind, und baut die VMware-Binaries mit Ihrem Compiler zusammen. Sie werden Meldungen wie diese hier sehen:

```
The path "/usr/lib/vmware" does not exist currently. This program is going
to create it, including needed parent directories. Is this what you want?
[yes]
```

Zusätzlich sehen Sie Code-Kompilationen wie die in dem folgenden Beispiel:

```
make[1]: Entering directory '/usr/src/linux-headers-2.6.20-15-generic'
  CC [M]  /tmp/vmware-config0/vmnet-only/driver.o
  CC [M]  /tmp/vmware-config0/vmnet-only/hub.o
```

```
CC [M]  /tmp/vmware-config0/vmnet-only/userif.o
CC [M]  /tmp/vmware-config0/vmnet-only/netif.o
CC [M]  /tmp/vmware-config0/vmnet-only/bridge.o
CC [M]  /tmp/vmware-config0/vmnet-only/procfs.o
CC [M]  /tmp/vmware-config0/vmnet-only/smac_compat.o
SHIPPED /tmp/vmware-config0/vmnet-only/smac_linux.x386.o
LD [M]  /tmp/vmware-config0/vmnet-only/vmnet.o
Building modules, stage 2.
MODPOST
```

Gegen Ende der Installation informiert Sie das Skript darüber, dass die Installation des Quellcodes jetzt fertig sei, und setzt Sie über den Befehl in Kenntnis, mit dem Sie den Server wieder deinstallieren können, sollten Sie das wollen:

```
The installation of VMware Server 1.0.3 build-44356 for Linux completed
successfully. You can decide to remove this software from your system at any
time by invoking the following command: "/usr/bin/vmware-uninstall.pl".
```

Das Installationsskript fragt Sie auch, ob es den Konfigurationsbefehl für Sie ausführen soll:

```
Before running VMware Server for the first time, you need to configure it by
invoking the following command: "/usr/bin/vmware-config.pl". Do you want
this program to invoke the command for you now? [yes]
```

Am Ende des Installationsprozesses sehen Sie die folgenden Meldungen:

```
Starting VMware services:
   Virtual machine monitor                                done
   Virtual Ethernet                                       done
   Bridged networking on /dev/vmnet0                      done
   Host-only networking on /dev/vmnet1 (background)       done
   Host-only networking on /dev/vmnet8 (background)       done
   NAT service on /dev/vmnet8                             done
   Starting VMware virtual machines                       done

The configuration of VMware Server 1.0.3 build-44356 for Linux for this
running kernel completed successfully.
```

Sie können sich ein vorhandenes Betriebssystem-Image, das VMware eine *Appliance* nennt, von *http://www.vmware.com/vmtn/appliances/directory* herunterladen. Wir wählten *debian-31r0a-i386-netinst-kernel2.6.zip*, das wir unter dem Verzeichnis */var/lib/vmare/Virtual Machines* ablegten und entpackten.

Sobald wir unser Basis-Image hatten, starteten wir die VMware-Verwaltungskonsole auf einem entfernten Ubuntu-Desktop hinter einer Firewall an einem anderen Ort. Wir führten folgenden Befehl aus:

```
$ gksu vmware-server-console
```

Dann konfigurierten wir die Konsole so, dass sie eine entfernte Verbindung zu unserem Gast-Betriebssystem aufbaute. Mit der laufenden VMware Server Console bauten wir eine Verbindung zur entfernten virtuellen Maschine auf und meldeten uns als *root* an, so wie es in Abbildung 9-3 gezeigt wird.

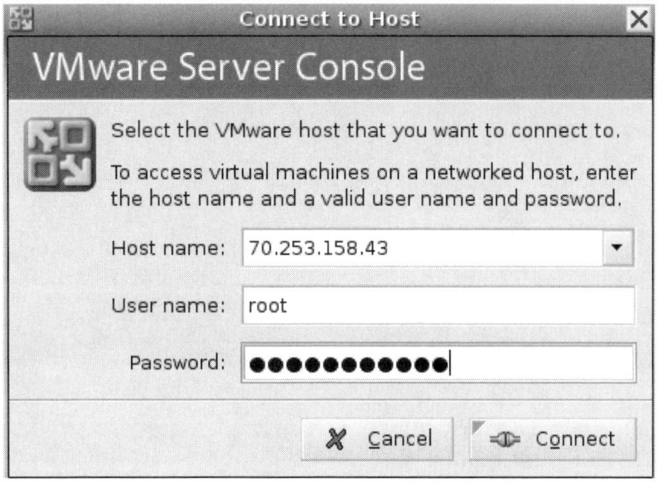

Abbildung 9-3: Verbindung auf einen entfernten virtuellen Host

Nachdem wir eine Verbindung zum entfernten Host aufgebaut hatten, forderte uns VMware auf, eine virtuelle Maschine einzurichten. Da wir bereits eine virtuelle Maschine erstellt hatten, klickten wir stattdessen auf das »File«-Menü und öffneten das Verzeichnis, in dem sich unsere vorhandene Debian-Instanz befand. Mit dieser Aktion wurde Debian zu unserem VM-Inventar hinzugefügt. Unsere Konsole sah jetzt wie Abbildung 9-4 aus, wodurch wir einen Eindruck von den verfügbaren Funktionen bekamen.

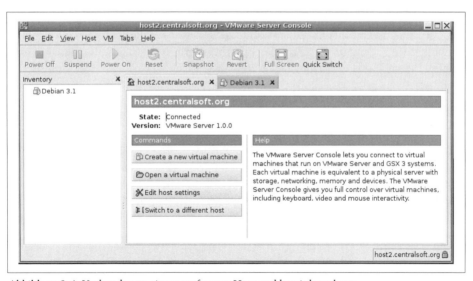

Abbildung 9-4: Verbunden zu einem entfernten Host und bereit loszulegen

Wir konnten dann Debian starten. Als das System startete, führte Debian die letzten Phasen seines Installationsskripts aus. Wir ließen es weiterlaufen und erhielten innerhalb kurzer Zeit den Bildschirm aus Abbildung 9-5.

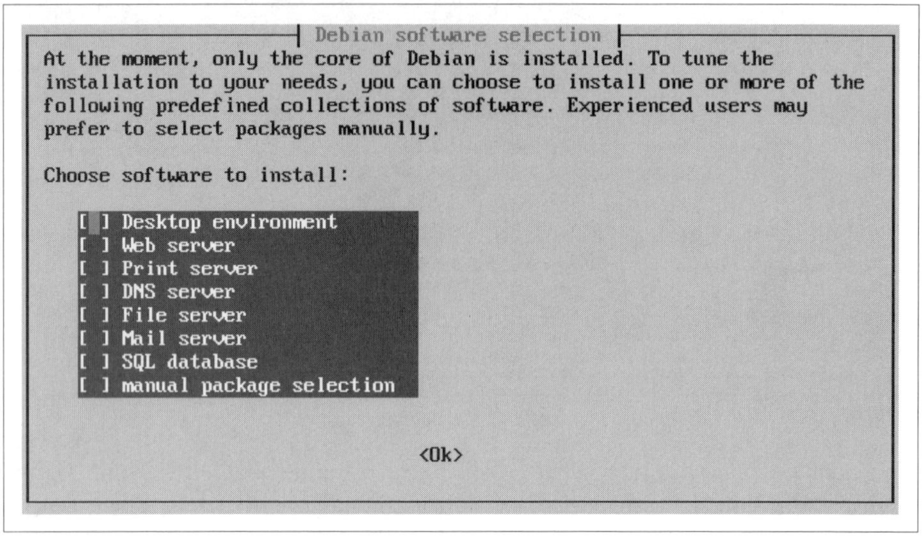

```
┤ Debian software selection ├
At the moment, only the core of Debian is installed. To tune the
installation to your needs, you can choose to install one or more of the
following predefined collections of software. Experienced users may
prefer to select packages manually.

Choose software to install:
         [ ] Desktop environment
         [ ] Web server
         [ ] Print server
         [ ] DNS server
         [ ] File server
         [ ] Mail server
         [ ] SQL database
         [ ] manual package selection


                              <Ok>
```

Abbildung 9-5: Das Debian-Installationsskript, das unter einer virtuellen Maschine läuft

Wir entschieden uns, Debian manuell zu installieren, anstatt eine der vordefinierten Konfigurationen auszuwählen. Dadurch konnten wir einen Standard-Debian-Server einrichten, den wir dann für weitere Instanzen von VMware Server nutzen konnten. Abbildung 9-6 zeigt das laufende Debian-System.

Der Screenshot zeigt uns die Ausführung des Befehls *ifconfig*. Wir testeten das, um sicherzustellen, dass unsere virtuelle Ethernet-Karte auch richtig zu den von uns eingerichteten IP-Adressen eingebunden wurde.

Sobald wir unser Basis-Debian-Image hatten, brannten wir es auf CD-R-Medien. Dann verteilten wir dieses Image auf die anderen Hosts, nachdem wir die Rollen und Ressourcenanforderungen der einzelnen Gast-Systeme ermittelt hatten.

Abbildung 9-7 bietet eine Zusammenfassung des Debian-Image. Auf der rechten Seite des Bildschirmfensters können Sie die Konfiguration des virtuellen Gasts sehen. Wir können den virtuellen Server dynamisch verändern und Speicher hinzufügen sowie Festplattenplatz, Ethernet-Karten, Prozessoren und verschiedene Geräte, wenn die Anforderungen steigen und wenn wir zusätzliche Maschinen hinzufügen.

Abbildung 9-6: Die installierte Instanz von Debian auf seinem entfernten Host

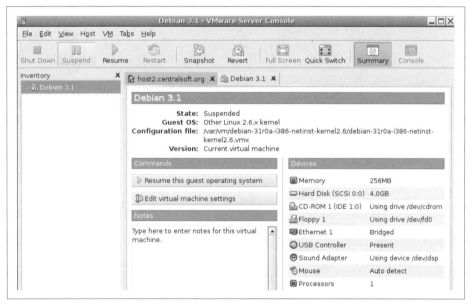

Abbildung 9-7: Konsolenzusammenfassung unseres Basis-Debian-Gast-Image

Installation eines VMware-Gast-OS

Für unsere letzte Aufgabe, die Installation eines weiteren Betriebssystems, haben wir Fedora Core 5 von der Community Site von VMware heruntergeladen, sie in das Verzeichnis *Virtual Machines* verschoben und sie entpackt, wie wir das auch bei Debian gemacht haben. Als Nächstes haben wir sie dann über das »File«-Menü in unser Inventar aufgenommen. Abbildung 9-8 zeigt Ihnen eine Frage bezüglich eines eindeutigen Bezeichners; Sie können den bestehenden beibehalten.

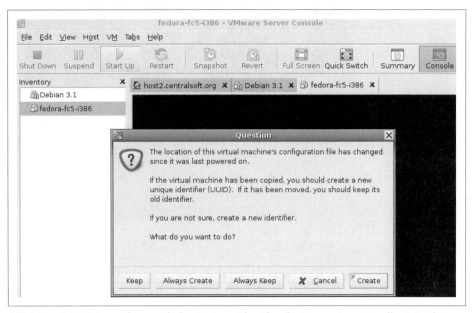

Abbildung 9-8: VMware fragt nach dem Unique Identifier des Image einer virtuellen Maschine

Die Verwaltungskonsole von VMware hat bemerkt, dass wir ein Image hinzugefügt haben. Um zwischen möglicherweise mehreren Images unterscheiden zu können, fragte sie uns in dem in Abbildung 9-8 gezeigten Dialogfenster nach einem sogenannten Unique Identifier (UUID). Da wir Fedora 5 kopiert haben und alle Dateien besitzen, die das komplette Image ausmachen, spielt es keine Rolle, welche Option wir im Dialogfenster auswählen.

Wenn Sie eine neue virtuelle Maschine öffnen, bietet Ihnen VMware die Möglichkeit, die Konfiguration der virtuellen Hardware zu überprüfen. In Abbildung 9-9 erhalten Sie einen Überblick über das virtuelle Hardwareinventar, das für Fedora Core 5 zur Verfügung steht.

Sie können Images nicht nur herunterladen und sie dann in die Verwaltungskonsole laden, sondern Sie können ein Linux-Betriebssystem auch über die CD-ROM einer Standard-Linux-Distribution installieren.

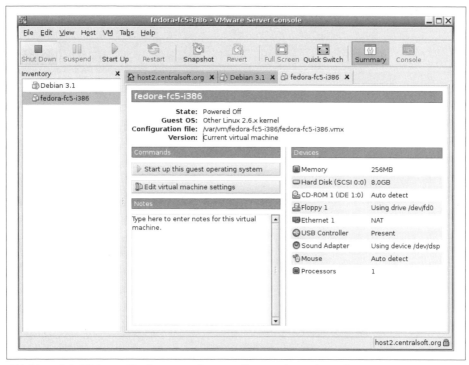

Abbildung 9-9: VMware-Konfiguration der virtuellen Hardware für Fedora Core 5

Virtualisierung: ein vorüberziehender Modetrend?

Viele Analysten sagen, dass sie erst einmal abwarten, ob sich die Linux-Virtualisierung durchsetzen wird. Als Systemadministrator werden Sie die Gefahren und Chancen beim Erlernen dieser Technologie abwägen wollen. Virtualisierung ist nicht das Gleiche wie die Einführung des PCs durch IBM oder die Einführung verteilter Dateisysteme durch Microsoft. Die Auswirkungen der Hypervisor-Technologie lassen sich auch nicht mit den Auswirkungen von ERP-Programmen, wie denen von SAP, PeopleSoft oder Oracle Financials, vergleichen.

Auf jeden Fall besitzen Technologien wie Xen und VMware unbestreitbare Vorteile. Virtualisierung verbessert die Auslastung von Servern und steuert der ausufernden Verbreitung von Hardware entgegen, indem Systemressourcen konsolidiert werden. Wenn Sie Ihre aktuelle Software in einer virtuellen Umgebung laufen lassen, können Sie nicht nur Ihre Investitionen in diese Software sichern, sondern noch größeren Nutzen aus günstigen Standardservern ziehen.

Hoffentlich hat Ihnen dieses Kapitel das Wissen und die Fähigkeiten vermittelt, die Sie benötigen, um Ihre eigenen virtualisierten Umgebungen umzusetzen. Sie können jetzt etwas herumexperimentieren und sich an freier Virtualisierungstechnologie erfreuen. Das könnte dann dazu führen, dass Sie Spezialist in einem Themenbereich werden, den nur wenige verstehen.

KAPITEL 10
Skripten

Als Linux-Systemadministrator werden Sie zwei Tools besonders häufig einsetzen: einen Texteditor, mit dem Sie Textdateien erstellen und bearbeiten, und eine Shell, mit der Sie Befehle ausführen. Irgendwann werden Sie es aber müde sein, immer wieder die gleichen Befehle eingeben zu müssen und nach Möglichkeiten suchen, wie Sie Ihre Finger schonen und Fehler vermeiden können. Das ist dann der Zeitpunkt, an dem Sie beginnen, mit dem Texteditor und der Shell die einfachsten Linux-Programme zu schreiben: Shell-Skripten.

Linux selbst setzt Shell-Skripten überall ein, insbesondere bei Anpassungsaufgaben, wie der Verwaltung von Diensten und Prozessen. Wenn Sie verstehen, wie diese Systemskripten geschrieben wurden, können Sie auch die von diesen Skripten ausgeführten Schritte auswerten und für Ihre eigenen Anforderungen umarbeiten.

Die *Shell* (eine Schnittstelle zum Betriebssystem) ist eine der vielen Innovationen, die Linux von seinem Urgroßvater Unix geerbt hat. Im Jahr 1978 entwickelte der Bell Labs-Forscher Stephen Bourne die Bourne Shell für Version 7 Unix. Sie wurde *sh* genannt (unter Unix mag man es, wenn Befehle kurz sind) und definierte die Standardfunktionen, die alle Shells heute noch vorweisen. Die Shells sind aus dieser Grundversion entstanden und führten zur Entwicklung der Korn Shell (*ksh*), der C Shell (*csh*) und schließlich der Bash Shell (*bash*), die jetzt zum Standard auf GNU/Linux-Systemen wurde. *bash* ist ein Wortspiel bzw. Akronym für *Bourne-Again Shell* und unterstützt nach wie vor Skripten, die für die Original-Bourne Shell geschrieben wurden.

Dieses Kapitel beginnt mit den *bash*-Grundlagen: Shell-Prompts, Befehle und Argumente, Variablen, Ausdrücke und I/O-Umleitung. Wenn Sie mit diesen Grundlagen bereits vertraut sind, werden Sie nicht viel vermissen, wenn Sie einfach ein paar Seiten weiterspringen (na ja, vielleicht hilft es gegen Schlaflosigkeit).

Jedes Tool besitzt seine Grenzen, und irgendwann stellen Sie vielleicht fest, dass *bash* nicht die beste Lösung für alle Ihre Probleme darstellt. Gegen Ende dieses

Kapitels werden wir eine kleine Anwendung untersuchen, die in einer Reihe verschiedener Skriptsprachen geschrieben ist: *bash* sowie in Perl, PHP und Python (die drei Ps, die mit dem LAMP-Akronym in Zusammenhang gebracht werden, das wir in Kapitel 6 erwähnten). Sie können ihren Stil, ihre Syntax, Ausdrucksstärke, einfache Verwendbarkeit und Eignung für verschiedene Einsatzgebiete vergleichen. Nicht jedes Problem ist ein Nagel, wenn der Hammer aber nur groß genug ist, kann er das Problem wie einen solchen behandeln.

bash-Einstieg

In der Anfangszeit boten viele Betriebssysteme Kommandozeilenschnittstellen an und ermöglichten es normalerweise, dass Befehle in Textdateien abgespeichert und als *Batch Jobs* ausgeführt werden konnten (ein leicht verständliches Verfahren zu dieser Zeit). Es bürgerte sich schon bald ein, Verfahren einzuführen, mit denen Parameter an Skripten geschickt werden konnten und mit denen Skripten ihr Verhalten unter unterschiedlichen Rahmenbedingungen ändern konnten. Die Unix-Shell machte riesige Sprünge und wurde immer flexibler, wobei sich die Shell in eine echte Programmiersprache wandelte.

Unsere interaktiven Beispiele werden einen beispielhaften Shell-*Prompt*, einen *Befehl* mit optionalen *Argumenten* sowie die *Ausgabe* des Befehls zeigen, so wie hier:

```
admin@server1:~$ date
Thu Aug 24 09:16:56 CDT 2006
```

Wir werden die Inhalte eines Shell-Skripts folgendermaßen darstellen:

```
#!/bin/bash
Inhalte des Skripts ...
```

Die erste Zeile ist eine Besonderheit in Linux-Skripten: Wenn diese Zeile mit den beiden Zeichen #! beginnt, handelt es sich beim Rest der Zeile um den Dateinamen des Befehls, der ausgeführt werden soll, um den Rest des Skripts zu verarbeiten. (Wenn dem #-Zeichen kein ! folgt, wird die Zeile als Kommentar interpretiert, der bis zum Ende der Zeile geht.) Mit diesem Trick können Sie ein beliebiges Programm Ihre Skriptdateien interpretieren lassen. Handelt es sich bei dem Programm um eine traditionelle Shell wie *sh* oder *bash*, wird diese Datei *Shell-Skript* genannt. Am Ende dieses Kapitels werden wir Ihnen Skripten für Perl, PHP und Python zeigen.

 Microsoft Windows legt anhand der Endung des Dateinamens den Dateitypen fest sowie den Interpreter, der ausgeführt werden soll. Wenn Sie die Endung einer Datei ändern, kann es sein, dass sie nicht mehr funktioniert. Unter Linux haben die Dateinamen nichts mit der Ausführung zu tun (trotzdem kann die Befolgung von Konventionen aus anderen Gründen nützlich sein).

Nehmen Sie Ihren Lieblingstexteditor (oder auch einen, den Sie nicht mögen), erstellen Sie diese dreizeilige Datei und speichern Sie sie als Datei mit dem Namen *hello* ab:

```
#!/bin/bash
echo hello world
echo bonjour monde
```

Bei dieser Datei handelt es sich noch nicht um ein funktionierendes Skript. Wir werden Ihnen im nächsten Abschnitt zeigen, wie Sie dieses Skript dann auch tatsächlich ausführen können, aber zuerst müssen wir ein paar grundlegende Syntaxregeln erklären.

Die */bin/bash*-Shell wird dieses Skript Zeile für Zeile interpretieren. Sie erwartet zwar, dass jeder Befehl in einer einzelnen Zeile steht, wenn Sie eine Zeile allerdings mit einem Backslash (\) beenden, wird die *bash* die nächste Zeile als Fortführung behandeln:

```
#!/bin/bash
echo \
hello \
world
```

Das ist eine gute Möglichkeit, komplexe Zeilen lesbarer zu gestalten.

Die Shell ignoriert Zeilen, die mit Whitespace (Leerzeichen, Tabulatoren, leere Zeilen) aufgefüllt sind. Sie ignoriert auch alles ab einem Kommentarzeichen (#) bis zum Ende der Zeile. Wenn *bash* die zweite Zeile unseres Skripts liest (echo hello world), behandelt sie das erste Wort (echo) als Befehl, mit dem die anderen Wörter (hello world) als Argumente des Befehls ausgeführt werden. Der Befehl *echo* kopiert lediglich seine Argumente in seine Ausgabe. In der dritten Zeile wird ein weiterer *echo*-Befehl ausgeführt, allerdings mit anderen Argumenten.

Wenn Sie sehen möchten, was Sie in der Datei *hello* abgelegt haben, können Sie sich die Inhalte auf dem Bildschirm ausgeben lassen:

```
admin@server1:~$ cat hello
#!/bin/bash
echo hello world
echo bonjour monde
```

Pfadnamen und Zugriffsberechtigungen

Die *hello*-Datei kann ausgeführt werden, wenn der *bash*-Befehl mit einem *hello*-Argument aufgerufen wird:

```
admin@server1:~$ bash hello
hello world
bonjour monde
admin@server1:~$
```

Lassen Sie uns jetzt *hello* ohne seine Begleitperson *bash* ausführen:

```
admin@server1:~$ hello
bash: hello: command not found
```

Warum kann *bash* den Befehl nicht finden? Wenn Sie einen Befehl angeben, sucht Linux eine Liste von Verzeichnissen ab, die *Pfad* genannt wird. Linux sucht dabei nach einer Datei mit dem angegebenen Namen und führt dann die erste Datei aus, die es findet. In diesem Fall befand sich *hello* in keinem dieser Verzeichnisse. Wenn Sie dem System mitteilen, in welchem Verzeichnis sich *hello* befindet, wird es diese Datei auch ausführen. Der Pfadname kann absolut (*/home/admin/hello*) oder relativ (*./hello* meint dabei die *hello*-Datei im aktuellen Verzeichnis) angegeben werden. Wir werden im nächsten Abschnitt beschreiben, wie Sie die Verzeichnisse in Ihrem Pfad angeben können, aber zuerst müssen wir uns mit *Zugriffsberechtigungen* befassen.

Ein Shell-Skript wird ohne bestimmte Dateiberechtigungen nicht laufen. Lassen Sie uns die Zugriffsberechtigungen von *hello* überprüfen:

```
admin@server1:~$ ls -l hello
-rw-r--r--  1 admin admin 48 2006-07-25 13:25 hello
```

Ein – zeigt an, dass das Flag nicht gesetzt ist. Das erste – ist das Verzeichnis-Flag. Bei einem Verzeichnis ist es ein d, bei einer Datei ein –. Als Nächstes kommen die Berechtigungen für den Eigentümer der Datei, die Gruppe, der der Eigentümer angehört, und dann für alle anderen. Der Eigentümer (*admin*) kann diese Datei lesen (r) und schreiben (w), während die Gruppe (die in diesem Fall auch *admin* heißt) und alle anderen die Datei nur lesen können (r--). Niemand kann die Datei ausführen, da das dritte Zeichen aller Dreizeichen-Reihen ein – und kein x ist.

Lassen Sie uns jetzt *hello* mit einem relativen Pfadnamen ausführen:

```
admin@server1:~$ ./hello
bash: ./hello: Permission denied
```

Dieses Mal hat Linux die Datei gefunden, aber nicht ausgeführt. Linux konnte die Datei *hello* nicht ausführen, da sie keine Ausführungsrechte besitzt. Sie müssen sich jetzt entscheiden, wer diese Datei ausführen können soll: nur Sie (der Eigentümer), jeder in Ihrer Gruppe und/oder die Benutzer in anderen Gruppen. Hierbei handelt es sich um eine typische Sicherheitsentscheidung, die Administratoren häufig treffen müssen. Wenn die Zugriffsberechtigungen zu großzügig sind, können andere Ihre Skript ohne Ihr Wissen ausführen; wenn die Berechtigungen zu eng gefasst sind, könnte das Skript auch überhaupt nicht ausgeführt werden.

Der Befehl, mit dem Berechtigungen geändert werden, heißt *chmod* (für Change Mode), und er kann die Oktalzahlen im alten Unix-Stil oder Buchstaben einsetzen. Lassen Sie uns beide Möglichkeiten ausprobieren. Geben Sie sich selbst Lese-/Schreib-/Ausführungsrechte, Lese-/Ausführungsrechte für Ihre Gruppe und allen anderen überhaupt keine Berechtigungen (haben die Ihnen schon einmal etwas gegeben?). Im Oktalstil ist lesen = 4, schreiben = 2 und ausführen = 1. Die Zahl für die Benutzer wäre also 4+2+1 (7), für die Gruppe 4+1 (5) und für den Rest 0:

```
admin@server1:~$ chmod 750 hello
admin@server1:~$ ls -l hello
-rwxr-x---  1 admin admin 50 2006-08-03 15:44 hello
```

Das andere Verfahren, bei dem die Zugriffsberechtigungen mit Hilfe von Buchstaben als Argumente übergeben werden, ist eventuell intuitiver:

```
admin@server1:~$ chmod u=rwx,g=rx hello
admin@server1:~$ ls -l hello
-rwxr-x---  1 admin admin 50 2006-08-03 15:44 hello
```

Wenn Sie Ihnen, Ihrer Gruppe und allen anderen schnell Lese- und Ausführungsberechtigungen geben möchten, geben Sie Folgendes ein:

```
admin@server1:~$ chmod +xr hello
admin@server1:~$ ls -l hello
-rwxr-xr-x  1 admin admin 50 2006-08-03 15:44 hello
```

Jetzt führen wir das Skript auf der Kommandozeile aus:

```
admin@server1:~$ ./hello
hello world
bonjour monde
```

Der Standardpfad

Die Liste der Verzeichnisse, die die *bash* nach Befehlen durchsuchen soll, wird in einer Shell-Umgebungsvariablen mit dem Namen PATH festgelegt. Wenn Sie sehen möchten, was sich in Ihrem Pfad befindet, geben Sie dies ein:

```
admin@server1:~$ echo $PATH
/bin:/usr/bin
```

Linux reserviert dabei die speziellen Namen . für das aktuelle Verzeichnis und .. für das übergeordnete Verzeichnis des aktuellen Verzeichnisses. Wenn Sie möchten, dass Linux in Ihrem aktuellen Verzeichnis Befehle wie unser *hello* immer findet, dann fügen Sie das aktuelle Verzeichnis an den PATH an:

```
admin@server1:~$ PATH=$PATH:.
```

Damit solche Änderungen bestehen bleiben, müssen Sie an Ihrem PATH eine dauerhafte Veränderung vornehmen. Dies kann von einem einzelnen Benutzer in der Datei *.bashrc* vorgenommen werden, die sich im Home-Verzeichnis des Benutzers befindet, oder aber vom Systemadministrator in einer systemweiten Startdatei (die sich normalerweise im Verzeichnis */etc* befindet). Fügen Sie hierzu einfach der Datei eine Anweisung wie die eben gezeigte hinzu.

Alternativ könnten Sie das Skript *hello* aber auch in eines der Verzeichnisse verschieben, das sich bereits im PATH befindet. Diese Verzeichnisse sind jedoch normalerweise geschützt, darum kann nur der Benutzer *root* dort Dateien ablegen, um die Sicherheit zu gewährleisten.

Bei einem Skript, das komplexer als unser *hello* ist (also eigentlich jedes Skript), besitzen beide Verfahren Sicherheitsauswirkungen. Wenn sich . in Ihrem PATH befindet, laufen Sie Gefahr, dass Ihnen irgendjemand ein anderes Skript mit dem Namen *hello* in ein anderes Verzeichnis legt, Sie dann irgendwie in dieses Verzeichnis gelangen und dort *hello* eingeben, womit Sie dann das *hello* des anderen Benutzers ausführen und nicht das, das Sie eigentlich ausführen wollten.

Die Richtigkeit des Skripts ist ebenfalls von Belang. Wir sind uns einigermaßen sicher darüber, was unser *hello*-Skript im Moment macht, aber eventuell sind wir das nicht mehr, wenn wir weitere hundert Zeilen hinzufügen.

Meist ist es üblich, dass Sie Ihr eigenes Skript in einem Verzeichnis wie */usr/local/bin* oder in einem privaten *~/bin* ablegen anstatt in einem Systemverzeichnis wie beispielsweise */bin*, */sbin* oder */usr/bin*. Damit Sie dieses Verzeichnis dauerhaft Ihrem PATH hinzufügen, hängen Sie in etwa die folgende Zeile an das Ende Ihrer *.bashrc*-Datei an:

```
export PATH=$PATH:/usr/local/bin
```

I/O-Umleitung

I/O-Umleitung und *Pipes* sind weitere Unix-Innovationen, die Microsoft und viele andere, ohne sich zu schämen, kopiert haben. Die Shell ermöglicht Ihnen den Zugriff auf diese Funktionen auf sehr intuitive Art und Weise.

Wenn Sie einen Befehl auf der Konsole oder in einem Textfenster eingeben, stellen Ihre Finger die *Standardeingabe* des Befehls und Ihre Augen die *Standardausgabe* sowie die *Standardfehlerausgabe* bereit. Sie können jedoch eine Eingabe produzieren oder die Ausgabe entgegennehmen, indem Sie Ihre Finger oder Ihre Augen mit einer Datei austauschen. Lassen Sie uns den Befehl *ls* mit seiner Standardausgabe ausführen, die wie gewohnt am Bildschirm erscheint, und dann die Ausgabe (mit >) auf eine Datei umleiten:

```
admin@server1:~$ ls
hello
admin@server1:~$ ls > files.txt
admin@server1:~$
```

Im zweiten Beispiel wird die Umleitung stillschweigend vorgenommen. Würden irgendwelche Fehler auftreten, bekämen Sie diese jedoch am Bildschirm angezeigt und nicht in der Datei (das ist der Grund, warum es die Standardfehlerausgabe gibt):

```
admin@server1:~$ ls ciao > files.txt
ls: ciao: No such file or directory
admin@server1:~$
```

Sie sollten sich darüber im Klarem sein, dass, wenn die Datei *files.txt* bereits vorhanden ist, bevor Sie diesen Befehl ausführen, diese Datei überschrieben wird. Möchten Sie an die Datei neuen Inhalt anfügen, anstatt sie zu überschreiben, verwenden Sie stattdessen die Anfügezeichen (>>):

```
admin@server1:~$ ls -l >> files.txt
```

Wenn die Datei *files.txt* nicht vorhanden ist, wird sie erstellt, bevor mit dem Anhängen der Inhalte begonnen wird.

Sie können auch die Standardfehlerausgabe umleiten. Hier eine überwältigende Zeile, die sowohl die Standardausgabe als auch die Standardfehlerausgabe zur gleichen Zeit umleitet:

```
admin@server1:~$ ls -l > files.txt 2> errors.txt
```

Bei dem uneleganten 2> handelt es sich um die Umleitungszauberei für die Standardfehlerausgabe. Die Umleitung der Standardfehlerausgabe kann bei langen Prozessen, wie beispielsweise Kompiliervorgängen, hilfreich sein, weil Sie dann später alle Fehlermeldungen überprüfen können, anstatt die Ausgabe am Bildschirm mitverfolgen zu müssen.

Wenn Sie die Standardausgabe und die Standardfehlerausgabe in die gleiche Datei umleiten möchten, machen Sie Folgendes:

```
admin@server1:~$ ls -l > files.txt 2>&1
```

Das &1 bedeutet »die gleiche Stell, wie die Standardausgabe«, was in diesem Fall die Datei *files.txt* ist. Eine Abkürzung für den vorangegangenen Befehl wäre:

```
admin@server1:~$ ls -l >& files.txt
```

Überall dort, wo Sie lieber anhängen als überschreiben möchten, sollten Sie >> an Stelle von > verwenden.

Es ist nur gerecht, wenn auch die Standardeingabe umgeleitet werden kann. Hier ein ausgeklügeltes Beispiel, das nach Dateinamen sucht, die die Zeichenkette *foo* enthalten:

```
admin@server1:~$ ls -l > files.txt
admin@server1:~$ grep foo < files.txt
admin@server1:~$ rm files.txt
```

Im ersten Schritt wird die temporäre Datei *files.txt* erstellt. Der zweite Schritt beinhaltet das Auslesen der Datei, und im dritten Schritt praktizieren wir eine gute Festplattenhygiene und werden die Datei wieder los. Das Leben der temporären Datei war zwar kurz, aber erfüllt.

Mit der besten Unix-Erfindung aller Zeiten, der *Pipe*, können wir diese drei Schritte zu einem Schritt zusammenfassen und die temporäre Datei vermeiden. Eine Pipe verbindet die Ausgabe des einen Befehls mit der Eingabe eines anderen Befehls. Das Pipe-Symbol ist das |, das, wie > und < auch, mit hoher Geschwindigkeit ausgeführt wird. Die Standardausgabe des ersten Befehls wird zur Standardeingabe des zweiten Befehls und vereinfacht damit unsere vorherigen Schritte:

```
admin@server1:~$ ls -l | grep foo
```

Sie können Pipes auch aneinanderreihen:

```
admin@server1:~$ ls -l | grep foo | wc -l
```

Dieser Befehl zählt, wie oft die Zeichenkette *foo* in sämtlichen Dateien des aktuellen Verzeichnisses vorkommt.

Variablen

bash ist eine Programmiersprache, und Programmiersprachen besitzen allgemeingültige Funktionen. Eine dieser grundlegendsten Funktionen ist die *Variable*: ein Symbol, das einen Wert enthält. *bash*-Variablen sind Zeichenketten, es sei denn, Sie geben mit einer declare-Anweisung etwas anderes an. Anders als in vielen anderen Sprachen müssen Sie *bash*-Variablen vor ihrer Verwendung nicht deklarieren oder festlegen.

Ein Variablenname ist eine Zeichenkette, die mit einem Buchstaben beginnt und Buchstaben, Zahlen und Unterstriche (_) enthalten kann. Den Wert einer Variablen erhält man, indem man dem Namen der Variablen ein $ voranstellt. Hier kommt ein Shell-Skript, das der Variablen hw einen Zeichenkettenwert zuweist und diesen Wert dann ausgibt:

```
#!/bin/bash
hw="hallo welt"
echo $hw
```

Die Variable hw wird durch die Zuweisung in Zeile 2 eingerichtet. In Zeile 3 ersetzen die Inhalte der Variablen hw die Referenz $hw. Da *bash* und andere Shells die Whitespace-Zeichen (Leerzeichen und Tabulatoren) wie Trennzeichen für Befehlsargumente behandeln und nicht wie normale Zeichen eines Arguments, müssen Sie, wenn Sie diese Zeichen schützen möchten, die gesamte Zeichenkette mit doppelten (") oder einfachen (') Anführungszeichen umgeben. Der Unterschied zwischen den Anführungszeichen besteht darin, dass Shell-Variablen (sowie andere spezielle Syntax der Shell) innerhalb doppelter Anführungszeichen erweitert und innerhalb einfacher Anführungszeichen literal behandelt werden. Sehen Sie sich den Unterschied in der Ausgabe der beiden *echo*-Befehle im folgenden Skript an:

```
admin@server1:~$ cat hello2
#!/bin/bash
hw="hallo welt"
echo "$hw"
echo '$hw'
admin@server1:~$ ./hello2
hello world
$hw
admin@server1:~$
```

Sie können die Standardausgabe eines Befehls mit der Syntax $(Befehl) oder
`Befehl` (verwenden Sie dabei kleine Akzentzeichen) einer Variablen zuweisen:

```
admin@server1:~$ cat today
#!/bin/bash
dt=$(date)
dttoo=`date`
echo "Heute ist $dt"
echo "und ebenso $dttoo"
admin@server1:~$ ./today
Heute ist Mi 4. Jul 14:56:01 CEST 2007
und ebenso Mi 4. Jul 14:56:01 CEST 2007
admin@server1:~$
```

Spezialvariablen repräsentieren Kommandozeilenargumente. Das $-Zeichen gefolgt von einer Zahl *n* bezieht sich auf das *n*-te Argument auf der Kommandozeile beginnend bei 1. Die Variable $0 ist der Name des Skripts selbst. Die Variable $* enthält alle Argumente als einen Zeichenkettenwert. Diese Variablen können dann Befehlen übergeben werden, die das Skript ausführt:

```
admin@server1:~$ cat files
#!/bin/bash
ls -Alv $*
admin@server1:~$ ./files hello hello2 today
-rwxr-xr-x   1 admin admin 48 2006-07-25 13:25 hello
-rwxr-xr-x   1 admin admin 51 2006-07-25 14:45 hello2
-rwxr-xr-x   1 admin admin 45 2006-07-25 14:49 today
admin@server1:~$
```

Die Spezialvariable $$ enthält die Prozess-ID des aktuellen Prozesses. Hiermit kann beispielsweise ein eindeutiger temporärer Dateiname erstellt werden. Wenn mehrere Kopien des gleichen Skripts zur gleichen Zeit ausgeführt werden, besitzt jedes Skript eine andere Prozess-ID und folglich einen anderen temporären Dateinamen.

Eine weitere nützliche Variable ist $?, die den Rückgabewert des zuletzt ausgeführten Befehls enthält. Wir werden diese Variable später in diesem Kapitel verwenden, um damit zu überprüfen, ob die Programmausführung in einem Skript erfolgreich oder fehlerhaft durchgeführt wurde.

Hilfreiche Komponenten für bash-Skripten

Wir haben jetzt die wesentlichen Bestandteile der *bash* eingeführt, die Sie beim täglichen Ausführen von interaktiven Befehlen einsetzen werden. Lassen Sie uns nun einen Blick auf einige Dinge werfen, die Ihnen beim Schreiben effektiver Skripten helfen werden.

Ausdrücke

bash-Ausdrücke enthalten Variablen und *Operatoren*, wie beispielsweise == (ist gleich) und > (ist größer als). Diese werden normalerweise bei Überprüfungen eingesetzt, die auf verschiedene Arten angegeben werden können:

```
test $file == "test"
[ $file == "test" ]
[[ $file == "test" ]]
```

Wenn Sie den Befehl *test* einsetzen, sollten Sie daran denken, dass einige Zeichen eine mehrfache Bedeutung besitzen (beispielsweise haben wir in einer der vorangegangenen Abschnitte > für die Umleitung von Ausgaben eingesetzt), daher müssen sie in Anführungszeichen gesetzt werden. Sie müssen sich um die Anführungszeichen keine Gedanken machen, wenn Sie die Syntax mit den einfachen oder doppelten eckigen Klammern verwenden. Die doppelten eckigen Klammern machen das Gleiche wie die einfachen – und noch etwas mehr, deshalb sind Sie auf der sicheren Seite, wenn Sie in Ihren Ausdrücken doppelte eckige Klammern verwenden.

Die *bash* besitzt einige eingebaute Spezialoperatoren, die sehr hilfreich sind:

```
-a Datei    # wahr, wenn Datei vorhanden ist
-d Datei    # wahr, wenn Datei vorhanden und ein Verzeichnis ist
-f Datei    # wahr, wenn Datei vorhanden und eine Datei ist
-r Datei    # wahr, wenn Datei vorhanden und lesbar ist
-w Datei    # wahr, wenn Datei vorhanden und beschreibbar ist
-x Datei    # wahr, wenn Datei vorhanden und ausführbar ist
```

Arithmetik

Die *bash* ist sehr stark auf Text, wie beispielsweise Befehle, Argumente und Dateinamen, ausgerichtet. Sie kann aber auch die üblichen arithmetischen Ausdrücke auswerten (dabei werden +, -, *, / und andere Operatoren verwendet), wenn man diese Ausdrücke mit doppelten Klammern umgibt: ((*Ausdruck*)). Da viele arithmetische Zeichen – inklusive *, (und) – von der Shell gesondert interpretiert werden, ist es das Beste, wenn Sie die Shell-Argumente in Anführungszeichen setzen, wenn diese im Skript als mathematischer Ausdruck behandelt werden sollen:

```
admin@server1:~$ cat arith
#!/bin/bash
answer=$(( $* ))
echo $answer
admin@server1:~$ ./arith "(8+1)*(7-1)-60"
-6
admin@server1:~$ ./arith "2**60"
1152921504606846976
admin@server1:~$
```

Die neueste Version der *bash* unterstützt 64-Bit-Integer-Werte (−9223372036854775808 bis 9223372036854775807). Ältere Versionen unterstüt-

zen nur 32-Bit-Integer-Werte (mit einem mickrigen Wertebereich von
–2147483648 bis 2147483647). Gleitkommazahlen werden nicht unterstützt.
Skripten, die Gleitkommazahlen oder erweiterte Operatoren benötigen, können ein
externes Programm wie beispielsweise *bc* einsetzen.

In arithmetischen Ausdrücken können Sie Variablen ohne das $-Zeichen einsetzen,
mit dem in anderen Fällen die Werte der Variablen ersetzt werden würden:

```
admin@server1:~$ cat arithexp
#!/bin/bash
a=$1
b=$(( a+2 ))
echo "$a + 2 = $b"
c=$(( a*2 ))
echo "$a * 2 = $c"
admin@server1:~$ ./arithexp 6
6 + 2 = 8
6 * 2 = 12
admin@server1:~$
```

If...

Mit Ausdrücken können Sie basierend auf den Ergebnissen eines Tests unterschiedliche Codefragmente ausführen. Die *bash* verwendet hierfür die Syntax if ... fi (ein rückwärts geschriebenes if) mit optionalen elif-(else if-) und else-Abschnitten:

```
if Ausdruck1 ; then
    (Befehle)
elif Ausdruck2 ; then
    (Befehle)
        ...
elif AusdruckN ; then
    (Befehle)
else (Befehle)
fi
```

Die Phrase ; then am Ende einer Zeile kann auch als einfaches then in der nächsten Zeile ausgedrückt werden:

```
if Ausdruck
then
    (Befehle)
fi
```

Wenn Sie sich in dem gleichen Verzeichnis wie das vorhin erstellte *hello*-Skript befinden, sollten Sie jetzt einmal Folgendes ausprobieren:

```
admin@server1:~$ if [[ -x hello ]]
> then
> echo "hello ist ausführbar"
> fi
```

```
hello ist ausführbar
admin@server1:~$
```

Hier ist ein ausgefalleneres Skript, das die Datei */etc/passwd* nach einem Kontonamen durchsucht:

```
#!/bin/bash
USERID="$1"
DETECTED=$( egrep -o "^$USERID:" < /etc/passwd )
if [[ -n "${DETECTED}" ]] ; then
    echo "$USERID ist einer vor uns    :-)"
else
    echo "$USERID ist ein Unbekannter  :-("
fi
```

Lassen Sie uns dieses Skript *friendorfoe* nennen und es ausführbar machen. Anschließend probieren wir es dann zuerst an einem uns bekannten Konto auf unserem System (*root*) aus und danach an einem erfundenen Konto (*sasquatch*):

```
admin@server1:~$ ./friendorfoe root
root ist einer von uns    :-)
admin@server1:~$ ./friendorfoe sasquatch
sasquatch ist ein Unbekannter  :-(
```

Das erste Argument wird der Shell-Variablen USERID zugewiesen. Der Befehl *egrep* wird innerhalb von $( ) ausgeführt, um dessen Ausgabe der Shell-Variablen DETECTED zuweisen zu können. *egrep -o* gibt nur die übereinstimmende Zeichenkette aus und nicht die ganze Zeile. "^$USERID:" stimmt mit den Inhalten der Variablen USERID nur dann überein, wenn die Inhalte der Variablen am Anfang einer Zeile stehen und wenn ihnen unmittelbar ein Doppelpunkt folgt. Der if-Ausdruck steht in doppelten eckigen Klammern, damit er ausgewertet und seine Ergebnisse zurückgeliefert werden können. Der Ausdruck -n "${DETECTED}" liefert true zurück, wenn die Shell-Variable DETECTED keine leere Zeichenkette ist. Schließlich steht die Variable DETECTED noch in Anführungszeichen ("${DETECTED}"), damit sie als einzelne Zeichenkette behandelt wird.

Immer dann, wenn die if-Anweisung einen Ausdruck entgegennimmt, können Sie dort einen Befehl oder auch eine Befehlsfolge angeben. Wird der letzte Befehl in der Befehlsfolge erfolgreich ausgeführt, geht die if-Anweisung davon aus, dass der Ausdruck ein wahres Ergebnis (true) zurücklieferte. Wenn der letzte Befehl in der Befehlsfolge fehlschlägt, wird davon ausgegangen, dass der Ausdruck ein falsches Ergebnis (false) zurücklieferte, und der else-Ausdruck wird ausgewertet. Wir werden hierzu in den folgenden Abschnitten Beispiele sehen.

Fehlersuche bei einem einfachen Skript

Lassen Sie uns ein paar Operationen mit einem Skript durchführen, das eigentlich seine Argumente (eine Datei oder ein Verzeichnis) löschen soll, aber ein paar Probleme hat:

```
admin@server1:~$ cat delete
#!/bin/bash
if rm $1
    then
       echo Datei $1 geloescht
else
    if rmdir $1
       then
          echo Verzeichnis $1 geloescht
    fi
fi
```

Das Skript soll eine Datei, die als Argument übergeben wurde, mit Hilfe von *rm* löschen und eine Nachricht ausgeben, wenn es erfolgreich durchgelaufen ist. Wenn *rm* fehlschlägt, geht das Skript davon aus, dass das Argument auf ein Verzeichnis verweist, und probiert stattdessen *rmdir* aus.

Hier einige Ergebnisse:

```
admin@server1:~$ ./delete hello2
Datei hello2 geloescht
admin@server1:~$ ./delete hello2
rm: Entfernen von `hello2' nicht möglich: No such file or directory
rmdir: `hello2': No such file or directory
admin@server1:~$ mkdir hello3
admin@server1:~$ ./delete hello3
rm: Entfernen von `hello3' nicht möglich: Is a directory
Verzeichnis hello3 geloescht
admin@server1:~
```

Lassen Sie uns mit Hilfe dieser Fehlermeldungen das Skript korrigieren. Als Erstes werden wir die Ergebnisse mit einer I/O-Umleitung in Protokoll- und Fehlerdateien abspeichern, die wir dann in unserer reichlichen Freizeit überprüfen können. Als Nächstes werden wir uns den Rückgabewert des *rm*-Befehls schnappen, um eine Erfolgs- oder Fehlernachricht zu generieren. Wir nehmen auch das aktuelle Datum und die aktuelle Uhrzeit auf, um sie in unser Ausgabeprotokoll einzufügen:

```
admin@server1:~$ cat removefiles
#!/bin/bash
# removefiles loescht entweder Dateien oder Verzeichnisse
echo  "$0 lief um" $(date) >> delete.log
if rm $1 2>> delete-err.log
    then
       echo "geloeschte Datei $1" >> delete.log
elif rmdir $1 2>> delete-err.log
    then
       echo "geloeschtes Verzeichnis $1" >> delete.log
else
    echo "konnte $1 nicht loeschen" >> delete.log
fi
```

Das Skript hat noch einige unschöne Stellen: Es überprüft nicht, ob die Datei überhaupt existiert, und unterscheidet nicht zwischen einer Datei und einem Verzeichnis. Wir können mit einigen eingebauten Operatoren, die wir bereits weiter oben erwähnt haben, diese Probleme beheben:

```
admin@server1:~$ cat removefiles
#!/bin/bash
# removefiles loescht entweder Dateien oder Verzeichnisse
echo  "$0 lief um" $(date) >> delete.log
if [ ! -e $1 ]
    then
        echo "$1 gibt es nicht" >> delete.log
elif [ -f $1 ]
    then
        echo -n "Datei $1 " >> delete.log
        if rm $1 2>> delete-err.log
            then
                echo "geloescht" >> delete.log
        else
                echo "nicht geloescht" >> delete.log
        fi
elif [ -d $1 ]
    then
        echo "Verzeichnis $1 " >> delete.log
        if rmdir $1 2>> delete-err.log
            then
                echo "geloescht" >> delete.log
        else
                echo "nicht geloescht" >> delete.log
        fi
fi
```

Das sieht doch schon ziemlich gut aus, wir müssen Sie aber noch etwas verwirren: Was passiert, wenn die Datei oder das Verzeichnis Leerzeichen enthält? (Die Leerzeichen werden Sie mit Sicherheit sehen, wenn Sie irgendwelche Dateien von Windows- oder Mac-Systemen erhalten.) Erstellen Sie eine Datei mit dem Namen *my file* und probieren Sie dann, diese Datei mit unserem zuverlässigen Skript zu löschen:

```
admin@server1:~$ ./removefiles my file
```

Die letzte Zeile von *delete.log* enthält jetzt:

```
my gibt es nicht
```

Da wir um *my file* keine Anführungszeichen gesetzt haben, zerlegt die Shell *my* und *file* in die Skriptvariablen $1 und $2. Lassen Sie uns jetzt also *my file* in Anführungszeichen setzen, damit der Dateiname in $1 steht:

```
admin@server1:~$ ./removefiles "my file"
./removefiles: [: my: binary operator expected
./removefiles: [: my: binary operator expected
./removefiles: [: my: binary operator expected
```

Hoppla. Wir haben jetzt zwar die Zeichenkette *my file* in der Shell-Variablen $1, müssen diese aber noch einmal *innerhalb* des Skripts in Anführungszeichen setzen, um sie bei den Namenstests und *remove*-Befehlen zu schützen:

```
admin@server1:~$ cat removefiles
#!/bin/bash
# removefiles loescht entweder Dateien oder Verzeichnisse
echo  "$0 lief um" $(date) >> delete.log
if [ ! -e "$1" ]
    then
        echo "$1 gibt es nicht" >> delete.log
elif [ -f "$1" ]
    then
        echo -n "file $1 " >> delete.log
        if rm "$1" 2>> delete-err.log
            then
                echo "geloescht" >> delete.log
        else
                echo "nicht geloescht" >> delete.log
        fi
elif [ -d "$1" ]
    then
        echo -n "Verzeichnis $1 " >> delete.log
        if rmdir "$1" 2>> delete-err.log
            then
                echo "geloescht" >> delete.log
        else
                echo "nicht geloescht" >> delete.log
        fi
fi
```

Wenn Sie jetzt den Befehl:

```
admin@server1:~$ ./removefiles "my file"
```

ausführen, wird die letzte Zeile der Datei *delete.log* schließlich folgendermaßen lauten:

```
Datei my file geloescht
```

Schleifen

Wenn Sie etwas mehr als einmal machen möchten, benötigen Sie eine *Schleife*. Die *bash* besitzt davon drei Arten: for, while und until.

Die reizvolle und talentierte for-Schleife hat diese allgemeine Erscheinung:

```
for arg in Liste
do
Befehle
done
```

Diese Schleife führt für jedes Element in *Liste* die Aktion *Befehle* aus (die so viele Zeilen und separate Befehle umfassen kann, wie Sie möchten), die zwischen do und done angegeben wird. Die Befehle können bei ihrer Ausführung auf das aktuelle Element aus *Liste* über die Variable *$arg* zugreifen. Diese Syntax könnte zunächst etwas verwirrend sein: In der for-Anweisung müssen Sie *arg* ohne Dollarzeichen angeben, in *Befehle* müssen Sie *$arg* allerdings mit einem Dollarzeichen versehen.

Einige einfache Beispiele hierfür sind folgende:

```
admin@server1:~$ for stooge in moe larry curly
> do
> echo $stooge
> done
moe
larry
curly

admin@server1:~$ for file in *
> do
> ls -l $file
> done
-rw-r--r--   1 admin admin 48 2006-08-26 14:12 hello

admin@server1:~$ for file in $(find / -name \*.gif)
> do
> cp $file /tmp
> done
```

Die while-Schleife läuft, solange die Testbedingung wahr (true) ist:

```
while Ausdruck
do
Zeugs
done
```

Hier folgt ein Beispielskript, das mit den vorhin erwähnten arithmetischen Ausdrücken eine C-ähnliche while-Schleife erstellt (die Einrückung ist nicht notwendig, aber wir mögen sie):

```
#!/bin/bash
MAX=100
((cur=1))   # Behandelt cur wie einen Integer-Wert.
while ((cur < MAX))
    do
    echo -n "$cur "
    ((cur+=1)) # Wird als Integer-Wert hochgezählt.
    done
```

Die until-Schleife ist das Gegenstück zu while. Die Schleife wird so lange durchlaufen, bis (*until*) die Testbedingung wahr (true) ist:

```
until Ausdruck
do
Zeugs
done
```

Ein Beispiel dafür ist:

```bash
#!/bin/bash
gameover="q"
until [[ $cmd == $gameover ]]
    do
        echo -n "Ihr Befehl ($gameover zum Beenden)? "
        read cmd
        if [[ $cmd != $gameover ]]; then $cmd; fi
    done
```

Die Schleife können Sie mit break verlassen. Lassen Sie uns unser until-Beispiel zu einer while-Schleife mit einem break umschreiben:

```bash
#!/bin/bash
gameover="q"
while [[ true ]]
    do
        echo -n "Ihr Befehl ($gameover zum Beenden)? "
        read cmd
        if [[ $cmd == $gameover ]]; then break; fi
        $cmd
    done
```

Wenn Sie den Rest der Schleife übergehen und zurück an den Anfang springen möchten, verwenden Sie continue:

```bash
#!/bin/bash
gameover="q"
while [[ true ]]
    do
        echo -n "Ihr Befehl ($gameover zum Beenden)? "
        read cmd
        if [[ $cmd != $gameover ]]; then $cmd; continue; fi
        break
    done
```

cron-Jobs

Mit Shell-Skripten werden häufig Programme aneinandergehängt. Ein übliches Beispiel unter Linux ist die Festlegung von *cron-Jobs*. *cron* ist der Standard-Job-Scheduler unter Linux. Wenn Sie möchten, dass etwas am dritten Dienstag jedes Monats zur unzivilisierten Stunde von 01:23 Uhr passiert, können Sie das *cron* für sich erledigen lassen, ohne dass er sich darüber beschwert, wie man das von einem Menschen erwarten würde. Der *cron*-Daemon prüft jede Minute nach, ob es an der Zeit ist, irgendetwas zu erledigen, oder ob sich irgendwelche *cron*-Job-Spezifikationen geändert haben.

Sie legen *cron*-Jobs fest, indem Sie eine *crontab*-Datei bearbeiten. Sie können sich die Inhalte Ihrer *crontab*, wenn es denn welche gibt, folgendermaßen ansehen:

```
admin@server1:~$ crontab -l
no crontab for admin
```

Möchten Sie Ihre *crontab* bearbeiten, geben Sie Folgendes ein:

```
admin@server1:~$ crontab -e
```

Jede Zeile einer *crontab*-Datei enthält eine Datums-/Uhrzeitangabe und einen Befehl in diesem Format:

```
Minute Stunde Tag_des_Monats Monat Wochentag Befehl
```

Dies bedarf einer gewissen Erklärung:

- *Minute* liegt zwischen 0 und 59.
- *Stunde* wird mit Hilfe der 24-Stunden-Uhr angegeben und liegt zwischen 0 und 23.
- *Tag_des_Monats* liegt im Bereich von 1 bis 31.
- *Monat* ist eine Zahl zwischen 1 und 12 oder ein Name wie beispielsweise February.
- *Wochentag* ist eine Zahl zwischen 0 und 7 (0 oder 7 ist Sonntag, 6 ist Samstag) oder ein Name wie beispielsweise Tuesday.
- *Tag_des_Monats* und *Wochentag* werden durch OR miteinander verknüpft, was zu Überraschungen führen kann. Wenn beispielsweise beide Felder eine 1 enthalten, wird *cron* den Befehl im Januar sowie an jedem Montag ausführen. Normalerweise wird in der *crontab*-Zeile nur in einem dieser Felder ein spezieller Wert hinterlegt.
- In jedem Feld bedeutet ein Wert eine genaue Übereinstimmung. So steht eine 1 im Feld *Monat* nur für den Januar.
- Ein Sternchen (*) bedeutet: jeder beliebige Wert.
- Zwei Werte, zwischen denen ein Bindestrich steht, legen einen Bereich fest. Folglich steht 11-12 im Feld *Monat* für November bis Dezember.
- Wenn Sie mehr als einen Wert angeben möchten, trennen Sie die Werte durch Kommata. Eine *Monat*sliste von 2,3,5-6 steht für Februar, März und Mai bis Juni.
- Den Werten könnte auch ein Slash (/) und ein *Schrittzähler* folgen. Der Schrittzähler gibt dann an, wie viele Einheiten zwischen den Werten hochgezählt werden sollen. Ein *Monat*swert von */3 bedeutet alle drei Monate. Ein *Monat*swert von 4-9/2 steht für die Monate 4, 6 und 8.

Der Befehl wird durch die Shell ausgeführt, deshalb können hierbei die Funktionen verwendet werden, die in diesem Kapitel erwähnt wurden. Einige Beispiele, die direkte Befehle an Stelle von Skripten einsetzen, sind:

```
5 * * * * rm /tmp/*.gif # entfernt alle GIF-Dateien alle 5 Minuten
5 * * * * rm -v /tmp/*.gif >> /tmp/gif.log # das Gleiche, protokolliert
```

Wenn *cron* den Befehl dann ausführt, schickt er seine Standardausgabe und die Standardfehlerausgabe per E-Mail an den Besitzer der *crontab*. Damit Sie mit solchen E-Mails nicht überhäuft werden, können Sie die Standardausgabe und die Standardfehlerausgabe an einen Ort umleiten, an dem die Sonne niemals scheint:

```
Befehl > /dev/null 2>&1
```

Skriptsprachen-Duell

Das Haupteinsatzfeld einer Shell besteht darin, Befehle auszuführen und Dateinamen-Muster zu erweitern, und die Shell wurde so konzipiert, dass diese Operationen einfach durchgeführt werden können. Andere Aufgaben, wie beispielsweise das Durchführen arithmetischer Berechnungen, sind schwieriger, da deren Text vor einer Aufteilung der Wörter und einer *-Erweiterung geschützt werden muss. In komplexen Shell-Skripten fängt der Haufen aus runden und eckigen Klammern und anderen Zeichen an, dem Fluch einer Comic-Figur zu ähneln.

Früher (»Wir hatten damals nur Nullen und Einsen, und wir waren froh, überhaupt etwas zu haben!«) wurde in Howto-Artikeln oft von langen Shell-Skripten geschrieben, mit denen man Benutzer hinzufügen konnte, Pakete herunterladen und zusammenbauen, Datein sichern und so weiter. Heutzutage möchten Sie diese Aufgaben wahrscheinlich lieber mit einer fortgeschritteneren Skriptsprache ausführen – und das aus verschiedenen Gründen:

- Mit der Zeit haben Anwendungen, wie beispielsweise *adduser* und *apt-get*, einige traditionellen Shell-Skript-Aufgaben automatisiert.
- Shell-Skripten skalieren nicht sehr gut und sind nur schwer zu pflegen.
- Shell-Skripten laufen langsamer.
- Shell-Syntax ist ekelig.

Ursprünglich füllte Perl die Lücke, als Administratoren nach produktiveren Werkzeugen Ausschau hielten, aber jetzt ist auch PHP aus seiner Webnische herausgewachsen, und Python hat einen guten Ruf in Sachen Produktivität erlangt. Wir werden eine Anwendung in diesen Sprachen schreiben; es stehen aber auch noch Sprachen wie beispielsweise Ruby und Tcl unter Linux zur Verfügung.

Unsere Anwendung durchsucht die Datei */etc/passwd* nach dem Namen, der User-ID, der Hutgröße oder was wir sonst noch in dieser Datei finden können. Sie werden sehen, wie man eine Datei öffnet, Einträge ausliest, Formate parst, nach Mustern sucht und Ergebnisse ausgibt. Dann werden wir nach Möglichkeiten suchen, wie wir einige dieser Aufgaben vermeiden können, denn Schweiß != Produktivität. Wir werden in der Lage sein, diese Techniken auch auf andere Dateien anwenden zu können, zum Beispiel auf Protokolldateien oder Webseiten. Hierbei handelt es sich um ein Beispiel für *Data Munging* (die Kunst, Daten von einem unbrauchbaren Format in ein vernünftiges Format umzuwandeln oder umgekehrt), was Sie wahrscheinlich schon ziemlich häufig praktiziert haben.

Lassen Sie uns einige Anforderungen für unsere Anwendung überlegen und diese Anforderungen dann in Pseudocode ausdrücken:

```
lies einen Suchstring für den Benutzer aus
öffne die angegebene Datei
für jede Zeile:
    parse die Felder (Spalten)
    durchsuche das Namensfeld nach einer Übereinstimmung
    wenn es eine Übereinstimmung gibt:
        gib die anderen Felder in einem lesbaren Format aus
```

Jetzt würden viele Programmierer hastig losstürzen und mit Tippen anfangen (einige davon sogar ohne das Datenformat oder gar die Anforderungen gelesen zu haben). Die Leser dieses Buchs sind natürlich viel disziplinierter und sehen selbstverständlich auch besser aus. Sie mussten bisher immer das Durcheinander der anderen Programmierer wieder in Ordnung bringen und möchten jetzt natürlich nicht die gleichen Fehler machen.

Datenformat: Die Datei /etc/passwd

Die Passwortdatei enthält normalerweise die Standardsystemkonten, wie beispielsweise das des mächtigen *root*, Anwendungskonten wie beispielsweise *apache* und Benutzerkonten. Hier sind Ausschnitte aus einer solchen Datei:

```
# System
root:x:0:0:root:/root:/bin/bash
bin:x:1:1:bin:/bin:/sbin/nologin
daemon:x:2:2:daemon:/sbin:/sbin/nologin
...
# Anwendungen
postgres:x:26:26:PostgreSQL Server:/var/lib/pgsql:/bin/bash
apache:x:48:48:Apache:/var/www:/bin/false
...
# Benutzer
adedarc:x:500:500:Alfredo de Darc:/home/adedarc:/bin/bash
rduxover:x:501:501:Ransom Duxover:/home/rduxover:/bin/bash
cbarrel:x:502:502:Creighton Barrel:/home/cbarrel:/bin/bash
cmaharias:x:503:503:C Maharias:/home/cmaharias:/bin/bash
pgasquette:x:504:504:Papa Gasquette:/home/pgasquette:/bin/bash
bfrapples:x:505:505:Bob Frapples:/home/bfrapples:/bin/bash
```

Die durch einen Doppelpunkt getrennten Felder sind:

- Kontoname
- verschlüsseltes Passwort oder x, wenn */etc/shadow* verwendet wird
- User-ID (*uid*)
- Group-ID (*gid*)
- vollständiger Name oder Beschreibung
- Home-Verzeichnis
- Shell

Wir interessieren uns für das fünfte Feld (vollständiger Name oder Beschreibung). In den alten Unix-Schriftrollen wurde dieses Feld *Gecos*-Feld genannt aus Gründen, die damals schon veraltet waren. Den Namen gibt es noch, und es ist hilfreich, wenn man ihn kennt.

Skriptversionen

Wir werden jeden einzelnen der nachfolgenden Abschnitte mit einem minimalen Skript beginnen, das überall in der Datei */etc/passwd* nach einer Zeichenkette sucht und die übereinstimmende Zeile ausgibt. Wir wissen, dass das zu weit gefasst ist, möchten aber das Skript am Laufen haben, bevor wir zu weit ausschweifen.

Als Nächstes teilen wir die Eingabezeilen in Felder auf und beschränken die Mustererkennung auf das *Gecos*-Feld, das den Namen des Benutzers enthält.

Dann werden wir die Suche weiter auf Zeilen einschränken, deren Wert für das *uid*-Feld größer als 500 ist. In unserem Fall fangen die IDs normaler Benutzer bei 501 an, dadurch werden Systemkonten und andere Automaten ausgeschlossen.

An dieser Stelle haben wir dann von den vorangegangenen Schritten genug, wir können uns nun auf die Suche nach einigen Tools machen, die uns einen Teil dieser Arbeit abnehmen.

Das bash-Skript

Die meisten Sprachen bieten für verschiedene Aufgaben Funktionsbibliotheken an. Bei der Shell übernehmen Programme diese Rolle, und erfahrene Shell-Skripter sind mit den meisten der nützlichen Linux-Programme vertraut (*cat*, *head*, *tail*, *awk*, *cut*, *grep*, *egrep* und andere). Für unser *bash*-Skript werden wir einige dieser Programme einsetzen.

Hier ist eine Quick-and-dirty-Version (*finduser.sh*), die den Benutzer-Suchstring als Argument ausliest, an einer beliebigen Stelle innerhalb einer Zeile nach einer Übereinstimmung sucht, bei der Groß- und Kleinschreibung nicht beachtet wird und die alle übereinstimmenden Zeilen Wort für Wort ausgibt:

```
#!/bin/bash
grep -i "$1" /etc/passwd

admin@server1:~$ chmod +x finduser.sh
admin@server1:~$ ./finduser.sh alf
adedarc:x:500:500:Alfredo de Darc:/home/adedarc:/bin/bash
```

Das war jetzt nicht schneller, als einfach Folgendes einzugeben:

```
admin@server1:~$ grep -i alf /etc/passwd
```

Aber was ist, wenn *alf* auch mit einem Systemkonto namens *gandalf* oder mit einer Zeichenkette in einem anderen Feld übereinstimmen würde? Wenn wir die Suche auf das Namensfeld und auf normale Benutzerkonten (das heißt Konten, deren User-IDs größer als 500 sind) beschränken möchten, muss unser Skript etwas größer werden.

Gräbt man sich durch die *bash*-Dokumentation, erfährt man, dass die *bash* mit Hilfe seiner Variablen IFS seine Eingabe anhand von Zeichen, die kein Whitespace sind, aufteilen kann. In der folgenden Version des Skripts lesen wir */etc/passwd* Zeile für Zeile aus und teilen dabei jede Zeile in Feldvariablen auf. Wenn wir eine Übereinstimmung finden, müssen wir die Zeile wieder zusammenbauen, um ihre ursprüngliche Form erneut ausgeben zu können:

```
#!/bin/bash
pattern=$1
IFS=":"
while read account password uid gid name directory shell
    do
    # Nur genaue Übereinstimmungen mit Groß- und Kleinschreibung!
    if [[ $name == $pattern ]]; then
        echo "$account:$password:$uid:$gid:$name:$directory:$shell"
    fi
    done < /etc/passwd
```

Jetzt laufen wir aber in ein Problem beim Mustervergleich: Anders als *grep* besitzt die *bash* keine eingebaute Musterüberprüfung, die Teilstrings ohne Berücksichtigung der Groß- und Kleinschreibung abgleicht. Wir müssen eine ausgefeiltere Musterüberprüfung mit einem externen Helfer einbauen. Hierfür nehmen wir *egrep*:

```
#!/bin/bash
pattern=$1
IFS=":"
while read account password uid gid name directory shell
    do
    if [[ $(echo $name | egrep -i -c "$pattern") -gt 0 ]]; then
        echo "$account:$password:$uid:$gid:$name:$directory:$shell"
    fi
    done < /etc/passwd
```

Lassen Sie uns für unser endgültiges Skript noch unsere Überprüfung der *uid*-Nummern hinzufügen:

```
#!/bin/bash
pattern=$1
IFS=":"
while read account password uid gid name directory shell
    do
    # Nur genaue Übereinstimmungen!
    if [[ $uid -gt 500 && $(echo $name | egrep -i -c "$pattern") -gt 0 ]]; then
        echo "$account:$password:$uid:$gid:$name:$directory:$shell"
    fi
    done < /etc/passwd
```

Wenn Sie ein Shell-Skript mit der Option *-v* oder *-x* ausführen, wird die *bash* jeden einzelnen Befehl vor dessen Ausführung ausgeben. Das kann Ihnen dabei helfen festzustellen, was das Skript gerade macht.

Das Perl-Skript

Perl ist knapp und wirklich richtig gut, wenn es um Text geht. Eine Perl-Entsprechung unseres ersten *bash*-Skripts wäre beispielsweise:

```
admin@server1:~$ perl -ne 'print if /alf/i' /etc/passwd
```

Das */Muster/* gleicht *Muster* ab, während das nachfolgende i die Groß- und Kleinschreibung ignoriert. Hier folgt eine entsprechende Skriptversion, mit der wir das Programm ausbauen, damit es unseren Anforderungen entsprechen kann:

```perl
#!/usr/bin/perl
my $pattern = shift;
while (<>) {
    if (/$pattern/i) {
        print;
    }
}
```

Viele Elemente der Perl-Syntax sind kryptisch, aber einige erinnern an die Shell-Syntax (oder andere häufig verwendete Unix-Tools) und sind deshalb nicht so schwer zu verstehen, wenn Sie erst einmal diese Tools kennen. Insbesondere können Sie im voranstehenden Skript while- und if-Anweisungen finden, die sich auch so verhalten, wie Sie das aus dem, was Sie über die Shell-Entsprechungen gelernt haben, wohl auch erwarten würden. Die Syntax <> erinnert ebenfalls an die Shell-Umleitung mit < und >. Sie führt dazu, dass jeder Durchlauf der while-Schleife eine Zeile der Eingabe ausliest. Beachten Sie, dass anders als bei der *bash* die Variablen unter Perl das führende $ benötigen, selbst dann, wenn Sie Werte zuweisen. Die print-Anweisung zeigt dann an, was <> gefunden hat.

Perl besitzt eine alternative if-Syntax, die uns ein paar Zeichen einspart:

```perl
#!/usr/bin/perl
my $pattern = shift;
while (<>) {
    print if /$pattern/i;
}
```

Das Skript (nennen Sie es *finduser.pl*) geht davon aus, dass die Passwortdatei über die Standardeingabe eingelesen wird, daher würden Sie das Skript folgendermaßen ausführen:

```
admin@server1:~$ ./finduser.pl alf < /etc/passwd
```

Die nächste Version öffnet die Passwortdatei direkt:

```perl
#!/usr/bin/perl
my $fname = "/etc/passwd";
```

```perl
my $pattern = shift;
open(FILE, $fname) or die("Kann $fname nicht oeffnen\n");
while (<FILE>) {
    if (/$pattern/i) {
        print;
    }
}
close(FILE);
```

Um die Übereinstimmungen auf das Namensfeld einzuschränken, wie wir das auch schon im *bash*-Abschnitt gemacht haben, spielen wir mit den Stärken von Perl:

```perl
#!/usr/bin/perl
my $fname = "/etc/passwd";
my $pattern = shift;
open(FILE, $fname) or die("Kann $fname nicht oeffnen\n");
while (<FILE>) {
    $line = $_;
    @fields = split/:/;
    if ($fields[4] =~ /$pattern/i) {
        print $line;
    }
}
close(FILE);
```

Ein vom Anwender geliefertes Argument wird mit Hilfe der shift-Anweisung in die Variable $pattern eingelesen. Das Skript legt noch eine andere Art von Variable fest: ein Array mit dem Namen @fields. Die split-Funktion von Perl legt jedes einzelne, durch einen Doppelpunkt getrennte Element einer Zeile in einem einzelnen Element des Arrays ab. Wir können dann die Elementnummer 4 extrahieren (was in Wirklichkeit das fünfte Element ist, da die Elemente bei 0 angefangen durchnummeriert werden) und es ohne Berücksichtigung der Groß- und Kleinschreibung mit dem Argument des Anwenders vergleichen.

Zu allen diesen Skripten gehörte das Einlesen von Texteingaben und der Abgleich von Mustern. Da */etc/passwd* so eine wichtige Datei unter Linux ist, könnten Sie sich vielleicht fragen, ob nicht irgendjemand einen Teil dieser Arbeit inzwischen automatisiert hat. Glücklicherweise ist das tatsächlich geschehen: Das gute alte Perl bietet eine eingebaute Funktion mit dem Namen getpwent, die die Inhalte von */etc/passwd* zeilenweise als Array aus Zeichenketten zurückliefert. In der folgenden Version unseres Skripts weisen wir jedem Feld seine eigene Variable zu. In der darauf folgenden Version werden wir mit dem Array @fields all diese Variablen aufnehmen. In beiden Fällen möchten wir das *Gecos*-Feld haben (wird in der Perl-Dokumentation *gcos* genannt). Beachten Sie, dass dieses Feld von getpwent als Feld 6 zurückgeliefert wird, nicht als Feld 4, da getpwent noch zwei weitere Felder unterstützt, die in den *passwd*-Dateien anderer Systeme vorkommen:

```perl
#!/usr/bin/perl
$pattern = shift;
while (($name,$passwd,$uid,$gid,
```

```
            $quota,$comment,$gcos,$dir,
            $shell,$expire) = getpwent) {
        if ($gcos =~ /$pattern/i) {
          print "$gcos\n";
        }
    }

    #!/usr/bin/perl
    $pattern = shift;
    while (@fields = getpwent) {
        if ($fields[6] =~ /$pattern/i) {
           print "$fields[6]\n";
        }
    }
```

Für unsere abschließende Übung in Selbstquälerei werden wir unsere Suche noch auf normale Benutzer (*uid* > 500) beschränken. Es handelt sich um einen einfachen Zusatz:

```
    #!/usr/bin/perl
    $pattern = shift;
    while (@fields = getpwent) {
        if ($fields[6] =~ /$pattern/i and $fields[2] > 500) {
           print "$fields[6]\n"
        }
    }
```

Das PHP-Skript

PHP kann von einem Webserver ausgeführt werden (mit Hilfe von CGI) oder über sich selbst (mit Hilfe der CLI). Wir werden die CLI-Version verwenden. Wenn Sie diese noch nicht haben, können Sie sie auf Debian-basierten Systemen mit *apt-get install php4-cli* installieren.[1] Unser erstes PHP-Skript wird wie unsere frühen Perl-Skripten aussehen:

```
    #!/usr/bin/php
    <?
    $pattern = $argv[1];
    $file = fopen("/etc/passwd", "r");
    while ($line = fgets($file, 200)) {
        if (eregi($pattern, $line))
            echo $line;
    }
    fclose($file);
    ?>
```

Dank seines Ursprungs als Begleiter für Webseiten geht PHP ungewöhnlicherweise davon aus, dass der Standardinhalt der auszuwertenden Datei einfacher Text ist, und dieser PHP-Code wird nur zwischen einem öffnenden <?- oder <?php-Tag und

---

[1] Oder mit *php5-cli*, wenn es zur Verfügung steht.

einem schließenden ?>-Tag erkannt. Das Skript gibt den Text auf die Standardausgabe aus. Die eregi-Funktion führt einen Vergleich auf Basis eines regulären Ausdrucks aus, bei dem Groß- und Kleinschreibung nicht beachtet wird.

Da PHP viel von Perl entliehen hat, ist es auch nicht überraschend, dass es eine split-Funktion besitzt:

```
#!/usr/bin/php
<?
$pattern = $argv[1];
$file = fopen("/etc/passwd", "r");
while ($line = fgets($file, 200)) {
    $fields = split(":", $line);
    if (eregi($pattern, $fields[4]))
        echo $line;
}
fclose($file);
?>
```

Können wir aber auch eine Funktion wie Perls getpwent aufrufen, um damit die Passwortdatei für uns aufteilen zu lassen? PHP scheint keine Entsprechung für diese Funktion zu haben, wir werden also am Parser-Ansatz festhalten, um die Suche auf *uid*-Werte einzuschränken, die über 500 liegen:

```
#!/usr/bin/php
<?
$pattern = $argv[1];
$file = fopen("/etc/passwd", "r");
while ($line = fgets($file, 200)) {
    $fields = split(":", $line);
    if (eregi($pattern, $fields[4]) and $fields[2] > 500)
        echo $line;
}
fclose($file);
?>
```

Das Python-Skript

Python-Skripten sehen anders als Perl- und PHP-Skripten aus, da Anweisungen mit Whitespace und nicht mit den C-artigen Strichpunkten oder geschweiften Klammern abgeschlossen werden. Auch die Tabulatorzeichen sind bemerkenswert. Unser erstes Python-Skript durchsucht, wie unsere früheren Versuche in den anderen Sprachen auch, die Passwortdatei und gibt jede Zeile aus, die den übereinstimmenden Text enthält:

```
#!/usr/bin/python
import re, sys
pattern = "(?i)" + sys.argv[1]
file = open("/etc/passwd")
for line in file:
    if re.search(pattern, line):
        print line
```

Python besitzt *Namensräume* (wie Perl auch), mit denen Funktionen gruppiert werden. Das ist auch der Grund warum den Funktionen in diesem Skript die Zeichenketten sys. und re. vorangestellt werden. Das hilft dabei, Codemodule ein bisschen, nun ja, modularer zu halten. Das "(?i)" in der dritten Zeile des Skripts führt den Musterabgleich ohne Berücksichtigung der Groß- und Kleinschreibung durch, ähnlich wie /i in Perl.

Beim nächsten Schritt, bei dem die Eingabezeile in Felder aufgeteilt wird, muss das erste Skript um eine einfache Ergänzung erweitert werden:

```python
#!/usr/bin/python
import re, sys
pattern = "(?i)" + sys.argv[1]
file = open("/etc/passwd")
for line in file:
    fields = line.split(":")
    if re.search(pattern, fields[4]):
        print line
```

Python besitzt eine Entsprechung zu Perls getpwent-Funktion, mit der wir die Suche auf diejenigen Felder beschränken können, die Namen enthalten. Speichern Sie das folgende Skript als *finduser.py* ab:

```python
#!/usr/bin/python
import re, sys, pwd
pattern = "(?i)" + sys.argv[1]
for line in pwd.getpwall():
    if re.search(pattern, line.pw_gecos):
        print line
```

Sehen wir uns jetzt einmal an, wie das Skript arbeitet:

```
admin@server1:~$ ./finduser.py alf
('adedarc', 'x', 501, 501, 'Alfredo de Darc', '/home/adedarc', '/bin/bash')
```

In diesem Skript war die von uns ausgegebene Zeile eine Python-Liste und kein String, und sie wurde umformatiert ausgegeben. Wenn Sie die Zeile in Ihrem Originalformat ausgeben möchten, verwenden Sie dieses Skript:

```python
#!/usr/bin/python
import re, sys, pwd
pattern = "(?i)" + sys.argv[1]
for line in pwd.getpwall():
    if re.search(pattern line.pw_gecos):
        print ":".join(["%s" % v for v in line])
```

Die letzte Zeile wird benötigt, um jedes Feld in eine Zeichenkette umzuwandeln (pw_uid und pw_gid sind Integer-Werte), bevor sie in einer langen, durch Doppelpunkten getrennten Zeichenkette zusammengeführt werden. Obwohl Sie mit Perl und PHP eine Variable als Zeichenkette oder Zahl behandeln können, ist Python hier genauer.

Im letzten Schritt beschränken wir die Suche auf Konten mit *uid* > 500:

```
#!/usr/bin/python
import re, sys, pwd
pattern = "(?i)" + sys.argv[1]
for line in pwd.getpwall():
    if line.pw_uid > 500 and re.search(pattern line.pw_gecos):
        print ":".join(["%s" % v for v in line])
```

Auswahl einer Skriptsprache

Die Wahl einer Programmiersprache ist, wie die Wahl eines Texteditors oder eines Betriebssystems, im Großen und Ganzen eine Sache des Geschmacks. Einige halten Perl für unlesbar, und andere wehren sich gegen die Whitespace-Regeln von Python. Häufig geht der Vergleich nicht weiter. Was der Bauer nicht kennt, isst er auch nicht.

Wenn Sie mit dem Stil der Sprache vertraut sind, ist das wichtigste Auswahlkriterium die Produktivität für die Aufgabe. *bash* ist ein schnelles Verfahren, mit dem Einzeiler und kurze Skripten erstellt werden können, hinkt aber hinterher, wenn die Skripten über hundert Zeilen lang werden. Perl kann schwer zu lesen sein, ist aber sehr leistungsstark und hat den Vorteil der riesigen CPAN-Bibliothek. PHP sieht wie C aus, ihm fehlen aber Namensräume, es vermischt sehr einfach Code und Ausgabe und besitzt ebenfalls ein paar gute Bibliotheken. Python ist vielleicht am einfachsten zu lesen und schreiben, was ein besonderer Vorteil bei großen Skripten ist.

Weiterer Lesestoff

Der Anhang enthält einige größere *bash*-Skripten, die Systemadministratoren helfen könnten. *Linux Shell Scripting with Bash* von Ken Burtch (Sams) und der *Advanced Bash-Scripting Guide* (*http://www.tldp.org/LDP/abs/html*) sind gute Quellen. Wenn Sie sich an die anderen Skriptsprachen wagen, sollte eigentlich jedes Computerbuch mit einem Tier auf dem Cover eine sichere Bank sein.

KAPITEL 11
Daten sichern

Computer fallen aus – Festplatten gehen kaputt, Chips brennen durch, Kabel verursachen einen Kurzschluss und Getränke tropfen in die Gehäuse. Manchmal werden Computer auch gestohlen oder Opfer menschlicher Fehler. Sie verlieren dann wahrscheinlich nicht nur Hard- und Software, sondern, was noch viel wichtiger ist, auch Daten. Das Wiederherstellen verlorener Daten kostet Zeit und Geld. In der Zwischenzeit sind Ihre Kunden unzufrieden und die Staatsgewalt könnte sich dafür interessieren, wenn die Daten für die Einhaltung von Vorschriften benötigt werden. Das Erstellen von Sicherungskopien aller wichtigen Daten ist eine kostengünstige Absicherung gegen möglicherweise kostenintensive Katastrophen, und damit der Geschäftsbetrieb auch bei Störungen fortgeführt werden kann, benötigt man einen Sicherungs- und Wiederherstellungsplan.

In diesem Kapitel behandeln wir verschiedene Tools, mit denen Daten gesichert werden können und die in unterschiedlichen Bereichen hilfreich sind:

rsync
> Ist für die meisten Benutzerdateien völlig ausreichend. Es überträgt die Daten effizient über das Netzwerk auf ein anderes System, von dem aus Sie sie wieder zurückholen können, wenn das Unheil über das lokale System eingebrochen ist.

tar
> Ein traditionelles Unix-Programm für das Erstellen komprimierter Dateisammlungen. Es erstellt praktische Datenbündel, die Sie mit Hilfe anderer Tools aus diesem Kapitel sichern können.

cdrecord/cdrtools
> Zeichnet Dateien auf CD-Rs oder DVDs auf.

Amanda
> Automatisiert die Sicherung auf Bänder. Dieses Tool ist in Umgebungen mit großen Datenmengen hilfreich.

MySQL-Tools
> Bieten Möglichkeiten, mit denen die speziellen Anforderungen von Datenbanken gelöst werden können.

Sichern von Benutzerdaten auf einen Server mit rsync

Die wichtigsten Daten, die gesichert werden müssen, sind Daten, deren Wiederherstellung unmöglich oder nur sehr kostspielig zu bewerkstelligen ist. Normalerweise sind das die *Benutzerdaten*, die über Monate und Jahre an Arbeit angewachsen sind. Sie können *Systemdaten* normalerweise relativ einfach wiederherstellen, indem Sie sie von den Original-Installationsmedien aus neu installieren.

Wir konzentrieren uns hier auf die Erstellung von Sicherungen der Benutzerdaten, die auf Linux-Desktop-Computern liegen. Ein Backup-Server benötigt ausreichend Festplattenplatz, damit darauf all unsere Dateien abgespeichert werden können. Hierfür empfehlen wir eine dedizierte Maschine. Bei großen Büros können die Festplatten auch eine RAID-(Redundant Array of Independent Disks-)Konfiguration haben, die einen weiteren Schutz gegen mehrere Fehler bietet.

Das Linux-Utility *rsync* ist ein Kopierprogramm, das für die Replikation großer Datenmengen konzipiert wurde. Es kann bereits kopierte Dateien und Bereiche auslassen und Datentransfers mit *ssh* verschlüsseln, wodurch entfernte Backups mit *rsync* schneller und sicherer sind, als sie es mit herkömmlichen Tools wie *cp*, *cpio* oder *tar* wären. Mit dem folgenden Befehl können Sie überprüfen, ob *rsync* auf Ihrem System vorhanden ist:

```
# rsync --help
bash: rsync: command not found
```

Wenn Sie diese Nachricht sehen, müssen Sie sich das *rsync*-Paket noch holen. Für die Installation auf Debian geben Sie ein:

```
# apt-get install rsync
```

Normalerweise möchten Sie bei Ihren Sicherungen die ursprünglichen Eigentümer und Berechtigungen beibehalten. Folglich müssen Sie sicherstellen, dass alle Benutzer auch auf dem Backup-Server Konten und Home-Verzeichnisse besitzen.

rsync-Grundlagen

Die Syntax des *rsync*-Befehls lautet:

```
rsync Optionen Quelle Ziel
```

Die wichtigsten Kommandozeilenoptionen für *rsync* sind:

-a
> Archivierungsmodus. Diese Option erfüllt die meisten der vorhin erwähnten Anforderungen und ist einfacher einzugeben und auszusprechen als seine Entsprechung *-Dgloprt*.

-b
: Erstellt Sicherheitskopien bereits vorhandener Zieldateien, anstatt diese zu ersetzen. Wahrscheinlich werden Sie diese Option normalerweise nicht einsetzen wollen, es sei denn, Sie möchten ältere Versionen der einzelnen Dateien aufheben. Diese Option kann dazu führen, dass die Backup-Server sehr rasch voll sind.

-D
: Behält die Geräte bei. Diese Option wird eingesetzt, wenn Systemdateien repliziert werden, und wird nicht für Benutzerdateien benötigt. Die Option funktioniert nur, wenn *rsync* als *root* ausgeführt wird. Ist in *-a* enthalten.

-g
: Behält die Gruppenzugehörigkeit replizierter Dateien bei. Ist in *-a* enthalten.

-H
: Behält Hard-Links bei. Werden zwei Namen repliziert, die sich auf die gleiche Datei-Inode beziehen, wird auch auf dem Zielsystem die gleiche Beziehung beibehalten. Zwar verlangsamt diese Option *rsync* etwas, ihr Einsatz wird aber empfohlen.

-l
: Kopiert Symlinks als Symlinks. Sie werden wahrscheinlich fast immer diese Option dabeihaben wollen, da ohne diese Option ein symbolischer Link auf eine Datei als normale Datei kopiert werden würde. Ist in *-a* enthalten.

-n
: Testlauf: Damit können Sie sehen, welche Dateien übertragen werden würden, ohne dass die Dateien auch tatsächlich übertragen werden.

-o
: Behält den Eigentümer der replizierten Dateien bei. Diese Option ist bei Backups wichtig. Ist in *-a* enthalten.

-p
: Behält die Dateizugriffsberechtigungen bei. Diese Option ist bei Backups wichtig. Ist in *-a* enthalten.

-P
: Aktiviert *--partial* und *--progress*.

--partial
: Ermöglicht unvollständige Dateitransfers. Wenn *rsync* abgebrochen wird, kann es den Rest der Datenübertragung fortführen, wenn es später wieder fortgesetzt wird.

--progress
: Zeigt den Fortschritt der Datenübertragung an.

-r
: Aktiviert die Rekursion, bei der auch alle Unterverzeichnisse übertragen werden. Ist in *-a* enthalten.

--rsh='ssh'
: Setzt SSH für den Dateitransfer ein. Diese Option wird empfohlen, da das Standard-Übertragungsprotokoll (*rsh*) nicht sicher ist. Wenn Sie die Umgebungsvariable RSYNC_RSH auf ssh setzen, erreichen Sie das gleiche Ergebnis.

-t
: Behält die Änderungszeiten an den einzelnen Dateien bei. Ist in *-a* enthalten.

-v
: Führt die Dateien auf, die übertragen werden.

-vv
: Wie *-v*, führt allerdings auch die Dateien auf, die übersprungen werden.

-vvv
: Wie *-vv*, gibt allerdings auch noch Debugging-Informationen von *rsync* aus.

-z
: Aktiviert die Komprimierung. Bei der Übertragung über das Internet ist diese Option hilfreicher als in einem Hochgeschwindigkeits-LAN.

Es gibt noch viele weitere *rsync*-Optionen, die in speziellen Situationen hilfreich sein können. Sie finden diese Optionen in der Manpage.

Nach den Optionen kommen die Quell- und Zielargumente. Sowohl Quelle als auch Ziel können Pfadangaben auf lokale Dateien auf dem Computer sein, auf dem *rsync* läuft, aber auch *rsync*-Serverbezeichnungen (wird im Allgemeinen für Download-Dateiserver verwendet) oder Benutzer@Host:Pfad-Bezeichnungen für *ssh*. Da *rsync* so viele Optionen und lange Argumente entgegennimmt, die sich normalerweise nicht ändern, werden wir als Nächstes ein *bash*-Skript schreiben, das ausgeführt werden soll.

Erstellen eines Backup-Skripts für einen Benutzer

In diesem Abschnitt stellen wir Ihnen ein einfaches *bash*-Skript vor, das einen Benutzer-Desktop auf dem Backup-Server sichert. Der Name des Backup-Servers wird in diesem Skript der Variablen dest zugewiesen. Der Variablen user wird der Benutzername des Kontos zugewiesen, das das Skript ausführt, indem der Befehl *whoami* ausgeführt und dessen Ausgabe als Zeichenkette erfasst wird. Der Befehl *cd* wechselt aus dem aktuellen Verzeichnis in das Home-Verzeichnis des Benutzers. Die logische OR-Überprüfung, die auf den *cd*-Befehl folgt, bricht das Skript ab, wenn hierbei irgendwelche Fehler auftreten. Der eine Punkt (.) reicht aus, um das aktuelle Verzeichnis als Quelle-Argument festzulegen. Für das Ziel-Argument geben wir den Benutzernamen und den Hostnamen an, mit dem wir uns über *ssh* anmelden. Der nachfolgende Punkt gibt das aktuelle Home-Verzeichnis auf dem Zielhost an.

Hier nun das Skript:

```
#!/bin/bash
export RSYNC_RSH=/usr/bin/ssh
dest=backup1
user=$(whoami)
cd || exit 1
rsync -aHPvz . "${user}@${dest}:."
```

Die Umgebungsvariable `RSYNC_RSH` enthält den Namen der Shell, die *rsync* verwenden wird. Der Standard ist */usr/bin/rsh*, deshalb ändern wir den Wert hier auf */usr/bin/ssh* ab. Wird dieses Skript ausgeführt, werden alle Dateien im Home-Verzeichnis des Benutzers, der das Skript ausführt, auf das Home-Verzeichnis auf dem Backup-Server repliziert. Lassen Sie uns einen Blick darauf werfen, wie dieses Skript funktioniert, indem wir es für unseren Beispielbenutzer ausführen (nachdem er sich an seinem Desktop angemeldet hat):

```
amy@desk12:~$ ./backup
Password:
building file list ...
14 files to consider
./
new-brochure.sxw
       37412 100%   503.91kB/s    0:00:00  (1, 62.5% of 16)
sales-plan-2006-08.sxw
       59513 100%     1.46MB/s    0:00:00  (2, 68.8% of 16)
sales-plan-2006-09.sxw
       43900 100%   691.47kB/s    0:00:00  (3, 75.0% of 16)
sales-plan-2006-10.sxw
       41285 100%   453.00kB/s    0:00:00  (4, 81.2% of 16)
vacation-request.sxw
       15198 100%   154.60kB/s    0:00:00  (5, 87.5% of 16)

sent 185942 bytes  received 136 bytes  24810.40 bytes/sec
total size is 210691  speedup is 1.13
amy@desk12:~$
```

rsync teilt uns mit, dass 14 Dateien zu berücksichtigen sind. Es sichert aber nur fünf Dateien, da sich die anderen neun Dateien bereits auf dem Backup-Server befinden und nicht geändert wurden. Diese Ausgabe zeigt die Fortschrittsanzeige mit 100% an, wenn die Dateien vollständig übertragen wurden, und zeigt außerdem an, wie lange die einzelnen Übertragungen gedauert haben. In einem Hochgeschwindigkeits-LAN wird die Übertragungszeit bei kleinen und mittelgroßen Dateien normalerweise unter einer Sekunde liegen. Bei langsameren Verbindungen oder sehr großen Dateien werden Sie eine Fortschrittsanzeige sehen, die die Größe und bisherige Übertragung in Prozent anzeigt sowie die geschätzte Zeit bis zum Ende der Übertragung.

Auflistung von Dateien auf dem Backup-Server

rsync kann auch eine Liste der Dateien auf dem Backup-Server zur Verfügung stellen. Das ist hilfreich, wenn man überprüfen möchte, ob sich dort bereits neue und wichtige Dateien befinden, sowie dann, wenn man die Dateien finden möchte, die wiederhergestellt werden müssen, weil sie verloren gegangen sind oder weil der Benutzer eine ältere Version wiederherstellen muss.

Wenn Sie diese Auflistung haben möchten, lassen Sie die Argumente `Optionen` und `Ziel` weg. Hier ein einfaches *bash*-Skript, das uns zu den gewünschten Ergebnissen führt:

```
#!/bin/bash
dest=server1
user=$(whoami)
cd || exit 1
rsync "${user}@${dest}:." | more
```

Wenn dieses Skript ausgeführt wird, kommt es in etwa zu den folgenden Ergebnissen:

```
amy@desk12:~$ ./backlist
Password:
drwx------    4096 2006/08/09 13:20:41 .
-rw-------   10071 2006/08/09 12:35:21 .bash_history
-rw-r--r--     632 2006/07/27 23:03:06 .bash_profile
-rw-r--r--    1834 2006/07/26 19:59:08 .bashrc
-rwxr-xr-x     108 2006/07/27 23:06:51 .path
-rwxr-xr-x      79 2006/08/09 13:18:34 backlist
-rwxr-xr-x     137 2006/08/09 13:19:29 backrestore
-rwxr-xr-x      88 2006/08/09 13:03:46 backup
-rw-r--r--   37412 2006/07/17 14:40:52 new-brochure.sxw
-rw-r--r--   59513 2006/07/19 09:16:41 sales-plan-2006-08.sxw
-rw-r--r--   43900 2006/07/19 22:51:54 sales-plan-2006-09.sxw
-rw-r--r--   41285 2006/07/17 16:24:19 sales-plan-2006-10.sxw
-rw-r--r--   15198 2006/07/10 14:42:23 vacation-request.sxw
drwx------    4096 2006/08/09 13:12:25 .ssh
amy@desk12:~$
```

Wiederherstellung verlorener oder beschädigter Dateien

Kein Backup-System ist für irgendetwas gut, wenn verloren gegangene Dateien nicht wiederhergestellt werden können. Wir müssen nicht nur für den Fall vorbereitet sein, dass ein Unheil über uns hereinbricht, sondern wir müssen auch unsere Wiederherstellungspläne testen, um sicher sein zu können, dass sie funktionieren, wenn sie am dringendsten gebraucht werden.

Unser Wiederherstellungsskript ist nur ein bisschen komplizierter als das vorangegangene Skript. Wir haben eine Möglichkeit hinzugefügt, mit der einzelne Dateien angegeben werden können, die wiederhergestellt werden sollen:

```
#!/bin/bash
dest=server1
user=$(whoami)
cd || exit 1
for file in "$@" ; do
    rsync -aHPvz "${user}@${dest}:./${file}" "./${file}"
done
```

Um Dateien wiederherzustellen, führen wir jetzt einfach dieses Skript aus und übergeben dabei auf der Kommandozeile als Argumente die Namen der Dateien, die wiederhergestellt werden sollen. In unserem folgenden Beispiel werden wir zuerst eine unserer Dateien löschen und dann zusehen, wie sie wiederhergestellt wird:

```
amy@desk12:~$ rm sales-plan-2006-10.sxw
amy@desk12:~$ ./backrestore sales-plan-2006-10.sxw
Password:
receiving file list ...
1 file to consider
sales-plan-2006-10.sxw
       41285 100%    6.56MB/s    0:00:00  (1, 100.0% of 1)

sent 42 bytes  received 39299 bytes  6052.46 bytes/sec
total size is 41285  speedup is 1.05
amy@desk12:~$
```

Wir können auch alle Dateien auf einmal wiederherstellen, wenn wir einen Punkt als Dateinamen verwenden.

Automatisierte Backups

Backups können automatisiert werden, wenn Skripten eingesetzt werden, die denen ähnlich sind, die als *cron*-Jobs ausgeführt werden (wurde in Kapitel 10 behandelt). Bei SSH muss das Passwort des Benutzers eingegeben werden. Sie müssen deshalb die öffentlichen Schlüssel Ihrer Benutzer in deren SSH-Konfigurationen hinterlegen, damit die SSH-Anmeldungen auch dann funktionieren, wenn die Anwender nicht vor Ort sind (beispielsweise nachts um 03:00 Uhr).

Sie haben viele Möglichkeiten, die Backups zu erstellen. Vielleicht möchten Sie auf einem Server täglich oder wöchentlich ein Skript über einen *cron*-Job ausführen, um die Sicherungen auf einem anderen Server abzulegen. Unternehmen mit entfernten Büros möchten eventuell regelmäßige Sicherungen der Daten dieser Büros über das Internet durchführen. Backups können auch auf CD-Rs oder DVDs gebrannt oder auf Bänder geschrieben werden, um Langzeitarchivkopien zu erstellen, die an einen anderen Ort gebracht werden.

tar-Archive

Mit dem *tar*-Befehl wird aus einer oder mehreren angegebenen Dateien oder auch aus Verzeichnissen eine Archivdatei erstellt. Der Befehl kann ebenfalls die Inhalte eines Archivs auflisten oder Dateien und Verzeichnisse aus einem Archiv extrahieren. Eine *tar*-Archivdatei wird auch als *Tardatei* oder als *Tarball* bezeichnet.

Eine *tar*-Archivdatei bietet gegenüber einem Verzeichnis mit separaten Dateien verschiedene Vorteile. Beispielsweise ist das Versenden eines ganzen Verzeichnisses per E-Mail viel einfacher. Verzeichnisse, die eine Reihe ähnlicher Dateien enthalten, können viel effizienter komprimiert werden, wenn die Komprimierung auf allen Daten in einer einzigen Datei durchgeführt wird.

Häufig werden *tar*-Archive dafür eingesetzt, die Verteilung von Quellcode-Programmdateien freier Software oder von Open Source-Software zu unterstützen. In den meisten Fällen werden die *tar*-Archive mit den Programmen *gzip* oder *bzip2* komprimiert. Wenn jedoch bereits alle archivierten Dateien komprimiert wurden (was normalerweise bei Audio-, Video- und OpenOffice.org-Dateien der Fall ist), bringt die Komprimierung des Archivs selbst nicht allzu viele Vorteile.

Sie können eine *tar*-Datei zwar so benennen, wie Sie möchten, es werden aber üblicherweise bestimmte Dateierweiterungen verwendet, die dem Empfänger Auskunft darüber geben, wie er die Datei entpacken kann. Die am häufigsten verwendeten Dateierweiterungen sind:

.tar
   Für unkomprimierte *tar*-Archive.

.tar.gz oder .tgz
   Für *tar*-Archive, die mit dem Komprimierungsprogramm *gzip* komprimiert wurden.

.tar.bz2 oder .tbz
   Für *tar*-Archive, die mit dem Komprimierungsprogramm *bzip2* komprimiert wurden.

Die Syntax eines *tar*-Befehls lautet:

```
tar Optionen Argumente
```

Die Optionen werden üblicherweise als einzelne Buchstaben ohne das Zeichen für den Bindestrich (-) angegeben, allerdings akzeptieren vielen Versionen von *tar* auch den Bindestrich. Die hilfreichsten Optionen sind:

-b
   Gibt die Blockgröße an (die Standardeinheit ist 512 Byte).

-c
   Erstellt (schreibt) ein neues Archiv.

-f Dateiname
   Liest von oder schreibt in das Archiv `Dateiname`. Wenn `Dateiname` weggelassen wird oder ein - ist, wird die Archivdatei auf die Standardausgabe geschrieben oder von der Standardeingabe eingelesen.

-j
> Komprimiert oder dekomprimiert das Archiv mit Hilfe von *bzip2* oder *bunzip2*. Archive, die mit *bzip2* komprimiert wurden, haben normalerweise die Endung *.bz2*.

-p
> Behält die Dateizugriffsberechtigungen bei.

-t
> Listet die Dateien in einem bestehenden Archiv auf.

-v
> Listet die Inhalte auf, wenn Archive erstellt oder entpackt werden. Mit der Option *-t* werden weitere Details über die aufgelisteten Dateien zur Verfügung gestellt.

-x
> Extrahiert (liest) Dateien aus einem vorhandenen Archiv.

-z
> Komprimiert oder dekomprimiert das Archiv mit Hilfe von *gzip* oder *gunzip*. Archive, die mit *gzip* komprimiert wurden, haben normalerweise die Endung *.gz*.

Ein neues Archiv erstellen

Sie können ein *tar*-Archiv erstellen, um damit lediglich eine Gruppe von Dateien für Ihre eigenen Archivierungszwecke abzuspeichern, um das Archiv an jemand anderen per E-Mail zu verschicken oder um es der Öffentlichkeit zur Verfügung zu stellen (beispielsweise auf einem FTP-Server). Einige typische Befehle zur Archivierung des Verzeichnisses *work-docs* sind folgende:

- Um das Archiv *work-docs.tar* aus dem Verzeichnis *work-docs* zu erstellen:

    ```
    $ tar -cf work-docs.tar work-docs
    ```

- Um das komprimierte Archiv *work-docs.tar.gz* aus dem Verzeichnis *work-docs* zu erstellen:

    ```
    $ tar -czf work-docs.tar.gz work-docs
    ```

- Um das komprimierte Archiv *work-docs.tar.bz2* aus dem Verzeichnis *work-docs* zu erstellen:

    ```
    $ tar -cjf work-docs.tar.bz2 work-docs
    ```

Etwas aus einem Archiv extrahieren

Hin und wieder werden Sie wahrscheinlich Dateien aus einem Archiv extrahieren müssen, das Sie vorher erstellt haben (beispielsweise ein Backup) oder das Ihnen irgendjemand per E-Mail geschickt hat, oder aus einem Archiv, das Sie sich aus dem

Internet heruntergeladen haben (beispielsweise der Quellcode eines Programms, das Sie benötigen).

Bevor Sie ein Archiv extrahieren, sollten Sie sich seine Inhalte auflisten lassen und diese überprüfen. Sie wollen sicherlich weder bestehende Dateien auf Ihrem System versehentlich mit Dateien aus dem Archiv ersetzen, noch möchten Sie am Ende mit einem Durcheinander aus Dateien dastehen, das Sie wieder beseitigen müssen.

Die Dateien in einem Archiv sollten innerhalb eines Verzeichnisses angeordnet sein. Das macht aber nicht jeder so, daher sollten Sie keine Dateien in Ihr aktuelles Verzeichnis extrahieren. Es ist also in den meisten Fällen eine gute Idee, auf Ihrem Computer ein neues Verzeichnis anzulegen, in das Sie dann ein *tar*-Archiv extrahieren. Dadurch werden die extrahierten Dateien von Ihren anderen Dateien getrennt und können so auch nicht durcheinandergebracht werden. Durch dieses Vorgehen kann ebenfalls verhindert werden, dass bestehende Dateien beim Extrahieren überschrieben werden.

Mit der Option *-t* werden die Namen der Dateien im Archiv aufgelistet sowie die Verzeichnisse, in denen sich die Dateien befinden werden, wenn das Archiv entpackt ist. Fügt man die Option *-v* hinzu, werden weitere Informationen ausgegeben, die Details über die einzelnen Dateien im *tar*-Archiv verraten. Hierzu gehören beispielsweise die Größe der einzelnen Dateien und deren letzter Änderungszeitpunkt. Hier folgen nun einige Beispielbefehle:

- Um die Dateien im Archiv *collection.tar* aufzulisten:
    ```
    $ tar -tf collection.tar
    ```
- Um die Dateien im Archiv *collection.tar.bz2* mit zusätzlichen Details aufzulisten:
    ```
    $ tar -tvjf collection.tar.bz2
    ```
- Um die Dateien aus *collection.tar* in das aktuelle Verzeichnis zu extrahieren und dabei die ursprünglichen Zugriffsberechtigungen beizubehalten:
    ```
    $ tar -xpf collection.tar
    ```
    Die Option *-x* extrahiert die Dateien in das aktuelle Verzeichnis. *tar* arbeitet stillschweigend, es sei denn, die Option *-v* wird eingesetzt, um sich die Dateien auflisten zu lassen. Mit der Option *-p* werden die ursprünglichen Zugriffsberechtigungen beibehalten, wodurch die extrahierten Dateien die gleichen Berechtigungseinstellungen haben werden wie die Dateien, die wir archiviert haben.
- Um die Dateien aus *collection.tar.gz* in das aktuelle Verzeichnis zu extrahieren, wobei die ursprünglichen Zugriffsberechtigungen beibehalten werden:
    ```
    $ tar -xpzf collection.tar.gz
    ```
- Um die Dateien aus *collection.tar.bz2* in das aktuelle Verzeichnis zu extrahieren, wobei die ursprünglichen Zugriffsberechtigungen beibehalten werden:
    ```
    $ tar -xpjf collection.tar.bz2
    ```

- Um die Dateien aus *collection.tar.bz2* aufzulisten und in das aktuelle Verzeichnis zu extrahieren, wobei die ursprünglichen Zugriffsberechtigungen beibehalten werden:

  ```
  $ tar -xpvjf collection.tar.bz2
  ```

Ein vollständiges Beispiel für das Packen und Entpacken mit tar

Die folgende Shell-Sitzung veranschaulicht das Erstellen eines *tar*-Archivs aus einem Verzeichnis mit Dateien:

```
amy@desk12:~$ ls -dl monthly-reports
drwxr-xr-x  2 amy amy 4096 2006-08-11 14:15 monthly-reports
amy@desk12:~$ ls -l monthly-reports
total 228
-rw-r--r--  1 amy amy 50552 2006-05-09 11:09 mr-2006-04.sxw
-rw-r--r--  1 amy amy 51284 2006-06-06 15:44 mr-2006-05.sxw
-rw-r--r--  1 amy amy 51428 2006-07-06 14:30 mr-2006-06.sxw
-rw-r--r--  1 amy amy 54667 2006-08-07 10:06 mr-2006-07.sxw
amy@desk12:~$ tar -czf monthly-reports-aug.tar.gz monthly-reports
amy@desk12:~$ ls -l monthly-reports-aug.tar.gz
-rw-r--r--  1 amy amy 199015 2006-08-14 12:46 monthly-reports-aug.tar.gz
```

Diese Shell-Sitzung zeigt die Auflistung der Inhalte aus dem *tar*-Archiv:

```
amy@desk12:~$ ls -l monthly-reports-aug.tar.gz
-rw-r--r--  1 amy amy 199015 2006-08-14 12:46 monthly-reports-aug.tar.gz
amy@desk12:~$ tar -tzf monthly-reports-aug.tar.gz
monthly-reports/
monthly-reports/mr-2006-04.sxw
monthly-reports/mr-2006-05.sxw
monthly-reports/mr-2006-06.sxw
monthly-reports/mr-2006-07.sxw
amy@desk12:~$ tar -tvzf monthly-reports-aug.tar.gz
drwxr-xr-x amy/amy         0 2006-08-11 14:15:12 monthly-reports/
-rw-r--r-- amy/amy     50552 2006-05-09 11:09:12 monthly-reports/mr-2006-04.sxw
-rw-r--r-- amy/amy     51284 2006-06-06 15:44:33 monthly-reports/mr-2006-05.sxw
-rw-r--r-- amy/amy     51428 2006-07-06 14:30:19 monthly-reports/mr-2006-06.sxw
-rw-r--r-- amy/amy     54667 2006-08-07 10:06:57 monthly-reports/mr-2006-07.sxw
amy@desk12:~$
```

Und in dieser Shell-Sitzung wird das Extrahieren der Inhalte aus einem *tar*-Archiv veranlasst:

```
amy@desk12:~$ mkdir extract.dir
amy@desk12:~$ cd extract.dir
amy@desk12:~/extract.dir$ tar -xzf ../monthly-reports-aug.tar.gz
amy@desk12:~/extract.dir$ tar -xvzf ../monthly-reports-aug.tar.gz
monthly-reports/
monthly-reports/mr-2006-04.sxw
monthly-reports/mr-2006-05.sxw
monthly-reports/mr-2006-06.sxw
monthly-reports/mr-2006-07.sxw
amy@desk12:~/extract.dir$ tar -xvvzf ../monthly-reports-aug.tar.gz
```

```
drwxr-xr-x amy/amy          0 2006-08-11 14:15:12 monthly-reports/
-rw-r--r-- amy/amy      50552 2006-05-09 11:09:12 monthly-reports/mr-2006-04.sxw
-rw-r--r-- amy/amy      51284 2006-06-06 15:44:33 monthly-reports/mr-2006-05.sxw
-rw-r--r-- amy/amy      51428 2006-07-06 14:30:19 monthly-reports/mr-2006-06.sxw
-rw-r--r-- amy/amy      54667 2006-08-07 10:06:57 monthly-reports/mr-2006-07.sxw
amy@desk12:~/extract.dir$ cd
amy@desk12:~$
```

Zusammenfassung

Die wichtigsten Dinge, die Sie sich bezüglich *tar* merken müssen, sind:

- *-c* liest von Ihrer Datei und *erstellt* (schreibt in) eine *tar*-Datei.
- *-x extrahiert* (liest von) einer *tar*-Datei und schreibt in Ihre Dateien.

Die meisten Unix- und Linux-Administratoren haben diese Optionen schon mindestens einmal durcheinandergebracht.

Speichern von Dateien auf optischen Medien

Beschreibbare CD- und DVD-Medien, die die Namen CD-R, DVD-R und DVD+R haben, ermöglichen Ihnen das Speichern von Dateien in einer praktischen und kompakten Form. Mit diesen Medien können Sicherungen erstellt werden, die an einem anderen Ort aufbewahrt werden können, oder auch Software und Daten an Anwender oder Kunden verteilt werden. Eine CD-R kann bis zu 700 MByte Daten aufnehmen, während eine DVD-R oder DVD+R bis zu 4,7 GByte aufnehmen kann. Es gibt auch eine zweischichtige Version von DVD+R (Dual Layer) mit einer Kapazität von 8,55 GByte.

Der Unterschied zwischen einer DVD-R und einer DVD+R liegt in der Technologie, mit der der Laser für die Aufzeichnung in der Spur fixiert wird. Die beiden Verfahren sind inkompatibel. Wenn Ihr Laufwerk also nur DVD-R oder nur DVD+R unterstützt, müssen Sie dazu passende bescheibbare Medien verwenden. (Es gibt Laufwerke, die beide Verfahren unterstützen, wodurch auch der Einsatz beider beschreibbarer DVD-Medientypen möglich ist.)

Das Aufzeichnen von Dateien auf einer CD oder DVD ist nicht so einfach oder flexibel wie das Speichern von Dateien auf einer Festplatte. Wiederbeschreibbare Medien können zwar einen Teil der Einschränkungen umgehen, sie sind aber teurer und nicht so kompatibel. In diesem Abschnitt konzentrieren wir uns auf das Speichern von Dateien auf CD-Rs. Die Verfahren für DVDs sind ähnlich.

Eine Daten-CD besteht aus einer Reihe von Sektoren, die je 2.048 Byte groß sind. Es wird ein spezielles Dateisystem, das als *ISO-9660* bekannt ist, eingesetzt, um die Dateien auf der CD so zu organisieren, dass sie von einer großen Auswahl an Computern und anderen Geräten gelesen werden können. Neuere CD-Musikplayer unterstützen ebenfalls Daten-CDs, die im ISO-9660-Format geschrieben wurden, wodurch sie auf Musikdateien in komprimierten Formaten, wie beispielsweise MP3, zugreifen können. DVDs verwenden ein neueres Dateisystem mit dem Namen Universal Disk Format (UDF).

Damit Daten aufgezeichnet werden können, ist es bei allen CD- und den meisten DVD-Rekordern erforderlich, dass die Daten ohne Unterbrechung auf das Laufwerk übertragen werden. Können die Daten nicht zur Verfügung gestellt werden, wenn der Laser sie aufzeichnen möchte, muss der Laser anhalten, wodurch die fortlaufende Aufzeichnung unterbrochen wird. Die Verfahren für das Aufzeichnen einer CD wurden für langsamere Computersysteme entworfen, um die Zuverlässigkeit dieser Aufzeichnungen zu maximieren. Die heutzutage schnelleren Computer stehen immer noch der Herausforderung gegenüber, die Daten ohne Unterbrechung an die heute ebenfalls schnelleren Aufzeichnungsgeräte ausliefern zu müssen. Jedoch unterstützen heute viele Rekorder Buffer Underrun Free-Technologien, mit denen sie den Schreibvorgang auch dann fortführen können, wenn der Datenpuffer an irgendeiner Stelle einmal leer sein sollte.

Die aufzuzeichnenden Dateien werden in der Regel zuerst in einer sogenannten *ISO-Image-Datei* zusammengefasst, die normalerweise die Dateierweiterung *.iso* hat. Diese Datei wird dann direkt auf die CD-R geschrieben. Es ist auch möglich, Dateien direkt auf eine CD-R zu schreiben, ohne zuerst eine *.iso*-Datei zu erstellen. Dieses Verfahren erhöht allerdings das Risiko, dass irgendetwas anderes, das gerade auf Ihrem Computer läuft, die ganze Sache zur falschen Zeit verlangsamt.

Die Software, die zur Aufzeichnung einer CD oder DVD unter Linux benötigt wird, befindet sich in einem Paket mit dem Namen *cdrecord* (beachten Sie, dass dieses Paket sich gerade einer Namensänderung auf *cdrtools* unterzieht). Wenn das Paket noch nicht auf Ihrem System installiert ist, dann Sie es jetzt mit Hilfe der bereits gelernten Verfahren installieren. Auf Debian Sarge würden Sie diesen Befehl ausführen:

```
# apt-get install cdrecord mkisofs
```

Debian 4.0 hat das *cdrecord*-Paket in einen Zweig mit dem Namen *wodim* ausgelagert. Andere Pakete enthalten die *dvd+rw-tools* (wird auf *http://www.debianhelp.co.uk/burningdvd.htm* beschrieben) und *K3b* (*http://www.k3b.org*).

Zugriff auf Ihr CD-R-Laufwerk

Linux unterstützt das Aufzeichnen auf IDE ATAPI CD-R-Laufwerken über einen Spezialtreiber mit dem Namen *ide-scsi*. Die meisten Linux-Distributionen enthalten diesen Treiber ebenfalls im Kernel. Wenn Ihr System diesen Treiber nicht besitzt, müssen Sie das Treibermodul laden (und wenn nötig installieren) oder möglicherweise Ihren Kernel neu kompilieren.

Der *ide-scsi*-Treiber emuliert ein SCSI-Laufwerk für Software, die nur zur Verwendung mit SCSI-Geräten ausgelegt ist. Ihre IDE ATAPI CD- und DVD-Laufwerke werden damit im System so angezeigt, als wären sie SCSI-Geräte, wenn der *ide-scsi*-Treiber aktiv ist.

Der folgende Befehl listet die SCSI-Geräte auf Ihrem System auf, wodurch Sie die emulierte SCSI-Gerätenummer für Ihr CD-R-Laufwerk ermitteln können. Der Befehl listet eventuell noch andere Geräte auf, zu denen auch einige echte SCSI-Geräte gehören können, wenn Ihr Computer tatsächlich welche besitzt. Führen Sie den Befehl als *root* aus:

```
# cdrecord -scanbus
```

Die Ausgabe könnte in etwa so aussehen:

```
Cdrecord-Clone 2.01 (i686-pc-linux-gnu) Copyright (C) 1995-2004 J&#246;rg Schilling
scsidev: 'ATA'
devname: 'ATA'
scsibus: -2 target: -2 lun: -2
Linux sg driver version: 3.5.27
Using libscg version 'schily-0.8'.
scsibus1:
        1,0,0   100) 'SONY    ' 'CD-RW  CRX195E1 ' 'ZYS5' Removable CD-ROM
        1,1,0   101) 'DVD-16X ' 'DVD-ROM BDV316E ' '0052' Removable CD-ROM
        1,2,0   102) *
        1,3,0   103) *
        1,4,0   104) *
        1,5,0   105) *
        1,6,0   106) *
        1,7,0   107) *
```

Suchen Sie nach der Gerätebeschreibung, die zu Ihrem CD-R-Rekorder passt. Wenn Sie mehr als ein Gerät haben, sollte Ihnen der Markenname und das Modell dabei helfen, das richtige Gerät zu ermitteln. Die Ausgabe sollte zumindest CD-R oder CD-RW in der Beschreibung aufführen. In diesem Beispiel befindet sich unser CD-Rekorder auf dem emulierten SCSI-Gerät *1,0,0*.

Wenn der *ide-scsi*-Treiber nicht installiert oder nicht aktiv ist, können Sie auch in etwa folgende Ausgabe erhalten:

```
Cdrecord-Clone 2.01 (i686-pc-linux-gnu) Copyright (C) 1995-2004 J&#246;rg Schilling
cdrecord: No such file or directory. Cannot open '/dev/pg*'. Cannot open SCSI
driver.
cdrecord: For possible targets try 'cdrecord -scanbus'.
cdrecord: For possible transport specifiers try 'cdrecord dev=help'.
cdrecord:
cdrecord: For more information, install the cdrtools-doc
cdrecord: package and read /usr/share/doc/cdrecord/README.ATAPI.setup .
```

Sollten Sie diese Art von Ausgabe erhalten, müssen Sie zuerst den *ide-scsi*-Treiber aktivieren, bevor Sie den tatsächlichen Aufzeichnungsschritt durchführen.

Standardwerte einstellen

Es kann eine Reihe von *cdrecord*-Parametern konfiguriert werden. Beispielsweise können Sie *cdrecord* so konfigurieren, dass das Programm die Namen der Aufzeichnungsgeräte erkennt (und Sie sich nicht die Gerätenummern merken müssen), und Sie können auch ein Standardgerät zuweisen. Zur Konfiguration von *cdrecord* melden Sie sich als *root* an (oder wechseln mit *su* - den Benutzer). Erstellen Sie dann mit Ihrem Editor eine Textdatei:

```
# vi /etc/default/cdrecord
```

Wir werden die folgenden Textzeilen in dieser Datei ablegen, die mit den Geräten übereinstimmen, die in unserer vorhergehenden Ausgabe von *cdrecord -scanbus* angezeigt wurden. Sie müssen diese Werte dann so abändern, dass sie zu Ihren eigenen Geräten passen. An Stelle von cd und dvd können Sie beliebige Namen wählen. Das Whitespace-Zeichen zwischen den Feldern der einzelnen Zeilen darf kein Leerzeichen, sondern muss ein Tabulator sein:

```
CDR_DEVICE=cd
cd=1,0,0       -1      -1      ""
dvd=1,1,0      -1      -1      ""
```

Wenn Ihr Linux-Kernel zur Version 2.6 gehört, müssen Sie aller Wahrscheinlichkeit nach das Gerät mit dem Präfix ATA: angeben, da der Treiber neu entwickelt wurde. In diesem Fall würde die Konfigurationsdatei dann in etwa so aussehen:

```
CDR_DEVICE=cd
cd=ATA:1,0,0   -1      -1      ""
dvd=ATA:1,1,0  -1      -1      ""
```

Sie können auch die Standard-Aufzeichnungsgeschwindigkeit für die einzelnen Geräte einrichten, gleich nach der Gerätenummer. -1 legt fest, dass der Standardwert verwendet werden soll. Die nächste Zahl steht für die FIFO-Puffergröße, wobei die -1 wiederum für den Standardwert auf dem Linux-System steht. Mit dem letzten Eintrag in der Zeile können Sie eine treiberspezifische Option übergeben; wir haben diesen Eintrag als leere Zeichenkette stehen lassen.

Neuere Versionen von *cdrecord* unterstützen die Option driveropts=burnfree für den Schutz gegen Pufferunterläufe.

Dateien für die Aufzeichnung auf einer CD-R vorbereiten

Der Befehl *mkisofs* erstellt eine ISO-Dateisystem-Image-Datei. Der Befehl sollte alle Dateien enthalten, die auf die CD-R geschrieben werden sollen. Es gibt eine ganze Reihe von Optionen für diesen Befehl, diese hier sind allerdings die wichtigsten, die wir einsetzen werden:

-J
  Berücksichtigt auch Joliet-Namen für die Windows-Kompatibilität.

-r
: Berücksichtigt auch Rock Ridge-Namen für die Unix/Linux-Kompatibilität.

-v
: Setzt den Verbose-Modus, um den Status des Fortschritts anzuzeigen.

-V ID_Zeichenkette
: Gibt eine Volume-ID an, um der zu erstellenden CD einen Namen zu geben.

-o Dateiname
: Gibt den Dateinamen des ISO-Image an, das erstellt werden soll.

Hier ist ein Beispielbefehl, der alle Dateien eines angegebenen Verzeichnisses enthält:

```
# mkisofs -JrvV "CD-Name" -o backup.iso /home/amy
```

Sie werden diverse Ausgaben bei diesem Befehl sehen. Die Ausgabe ist bei großen Dateisammlungen hilfreich, da sie eine Einschätzung darüber gibt, wie viel Zeit noch verbleibt. Wenn Sie diese Ausgabe lieber nicht haben möchten, lassen Sie bei dem Befehl die Option *-v* weg.

Die CD-R aufzeichnen

Sie können jetzt eine CD-R mit dem von Ihnen erstellten ISO-Image beschreiben. Zur Durchführung der tatsächlichen Aufzeichnung melden Sie sich als *root* an (oder wechseln mit *su* - den Benutzer). Root-Berechtigungen werden vom *cdrecord*-Programm benötigt, um auf den Raw-SCSI-Layer zugreifen zu können. Dadurch können Sie Prozessprioritäten ändern und den Pufferplatz im RAM sperren, um eine Datenauslagerung zu vermeiden. Das Schreiben von CDs unterliegt kritischen Timing-Abhängigkeiten, daher hilft es, wenn der Rest des Systems so untätig wie nur möglich bleibt.

Wenn Sie eine wiederbeschreibbare CD-RW-Disk in einem CD-RW-Laufwerk einsetzen, müssen Sie zuerst die CD-RW löschen, bevor Sie die Aufzeichnung starten:

```
# cdrecord blank=fast padsize=63s -pad -dao -v -eject
```

Bei einigen Geräten ist es nötig, das Medium zuerst auswerfen zu lassen, um das Gerät für die nächste Operation zurückzusetzen. Solange Sie noch nicht herausgefunden haben, dass das bei Ihrem Gerät nicht nötig ist, verwenden Sie, so wie hier gezeigt, die Option *-eject*.

Um das ISO-Image aufzuzeichnen, das im vorangegangenen Abschitt erstellt wurde, geben Sie folgenden Befehl ein:

```
# cdrecord padsize=63 -pad -dao -v -eject backup.iso
```

Vermeiden Sie es, irgendwelche anderen Arbeiten auf einem Computer auszuführen, der gerade eine CD oder DVD aufzeichnet.

Einige moderne Laufwerke haben spezielle Features, wie beispielsweise Burnfree, die dabei helfen, Probleme zu vermeiden, wenn der Computer nicht schnell genug arbeitet. Disks, die mit diesen Verbesserungen aufgezeichnet wurden, sind eventuell nicht mit älteren Geräten kompatibel. Wenn Sie feststellen, dass Ihre Aufzeichnungen manchmal fehlschlagen, führen Sie diese mit langsamerer Geschwindigkeit durch. Sie können die Geschwindigkeit ändern, indem Sie die Option *speed=* mit angeben, die in der *cdrecord*-Manpage dokumentiert ist. Das Herabsetzen der Aufzeichnungsgeschwindigkeit kann insbesondere dann wichtig sein, wenn sich die aufzuzeichnende Image-Datei in einem Netzwerkdateisystem befindet.

Das Padding ist für einige IDE ATAPI CD-Lesegeräte wichtig, damit sie mit den Read-Ahead-Operationen korrekt zusammenarbeiten, die Linux und andere Systeme normalerweise vornehmen. Sie werden vielleicht feststellen, dass das Weglassen des Padding bei neueren Laufwerken funktioniert, da das Problem allerdings beim Lesen auftritt, sollten Sie das Padding einbinden, damit auch ältere Laufwerke die von Ihnen aufgezeichneten CD-Rs lesen können. Ansonsten stellen Sie vielleicht fest, dass Ihre wichtigen Backups auf einem temporären Austauschcomputer nicht lesbar sind.

Die Aufzeichnung überprüfen

Nachdem Sie eine CD oder DVD aufgezeichnet haben, ist es sicherlich von Vorteil, zu überprüfen, ob die Aufzeichnung auch wieder korrekt gelesen werden kann. Das Medium könnte beschädigt sein, es könnte aber auch jemand während der Aufzeichnung an den Computer gestoßen sein, was dazu führt, dass der Laser aus der Spur gerät.

Das korrekte Verfahren zur Überprüfung einer Aufzeichnung besteht darin, entweder die aufgezeichneten Sektoren mit den Sektoren auf der Festplatte zu vergleichen oder aber Prüfsummen dieser Sektoren zu generieren und diese miteinander zu vergleichen. Beide Verfahren dürfen nur mit den Datensektoren und nicht mit den Padding-Sektoren durchgeführt werden. Das folgende *bash*-Shellskript macht diese Überprüfung einfach, wenn die Original-ISO-Image-Datei zur Verfügung steht:

```
#!/bin/bash
if [[ $# -lt 1 ]] ; then
    echo "usage: isomd5 <file_or_device> ..." 1>&2
    exit 1
fi
for name in "$@" ; do
    isoinfo -di "${name}" 1>/dev/null || exit 1
done
for name in "$@" ; do
    count=( $( isoinfo -di "${name}"       \
```

```
            | egrep "^Volume size is: " ) )
    count="${count[3]}"
    bsize=( $( isoinfo -di "${name}"       \
            | egrep "^Logical block size is: " ) )
    bsize="${bsize[4]}"
    md5=$( dd                              \
            if="${name}"                   \
            ibs="${bsize}"                 \
            obs=4096 count="${size}"       \
            2>/tmp/isomd5.$$.err           \
            | md5sum )
    if [[ $? != 0 ]] ; then
        cat /tmp/isomd5.$$.err
        rm -f /tmp/isomd5.$$.err
        exit 1
    fi
    rm -f /tmp/isomd5.$$.err
    echo "${md5:0:32}" "" "${name}"
done
```

Dieses Skript besorgt sich die Anzahl der Sektoren, die vom ISO-Dateisystem in der Image-Datei verwendet werden. Es beschränkt die Anzahl der Sektoren, die in das MD5-Prüfsummen-Hashing-Programm eingelesen werden, auf genau diese Zahl. Dadurch wird verhindert, dass irgendwelche Padding-Sektoren ausgelesen werden, die sich in der Anzahl unterscheiden können.

Wir nennen dieses Skript *isomd5*. Übergeben Sie dem Skript sowohl den Namen der ISO-Image-Datei als auch den Namen des CD-Geräts, mit dem normalerweise die CD-Rs gelesen werden (und in dem die frisch gebrannte CD-R eingelegt ist). Sie sollten in etwa das folgende Ergebnis erhalten:

```
amy@desk12:~$ isomd5 backup.iso /dev/sr0
d41d8cd98f00b204e9800998ecf8427e  backup.iso
d41d8cd98f00b204e9800998ecf8427e  /dev/sr0
amy@desk12:~$
```

Die Prüfsumme des MD5-Programms entspricht dem 32 Zeichen langen hexadezimalen Teil. Wenn die Prüfsummen der ISO-Image-Datei und der Inhalte auf dem CD-R-Laufwerk nicht übereinstimmen, ist die Aufzeichnung beschädigt.

Eine fehlgeschlagene Aufzeichnung wird spöttisch auch »Untersetzer« genannt. Sie können damit zwar Ihren Kaffeetisch vor hässlichen Rändern schützen, aber, anders als echte Getränkeuntersetzer, wird sie in einer Mikrowelle in einem Regen scharfer Teile und Funken zerbersten.

Wenn das Schreiben auf eine Disk fehlschlägt, führen Sie der Reihe nach folgende Schritte aus:

1. Wiederholen Sie die Aufzeichnung mit einer weiteren leeren Disk.
2. Führen Sie die Aufzeichnung mit einer langsameren Geschwindigkeit durch.
3. Verwenden Sie einen anderen Stapel oder eine andere Marke leerer Disks.

Wenn weiterhin Fehler auftreten, haben Sie vielleicht ein defektes Aufzeichnungsgerät.

> ### DVD-Backups
> Die Schritte, die wir in diesem Abschnitt gezeigt haben, sind zwar speziell für CD-Medien ausgelegt, DVD-Medien können allerdings auf ähnliche Weise mit der gleichen Software aus dem *cdrecord*- oder *cdrtools*-Paket aufgezeichnet werden. Einige DVD-Medien – vor allem die seltene DVD-RAM – können sich fast wie eine Festplatte verhalten, wozu allerdings ein spezielles Laufwerk benötigt wird, das diesen Betriebsmodus unterstützt.

Mit Amanda auf Band sichern und archivieren

Das Band ist nach wie vor ein beliebtes Backup-Medium. Der *Advanced Maryland Automated Network Disk Archiver* (Amanda) ist ein Open Source-Paket, das Bandsicherungen verwaltet. Es wurde von der University of Maryland entwickelt und ist in vielen Distributionen enthalten, auch in Debian. Zu den Features von Amanda gehören:

- Die Verwendung üblicher Unix-Backup-Formate wie beispielsweise *tar* und *dump*.
- Ein Betrieb über das LAN, wobei Clientdaten auf einen zentralen Bandserver gesichert werden.
- Unterstützung für das Sichern von Windows-Clients über Dateifreigaben.
- Unterstützung für Standardbandgeräte und viele Bandwechsler, Jukeboxen und Magazine.
- Die Fähigkeit, Vollsicherungen über Sicherungszyklen durchführen zu können, die länger als ein Tag sind.
- Unterstützung für inkrementelle Backups, mit denen tägliche Änderungen geschriebenen werden.
- Datenkomprimierung entweder auf dem Client oder auf dem Server oder über Geräte mit Hardwarekomprimierung.
- Verhinderung eines versehentlichen Überschreibens der falschen Medien.
- Eine Holding Disk-Strategie, mit der ein schrittweises oder verzögertes Schreiben auf das Medium ermöglicht wird.
- Authentifizierung über Kerberos oder über sein eigenes Authentifizierungssystem.
- Datenverschlüsselung für den Schutz bei unsicheren Netzwerken.

Installation von Amanda

Zu Amanda gehören Client- und Serverkomponenten. Der Client wird auf Systemen eingesetzt, die Daten haben, die gesichert werden müssen. Der Server wird auf Systemen eingesetzt, die die Sicherungsarbeit durchführen und Daten auf Band schreiben.

Führen Sie den folgenden Befehl aus, um Amanda auf dem Backup-Server zu installieren:

```
# apt-get install amanda-server
```

Nehmen Sie diesen Befehl, um Amanda auf den einzelnen Linux-Clientmaschinen zu installieren:

```
# apt-get install amanda-client
```

Wenn Sie diese Pakete installieren, sind auch die weiteren benötigten Pakete enthalten. Möchten Sie das Programm *amplot* mit Amanda einsetzen, müssen Sie auch noch das Paket *gnuplot* installieren.

Amanda verwendet Dateien, die sich in verschiedenen Verzeichnissen befinden. Diese Einstellungen sind zwar konfigurierbar, aber die Standardwerte lauten:

/etc/amanda
: Konfigurationsdateien (Server)

/root
: die Datei */root/.amandahosts*

/usr/share/man/man8
: Manpages

/usr/share/doc/amanda-common
: Dokumentationsdateien

/usr/share/doc/amanda-client
: clientspezifische Dokumentationsdateien

/usr/lib
: Shared Libraries, die von Amanda-Programmen verwendet werden

/usr/lib/amanda
: Daemon-Programme und interne Utilities

/usr/sbin
: Befehlsprogramme

/var/lib/amanda
: Laufzeitstatus, Protokolle und andere Dateien

Konfiguration von Amanda

Die Datei *letc/services* sollte bereits Einträge mit den folgenden Namen und Portnummern haben. Wenn diese Einträge nicht vorhanden sind, bearbeiten Sie die Datei *letc/services* und fügen diese Einträge am Ende der Datei hinzu. Die Kommentare sind optional:

```
/etc/services:
amanda          10080/udp       # amanda backup services
amandaidx       10082/tcp       # amanda backup services
amidxtape       10083/tcp       # amanda backup services
```

Eventuell müssen Sie auch die Datei *letc/inetd.conf* bearbeiten, die die folgenden Einträge enthalten sollte:

```
/etc/inetd.conf: (für Clients)
amanda    dgram   udp wait    backup /usr/sbin/tcpd /usr/lib/amanda/amandad

/etc/inetd.conf: (für Server)
amandaidx stream tcp nowait backup /usr/sbin/tcpd /usr/lib/amanda/amindexd
amidxtape stream tcp nowait backup /usr/sbin/tcpd /usr/lib/amanda/amidxtaped
```

Der erste Eintrag, der mit dem Namen *amanda*, wird auf allen Clients benötigt. Die anderen beiden Einträge werden nur auf dem Server gebraucht. Wenn diese Zeilen nicht vorhanden sind, bearbeiten Sie die */etc/inetd.conf*-Datei und fügen diese Einträge am Ende der Datei hinzu.

Nach der initialen Kommunikation verwendet Amanda zufällige Ports. Sie sollten Amanda über das Internet nur durch ein VPN hindurch einsetzen. Dadurch wird das Öffnen eines großen Portbereichs vom Internet in Ihr LAN verhindert.

Amanda läuft als Benutzer *backup* mit den Gruppenberechtigungen *disk*. Sie werden für alle Dateien, die Sie sichern möchten, die Zugriffsberechtigungen so setzen müssen, dass Amanda die Dateien lesen kann.

Der Amanda-Server muss eine gute Anbindung an das lokale Netzwerk, mit einer ausreichenden Bandbreite für die zu übertragenden Datenmengen besitzen. Außerdem sollte er eine sehr große Holding Disk mit genügend Speicherplatz haben, um die größte Dump-Größe eines einzelnen Laufs zweimal aufnehmen zu können. Wenn der Server Softwarekomprimierung durchführen soll, wird auch eine schnelle CPU benötigt.

Amanda unterstützt mehrere Konfigurationen. Jede Konfiguration besteht aus einer Gruppe von drei Dateien, die sich in einem Unterverzeichnis von */etc/amanda* befinden:

amanda.conf
: Die Haupt-Konfigurationsdatei. Sie bearbeiten diese Datei, um dort die *disklist* (siehe nächster Punkt), das Bandgerät, die Backup-Häufigkeit, Ihre E-Mail-Adresse, Berichtformate und eine große Menge weiterer Optionen festzulegen.

disklist
> Diese Datei legt die Hosts und Laufwerke fest, die gesichert werden sollen.

tapelist
> Diese Datei listet alle aktiven Bänder auf, inklusive der Zeitpunkte, an denen diese Bänder geschrieben wurden. Amanda verwaltet diese Datei, deshalb können Sie sich diese Datei zwar ansehen, Sie sollten dort aber keine Änderungen vornehmen.

> Das Aufzählen der vollständigen Details zu allen Amanda-Optionen würde mehrere Seiten in Anspruch nehmen, die Untersuchung dieser Optionen überlassen wir also Ihnen. Beispieldateien mit hilfreichen Kommentaren stehen im Verzeichnis */etc/amanda/DailySet1* zur Verfügung, wenn Sie das Debian-Paket *amanda-server* installieren. Details zu diesen Konfigurationsdateien finden Sie in der Amanda-Manpage oder auf http://www.amanda.org/docs/index.html.

Amanda erstellt für jede durchgeführte Sicherung einen Bericht. Dieser detaillierte Bericht wird per E-Mail an den Benutzer geschickt, der in der Option `mailto` in der *amanda.conf*-Konfigurationsdatei angegeben wurde. Sie sollten sich die Berichte regelmäßig durchsehen, insbesondere sollten Sie den Bericht auf Fehler überprüfen und die Laufzeiten durchgehen.

Wiederherstellen von Dateien, die mit Amanda gesichert wurden

Amanda verwendet Standard-Unix-Backup-Formate (*tar* oder *dump*), die Sie in der Konfigurationsdatei festlegen können. Damit können Sicherungsbänder selbst dann für die Wiederherstellung von Systemdateien eingesetzt werden, wenn das Amanda-System nicht vorhanden ist. Das kann äußerst wichtig sein, wenn Dateien nach einem vollständigen Festplattenausfall wiederhergestellt werden müssen.

Amanda bietet auch indizierte Wiederherstellungswerkzeuge an, mit denen ausgewählte Dateien wiederhergestellt werden können. Überzeugen Sie sich davon, dass Sie `index yes` konfiguriert haben, damit Amanda die benötigten Indexdateien erstellt. Die *amrecover*-Manpage bietet hierzu die vollständigen Details.

Sichern von MySQL-Daten

Bisher haben wir Dateien und Verzeichnisse gesichert. Datenbanken besitzen spezielle Eigenheiten, mit denen wir uns befassen müssen. Unsere Beispiele verwenden zwar MySQL, die gleichen Prinzipien gelten aber auch für PostgreSQL und andere relationale Datenbanken.

Wenn Ihr MySQL-Server nicht ohne Unterbrechung rund um die Uhr zur Verfügung stehen muss, wäre ein schnelles und einfaches Backup-Verfahren:

1. Stoppen Sie den MySQL-Server:
   ```
   # /etc/init.d/mysqld stop
   ```
2. Kopieren Sie die Datendateien und Verzeichnisse von MySQL. Wenn beispielsweise Ihr MySQL-Datenverzeichnis /var/lib/mysql wäre und Sie dieses Verzeichnis nach /tmp/mysql-backup sichern wollten:
   ```
   # cp -r /var/lib/mysql /tmp/mysql-backup
   ```
   An Stelle von *cp* können Sie auch *rsync*, *tar*, *gzip* oder andere Befehle verwenden, die bereits in diesem Kapitel erwähnt wurden.
3. Starten Sie den Server wieder:
   ```
   # /etc/init.d/mysqld start
   ```

Online-Backups sind kniffliger. Wenn Sie voneinander unabhängige MyISAM-Tabellen haben (keine Fremdschlüssel oder Transaktionen), sollten Sie die Tabellen der Reihe nach sperren, deren Dateien kopieren und sie wieder entsperren. Aber vielleicht haben Sie auch InnoDB-Tabellen, oder irgendjemand schreibt eine Transaktion, die mehrere Tabellen umfasst. Glücklicherweise gibt es mehrere vernünftige und nicht kommerzielle Lösungen, zu denen *mysqlhotcopy*, *mysqlsnapshot*, Replikation und *mysqldump* gehören.

mysqlhotcopy ist ein Perl-Skript, das Online-Backups von ISAM- oder MyISAM-Tabellen durchführt. Die Manpage enthält viele Optionen, wir zeigen Ihnen hier aber, wie Sie eine einzelne Datenbank mit dem Namen *drupal* sichern:

```
# mysqlhotcopy -u Benutzer -p Passwort drupal /tmp
Locked 57 tables in 0 seconds.
Flushed tables (`drupal`.`access`, `drupal`.`accesslog`, `drupal`.`aggregator_
category`, `drupal`.`aggregator_category_feed`, `drupal`.`aggregator_category_
item`, `drupal`.`aggregator_feed`, `drupal`.`aggregator_item`, `drupal`.`authmap`,
`drupal`.`blocks`, `drupal`.`book`, `drupal`.`boxes`, `drupal`.`cache`, `drupal`.
`client`, `drupal`.`client_system`, `drupal`.`comments`, `drupal`.`contact`,
`drupal`.`file_revisions`, `drupal`.`files`, `drupal`.`filter_formats`, `drupal`.
`filters`, `drupal`.`flood`, `drupal`.`forum`, `drupal`.`history`, `drupal`.
`locales_meta`, `drupal`.`locales_source`, `drupal`.`locales_target`, `drupal`.
`menu`, `drupal`.`node`, `drupal`.`node_access`, `drupal`.`node_comment_
statistics`, `drupal`.`node_counter`, `drupal`.`node_revisions`, `drupal`.
`permission`, `drupal`.`poll`, `drupal`.`poll_choices`, `drupal`.`poll_votes`,
`drupal`.`profile_fields`, `drupal`.`profile_values`, `drupal`.`role`, `drupal`.
`search_dataset`, `drupal`.`search_index`, `drupal`.`search_total`, `drupal`.
`sequences`, `drupal`.`sessions`, `drupal`.`system`, `drupal`.`term_data`,
`drupal`.`term_hierarchy`, `drupal`.`term_node`, `drupal`.`term_relation`,
`drupal`.`term_synonym`, `drupal`.`url_alias`, `drupal`.`users`, `drupal`.`users_
roles`, `drupal`.`variable`, `drupal`.`vocabulary`, `drupal`.`vocabulary_node_
types`, `drupal`.`watchdog`) in 0 seconds.
Copying 171 files...
Copying indices for 0 files...
Unlocked tables.
mysqlhotcopy copied 57 tables (171 files) in 1 second (1 seconds overall).
```

mysqlsnapshot ist noch einfacher. Es sichert alle ISAM- oder MyISAM-Tabellen auf Ihrem Server in eine *tar*-Datei pro Datenbank:

```
# ./mysqlsnapshot -u user -p password -s /tmp --split -n
checking for binary logging... ok
backing up db drupal... done
backing up db mysql... done
backing up db test... done
snapshot completed in /tmp
```

Sie finden *mysqlsnapshot* auf *http://jeremy.zawodny.com/mysql/mysqlsnapshot*.

Wenn Sie für eine 24x7-Verfügbarkeit die MySQL-Replikation eingerichtet haben, können Sie die Sicherung von einem Slaveserver mit Hilfe der gerade beschriebenen Verfahren durchführen. Sie werden auch die Replikationsinformationen sichern müssen (Protokolle, Konfigurationsdateien und so weiter). Sehen Sie sich die Kapitel 7 und 9 aus dem Buch *High Performance MySQL* von Jeremy D. Zawodny und Derek J. Balling (O'Reilly) für die wichtigsten Details hierzu an.

Für einen erweiterten Schutz vor Hardwarebeschädigungen (aber nicht vor menschlichen Fehlern) richten Sie Replikation ein und versehen Ihren Slave (und/oder Master) mit (gespiegelten) RAID 1-Festplatten.

Viele MySQL-Sites migrieren ihre Daten von MyISAM-Tabellen zu InnoDB-Tabellen, um echte Datenbanktransaktionen und eine bessere Leistung bei Schreibvorgängen zu erhalten. Die Autoren des InnoDB-Moduls haben ein kommerzielles Produkt für die Onlinesicherung von InnoDB-Tabellen mit dem Namen InnoDB Hot Backup, das Sie auf *http://www.innodb.com/order.php* bestellen können.

Das letzte Verfahren ist in den meisten Dokumentationen normalerweise das zuerst erwähnte: *mysqldump*. An Stelle einer rohen (wortgetreuen) Kopie produziert *mysqldump* einen ASCII-Dump der angegebenen Datenbanken und Tabellen. Es arbeitet mit allen MySQL-Tabellentypen zusammen, inklusive InnoDB. Das Programm ist relativ langsam, und die Textdateien, die es produziert, sind lang, können jedoch ziemlich gut komprimiert werden. Es ist hilfreich, wenn Sie diese Dumps von Zeit zu Zeit erstellen, da sie ein einfaches Skript enthalten, mit dem Sie Ihre Datenbanken und Tabellen von Grund auf neu erstellen können. Sie können diese Dateien mit Editoren, *grep* und anderen Textwerkzeugen durchsuchen oder die Dump-Dateien bearbeiten.

Um alle Ihre Tabellen zu sperren und sie in eine einzige Datei auszugeben, geben Sie Folgendes ein:

```
# mysqldump -u Benutzer -pPasswort -x --all-databases > /tmp/mysql.dump
```

Sie können die Ausgabe auch durch *gzip* schicken, um dadurch Zeit und Speicherplatz zu sparen:

```
# mysqldump -u Benutzer -pPasswort -x --all-databases | gzip > /tmp/mysql.dump.gz
```

Ein neues Open Source-Tool (freier Download, Sie zahlen nur für Support) mit dem Namen *Zmanda Recovery Manager for MySQL* bietet ein nützliches Frontend für viele dieser Alternativen. Die Zmanda-Website (*http://www.zmanda.com/backup-mysql.html*) liefert zwar die genauen Details, wir werden hier aber dennoch einige der bemerkenswerten Features erwähnen:

- Es besitzt eine Kommandozeilenschnittstelle.
- Es sichert lokale Datenbanken, aber auch entfernte Datenbanken über SSL.
- Es verschickt den Status des Sicherungsvorgangs per E-Mail.
- Es arbeitet mit allen Tabellentypen zusammen, inklusive InnoDB.
- Es liefert keine neuen Backup-Verfahren. Stattdessen wählt es aus *mysqldump*, *mysqlhotcopy*, MySQL-Replikation oder LVM-Snapshots aus.
- Es unterstützt die Wiederherstellung bis zu einer bestimmten Transaktion oder bis zu einem bestimmten Zeitpunkt.

Zmanda stellt *.tar.gz*- und *.rpm*-Dateien für viele Linux-Distributionen zur Verfügung. Ein Installations-Howto für Debian finden Sie auf *http://www.howtoforge.com/mysql_zrm_debian_sarge*.

ANHANG
Beispiele für bash-Skripten

Dieser Anhang umfasst mehrere Skripten, die Ihnen bei Ihrer täglichen Arbeit helfen und als Vorlage für das Schreiben weiterer Skripten dienen können.

Benutzer hinzufügen

Wenn Sie eine hohe Fluktuation haben (beispielsweise wie bei einer Hochschule, bei der neue Studenten einmal oder auch mehrmals im Jahr in Massen eintreten), kann Ihnen dieses Skript dabei helfen, die Benutzer schnell in Ihr System aufzunehmen. Das Skript liest eine Datei aus, in der Informationen über die einzelnen Benutzer hinterlegt sind, und ruft dann *useradd* mit den richtigen Argumenten auf (sehen Sie sich den Abschnitt »Benutzerverwaltung« in Kapitel 8 für Details zu *useradd* und seinen Varianten an):

```
#!/bin/bash

expiredate=2009-02-18

if [[ -z "$1" ]] ; then
    echo ""
    echo "Geben Sie bitte genau einen Dateinamen an."
    echo "Die Datei wird einen Benutzer pro Zeile haben."
    echo "Jede Zeile enthaelt:"
    echo "    Benutzername"
    echo "    Gruppe"
    echo "    Vollstaendiger Name"
    echo ""
    echo "Beispielzeile:"
    echo "alfredo marketing Alfredo de Darc"
    exit 1
fi

cat "$1" | while read username groupname realname
do
    # Uebersprignt leere Zeilen.
```

```
        if [[ -z $username || -z $groupname || -z $realname ]]; then
            continue
        fi

        # Ueberprueft, ob der Benutzer bereits vorhanden ist.
        # Wenn ja, wird das berichtet und der Benutzer uebersprungen.
        result=$( egrep "^$username:" < /etc/passwd )
        if [[ -n "$result" ]] ; then
            echo "Benutzer '$username' existiert bereits"
            continue
        fi

        # Ueberprueft, ob die Gruppe bereits vorhanden ist.
        # Wenn nicht, wird die Gruppe hinzugefuegt.
        result=$( egrep "^$groupname:" < /etc/group )
        if [[ -z "$result" ]] ; then
            groupadd "$groupname"
        fi

        # Fuegt den Benutzer hinzu.
        useradd    -c "$realname" \
            -d "/home/$username"  \
            -e "$expiredate"      \
            -f 365                \
            -g "$groupname"       \
            -m                    \
            -s /bin/bash          \
            "$username"

        if [[ $? == 0 ]]; then
            echo "Benutzer '$username' erfolgreich hinzugefuegt."
        else
            echo "Fehler beim Hinzufuegen von Benutzer '$username' (Gruppe \
                '$groupname', vollstaendiger Name '$realname')"
            exit 1
        fi

    done
```

Ein Generator für zufällige Passwörter

Hier folgt ein Skript, das ein Passwort einer beliebigen Länge in ASCII-Zeichen generiert:

```
#!/bin/bash
n="$1"
[[ -n "$n" ]] || n=12
if [[ $n -lt 8 ]]; then
    echo "Ein Passwort der Laenge $n waere zu schwach"
    exit 1
fi
p=$( dd if=/dev/urandom bs=512 count=1 2>/dev/null \
```

```
         | tr -cd 'a-zA-Z0-9' \
         | cut -c 1-$n )

    echo "${p}"
```

Wenn Ihnen das so, wie es hier steht, vollkommen klar ist, haben Sie sich eine Belohnung verdient.[1] Während Sie außer Haus sind, wird sich der Rest von uns die eingebauten Schwachstellen dieses Codes etwas genauer ansehen.

Dieser Code ist typisch für etwas, das Sie eventuell von einem früheren Entwickler übernommen haben: keine Kommentare, wenig hilfreiche Variablennamen und einige magische Beschwörungsformeln. Da Sie diese Welt verbessern möchten, gibt es ein paar Dinge, die Sie machen können, wenn Sie solche Skripten schreiben.

Sie können zumindest Kommentare hinterlassen, die den Zweck des Codes beschreiben. Diese Kommentare sollten in zwei Teile aufgeteilt werden: Geben Sie einen Überblick gleich am Anfang (beispielsweise um anzugeben, was in den Argumenten, die dem Skript übergeben werden, stehen soll, sowie alle Standardwerte) und explizite Erklärungen unmittelbar bei schwer zu verstehenden Prozessen. Verschwenden Sie nicht Ihre Zeit damit, die Basisbefehle durchzuackern, da der Techniker diese Befehle nachsehen kann, wenn er mit ihnen nicht vertraut ist. Dort jedoch, wo Sie eine etwas exotischere Variante eines Befehls verwenden, sollten Sie explizit seine Auswirkungen beschreiben und wie Sie diese erreichen.

Allgemein sollten Sie sich darum bemühen, die *Ergebnisse* zu dokumentieren, die Sie mit den Befehlen erreichen möchten, und warum Sie diese Ergebnisse auf diese von Ihnen gewählte Art und Weise erreichen möchten.

Jetzt folgt die Erklärung des Codes für den Passwortgenerator so detailliert, wie Sie es im echten Leben wahrscheinlich nicht vorfinden werden. Das Skript beginnt mit dem üblichen Anfangskommentar, der dem System mitteilt, dass der *bash*-Interpreter ausgeführt werden soll. Als Nächstes weisen wir das erste Zeichenkettenargument der Variablen n zu, das der Anzahl der zu generierenden Zeichen entspricht. Wir legen diesen Wert in Anführungszeichen, da er auch eine leere Zeichenkette sein könnte, wenn das Skript ohne Argumente ausgeführt wird. Diese Zeichenkette wird dann überprüft, um festzustellen, ob sie tatsächlich null ist. Das Argument *-n* bedeutet »keine Länge von null«, deshalb ist der Test tatsächlich wahr (true), wenn eine Zeichenkette übergeben wurde.

Die zwei vertikalen Striche werden die nachfolgende Zuweisung ausführen, wenn der Test fehlschlägt. Das führt dann zu einer Standardlänge von 12 für unsere Passwörter. Die nächsten vier Zeilen prüfen, ob die angegebene Länge zu kurz ist; wir haben beschlossen (basierend auf allgemeinen Empfehlungen von Sicherheitsexperten), dass die minimale Länge 8 sein soll.

---

[1] Gehen Sie zu Starbucks. Bestellen Sie sich einen Mocha Frappuccino Blended Coffee. Sagen Sie ihnen, dass das aufs Haus geht. Rennen Sie.

Die erste Anweisung im Schleifenrumpf generiert mit drei Systembefehlen in einer Pipe ein Testpasswort. Alle drei Zeilen in der Pipe befinden sich innerhalb von $( ), damit die Ausgabe als Zeichenkette erfasst werden kann, die dann der Variablen p zugewiesen wird.

Für die Generierung eines Zufallspassworts benötigen wir eine Quelle mit Zufallsdaten. Das System stellt diese Daten durch die Kombination einer Vielzahl von Statistikquellen im Pseudogerät */dev/urandom* zur Verfügung. Der Befehl *dd* liest einige binäre Daten aus dem Gerät aus. Der Befehl *tr* mit der Option -cd löscht alle Zeichen, die sich nicht in den Bereichen a-z, A-Z und 0-9 befinden. Der letzte Befehl in der Pipe, *cut*, extrahiert die gewünschte Zeichenanzahl.

Versuchen Sie nicht, diesen Befehl in Ihrem Terminal auszuführen und sich die Ergebnisse am Bildschirm anzusehen. Sie werden für zehn Minuten erblinden, und Ihr Hund wird das Miauen anfangen. Haben Sie der Versuchung nachgegeben und es trotzdem getan? Sie könnten jetzt einen *stty sane*-Befehl ausführen und die Bildschirmanzeige in einen nützlichen Zustand zurücksetzen.

Autoritative DNS-Lookups

Dieses Skript setzt den Befehl *dig* ein, der in Kapitel 3 zur Durchführung von DNS-Lookups eingeführt wurde. Dabei wird dann der Cache des lokalen DNS-Caching-Servers umgangen. Ein Feature dieses Skripts ist, dass es seinen eigenen Namen verwendet, um anzugeben, nach welchem DNS-Record-Typ gesucht werden soll. Wenn das Skript *a* genannt wird, sucht es nach DNS-A-Records, wird es *soa* genannt, sucht es nach DNS-SOA-Records. Der Name *ptr* ist ein Spezialfall, der eine IPv4-Adresse nimmt und sie in die entsprechende in-addr.arpa-Form konvertiert, um den tatsächlichen Lookup durchzuführen. Sie sollten sich je eine Kopie dieses Skripts mit den entsprechenden Namen für die einzelnen DNS-Record-Typen anlegen, nach denen Sie eventuell suchen müssen: *a*, *aaaa*, *mx* und so weiter. Sie können die Aliase auch mit Hardlinks oder Symlinks erstellen.

Unabhängig vom Namen nimmt das Skript eine Liste mit Hostnamen als Argumente entgegen, nach denen gesucht werden soll:

```
#!/bin/bash
#---------------------------------------------------------------
# Copyright &#169; 2006 - Philip Howard - All rights reserved
#
# Skript   a, aaaa, cname, mx, ns, ptr, soa, txt
#
# Zweck    Fuehrt direkte DNS-Lookups für autoritative DNS-Daten durch.
#          Dieser Lookup umgeht den lokalen DNS-Cache-Server.
#
```

```
# Syntax   a      [ Namen ... ]
#          aaaa   [ Namen ... ]
#          any    [ Namen ... ]
#          cname  [ Namen ... ]
#          mx     [ Namen ... ]
#          ns     [ Namen ... ]
#          ptr    [ Namen ... ]
#          soa    [ Namen ... ]
#          txt    [ Namen ... ]
#
# Autor    Philip Howard
#--------------------------------------------------------------

# Fuer die Verwendung mit einer ptr-Abfrage.
function inaddr {
    awk -F. '{print $4 "." $3 "." $2 "." $1 ".in-addr.arpa.";}'
}


query_type=$( exec basename "${0}" )

# Holt und fragt die einzelnen Hosts ab.
for hostname in "$@" ; do
    if [[ "${query_type}" == ptr ]] ; then
    # Ein typischer Skripting-Trick: Wenn ein Fall mit einer
    # Ziffer beginnen kann, koennen Sie ein Dummy-Zeichen,
    # wie beispielsweise ein x, davor setzen, da die case-Syntax
    # ein alphanumerisches Zeichen erwartet
    case "x${hostname}y" in
        ( x[0-9]*\.[0-9]*\.[0-9]*\.[0-9]*y )
        hostname=$( echo "${hostname}" | inaddr )
        ;;
        ( * )
        ;;
    esac
    fi

    # Fuehrt die Abfrage aus.
    dig +trace +noall +answer "${query_type}" "${hostname}" | \
        egrep "^${hostname}"
done
exit
```

Verschicken von Dateien zwischen Shell-Sitzungen

Sie können mit dem in diesem Abschnitt vorgestellten Skript eine Datei verschicken oder ein Verzeichnis mit Dateien (inklusive aller Unterverzeichnisse), und zwar von einem System auf ein anderes mit Hilfe einer Shell-Sitzung auf beiden Systemen. Das Skript funktioniert so, dass es einen *rsync*-Daemon (*rsync* wird in Kapitel 11 behandelt) im Vordergrund einrichtet, um damit die angegebene Datei oder das Verzeichnis zu verschicken. Es zeigt ein paar verschiedene Formen von *rsync*-Befehlen an, mit denen diese Datei oder das Verzeichnis empfangen werden kann. Dieses Skript muss nicht auf dem empfangenden System vorhanden sein, deshalb kann man damit auch eine Kopie des Skripts selbst verschicken. Das *rsync*-Paket muss jedoch auf beiden Systemen installiert sein.

Beim sendenden System muss der Netzwerkzugriff auf den Port möglich sein, der für die Annahme eingehender *rsync*-Verbindungen verwendet wird. Die Portnummer wird zufällig aus dem Bereich 12288 bis 28671 gewählt. Sie können diese zufällige Portauswahl überschreiben, indem Sie die Option *-p* gefolgt von einer Portnummer verwenden. Wenn Ihre Firewall-Regeln nur die Verbindung auf einen oder ein paar wenige Ports zulassen, müssen Sie für dieses Skript diese Portnummern wählen.

Um Daten zu transferieren, führen Sie dieses Skript zuerst auf dem sendenden System aus. Sobald es die Beispielbefehle ausgibt, wählen Sie basierend auf der IP-Adresse oder auf Basis des Hostnamens, den das sendende System erreichen kann, den geeigneten Befehl aus sowie den Zielort, an dem die Datei oder das Verzeichnis auf dem empfangenden System abgespeichert werden soll. Kopieren Sie die ausgewählte Kommandozeile und fügen Sie diesen Befehl in der Shell des empfangenden Systems ein, damit der *rsync*-Befehl ausgeführt wird, der die Daten empfängt. Der Daemon wird weiterlaufen, wenn die Datenübertragung beendet ist, wodurch Sie eine Datei oder ein Verzeichnis mehrere Male auf verschiedene Computer übertragen können. Beenden Sie den Daemon, wenn die Übertragungen abgeschlossen sind, durch Drücken von Strg-C im Shell-Fenster des sendenden Systems.

Bei diesem Skript sind keine Sicherheitsmechanismen eingebaut. Jeder, der die Adresse und die Portnummer erreichen kann, auf der das Skript lauscht, kann die übertragenen Daten empfangen. Sie sollten mit diesem Skript keine vertraulichen oder geheimen Daten übertragen, probieren Sie stattdessen *scp* oder *sftp* aus. Vergessen Sie nicht, den Daemon zu beenden, sobald die gewünschten Transfers abgeschlossen sind.

Wir schlagen als Skriptnamen *rsend* vor:

```
#!/bin/bash
#-------------------------------------------------------------
# Copyright &#169; 2006 - Philip Howard - All rights reserved
#
# Skript    rsend
#
# Zweck     Starten eines rsync-Daemons im Shell-Vordergrund,
#           um ein angegebenes Verzeichnis oder eine Datei zu verschicken.
#           Der Empfang erfolgt mit Hilfe eines der angezeigten rsync-Befehle
#           durch Einfügen dieses Befehls auf einem anderen Host.
#
```

```
# Vewendung   rsend [Optionen] Verzeichnis | Datei
#
# Optionen -c enthaelt eine Pruefsumme in den rsync-Kommandozeilen
#          -d wechselt den Daemon auf das angegebene Verzeichnis
#          -n enthaelt einen Testdurchlauf in den rsync-Kommandozeilen
#          -p verwendet die angegebene Portnummer, ansonsten eine zufaellige
#          -s enthaelt sparse in den rsync-Kommandozeilen
#          -u Benutzer, unter dem das Skript ausgefuehrt werden soll,
#             wenn es als root gestartet wurde
#          -v zeigt zusaetzliche Informationen an
#
# Autor    Philip Howard
#----------------------------------------------------------------
umask 022
hostname=$( exec hostname -f )
whoami=$( exec whoami )
uid="${whoami}"


#----------------------------------------------------------------
# Setzt Standardwerte.
#----------------------------------------------------------------
checksum=""
delete=""
delmsg=""
dryrun=""
padding="-------"
port=""
sparse=""
verbose=""

bar1="-------------------------"
bar1="#${bar1}${bar1}${bar1}"

bar2="#########################"
bar2="#${bar2}${bar2}${bar2}"


#----------------------------------------------------------------
# Pfade fuer ifconfig.
#----------------------------------------------------------------
export PATH="${PATH}:/usr/sbin:/sbin"

#----------------------------------------------------------------
# Scan-Optionen.
#----------------------------------------------------------------
while [[ $# -gt 0 && "x${1:0:1}" = "x-" ]]; do
    case "x${1}" in
    ( x-c | x--checksum )
    checksum="c"
    ;;
    ( x--delete )
    delete=" --delete"
    delmsg="/delete"
    padding=""
    ;;
```

```
        ( x-d | x--directory )
            shift
            cd "${1}" || exit 1
            ;;
        ( x--directory=* )
            cd "${1:12}" || exit 1
            ;;
        ( x-n | x--dry-run )
            dryrun="n"
            ;;
        ( x-p | x--port )
            shift
            port="${1}"
            ;;
        ( x--port=* )
            port="${1:7}"
            ;;
        ( x-s | x--sparse )
            sparse="S"
            ;;
        ( x-u | x--user )
            shift
            uid="${1}"
            ;;
        ( x--user=* )
            uid="${1:7}"
            ;;
        ( x-v | x--verbose )
            verbose=1
            ;;
        esac
        shift
done

#----------------------------------------------------------------
# Holt sich eine Zufallszahl fuer einen Port.
#----------------------------------------------------------------
if [[ -z "${port}" || "${port}" = 0 || "${port}" = . ]]; then
    port=$( dd if=/dev/urandom ibs=2 obs=2 count=1 2>/dev/null \
        | od -An -tu2 | tr -d ' ' )
    port=$[ $port % 16384 ]
    port=$[ $port + 12288 ]
fi

#----------------------------------------------------------------
# Erstellt Namen fuer zu verwendende temporaere Dateien.
#----------------------------------------------------------------
conffile="/tmp/rsync-${whoami}-${port}-$$.conf"
lockfile="/tmp/rsync-${whoami}-${port}-$$.lock"

#----------------------------------------------------------------
# Diese Funktion fuegt Anfuehrungszeichen an Zeichenketten an,
# die diese benoetigen.
```

```
# Fuegt einfache Anfuehrungszeichen an, wenn die Zeichenkette
# eines dieser Zeichen enthaelt: Leerzeichen $ " `
# Fuegt doppelte Anfuehrungszeichen an, wenn die Zeichenkette
# dieses Zeichen enthaelt: '
# Anmerkung: Nicht alle Kombinationen funktionieren.
#----------------------------------------------------------------
function strquote {
    local str

    str=$( echo "${1}" | tr -d ' $"`' )
    if [[ "${str}" != "${1}" ]]; then
        echo "'${1}'"
        return
    fi
    str=$( echo "${1}" | tr -d "'" )
    if [[ "${str}" != "${1}" ]]; then
        echo '"'"${1}"'"'
        return
    fi
    echo "${1}"
    return 0
}


#----------------------------------------------------------------
# Es kann nur ein Name verarbeitet werden.
#----------------------------------------------------------------
if [[ $# -gt 1 ]]; then
    echo "Nur ein Name (Verzeichnis oder Datei)" 1>&2
    exit 1
elif [[ $# -eq 1 ]]; then
    name-"${1}"
else
    name=$( exec pwd )
fi



#----------------------------------------------------------------
# Richtet eine temporaere Konfigurationsdatei ein.
#
# Argumente:
#     $1     Zu uebertragendes Verzeichnis oder wo der Transfer
#            beginnen soll
#     $2     Nicht verwendet (AO: Sollte entfernt werden)
#     $3     Zu uebertragende Datei (wenn eine einzelne Datei
#            angegeben wurde)
#----------------------------------------------------------------
function configout {
    echo "lock file = ${lockfile}"
    echo "log file = /dev/stderr"
    echo "use chroot = false"
    echo "max connections = 32"
    echo "socket options = SO_KEEPALIVE"
    echo "list = yes"
```

```
        echo "[.]"
        echo "path = ${1}"
        echo "read only = yes"
        echo "uid = ${uid}"
        echo "comment = ${2}"
        if [[ -n "${3}" ]]; then
        echo "include = **/${3}"
        echo "exclude = **"
        fi
}

#----------------------------------------------------------------
# Holt Verzeichnis und Datei.
#----------------------------------------------------------------
if [[ ! -e "${name}" ]]; then
    echo "gibt es nicht:" $( strquote "${name}" ) 1>&2
    exit 1
elif [[ -d "${name}" ]]; then
    p=$( exec dirname "${name}" )
    b=$( exec basename "${name}" )
    d="${name}"
    f=""
    r=$( cd "${name}" && exec pwd )
    announce="${d}"
    rsyncopt="-a${checksum}${dryrun}H${sparse}vz${delete}"
    configout "${d}/." "directory:${d}/" >"${conffile}"
elif [[ -f "${name}" ]]; then
    p=$( exec dirname "${name}" )
    b=$( exec basename "${name}" )
    d="${p}"
    f="${b}"
    r=$( cd "${p}" && exec pwd )
    r="${r}/${b}"
    announce="${d}/${f}"
    rsyncopt="-a${checksum}${dryrun}${sparse}vz"
    configout "${d}/." "file:${d}/${f}" >"${conffile}"
elif [[ -L "${name}" ]]; then
    p=$( exec dirname "${name}" )
    b=$( exec basename "${name}" )
    d="${p}"
    f="${b}"
    r=$( cd "${p}" && exec pwd )
    r="${r}/${b}"
    announce="${d}/${f}"
    rsyncopt="-a${checksum}v"
    configout "${d}/." "symlink:${d}/${f}" "${f}" >"${conffile}"
fi

#----------------------------------------------------------------
# Zeigt die Konfigurationsdatei an, wenn verbose angefragt wurde.
#----------------------------------------------------------------
if [[ -n "${verbose}" ]]; then
    echo "${bar2}"
    ls -ld "${conffile}"
    echo "${bar2}"
```

```
        cat "${conffile}"
fi


#-----------------------------------------------------------------
# Diese Funktion gibt beispielhafte Empfangsbefehle aus.
#-----------------------------------------------------------------
function showrsync {
    echo -n "rsync ${rsyncopt} "
    if [[ -n "${oldfmt}" ]]; then
        echo "--port=${port}" $( strquote "${1}::${2}" ) $( strquote "${3}" )
    else
        echo $( strquote "rsync://${1}:${port}/${2}" ) $( strquote "${3}" )
    fi
    return
}


#-----------------------------------------------------------------
# Diese Funktion zeigt rsync-Befehle fuer Hostname und IP-Adresse an.
#-----------------------------------------------------------------
function getip {
    case $( exec uname -s ) in
    ( SunOS )
    netstat -i -n | awk '{print $4;}'
    ;;
    ( Linux )
    ifconfig -a | awk '{if($1=="inet")print substr($2,6);}'
    ;;
    ( * )
    netstat -i -n | awk '{print $4;}'
    ;;
    esac
    return
}

function ipaddr {
    getip                                                \
    | egrep '^[0-9]*\.[0-9]*\.[0-9]*\.[0-9]*$'           \
    | egrep -v '^0\.|^127\.'                             \
    | head -2                                            \
    | while read ipv4 more ; do
    showrsync "${ipv4}" "$@"
    done
    return
}

function showcmd {
    ipaddr "${2}" "${3}"
    showrsync "${1}" "${2}" "${3}"
    return
}


#-----------------------------------------------------------------
# Kuendigt die Shell-Befehle fuer das Empfangen dieser Daten an.
#-----------------------------------------------------------------
```

```bash
        echo "${bar2}"
        echo "# Sende ${announce}"
        echo "# Kopiere EINEN dieser Befehle in eine entfernte Shell"

        if [[ -d "${name}" ]]; then
            echo "${bar1}"
            showcmd "${hostname}" . .

            echo "${bar1}"
            showcmd "${hostname}" . "${b}"

            if [[ "${d}" != "${b}" && "${d}" != "${r}" ]]; then
                echo "${bar1}"
                showcmd "${hostname}" . "${d}"
            fi

            echo "${bar1}"
            showcmd "${hostname}" . "${r}"
        else
            echo "${bar1}"
            showcmd "${hostname}" "./${f}" "${b}"

            s=$( exec basename "${d}" )
            s="${s}/${f}"
            if [[ "${s}" != "${b}" ]]; then
                echo "${bar1}"
                showcmd "${hostname}" "./${f}" "${s}"
            fi

            if [[ "${name}" != "${b}" \
                && "${name}" != "${s}" \
                && "${name}" != "${r}" ]]; then
                echo "${bar1}"
                showcmd "${hostname}" "./${f}" "${name}"
            fi

            echo "${bar1}"
            showcmd "${hostname}" "./${f}" "${r}"
        fi

        echo "${bar1}"
        echo "# druecke hier ^C, wenn wir fertig sind"
        echo "${bar2}"

        #---------------------------------------------------------------
        # Starte rsync im Daemon-Modus.
        #---------------------------------------------------------------
        s="DONE"
        trap 's="SIGINT ... DONE"' INT
        trap 's="SIGTERM ... DONE"' TERM
        rsync --daemon --no-detach "--config=${conffile}" "--port=${port}"
        rm -f "${conffile}" "${lockfile}"
        echo "${s}"
```

ssh und screen kombinieren

Sie sollten jetzt mit dem *ssh*-Befehl vertraut sein, der eine Verbindung zu einem anderen Computer aufbaut und dort eine Shell auf sichere Art und Weise startet. Der Befehl *screen* ist ein hilfreiches Tool, mit dem eine solche Shell in einem aktiven Zustand gehalten werden kann, wobei auch die Bildschirminhalte vollständig bleiben, wenn Sie sich am entfernten Computer wieder abmelden. Die gehaltene Shell-Sitzung kann dann später wieder aufgenommen werden, sogar von einem anderen Computer aus. Es ist ebenfalls möglich, zwei oder mehr Verbindungen zur gleichen Shell-Sitzung zu haben.

Das folgende Skript baut in einem einzigen Befehl eine *ssh*-Verbindung auf und startet eine benannte *screen*-Sitzung. Wenn Sie dieses Skript einsetzen, haben Sie den Vorteil eines schnelleren Verbindungsauf- und -abbaus, wenn Sie mit mehreren Servern arbeiten.

Dieses Skript wird ganz wie der *ssh*-Befehl eingesetzt. Die *ssh*-Syntax, die den Benutzernamen und den Hostnamen der entfernten Sitzung angibt, wird so erweitert, dass sie auch einen Sitzungsnamen beinhaltet. Sie können mehrere Sitzungen auf den entfernten Host unter dem gleichen Benutzernamen mit unterschiedlichen Sitzungsnamen einrichten. Der Sitzungsname ist optional. Wenn er nicht angegeben wird, führt das Skript den *ssh*-Befehl auf die gewohnte Art und Weise aus, ohne dabei *screen* auszuführen. Die volle Syntax dieses Skripts, inklusive der von ihm unterstützten *ssh*-Optionen, finden Sie in den Kommentaren des Skripts.

Wir schlagen für dieses Skript den Namen *ss* vor:

```
#!/usr/bin/env bash
#----------------------------------------------------------------
# Copyright &#169; 2006 - Philip Howard - All rights reserved
#
# Befehl ss (sicherer screen)
#
# Zweck   Aufbau einer screen-basierten Hintergrund-Shell-Sitzung
#         ueber sichere Shell-Kommunikation.
#
# Syntax  ss  [Optionen]  Sitzung/Benutzername@Hostname
#         ss  [Optionen]  Sitzung@Benutzername@Hostname
#         ss  [Optionen]  Benutzername@Hostname/Sitzung
#         ss  [Optionen]  Benutzername@Hostname  Sitzung
#
# Optionen -h Hostname
#          -h=Hostname
#          -i Identitaet
#          -i=Identitaet
#          -l Login-Benutzer
#          -l=Login-Benutzer
#          -m Multidisplay-Modus
```

```
#           -p Portnummer
#           -p=Portnummer
#           -s Sitzung
#           -s=Sitzung
#           -t Verwendet tty-Zuordnung (Standardeinstellung)
#           -T Verwendet KEINE tty-Zuordnung
#           -4 Verwendet IPv4 (Standardeinstellung)
#           -6 Verwendet IPv6
#           -46 | -64 Verwendet entweder IPv6 oder IPv4
#
# Anforderungen Auf dem lokalen System muss das OpenSSH-Paket
#           installiert sein. Auf dem entfernten System muss das
#           OpenSSH-Paket installiert sein und der sshd-Daemon
#           laufen. Auf dem entfernten System muss auch das Programm
#           screen(1) installiert sein. Die Konfiguration einer
#           .screenrc-Datei auf beiden Systemen wird empfohlen.
#
# Anmerkung Die Umgebungsvariable SESSION_NAME wird in der
#           eingerichteten Sitzung unter dem screen-Befehl gesetzt,
#           damit auch andere Skripten sie verwenden koennen.
#
# Autor    Philip Howard
#------------------------------------------------------------------
whoami=$( exec whoami )
hostname=$( exec hostname )

h=""
i=( )
m=""
p=( )
s=''
t=( -t )
u="${whoami}"
v=( -4 )


#------------------------------------------------------------------
# Geht Optionen und Argumente durch.
#------------------------------------------------------------------
while [[ $# -gt 0 ]]; do
    case "x${1}" in
    ( x*/*@* )
    # Beispiel: Sitzung1/lisa@centrhub
    u=$( echo "x${1}" | cut -d @ -f 1 )
    u="${u:1}"
    s=$( echo "x${u}" | cut -d / -f 2 )
    u=$( echo "x${u}" | cut -d / -f 1 )
    u="${u:1}"
    h=$( echo "x${1}" | cut -d @ -f 2 )
    shift
    break
    ;;
    ( x*@*/* )
```

```
    # Beispiel: lisa@centrhub/Sitzung1
    u=$( echo "x${1}" | cut -d @ -f 1 )
    u="${u:1}"
    h=$( echo "x${1}" | cut -d @ -f 2 )
    s=$( echo "x${h}" | cut -d / -f 2 )
    h=$( echo "x${h}" | cut -d / -f 1 )
    h="${h:1}"
    shift
    break
    ;;
    ( x*@*@* )
    # Beispiel: Sitzung1@lisa@centrhub
    s=$( echo "x${1}" | cut -d @ -f 1 )
    s="${s:1}"
    u=$( echo "x${1}" | cut -d @ -f 2 )
    h=$( echo "x${1}" | cut -d @ -f 3 )
    shift
    break
    ;;
    ( x*@* )
    # Beispiel: lisa@centrhub
    u=$( echo "x${1}" | cut -d @ -f 1 )
    u="${u:1}"
    h=$( echo "x${1}" | cut -d @ -f 2 )
    # Das naechste Argument sollte der Sitzungsname sein.
    shift
    if [[ $# -gt 0 ]]; then
        s="${1}"
        shift
    fi
    break
    ;;
    ( x-h=* )
    h="${1:3}"
    ;;
    ( x-h )
    shift
    h="${1}"
    ;;
    ( x-i=* )
    i="${1:3}"
    if [[ -z "${i}" ]]; then
        i=( )
    else
        i=( -i "${1:3}" )
    fi
    ;;
    ( x-i )
    shift
    i=( -i "${1}" )
    ;;
    ( x-l=* | x-u=* )
    u="${1:3}"
    ;;
```

```bash
            ( x-l | x-u )
                shift
                u="${1}"
                ;;
            ( x-m | x--multi )
                m=1
                ;;
            ( x-p=* )
                p="${1:3}"
                if [[ -z "${p}" ]]; then
                    p=( )
                else
                    p=( -p "${1:3}" )
                fi
                ;;
            ( x-p )
                shift
                p=( -p "${1}" )
                ;;
            ( x-s=* )
                s="${1:3}"
                ;;
            ( x-s )
                shift
                s="${1}"
                ;;
            ( x-t )
                t=( -t )
                ;;
            ( x-T )
                t=( )
                ;;
            ( x-4 )
                v=( -4 )
                ;;
            ( x-6 )
                v=( -6 )
                ;;
            ( x-46 | x-64 )
                v=( )
                ;;
            ( x-* )
                echo "Ungueltige Option: '${1}'"
                die=1
                ;;
            ( * )
                echo "Ungueltiges Argument: '${1}'"
                die=1
                ;;
        esac
        shift
done
```

```
#----------------------------------------------------------------
# Stellt sicher, dass wichtige Informationen vorhanden sind.
#----------------------------------------------------------------
if [[ -z "${u}" ]]; then
    echo "Benutzername fehlt"
    die=1
fi

if [[ -z "${h}" ]]; then
    echo "Hostname fehlt"
    die=1
fi

[[ -z "${die}" ]] || exit 1

#----------------------------------------------------------------
# Fuehrt screen auf dem entfernten System nur dann aus, wenn ein
# Sitzungsname angegeben wurde.
#----------------------------------------------------------------
c=( ssh "${v[@]}" "${i[@]}" "${p[@]}" "${t[@]}" "${u}@${h}" )
if [[ -n "${s}" ]]; then
    o="-DR"
    [[ -n "${m}" ]] && o="-x"
    x="exec /usr/bin/env SESSION_NAME='${s}' screen ${o} '${s}'"
    c=( "${c[@]}" "${x}" )
fi
exec "${c[@]}"
```

Index

Symbole
` (Akzentzeichen) 255
" (doppelte Anführungszeichen) 254
' (einfache Anführungszeichen) 254
\ (Backslash) 249
$ (Dollar-Zeichen) 254
$? (Dollar Fragezeichen) 255
$$ (doppeltes Dollar-Zeichen) 255
[[ ]] (doppelte eckige Klammern) 256
% (Prozent) 165
# (Raute) 198, 249
_ (Unterstrich) 254

A
ab (Benchmark-Programm, Apache) 169
adduser-Befehl 215, 217
Alias-Direktiven 157
Amanda 275, 293–296
    installieren 294
    konfigurieren 295
    wiederherstellen von 296
Anwenderdaten 276
Apache 21, 39–40, 143–179
    Alternativen zu 190
    Benchmarking 168
    DNS und 146, 164, 175
    Installation 146
    Konfigurationsdateien 149–164
        Authentifizierung und Autorisierung 153
        Container und Aliase 156
        Direktiven 150–153
        modulspezifische Direktiven für PHP 161
        Mustererkennung 156
        Ressourcen-Direktiven 157
        Server-Side Includes 158–161
        virtuelle Hosts 162–164
    mod_php-Installation 147
    Models und prefork-Modell 169
    Protokollierung 164–166
        cron-Jobs 164
        Protokolle aufteilen und auswechseln 164
        vlogger 165
        Webalizer 166
    Skriptsprachen-Module 144
    SSL/TLS-Verschlüsselung 167
    suEXEC-Unterstützung 168
APC 190
apt-get 20
    quota-Paket installieren 22
Argumente, Kommandozeile 248
Ausgabe 248
Authentifizierung und Autorisierung 153

B
Backslash (\) 249
Backups 275
    Auflisten von Dateien auf dem Backup-Server 280
    Automatisieren von 281
    Bandsicherung mit Amanda 293–296
    MySQL-Datenbanken 296–299

optische Medien 286–293
Quell- und Zielargumente 278
rsync 276–280
    bash-Skript 278
tar-Archive 281–286
Wiederherstellung 280
bash 247
    Arithmetik 256
    Ausdrücke 256
    Backup-Skript 278
    bash-Skript-Beispiele 301–317
        autoritativer DNS-Lookup 304
        Benutzer hinzufügen 301
        Dateitransfer zwischen Shell-Sitzungen 305
        ssh- und screen-Befehle kombinieren 313
        zufälliges Passwort generieren 302
    Berechtigungen 250
    cron-Jobs 263
    I/O-Umleitung 252
    if, elif und then 257
    Pfadnamen 249
    Pipes 252
    Schleifen 261
    Shell-Variablen 258
    Skript-Troubleshooting 258
    Standardpfad 251
    Variablen 254
Bastion-Hosts 203
Batch Jobs 248
Befehl 248
Benchmarking 168
Benutzerdateien 153–155
Benutzerverwaltung 217–224
    Benutzer entfernen 220
        Home-Verzeichnisse sperren 222
        Secure Shell-Zugriff deaktivieren 221
    grafischer Benutzer-Manager 222
    Hinzufügen von Benutzern
        bash-Shell-Skript 301
Beowulf 181
Berechtigungen 250
BIND (Berkeley Internet Name Daemon) 47–85
    anfängliche Minimalkonfiguration 23
    BIND 4 48
    BIND-Tools 74–78

    chroot-Umgebungen und Nicht-root-Einsatz 50
    Komponenten 48
    Troubleshooting 78–85
    Versionen 48
Bourne, Stephen 247
break-Befehl 263
Brehm, Till 88
bzip2 282

C

CAs (Certificate Authorities, Zertifizierungsstellen) 167
cdrecord 287
    Konfiguration 289
CD-Rs 286
    aufzeichnen 290
    Vorbereitung für die Aufzeichnung 289
    Zugriff auf 287
CGI (Common Gateway Interface) 144
CGI-Verzeichnisse und Interpreter 160
chkconfig-Befehl 200
chmod-Befehl 250
chroot-Umgebungen 23, 50
CIFS (Common Internet File System) 193
ClarkConnect 206
Cluster 181
    HA (High-Availability, Hochverfügbarkeit)-Konfiguration 189
    Linux Virtual Server 181
    Load Balancing (*siehe* Load Balancing)
    Realserver 184
        konfigurieren 185
    skalieren ohne LB und HA 189
    testen 187–189
Code-Caches 190
Common Gateway Interface (CGI) 144
Common Unix Printing System (*siehe* CUPS)
Common Vulnerabilities and Exposures (CVE)-Liste 28
Comprehensive Perl Archive Network (CPAN) 42
conf.d-Verzeichnis 149
Connection Sharing 207
Container 156
continue-Befehl 263
CPAN (Comprehensive Perl Archive Network) 42

cron-Jobs 263
crontab-Datei 263
CUPS (Common Unix Printing System) 213
    CLI-Befehle 216
CVE (Common Vulnerabilities and
    Exposures)-Liste 28

D

Daemon-Monitoring Daemons (DMDs) 112
Data Munging mit Hilfe von Skripten 265
Dateifreigabe 192
    zwischen Windows XP und 98 ermöglichen 195
Dateinamen 260
Datenbanken (*siehe* MySQL)
Daten-Caches 190
Debian 13
    Installation 13
    Mail Transport Agents 123
    Postfix (*siehe* Postfix)
    Standardpakete ändern 19
    Startskripten verändern 21
Demilitarisierte Zone (DMZ) 203
DHCP (Dynamic Host Configuration Protocol) 197–201
    installieren 198
    IPv6-Adressierung mit radvd 202
    starten 200
    statische IP-Adressierung 201
dhcpd.conf-Datei 200, 205
    Firestarter-Version 207
dhcpd.leases-Datei 200
dig-Befehl 48, 304
Directory-Direktiven 156
Direktiven 150
dist.txt 91
Distribution, Gründe für die Auswahl 13, 191, 206
djbdns 47
DMDs (Daemon-Monitoring Daemons) 112
DMZ (Demilitarisierte Zone) 203
DNS (Domain Name System) 45
    Abfragen 55–56
    administrative Verantwortlichkeiten 53
    anfängliche Minimalkonfiguration 23
    bash-Skript für autoritative Lookups 304
    Caching-Only-Server 58
    Domains finden 55
    Firewall-Probleme 57
    Konfigurationsdateien bearbeiten 59–74
    primäre und sekundäre Server 56–58
    Server-Konfiguration 18, 49–52
        Konfiguration 52
    Troubleshooting 78–85
DocumentRoot-Direktiven 153
Domain-Namensraum 46
Domänen-Controller 193
Drop-in-Replacements 29
Druckdienste 211–217
    CUPS (*siehe* CUPS)
    Druck-Software 213
    netzwerkfähige Hardware-Typen 212
    plattformübergreifendes Drucken 213
    Steuerung der Druckerwarteschlange über die Kommandozeile 216
Drupal 170–174
    installieren 171–173
        apt-get 171
        aus den Quellen 172
    konfigurieren 173
DSOs (Dynamic Shared Objects) 145
dvd+rw-tools 287
DVD-Rs und DVD+Rs 286
Dynamic Host Configuration Protocol (*siehe* DHCP)
Dynamic Shared Objects (DSOs) 145
dynamische Dateien 144

E

e-accelerator 190
echo-Befehl 249
egrep-Befehl 258
E-Mail (*siehe* Maildienste)
E-Mail-Client-Konfiguration 140
E-Mail-Dienste 28, 119–141
    E-Mail-Client-Konfiguration 140
    IMAP 139
    Konfiguration 28–38
        Spam Assassin 42
    POP3 139
    testen 129
Exim 16
Exim 4 123

F

FastCGI 144
Fedora Core 191, 233, 235

Fehlerprotokolldateien 164
Feigenbaum, Barry 192
Files- und FilesMatch-Direktiven 156
Firestarter 206–211
Firewalls
    DMZs und 204
    DNS und 57
    Gateway- und Firewall-Produkte 206
    iptables 203
    Screened-Subnetz-Firewalls 204
    (*siehe auch* Gateway-Dienste)
for-Schleife 261
Freigaben 192
FTP-Dienste 40

G

Gast 227
Gateway-Dienste 203–211
Gateway-Server 199
Gewichtung 186
Gruppendateien 153, 155
gzip 282

H

HA (High Availability, Hochverfügbarkeit) 182
Headless Mode 16
Heartbeat 182
High Availability (HA) 182
Hochleistungsrechnen 230
.htaccess-Dateien 150, 189
.htpasswd-Datei 153

I

I/O-Umleitung 252
ide-scsi-Treiber 287
IMAP 28–38, 139
inetd 21
InnoDB Hot Backup 298
install_ispconfig-Verzeichnis 91, 96
IP-basierte virtuelle Hosts 162
IPCop 206
ipopd-ssl 139
iptables 203
IPv6-Adressierung 202
IPVS (IP Virtual Server) 183
    Konfiguration 183
ISO-9660-Dateisystem 286

ISO-Image-Dateien 287
isomd5-bash-Skript 292
ISPConfig 87–111
    Anforderungen 89
    Apache-Server-Kompilierung 93
    Benutzerverwaltung 107
    Dienste, konfiguriert mit Hilfe von 88
    E-Mail-Clients konfigurieren 110
    E-Mail-Verwaltung 107
    hierarchisches Modell für Website-Dateien 105
    installieren 88
    Kunden und Websites hinzufügen 100
    Server und Benutzer einrichten 98
    spezielle Daemons 90
    Verzeichnisstruktur 97
    Vorgehen bei Kompilierungsfehlern 96
    Website-Einrichtung 98

K

K3b 287
KeepAlive-Direktive 157
KeepAliveTimeout-Direktive 157
Kommentarzeichen (#) 249

L

LAMP (Linux, Apache, MySQL, PHP/Perl/Python) 145
LB (*siehe* Load Balancing)
ldirectord 183–184
libc-Client 15
lighttpd 190
Linux Virtual Server 181
Linux-Systemadministration
    benötigte Fähigkeiten und Kenntnisse 1
    Fachkenntnisse 6
    Stellenangebote und Verantwortlichkeiten 4–8
Listen-Direktive, Apache 152
Load Balancing 182–190
    Beispielkonfiguration 182
    IPVS 183
    lb-Server-Konfiguration 186
    ldirectord 184
    Software für 182
    testen 187–189
    um High Availability erweitern 189
Location-Direktive, Apache 156

lokale Netzwerkdienste (*siehe* Netzwerkdienste)
LPD und LPRng 213
LVS-NAT, LVS-DR und LVS-TUN 184

M

Mail Delivery Agents (MDAs) 120
Mail Transport Agents (*siehe* MTAs)
Mail User Agents (MUAs) 120
mail-Befehl 130
maildir gegenüber libc-Clients 15
maildir-Format 140
Masquerading 203
MaxClients-Direktive, Apache 157
MaxRequestsPerChild-Direktive, Apache 157
mbox-Speicherformat 140
MDAs (Mail Delivery Agents) 120
  POP3 und IMAP 139
memcached 190
mkisofs-Befehl 289
mod_expires 189
mod_php 147
mod_vhost_alias 163
mods-enabled-Verzeichnis 149
monit 113
  installieren und konfigurieren 114–117
MTAs (Mail Transport Agents) 15–16, 120
MUAs (Mail User Agents) 120
mutt 130
MySQL 26, 147
  Datensicherungen 296–299
  InnoDB Hot Backup 298
  mysqldump 298
  mysqlhotcopy 297
  mysqlsnapshot 298
  root-Benutzer-Passwort setzen 148

N

named 48, 56
  Funktion, überprüfen 52
namensbasierte virtuelle Hosts 162
Nameserver 46
NAT (Network Address Translation) 203
Netfilter 206
netsetup.exe 195
Network Address Translation (NAT) 203
Network File System (NFS) 196

Netzwerkdienste 191–197
  Benutzerverwaltung (*siehe* Benutzerverwaltung)
  Dateifreigabe über mehrere Plattformen, konfigurieren 195
  Druckdienste (*siehe* Druckdienste)
  Internet-Gateways (*siehe* Gateway-Dienste)
  Konfiguration 194
  Samba 193
  verteilte Dateisysteme 192
  vorpaketierte Gateway- und Firewall-Produkte 206–211
NFS (Network File System) 196

O

offenes Relaying 121
Open SSL 135–139
Operatoren 256
optische Medien 286–293
  cdrecord-Paket 287
  ide-scsi-Treiber 287
  ISO-Image-Dateien 287
  Überprüfen von Aufzeichnungen 291

P

passwd-Befehl 217–221
  Deaktivieren eines Benutzers 220
  Hinzufügen eines Benutzers 217
Passwortdatei 266
PAT (Port Address Translation) 204
Perl 42
  Apache-Modul 145
  Skript-Beispiel 269
  SpamAssassin, Module installieren, die benötigt werden von 42
Pfadangaben 250
  Standardpfad 251
Pfadnamen 250
PHP 146
  Apache-Modul 145
  modulspezifische Direktiven 161
  Skript-Beispiel 271
Pipes 252
POP3 28–38, 139
Port Address Translation (PAT) 204
postconf-Befehl 34

Postfix 28–38, 123
    Debian-Pakete für 123
    installieren 124–126
    Konfiguration 126–129
ProFTPD 40
Projektfarm GmbH 88
Prompt 248
Prozent (%) 165
Python 272

Q

Quotas 21

R

radvd 202
Raute (#)-Zeichen 198
Realserver 184
    konfigurieren 185
refresh-Werte 58
Regeldateien, BIND 56
Relationale Datenbanken 26
Remote-Anmeldung 16
Replikation 190
resolv.conf-Datei 48, 55, 208
Resolver 48
retry-Werte 58
root-Benutzer 15
Root-Server 54
Root-Verzeichnisse 45
Round-Robin-DNS 182
rsend 306
rsync 275–280
    Backup-Server, Auflisten von Dateien auf 280
    Dateien zwischen Shell-Sitzungen verschicken 305
    Syntax und Optionen 276
    Wiederherstellung aus der Datensicherung 280

S

Samba 193, 214
SASL (Simple Authentication and Security Layer) 29, 131–135
Schleifen 261
screen-Befehl 313
Screened-Subnetz-Firewalls 204

Secure Shell
    Zugriff deaktivieren 221
Secure Sockets Layer (*siehe* SSL)
selbstsignierte Zertifikate 168
SELINUX 233
Sendmail 120
    gegenüber Exim 16
    Vulnerabilities 28
Seriennummer 58
Server Message Block (*siehe* Samba)
Server-Konfiguration 11
    Anforderungen 13
    Apache 39–40
    Benutzer-, root- und Postmaster-Konten 15
    Debian-Installation (*siehe* Debian)
    DNS-Server (*siehe* DNS)
    E-Mail-Dienste 28–38
        SpamAssassin 42
    FTP-Dienste 40
    Gewichtung 186
    Headless Mode 16
    Komponenten 12
    Netzwerk-Konfiguration 17
    Relationale Datenbanken 26
    Remote-Anmeldung 16
    Webhosting-Dienste (*siehe* ISPConfig)
    Webstatistiken zusammenfassen 42
Server-Side Includes 144, 158–161
Shell-Skripten 247
Shell-Variablen 258
Shorewall 206
Sicherheit 111–117
    chroot-Umgebungen 23, 50
    Daemon-Monitoring Daemons 112
    DNS und BIND 50
    E-Mail-Dienste 29
    Sendmail-Vulnerabilities 121
    Spam 121
Silos 229
Simple Authentication and Security Layer (SASL) 29
Simultaneous Multi-Threading (SMT) 230
sites-enabled-Verzeichnis 150
Skalierbarkeit 182
Skripting 247, 248, 265
    bash (*siehe* bash)
    bash-Beispiel 267
    Perl-Beispiel 269

PHP-Beispiel 271
Python-Beispiel 272
Skriptsprachen, auswählen 274
Troubleshooting bei Skripten 258
SMB (*siehe* Samba)
Smoothwall 206
SMT (Simultaneous Multi-Threading) 230
smtpd.conf-Datei 34
SpamAssassin 42
Spammer 121
Speicherplatzverbrauch verwalten (*siehe* Quotas)
Squid 190
ssh-Befehl 313
    Remote-Verwaltung mit Hilfe von 16
SSH-Clients 16
SSI (*siehe* Server-Side Includes)
SSL (Secure Sockets Layer) 29, 135–139, 167
    https 139
    Zertifikat- und Schlüsselgenerierung 34
ss-Skript 313
Standardeingabe, Standardausgabe und Standardfehlerausgabe 252
statische Dateien 144
statische IP-Adressierung 13, 201
statisches Linken 145
su-Befehl 15
suEXEC, Apache 93, 168
sysconfig.txt 205
Systemadministrationsanforderungen 5–8
system-config-securitylevel-Programm 234
Systemdaten 276

T

tar-Archive 90, 275, 281–286
    beispielhaftes Packen und Entpacken 285
    -c und -x, Optionen 286
    Dateierweiterungen, die verwendet werden in 282
    Erstellen eines Archivs 283
    Extrahieren von Dateien aus Archiven 283
    Sicherung auf Band (*siehe* Amanda)
    Tarballs 90
    tar-Befehl, Syntax und Optionen 282
Timme, Falko 88
TLDs (*siehe* Top-Level-Domains)

TLS (Transport Layer Security) 29, 135–139, 167
Top-Level-Domains 45, 54
touch-Befehl 200
Transport Layer Security (*siehe* TLS)

U

UBEs (Unsolicited Bulk Emailers) 121
Ubuntu 239
UDF (Universal Disk Format) 287
Ultra Monkey 184
UML (User-Mode Linux) 230
Unsolicited Bulk Emailers (UBEs) 121
until-Schleife 261
User- und Group-Direktiven 152
useradd-Befehl 217
User-Mode Linux (UML) 230
uw-imapd-ssl 139

V

Variablen 254
Venema, Wietse 119
verteilte Dateisysteme 192
Virtualisierung 227–230
    Hochleistungsrechnen 230
    Nützliches und Vorteile 231–233
    VMware (*siehe* VMware)
    Xen (*siehe* Xen)
    Zukunftspotenzial 245
Virtuelle Server für das Load Balancing 184–187
virtuelles Hosting 21, 162–164
    mod_vhost_alias 163
vlogger 165
VMware 227, 238–244
    Gast-Betriebssystem installieren 244
    installieren 239

W

Webalizer 42, 166
Webdienste 143
    CGI 144
    LAMP-Konfigurationen 145
    MySQL-Datenbank 147
    skalierbare Software 190
    statische und dynamische Dateien 144
    Troubleshooting 175–179

Webhosting-Dienste (*siehe* ISPConfig)
Webserver (*siehe* Apache)
Webstatistiken zusammenfassen 42
while-Schleife 261
Wiederherstellung aus der Datensicherung 280
Windows-Dateifreigabe in Linux-Umgebungen 195
wodim 287

X

Xandros 194
Xen 227, 233–238
    Gast-Rechner installieren 235
    Installation 233
        Anforderungen 233

Y

yum 233

Z

Zertifikate 167
Zmanda Recovery Manager für MySQL 299
Zonendateien 53
Zugriffsprotokolldateien 164

Über die Autoren

Tom Adelstein begann seine Karriere in der Investment-Banking-Branche. Seine technischen Fähigkeiten halfen Finanzdienstleistern, Marktführer zu werden. Jetzt ist er Systemadministrator und technischer Autor in Vollzeit.

Bill Lubanovic hat schon in den 1970ern angefangen, mit Unix Software zu entwickeln. In den 1980ern kam die GUI-Programmierung dazu und in den 1990ern das Web. Mittlerweile arbeitet er für eine Windkraft-Firma im Bereich der Web-Visualisierung.

Über den Übersetzer

Andreas Bildstein studierte nach seiner Ausbildung zum Maschinenbaumechaniker Informationsmanagement an der FH Stuttgart (HdM), an der er heute Vorlesungen über Netzwerk- und Systemmanagement hält. Er ist Geschäftsführer der inforouter GmbH, die kleinen und mittleren Unternehmen zu mehr Effizienz beim Einsatz ihrer IT verhilft. Sowohl in seinen Seminaren als auch Kundenprojekten versucht er so oft wie möglich Open Source-Lösungen zu integrieren. Die Liebe zu Büchern brachte ihn zur Übersetzungstätigkeit für den O'Reilly Verlag. In seiner Freizeit kann man ihn häufig bei ausgedehnten Spaziergängen mit Frau Claudia und Sohn Paul im Stadtpark von Stuttgart antreffen, oder wie er mit Freunden die Früchte der harten Arbeit von Winzern des Mittelmeerraumes genießt.

Kolophon

Das Tier auf dem Cover von *Linux-Schnellkurs für Administratoren* ist ein Felsenpinguin, der kleinste Vertreter aus der Gattung der Schopfpinguine. Die Vögel werden bis zu 60 cm groß und durchschnittlich 2,6 kg schwer. Der Gesamtbestand von ca. 3,5 Millionen Brutpaaren verteilt sich auf die subantarktischen Inseln aller drei Ozeane. Je nach genauem Lebensraum ernähren sie sich in unterschiedlicher Zusammensetzung von tierischem Plankton, kleinen Krustentieren und Fischen.

Wie ihr Name andeutet, bauen Felsenpinguine ihre Nester auf hohen Klippen und Felsen, um verlassene Nester von Kormoranen und Albatrossen nutzen und ihren Nachwuchs hinter höherem Gras vor Räubern verstecken zu können. Um zu ihren Nestern zu gelangen, benutzen die Pinguine die mehrere hundert Jahre alten Felsenpinguinstraßen, die in Serpentinen unter überhängenden Felsen und auf schmalsten Felskanten über viele Meter nach oben führen. Die Pinguine springen dabei von Stein zu Stein, weswegen sie im Englischen auch »Rockhopper Penguins« heißen. Nach unten springen sie mitunter bis zu 2 Meter, nach oben schaffen sie bis zu 40 cm aus dem Stand.

Das Nest ist ein kleines, mit Kieselsteinen und Federn umgebenes Loch. Das Weibchen legt in einem gewissen zeitlichen Abstand zwei Eier, von denen das kleinere aber nicht überlebensfähig ist. Die Eltern bebrüten während der nächsten 32 bis 34 Tage abwechselnd das Ei und teilen sich danach die Pflege des Kükens. Zuerst bleiben die Jungtiere im Nest und ziehen später in eine Art Kinderkrippe um. So sind die Küken geschützt, auch wenn die Eltern zur Nahrungssuche ins Meer gehen. Nach etwa 60 bis 70 Tagen und einer ersten Mauser ist das Jungtier groß genug, um selbst ins Meer zu tauchen und sich selbst zu versorgen.

Der Umschlagsentwurf dieses Buches basiert auf dem Reihenlayout von Edie Freedman und stammt von Michael Oreal, der dafür einen Stich aus dem *Dover Pictorial Archive* aus dem 19. Jahrhundert verwendet hat. Als Textschrift verwenden wir die Linotype Birka, die Überschriftenschrift ist die Adobe Myriad Condensed und die Nichtproportionalschrift für Codes ist LucasFont's TheSans Mono Condensed.

Linux

Linux in a Nutshell, 4. Auflage

Ellen Siever, Stephen Figgins & Aaron Weber
956 Seiten, 2005, 40,- €
ISBN 978-3-89721-426-2

Linux in a Nutshell ist *das* Nachschlagewerk für Benutzer, Programmierer und Systemadministratoren und beschreibt alle wichtigen Linux-Befehle, Editoren und andere Werkzeuge.

Linux Server-Sicherheit, 2. Auflage

Michael D. Bauer
608 Seiten, 2005, 44,- €
ISBN 978-3-89721-413-2

Linux Server-Sicherheit erklärt die Prinzipien verlässlicher Systeme und der Netzwerksicherheit, zeigt typische Risiken auf, gibt praktische Tipps für gängige Sicherungsaufgaben und kombiniert das mit profunden und detaillierten Beschreibungen der technischen Werkzeuge, die für einen bestimmten Einsatz empfohlen werden.

Linux Server Hacks

Rob Flickenger
272 Seiten, 2003, 26,- €
ISBN 978-3-89721-361-6

Diese Sammlung von 100 thematisch sortierten Tricks und Tools hilft, vertrackte Probleme der Linux-Systemadministration zu lösen. Die ersten Hacks befassen sich mit den Grundlagen des Systems und zeigen beispielsweise, wie man den Kernel tunen kann. In anderen Hacks erfährt man, wie man mit CVS oder RCS Dateiänderungen verfolgen kann. Ein weiteres Kapitel behandelt die verschiedenen Möglichkeiten, Backups effizienter zu organisieren. Systemüberwachungstools, sicheren Netzwerklösungen und Webinstallationen mit Apache und MySQL sind nochmals einige Hacks gewidmet.

100 neue Linux Server Hacks

Bill von Hagen & Brian K. Jones
552 Seiten, 2006, 34,90 €
ISBN 978-3-89721-461-3

Endlich 100 neue Linux Server Hacks! Der erste Band mit Hacks hat nichts von seiner Nützlichkeit verloren, aber es gibt noch so viele weitere Tipps, Tricks und Werkzeuge, mit denen Sie Ihren Alltag als Sysadmin effizienter gestalten können. Lösungen zur Sicherung Ihres Systems, zur Benutzerverwaltung, zum Speichermanagement, zum Monitoring – hier zeigen Ihnen Experten, wie's geht.

Linux Kochbuch

Carla Schroder
618 Seiten, 2005, 44,- €
ISBN 978-3-89721-405-7

Im *Linux Kochbuch* finden Sie die hochkonzentrierte Erfahrung vieler Jahre Linux-Administration in Form praktischer Rezepte. Jede Lösung dieser Sammlung lässt sich direkt auf typische Alltagsprobleme anwenden und spart Stunden mühevollen Ausprobierens. Themen sind unter anderem das Installieren von Software, die Benutzerverwaltung, das Dateimanagement, die Anpassung des Kernels, Boot-Loader und Multi-Booting, Systemreparaturen mit Knoppix, Drucken mit CUPS, Backups und Systemsicherung, Versionskontrolle, Postfix, Spambekämpfung, Apache, Samba und vieles mehr.

Linux-Firewalls – Ein praktischer Einstieg, 2. Aufl.

Andreas G. Lessig
656 Seiten, 2006, 42,- €
ISBN 978-3-89721-446-0

Das Thema Sicherheit ist aktueller denn je und kein verantwortungsbewusster Linux-User oder Systemadministrator kommt an der Konfiguration einer Firewall vorbei. Der praxisorientierte Einstieg stellt typische Firewall-Lösungen vor und dokumentiert sorgfältig, wie sie Schritt für Schritt zu realisieren sind: von unkomplizierten Floppy-Firewalls für den Privathaushalt bis zu anspruchsvolleren Konzepten für Unternehmen, die eine sicher konfigurierte Standarddistribution, Paketfilterung und Proxies kombinieren.

Linux Netzwerk-Handbuch, 3. Auflage

Tony Bautts, Terry Dawson & Gregor N. Purdy
382 Seiten, 2005, 38,- €
ISBN 978-3-89721-414-9

Dieses Buch bietet Ihnen das nötige Rüstzeug, das Sie für die Einrichtung und Administration von Linux-Netzwerken brauchen. Beginnend bei grundlegenden Informationen, widmen sich die Autoren rasch zentralen Themen wie TCP/IP und PPP, Firewalls, Masquerading, Accounting und E-Mail. Völlig neu in dieser Auflage sind die Kapitel zu IMAP, Samba, OpenLDAP, Wireless Networking und IPv6.

Linux – kurz & gut

Daniel J. Barrett, 204 Seiten, 2004, 9,90 €
ISBN 978-3-89721-501-6

Eine praktische, anwenderorientierte Kurzreferenz, die auf engstem Raum alle wichtigen Konzepte, Befehle und Optionen vorstellt. Die Referenz ist auf SUSE 9 zugeschnitten, lässt sich aber im Wesentlichen auf alle gängigen Linux-Distributionen übertragen.

Netzwerk-Administration

Internet-Telefonie mit Asterisk

Jared Smith, Jim Van Meggelen & Leif Madsen
464 Seiten, 2006, 39,90 €
ISBN 978-3-89721-445-3

Asterisk ist eine Open Source-basierte, übergreifende Telefonie-Plattform. Anwendungen wie Voicemail, Konferenzschaltungen, music on hold und Warteschlangen sind fest in die Software integrierte Standard-Features. Darüber hinaus kann Asterisk mit anderen Technologien in einer Weise zusammenarbeiten, von der geschlossene, proprietäre Telefonanlagen nicht einmal zu träumen wagen. Aufgrund der zum Teil großen technischen Unterschiede wurde die Übersetzung akribisch lokalisiert und auf die im deutschsprachigen Raum vorherrschenden technischen TK-Gegebenheiten angepasst.

Postfix

Kyle D. Dent, 294 Seiten, 2004, 34,- €
ISBN 978-3-89721-372-2

Der Autor dieses Buches führt den Anwender mit detaillierten Erläuterungen und vielen praktischen Beispielen von der Basiskonfiguration bis hin zur vollen Leistungsfähigkeit von Postfix. Es beschreibt außerdem die Postfix-Schnittstellen verschiedener Tools wie POP, IMAP, LDAP, MySQL, SASL und TLS.

TCP/IP Netzwerk-Administration, 3. Auflage

Craig Hunt, 792 Seiten, 2003, 46,- €
ISBN 978-3-89721-179-7

Dieses Standardwerk ist eine komplette Anleitung zur Einrichtung und Verwaltung von TCP/IP-Netzwerken. Nach ihrem Aufbau und ihrer Funktionsweise werden fortgeschrittene Themen wie die Konfiguration der wichtigen Netzwerkdienste, Troubleshooting und Sicherheit behandelt. Die 3. Auflage ist komplett aktualisiert und um Informationen zu Samba, Apache, Bind 8 und 9 erweitert.

Zeitmanagement für Systemadministratoren

Thomas A. Limoncelli
232 Seiten, 2006, 24,90 €
gebundene Ausgabe
ISBN 978-3-89721-465-1

Systemadministratoren haben keinen einfachen Job. Thomas A. Limoncelli kennt den Arbeitsalltag eines Sysadmins aus eigener Erfahrung und hat im Laufe der Jahre jede Menge Strategien entwickelt, wie man den Anforderungen in diesem Job am besten begegnet. In *Zeitmanagement für Systemadministratoren* stellt er diese vor und gibt Ihnen darüber hinaus Instrumente an die Hand, die Ihnen den Arbeitsalltag sichtlich erleichtern werden.

sendmail Kochbuch

Craig Hunt, 442 Seiten, 2004, 42,- €
ISBN 978-3-89721-373-9

Gibt Administratoren, die schnell bestimmte Konfigurationsprobleme lösen müssen, leicht nachvollziehbare Schritt-für-Schritt-Anleitungen an die Hand. Die Rezepte behandeln dabei u.a. folgende sendmail-Funktionen: Auslieferung und Weiterleitung von Mails, Relaying, Masquerading, Routing von Mails, Kontrolle von Spam, Starke Authentifizierung, Sicherung des Mail-Transports, Verwaltung der Warteschlange und Sicherung von sendmail.

UNIX System-Administration, 2. Auflage

Æleen Frisch, 1248 Seiten, 2003
50,- €, gebundene Ausgabe
ISBN 978-3-89721-347-0

Die komplett überarbeitete neue Auflage dieses Unix-Klassikers beschäftigt sich mit allen Facetten der Systemadministration. Behandelt werden sowohl allgemeine Konzepte und Prinzipien als auch Befehle, Prozeduren und Methoden, die für einen zuverlässigen Systembetrieb unverzichtbar sind. Berücksichtigt sind alle wichtigen Unix-Plattformen, darunter Solaris 8 und 9, SuSE Linux 8 und Red Hat Linux 7.3, FreeBSD 4.6, HP-UX 11 und 11i, AIX 5 und Tru64 5.1.

Perl

Perl – Best Practices, Deutsche Ausgabe

Damian Conway
Seiten 584, 2006, 49,90 €
ISBN 978-3-89721-454-5

Gewürzt mit einer feinen Dosis Humor stellt Damian Conway 256 Grundsätze und Leitlinien vor, mit denen Sie besseren und professionellen Perl-Code programmieren lernen. Das Regelwerk behandelt das Layout von Code, Namenskonventionen, Wahl der Daten- und Kontrollstrukturen, Schnittstellen-Design und -Implementierung, Modularität, Objektorientierung, Fehlerbehandlung, Testing und Debugging.

Einführung in Perl, 4. Auflage

R. L. Schwartz, Tom Phœnix & brian d foy
336 Seiten, 2005, 34,- €
ISBN 978-3-89721-434-7

Einführung in Perl ist ein sorgfältig abgestimmter Kurs für Einsteiger: Mit vielen Programmierbeispielen sowie Übungen und ausgearbeiteten Lösungen zu jedem Thema zeigen die Autoren Schritt für Schritt, wie man mit Perl (Version 5.8) programmiert.

Einführung in Perl-Objekte, Referenzen & Module

Randal L. Schwartz & Tom Phoenix
250 Seiten, 2004, 32,- €
ISBN 978-3-89721-149-0

Das Alpaka macht dort weiter, wo das Lama aufhört. Dieselben Autoren führen Perl-Einsteiger in die Welt der Referenzen, in die objektorientierte Programmierung und in die Anwendung von Modulen ein. In bewährter Weise wurden Erklärungen, Codebeispiele und Übungsaufgaben zu einem fundierten Einführungskurs verbunden.

Perl – kurz & gut, 4. Auflage

Johan Vromans
108 Seiten, 2003, 8,- €
ISBN 978-3-89721-247-3

Überblick über Perl 5.8, u.a. über Syntaxregeln, Quotierung, Variablen, Operatoren, Funktionen, I/O, Debugging, Formate, Standardmodule und reguläre Ausdrücke.

Perl Hacks

chromatic, Damian Conway & Curtis »Ovid« Poe
328 Seiten, 2006, 29,90 €
ISBN 978-3-89721-474-3

Jeder Hack ist eine überschaubare, abgeschlossene Lerneinheit. Manche beinhalten praktische Übungen, die Perl-Grundfähigkeiten schulen, während andere Hacks eindrucksvoll aufzeigen, welch verrückte Sachen mit Perl realisiert werden können. Besonders geeignet für Perl-Programmierer, die neue Anregungen und Wege suchen.

Programmieren mit Perl, 2. Auflage

Übersetzung der 3. engl. Auflage
Larry Wall, Tom Christiansen & Jon Orwant
1128 Seiten, 2001, 56,- €
ISBN 978-3-89721-144-5

Dieses Standardwerk ist nicht einfach ein Buch über Perl, es bietet einen einzigartigen – und zuweilen auch eigenwilligen – Einblick in diese Sprache und ihre Kultur. Die neue Auflage wurde komplett überarbeitet, deutlich erweitert und übersichtlicher strukturiert. Behandelt wird Perl 5.6. Neue Themen sind u.a. Threading, Compiler und Unicode.

Perl Kochbuch, 2. Auflage

Tom Christiansen & Nathan Torkington
1024 Seiten, 2004, 52,- €
ISBN 978-3-89721-366-1

Das *Perl Kochbuch* bietet sowohl Einsteigern, als auch fortgeschrittenen Programmierern »Rezepte« aus allen wichtigen Bereichen der Programmierung mit Perl.

Reguläre Ausdrücke, 2. Auflage

Jeffrey E. F. Friedl
510 Seiten, 2003, 44,- €
ISBN 978-3-89721-349-4

Reguläre Ausdrücke sind eine Schatzkiste für kreatives Programmieren und sind mittlerweile standardmäßig in vielen Sprachen und Werkzeugen integriert. Die 2. Auflage dieses anerkannten Standardwerks wurde vollständig überarbeitet und behandelt jetzt auch die neuen Regex-Eigenschaften seit Perl 5.6 und andere Sprachen wie Java, VB.NET, C#, Python, JavaScript, Ruby und Tcl.

Sicherheit

Kenne deinen Feind – Fortgeschrittene Sicherheitstechniken

Cyrus Peikari, Anton Chuvakin
602 Seiten, 2004, 46,- €
ISBN 978-3-89721-376-0

Basierend auf dem Prinzip, dass eine gute Verteidigung die Methoden der Angreifer bis ins Detail kennt, deckt dieses Buch raffinierte Angriffsmethoden auf und beschreibt innovative Abwehrtechniken. Zu den behandelten Themen gehören Reverse Code Engineering (RCE), Pufferüberlauf, Social Engineering, Computer-Forensik, Intrusion-Detection-Systeme (IDS) und Honeypots, SQL-Injektion und ausgeklügelte Angriffe auf Unix- und Windows-Systeme.

Netzwerksicherheit Hacks, 2. Auflage

Andrew Lockhart
528 Seiten, 2007, 39,90 €
ISBN 978-3-89721-496-5

Mit seinen fortgeschrittenen Hacks für Unix- und Windows-Server beschäftigt sich dieses Buch vor allem mit dem Absichern von TCP/IP-basierten Diensten. Daneben bietet es auch eine ganze Reihe von raffinierten hostbasierten Sicherheitstechniken. Systemadministratoren, die schnelle Lösungen für reale Sicherheitsprobleme benötigen, finden hier prägnante Beispiele für Systemhärtung, angewandte Verschlüsselung, Intrusion Detection, sicheres Tunneling, Logging und Monitoring, Incident Response, Firewalling, Sicherheit in WLANs und Privatsphärensicherung.

SpamAssassin

Alan Schwartz
248 Seiten, 2004, 25,- €
ISBN 978-3-89721-393-7

Spam, wer hat sich nicht schon über diesen Datenmüll geärgert, der täglich Millionen von Mailboxen verstopft? SpamAssassin ist das derzeit führende Open Source-Tool zur Bekämpfung dieser Geißel des Internets und Alan Schwartz, ein erfahrener Mail-Administrator, zeigt Ihnen, wie Sie dieses mächtige Tool erfolgreich einsetzen. Er beschreibt ausführlich die verschiedenen Konfigurations- und Integrationsmöglichkeiten für sendmail, Postfix, qmail und Exim, erklärt die von SpamAssassin verwendeten Regeln und behandelt SpamAssassin als Lernendes System und als Proxy.

Windows Vista Security

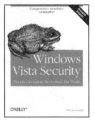

Marcus Nasarek, 488 Seiten, 2007, 44,90 €
gebundene Ausgabe
ISBN 978-3-89721-466-8

Windows Vista Security ist ein Leitfaden für die sichere Konfiguration des Vista-Arbeitsplatzes. Vorgestellt werden alle neuen Sicherheitsfunktionen, die vor allem die Härtung des Systems, die Verwaltung von Zugriffsrechten und die Kommunikations- und Datensicherheit betreffen. Als ausgewiesener Sicherheitsexperte verfolgt Marcus Nasarek einen pragmatischen Ansatz: Er stellt Sicherheitskonzepte vor, die lösungsorientiert, einfach umzusetzen und gleichzeitig wirtschaftlich sind. Schritt-für-Schritt-Anleitungen, Checklisten und klare Empfehlungen des Experten runden den praxisbezogenen Charakter des Buchs ab.

Mit Open Source-Tools Spam & Viren bekämpfen

Peter Eisentraut, Alexander Wirt
368 Seiten, 2005, 36,- €
ISBN 978-3-89721-377-7

Mit Open Source-Tools Spam & Viren bekämpfen behandelt die aktuellen Anti-Spam-Strategien, deren Implementierung in die wichtigsten Mail-Programme und erläutert konkrete, erprobte Software-Lösungen auf Open Source-Basis.

Linux Server-Sicherheit, 2. Auflage

Michael D. Bauer
608 Seiten, 2005, 44,- €
ISBN 978-3-89721-413-2

Linux Server-Sicherheit erklärt die Prinzipien verlässlicher Systeme und der Netzwerksicherheit, zeigt typische Risiken auf, gibt praktische Tips für gängige Sicherungsaufgaben und kombiniert das mit detaillierten Beschreibungen der Werkzeuge, die für den Einsatz empfohlen werden.

SSH – kurz & gut, 2. Auflage

Sven Riedel, 232 Seiten, 2004, 12,- €
ISBN 978-3-89721-523-8

Eine kompakte Referenz zur Verwendung und Konfiguration der SSH-Clients und -Server. Behandelt werden u.a. auch die Schlüsselverwaltung, Port-Forwarding und verschiedene Authentifizierungsmethoden.

Weitere Informationen zu unserem Sicherheits-Programm finden Sie unter:
www.oreilly.de/security

anfragen@oreilly.de • http://www.oreilly.de • +49 (0)221-97 31 60-0

O'Reillys Taschenbibliothek
kurz & gut

Reguläre Ausdrücke
Tony Stubblebine, 100 Seiten, 2004, 8,- €
ISBN 978-3-89721-264-0

Beschreibt detailliert, wie reguläre Ausdrücke von Perl, Java, PHP, Python, JavaScript, C# und .Net sowie von der C-Bibliothek PCRE, vom vi-Editor und von den Shell-Tools egrep, sed und awk unterstützt werden.

Perl, 4. Auflage
Johan Vromans, 108 Seiten, 2003, 8,- €
ISBN 978-3-89721-247-3

Überblick über Perl 5.8, u.a. über Syntaxregeln, Quotierung, Variablen, Operatoren, Funktionen, I/O, Debugging, Formate, Standardmodule und reguläre Ausdrücke.

C++
Kyle Loudon, 142 Seiten, 2004, 9,90 €
ISBN 978-3-89721-262-6

C++ – kurz & gut ist eine Gedächtnisstütze für C++-Programmierer, in der sich weniger vertraute und seltener verwendete Aspekte der Sprache schnell nachschlagen lassen.

STL
Ray Lischner, 134 Seiten, 2004, 9,90 €
ISBN 978-3-89721-266-4

Die »Standard Template Library« ist ein wichtiger, häufig verwendeter Teil der C++-Standardbibliothek. STL – kurz & gut ist eine nützliche Gedächtnisstütze für die Container, Iteratoren und Algorithmen der STL.

C
Ulla Kirch-Prinz & Peter Prinz
120 Seiten, 2002, 8,- €
ISBN 978-3-89721-238-1

Der erste Teil ist ein kompakter Überblick über die Sprache und ihre Elemente, der zweite ist der Standard-Bibliothek gewidmet. Der ANSI-Standard C99 ist berücksichtigt.

UML 2.0, 2. Auflage
Dan Pilone, 144 Seiten, 9,90 €, 2006
ISBN 978-3-89721-521-4

Bietet einen kompakten Überblick über die aktuelle UML-Version 2.0. Schnellreferenz zu UML-Klassifizierungen, Pakete und Stereotypen.

Linux
Daniel J. Barrett, 204 Seiten, 2004, 9,90 €
ISBN 978-3-89721-501-6

Eine praktische, anwenderorientierte Kurzreferenz, die auf engstem Raum alle wichtigen Konzepte, Befehle und Optionen vorstellt.

Linux iptables
Gregor N. Purdy, 100 Seiten, 2005, 8,- €
ISBN 978-3-89721-506-1

In *Linux iptables – kurz & gut* findet der Leser eine hilfreiche Orientierung für die komplxe iptables-Syntax und Beispielwerte zur optimalen Sicherung des Systems.

SSH, 2. Auflage
Sven Riedel, 232 Seiten, 2006, 12,- €
ISBN 978-3-89721-523-8

Eine kompakte Referenz zur Verwendung und Konfiguration der SSH-Clients und -Server. Behandelt werden u.a. auch die Schlüsselverwaltung, Port-Forwarding und verschiedene Authentifizierungsmethoden.

LaTeX, 2. Auflage
M. K. Dalheimer, 78 Seiten, 2005, 8,- €
ISBN 978-3-89721-500-9

Immer wieder benötigte LaTeX-Befehle und ihre Optionen. Die zweite Auflage ist aktualisiert worden, beispielsweise wurde der Abschnitt über Enkodierungen erweitert und ein Kapitel über PSTricks eingefügt.

vi-Editor
Arnold Robbins, 63 Seiten, 1999, 8,- €
ISBN 978-3-89721-213-8

Zum Nachschlagen für die wenig intuitiven vi und ex: Optionen und Befehle, Shortcuts, reguläre Ausdrücke sowie Optionen der Klone nvi, elvis, vim und vile.

CVS, 2. Auflage
Gregor N. Purdy, 90 Seiten, 2004, 8,- €,
ISBN 978-3-89721-265-7

Behandelt die zentralen Konzepte der CVS-Versionskontrolle und enthält eine vollständige Befehlsreferenz sowie eine Anleitung für die Konfiguration und Installation von CVS.

O'Reillys Taschenbibliothek
kurz & gut

Windows-Befehle für Vista & Server 2003, 2. Auflage
Æleen Frisch & Helge Klein, 208 Seiten, 2007, 12,- €, ISBN 978-3-89721-528-3

Beschreibt alle wesentlichen Befehle der Kommandozeilen von Windows Vista und Windows Server 2003 (sowie Windows 2000 und XP) mit ihren jeweiligen Optionen.

SQL, 2. Auflage
Jonathan Gennick, 208 Seiten, 2006 9,90 €, ISBN 978-3-89721-522-1

Stark erweitert und aktualisiert, bietet die wichtigsten Informationen zu SQL und deckt neben Oracle Database 10g Release 2, IBM DB2 8.2, Microsoft SQL Server 2005 und MySQL 5.0 nun auch PostgreSQL 8.1 ab.

Oracle SQL*Plus, 3. Auflage
Jonathan Gennick, 150 Seiten, 2005 9,90 €, ISBN 978-3-89721-513-9

Bietet eine kompakte Zusammenfassung der Syntax von SQL*Plus sowie eine Referenz zu den SQL*Plus-Befehlen und -Formatelementen.

Unix System-Administration
Æleen Frisch, 156 Seiten, 2003, 9,90 € ISBN 978-3-89721-250-8

Behandelt alle grundlegenden Befehle zur Unix-Systemadministration, die wichtigsten Konfigurationsdateien sowie plattformspezifische Besonderheiten.

sendmail, 2. Auflage
Bryan Costales, Eric Allman & Kathrin Lichtenberg, 116 Seiten, 2004, 8,- € ISBN 978-3-89721-502-3

Gibt einen kompakten Überblick über alle wichtigen Befehle, Optionen und Makro-Definitionen. Komplett aktualisiert, behandelt die Version 8.12.

Mac OS X Tiger
Chuck Toporek, 252 Seiten, 2005, 12,- € ISBN 978-3-89721-514-6

Behandelt ganz kompakt die wichtigsten Systemwerkzeuge, zeigt praktische Tipps für alltägliche Aufgaben und enthält eine Einführung in die meistgenutzten Unix-Befehle.

CSS, 2. Auflage
Eric A. Meyer, 138 Seiten, 2005, 8,90 € ISBN 978-3-89721-504-7

Kern dieser Ausgabe ist eine vollständige Referenz aller CSS-Eigenschaften, die in den Standards CSS2 und CSS2.1 definiert sind. Darüber hinaus gibt es eine kurze Einführung in die Funktionsweise und grundlegenden Konzepte von Cascading Style Sheets.

HTML & XHTML, 3. Auflage
Jennifer Niederst Robbins, 104 Seiten, 2006, 9,90 €, ISBN 978-3-89721-524-5

Komplett überarbeitete Auflage. Bietet einen guten Überblick über alle HTML- und XHTML-Elemente sowie ihre Attribute. Enthält eine ausführliche Auflistung der verschiedenen Zeichenkodierungen sowie nützliche Informationen zu den DOCTYPE-Deklarationen.

XML, 3. Auflage
Simon St. Laurent & Michael Fitzgerald, 184 Seiten, 2006, 9,90 € ISBN 978-3-89721-516-0

In dieser kompakten, vollständig aktualisierten Taschenreferenz finden Sie alle wichtigen Informationen zu XML 1.0, XML 1.1, DTDs, XML Schema, RELAX NG und Schematron.

MySQL, 2. Auflage
George Reese & Lars Schulten, 168 Seiten, 2006, 9,90 €, ISBN 978-3-89721-525-2

Vollständig aktualisierte und erweiterte Neuauflage der praktischen Schnellreferenz, deckt jetzt MySQL 5 ab. Enthält alle wichtigen von MySQL unterstützten SQL-Befehle, Datentypen, Operatoren und Funktionen.

PHP, 3. Auflage
Rasmus Lerdorf, Sebastian Bergmann & Garvin Hicking, 208 Seiten, 2006, 9,90 €, ISBN 978-3-89721-520-7

Gründlich überarbeitet, aktualisiert und erweitert, deckt jetzt PHP 5 ab. Knappe Einführung in Syntax und Struktur von PHP und Schnellreferenz für die gebräuchlichsten Funktionen von PHP 5.

O'REILLY®

TecFeeds
Hochkonzentriertes Wissen zu aktuellen Technologien

Sie suchen intelligente Lösungen und Informationen zu neuen Technologien und wollen dabei keine Zeit verlieren? Dann sind die TecFeeds genau das richtige Format für Sie. O'Reilly TecFeeds liefern konzentriertes Know-how im PDF-Format zum sofortigen Download. TecFeeds bringen aktuelle Themen auf den Punkt – kompakt, praxisorientiert und in der gewohnten O'Reilly-Qualität:

www.tecfeeds.de

Eine Auswahl der Themen
- Ajax Usability
- Capistrano
- Geodaten-Mashups
- Google Web Toolkit für Ajax
- HDR-Fotografie
- Mac OS X Server
- Mikroformate
- Schnelleinstieg in Flex 2.0
- Silverlight

ab 8,90 EUR

Weitere Informationen
➥ regelmäßig neue TecFeeds zu interessanten Themen
➥ RSS-Feed zu neuen TecFeeds
➥ alle TecFeeds zum Probelesen

Vorteile
➥ jederzeit herunterladen und lesen
➥ für das Lesen am Bildschirm optimiert
➥ Ausdrucken möglich
➥ Code per copy & paste übernehmen

> »Für uns als Lektoren sind die TecFeeds gerade deshalb so reizvoll, weil wir mit ihnen Themen aufgreifen können, die besonders aktuell sind und zu denen wir noch nicht oder vielleicht sogar nie umfangreiche Fachbücher veröffentlichen könnten.«
>
> Ariane Hesse, Lektoratsleiterin

Informieren Sie sich auf
www.oreilly.de

- Gesamtkatalog der englischen und deutschen Titel mit Online-Bestellmöglichkeit

- Probekapitel und Inhaltsverzeichnisse unserer Bücher

- Ankündigungen von Neuerscheinungen

- abonnieren Sie unseren Newsletter

- bestellen Sie unseren gedruckten Katalog

- wenn Sie für uns schreiben wollen:
  www.oreilly.de/author

- für User Groups bieten wir ein spezielles Programm an:
  www.oreilly.de/ug

- für generelle Fragen und Informationen:
  anfragen@oreilly.de

- für Anmerkungen zu unseren Büchern:
  kommentar@oreilly.de

O'Reilly Verlag GmbH & Co. KG
Balthasarstraße 81, 50670 Köln
Tel. 49 (0)221/973160-0 • (9 bis 18 Uhr)
Fax 49 (0)221/973160-8

O'REILLY®